U0822558

建纬律师文库

基础设施不动产投资信托基金（REITs）法律实务

宋仲春 主 编
成 沂 副主编

法律出版社
LAW PRESS·CHINA
北京

图书在版编目(CIP)数据

基础设施不动产投资信托基金(REITs)法律实务 / 宋仲春主编. -- 北京 : 法律出版社, 2023
ISBN 978-7-5197-7649-7

Ⅰ. ①基… Ⅱ. ①宋… Ⅲ. ①基础设施-投资基金-法律-研究-中国 Ⅳ. ①D922.287.4

中国国家版本馆CIP数据核字(2023)第039367号

基础设施不动产投资信托基金(REITs)法律实务
JICHU SHESHI BUDONGCHAN TOUZI
XINTUO JIJIN (REITs) FALÜ SHIWU

宋仲春 主编

策划编辑 邢艳萍
责任编辑 邢艳萍
装帧设计 李 瞻

出版发行 法律出版社
编辑统筹 法律应用出版分社
责任校对 王 丰
责任印制 刘晓伟
经 销 新华书店

开本 710毫米×1000毫米 1/16
印张 24.5 字数 395千
版本 2023年7月第1版
印次 2023年7月第1次印刷
印刷 天津嘉恒印务有限公司

地址:北京市丰台区莲花池西里7号(100073)
网址:www.lawpress.com.cn
投稿邮箱:info@lawpress.com.cn
举报盗版邮箱:jbwq@lawpress.com.cn

销售电话:010-83938349
客服电话:010-83938350
咨询电话:010-63939796
版权所有·侵权必究

书号:ISBN 978-7-5197-7649-7
定价:90.00元

凡购买本社图书,如有印装错误,我社负责退换。电话:010-83938349

编 辑 委 员 会

主　编：宋仲春

副主编：成　沂

成　员：汪景涛　郝文阳　吴永成

不动产投资信托资金在基础设施投资中的地位和作用值得深入研究

（代序）

近年来，国内经济面临着严峻的下行压力，急需投资拉动。2021 年 12 月的中央经济工作会议和 2022 年 4 月的中央财经委员会第十一次会议接连提出“两个适度”，“适度超前开展基础设施投资”“要适度超前，布局有利于引领产业发展和维护国家安全的基础设施”，表现出在经济下行和环境复杂的当下，基础设施投资作为我国经济的重要组成部分，既是稳增长的“压舱石”，也是实现高质量发展的动力源。2022 年全年，基于“适度超前开展基础设施投资”“有效弥补社会需求不足”“更大力度扩大有效投资”等指引，基础设施投资始终保持较快增速，为经济回升向好注入澎湃动力。由此可见，基础设施建设是国民经济基础性、先导性、战略性、引领性产业，是经济稳定增长的重要抓手之一。但是，基础设施的建设会沉淀大量的资金。要不断新增投资就需要相应的巨大的资金保障，这对拓宽融资渠道、盘活社会存量资本提出了更高的要求。为此，2022 年 5 月，国务院办公厅印发《关于进一步盘活存量资产扩大有效投资的意见》，首次从国务院层面提出了 REITs 有效盘活存量基础设施的具体要求，对基础设施建设的纵深发展具有战略指导意义。

REITs（Real Estate Investment Trusts）是不动产投资信托基金的简称。在我国现阶段，REITs 特指基础设施领域的 REITs。REITs 专注于投资基础设施领域，兼具股、债和另类投资特征，是盘活存量资产的有效手段，对稳定经济大盘和推动高质量发展具有重要现实意义。2020 年以来，在证监会、国家发展改革委等单位牵头推进下,我国不断优化公募 REITs 的顶层设计,推动公募 REITs 的政策细则密集出台,初步建立了涵盖试点指引、交易规则、税收政策等内容的监管框架。2020 年 4 月,证监会、国家发展改革委联合发布《关于推进基础设施领域不动产投资信托基金(REITs)试点相关工作的通知》,正式启动基础设施公募 REITs 试点工作。此后,财政部、银保监会、沪深交易所等多部门陆续出台探索和创新公募 REITs 业务的政策文件。

作为一家专注于提供城乡发展综合法律服务的律师事务所,建纬律师事务所(以下简称建纬所)的业务板块已经从最初的建设工程、房地产专门板块,逐步拓展到自然资源与基础设施、不动产金融等业务板块,因此,在实践中已经接触到了不少不动产金融相关的业务。与此同时,基于建纬所"超前、务实"的服务理念,关注 REITs 这样的行业前沿、热点问题并加以研究出书成册,也一直是建纬所成立三十年以来的优良传统。

本书分为前言、上篇、下篇三个部分。前言部分对 REITs 的概念、分类、起源和发展、国内 REITs 的制度演进与现状进行了描述,并对国内外 REITs 进行了比较。上篇聚焦在基础设施 REITs 法律实务。首先按照交通基础设施、能源基础设施、市政基础设施、生态环保基础设施、仓储物流基础设施、园区基础设施、新型基础设施、保障性租赁住房的分类,针对不同类型基础设施的核查要点进行了说明;其次对项目用地、项目建设、项目转让、特许经营权、资产重组、交易结构等重点法律问题进行了分析;最后对申报过程中涉及的法律问题进行了总结。下篇是对目前已经发行的基础设施 REITs 案例进行分析。分别选取了收费公路、仓储物流、产业园区、污水及垃圾处理、能源、保障性租赁住房共计 11 个典型案例,主要从相关案例的招募说明书等公开发行材料中节选了交易结构、交易步骤、基础设施项目合规情况、相关风险等说明,并进行了关键问题解析。

本书的编者来自建纬所自然资源与基础设施部以及不动产金融部。自建纬所成立以来,基础设施一直是其核心业务板块,不动产金融部创设于 2015 年,目前部门中引入了众多具有投资机构、银行、保险等金融相关工作背景的综合性人才,正在为众多优秀的企业提供不动产金融相关的法律服务。在服务过程中,我们发现建纬所的优势在于非常熟悉基础设施建设的过程,能为客户提供相应的专业解决方案。延伸到本书的研究内容,因REITs的发行审核事项中重点关注之一是基础设施的规划、用地、环评、建设、竣工验收等诸多手续是否合规,因此对于建纬所律师来说,从这些日常业务中擅长的“基本功”出发进行研究写作,并提示要点,应能给相关从业人员提供不一样的视角以供参考。

其中本书主编宋仲春2005年入职建纬所时是我的助理,由我负责带教一直至2007年,在其2007年独立执业后至今与我配合共同办理很多案件,在建纬所这个平台上,从律师助理、独立执业律师到成为合伙人,目前已经是建纬所总所副主任、建纬所北京分所主任,同时担任建纬所总所自然资源与基础设施部、不动产金融部两个部门的主任。

值此建纬所步入三十一周年之际,谨向读者推荐本书。祝愿建纬同仁在律所“三十而立”后能在更多新的业务板块中有所建树,培育英才。

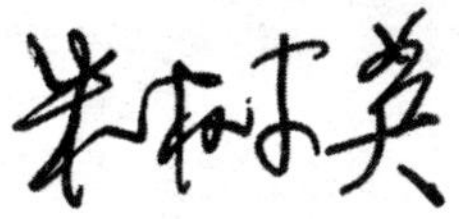

2023年6月

目　　录

下篇 基础设施 REITs 案例分析

前　言

一、REITs 概述

（一）REITs 的基本概念

REITs（Real Estate Investment Trusts）即不动产投资信托基金，是一种按照信托原理设计发行的金融投资产品。REITs 以发行受益凭证的方式销售给投资者，募集的资金用于投资各类不动产（包括购物中心、办公楼、工业园区、停车场、仓库、医院、高速公路、污水处理设施及其他基础设施等），收入来自不动产的经营收入和资产增值收益。

对于不动产的所有权人来说，REITs 是一种有效的盘活存量、改善资产负债表的融资方式。对于投资者而言，REITs 借由不动产的证券化及许多投资者的资金集资，使没有庞大资本的一般投资者也能以较低门槛参与不动产市场，获得不动产市场交易、租金与增值所带来的收益。同时投资者不需要实质持有不动产标的，就可在证券市场交易，因此市场流通性优于不动产。

REITs 作为一种创新的投融资手段，最早出现在 20 世纪 60 年代的美国。根据欧洲公共房地产协会（European Public Real Estate Association，EPRA）披露的数据，截至 2022 年中期，全球 49 个国家/地区商业不动产的总市值超过了 33.4 万亿美元，其中公开上市证券部分市值约为 3.6 万亿美元。在公开上市的证券中，REITs 市值约为 2 万亿美元，公开上市的房地产证券占比超过了 60%。分区域来看，北美发达市场（美国、加拿大）上市房地产证券市值总额约为 1.45 万亿美元，其中上市 REITs 市值约为 1.41 万亿美元，占比约 97%；欧洲发达市场（英国、法国、西班牙等）上市房地产证券市值总额约为 5120 亿美元，其中上市 REITs 市值约为

1788 亿美元,占比约 35%;亚太发达市场(日本、澳大利亚、新加坡等)上市房地产证券市值总额约为 6643 亿美元,其中上市 REITs 市值约为 3200 亿美元,占比约 48%;全球发展中市场(中国、印度等)上市房地产证券市值总额约为 9347 亿美元,其中上市 REITs 市值约为 910 亿美元,占比不到 10%。①

2020 年 4 月 24 日,中国证监会、国家发展改革委联合发布《关于推进基础设施领域不动产投资信托基金(REITs)试点相关工作的通知》,标志着 REITs 在我国正式拉开序幕。虽然起步时间较晚,但是从 2020 年开始我国公募 REITs 推动迅速,监管从试点指引、投资者参与、税收政策支持、扩募规则等方面不断完善公募 REITs 发展框架。2022 年 5 月 19 日,国务院办公厅发布《关于进一步盘活存量资产扩大有效投资的意见》,其中提到"推动基础设施领域不动产投资信托基金(REITs)健康发展。进一步提高推荐、审核效率,鼓励更多符合条件的基础设施 REITs 项目发行上市"。此次发文是在国务院层面首次对 REITs 发展作出明确具体的安排和要求,彰显了我国发展基础设施 REITs 的战略意义。

(二)REITs 的主要分类

1. 按收益来源分类

按照 REITs 的收益来源,REITs 可分为权益型 REITs、抵押型 REITs 和混合型 REITs。

(1)权益型 REITs(Equity REITs)。权益型 REITs 持有不动产的所有权及相关权益,拥有和管理能够产生现金流的不动产项目。权益型 REITs 以不动产的经营收入作为主要的收益来源,此外还可享有不动产升值的增值收益。

(2)抵押型 REITs(Mortgage REITs)。抵押型 REITs 通过向不动产的所有权人提供抵押贷款,以所提供的抵押贷款的利息收入以及融资方面的手续费等作为收益来源。抵押型 REITs 提供的是一种债权融资,因此不会获取资产增值收益。

(3)混合型 REITs(Hybrid REITs)。混合型 REITs 既持有不动产的所有权及相关权益,又持有抵押贷款债权。因此,其收入来源包括不动产经营收入、资产增

---

① 参见克而瑞研究中心:《首批保障房 REITs 落地! 从国际经验看 REITs 发展前景》,载微信公众号"克而瑞地产研究"2022 年 8 月 20 日,https://mp.weixin.qq.com/s/dkjDiQVm5NBh5wYH5ZAW1A。

值收益、贷款利息等,兼具权益型和抵押型的特点。

根据美国房地产投资协会(NAREIT)披露的数据,在20世纪70年代,抵押型REITs占有绝对优势,其吸引的投资者数量与权益型REITs投资者的比例约为3:1。在1970年,约有70%的投资者选择抵押型REITs,20%的投资者选择权益型REITs。到了20世纪80年代中期,抵押型REITs和权益型REITs的投资者比例变成1:1,而在20世纪90年代及21世纪的前10年,偏好权益型REITs和抵押型REITs的投资者比例反转为3:1。NAREIT的报告称,自20世纪70年代起,权益型REITs获得的投资回报率高于抵押型REITs。因此,如今投资界一般认为,权益型REITs对保守投资者来说是更好的选择。①

2. 按组织形式分类

按照REITs的组织形式,REITs可分为公司型REITs和契约型REITs。

(1)公司型REITs。公司型REITs是指投资者依法组建投资实体,通过发行股票的方式募集资金用于投资不动产。公司型REITs具有独立法人资格,在设立时一般要得到相关机构的批准,或在工商管理部门和证券监管机构注册,在组织结构上类似于股份有限公司。REITs的投资者即为公司股东,收益以股东分红的形式返还投资或者,股东大会是公司型REITs的最高权力机构。公司型REITs多采用内部管理模式。董事会为REITs的内部管理机构,董事会由股东选举产生,并向股东会负责。如聘请外部管理公司,则外部管理公司对董事会负责,接受董事会的监管。实践中,美国、日本及欧洲的公募REITs产品主要采取公司型REITs模式。

(2)契约型REITs。契约型REITs是投资者与REITs管理人签订契约委托其进行投资,REITs管理人又与REITs托管人签订信托契约,通过一系列的契约建立信托关系、发行受益凭证而组建运作的投资信托基金。契约型REITs不具备法人资格,而是依据信托契约和基金契约等法律文件募集资金,组成信托财产进行投资。投资者持有REITs的信托凭证或基金份额,享有收益。契约型REITs模式下,多采用外部管理模式。实践中,澳大利亚、加拿大、马来西亚、新加坡、我国香港特别行政区(以下简称香港)和台湾地区均采用契约型REITs模式。

① 参见林华主编:《中国REITs操作手册》,中信出版集团2018年版,第4~5页。

3. 按募集方式分类

按照 REITs 的募集方式,REITs 可分为公募 REITs 和私募 REITs。

(1)公募 REITs(Public REITs)。公募 REITs 以公开发行方式向社会公众投资者募集资金,可通过各种媒体披露发行信息,投资人的人数一般不受限制,一般也不限定每个投资人的最低投资数量。在美国,公募 REITs 分为公开上市交易 REITs(Stock Exchange – Listed REITs)和公开非上市交易 REITs(Public Non – Listed REITs)。公开上市交易 REITs 是在美国证券交易委员会(SEC)完成注册程序且股票在全国性证券交易所交易的 REITs,公开上市交易 REITs 应遵守美国证券交易委员会制定的上市规定、准则和要求,同时应按美国 1934 年《证券交易法》的要求向投资者披露信息,[①]包括季度和年度财务报告。非上市交易 REITs 在美国证券交易委员会注册但股票不在全国性证券交易所交易,非上市交易 REITs 须和公开上市交易 REITs 遵守同样的税收规则和信息披露规则。

(2)私募 REITs(Private REITs)。私募 REITs 以非公开方式向特定投资人募集 REITs 资金,私募 REITs 对投资者的风险承受能力要求更高,一般情况下,各国的法律法规都规定了私募 REITs 持有人的资格限制和最高人数限制,私募 REITs 一般均对"合格投资者"存在最低净资产要求。

4. 按投资者是否可赎回分类

按照 REITs 投资者是否可赎回份额,REITs 可分为封闭型 REITs 和开放性 REITs。

(1)封闭式 REITs(Close – end REITs)的发行规模在发行前就已确定,在 REITs 存续期内不再募集资金,投资者不得申请申购或赎回。在封闭期内,REITs 资本总额和发行份数都保持不变,投资者只能在公开市场上买卖封闭型 REITs 的证券。[②]

(2)开放式 REITs(Open – end REITs)的发行规模在整个基金成立期内可以变动,基金公司可以根据市场供求状况发行新的基金份额,投资者既可以申购新的份额,也可以根据合同的约定要求基金公司赎回基金受益凭证。

目前我国的基础设施公募 REITs 采取封闭运作方式,但 REITs 后续会在交易

---

① 参见唐时达:《REITs 的国际比较及启示》,载《中国金融》2014 年第 13 期。

② 参见马智利、王熊:《REITs 在我国养老地产建设中的运作模式研究》,载《武汉金融》2013 年第 9 期。

所上市交易,投资者可以在二级市场进行竞价交易。

二、REITs 的起源及发展

REITs 起源于 20 世纪 60 年代的美国,1960 年 9 月 14 日,美国总统艾森豪威尔签署了《雪茄消费税扩展法》(Cigar Excise Tax Extension),法案提到让投资者有机会通过购买和出售流动证券的方式投资于大规模、多元化的收益型不动产的投资组合。股权不动产投资信托结构被设计为房地产的“共同基金”,那些没有能力购买个人房产的人可以通过购买股权不动产投资信托基金的股份来参与房地产市场。

20 世纪 60 年代末至 70 年代初美国以抵押型 REITs 为主。1976 年《税收改革法案》放宽了对 REITs 组织形式的限制,授权 REITs 除了作为商业信托成立之外还可以作为公司成立。1986 年的《税收改革法案》,允许 REITs 直接经营管理其投资的不动产资产,同时取消了不动产资产加速折旧的规定和记账方式,引导 REITs 从被动管理向主动管理转型,进而促使权益型 REITs 逐渐发展起来。

20 世纪 90 年代后的美国,由于传统融资渠道,如银行、储蓄和贷款,以及保险公司不再为商业不动产提供资金,开发商将 REITs 视为筹集资金的手段;机构投资者,如共同基金和养老基金,希望投资于不动产,但需要一个退出机制,投资 REITs 提供了理想的解决方案;对于许多投资者,1986 年的《税收改革法案》取消了投资商业不动产的避税优势,税改法案通过之前形成的避税合伙企业和联合体不再是投资不动产的理想工具,不动产投资信托基金逐渐成为筹集资金进行不动产投资的首选工具。UPREITs(Umbrella Partnership REITs,伞形合伙 REITs)和 DOWNREITs(伞形多重合伙 REITs)所带来的 REITs 运行模式创新,使市场上大量的存量资产通过税务递延的方式转化为 REITs。1997 年的《REITs 简化法案》(The REITs Simplification Act of 1997)和 1999 年的《REITs 现代化法案》(The REITs Modernization Act of 1999),以及 2003 年的《REITs 改进法案》[The REITs Improvement Act (RIA) of 2003]与 2008 年的《REITs 投资多元化和赋权法案》(The REITs Investment Diversification and Empowerment Act of 2008)等,都在强化其中对美国 REITs 和直接不动产市场影响的规定。例如,1999 年的《REITs 现代化法案》将 REITs 的强制性支出要求从收入的 95% 降低到 90%,可使 REITs 产生更高的收入;2003 年的《REITs 改进法案》允许 REITs 提供某些贷款,放宽了

REITs 的债务限制。

根据美国 NAREIT 的数据统计,截至 2020 年年底,美国 REITs 的发行总规模达到 12,491.86 亿美元,其中权益型 REITs 的发行规模达 11,841.5 亿美元,抵押型 REITs 的发行规模达 650.36 亿美元。① 约有 1.45 亿美国人或约 43% 的美国家庭直接或间接地通过共同基金、ETF 或目标日期基金(Target - date Fund)拥有 REITs 的股票。除公开上市交易的 REITs 外,美国 REITs 市场还存在大量在美国证券交易委员会备案却未公开交易的 REITs,以及不在美国证券交易委员会备案,也不在全国性证券交易所交易的私募 REITs 产品。

美国之后,REITs 在全球多个国家迅速推行。全球已有超过 40 个国家或地区参考美国的 REITs 的方法进行房地产投资,包括所有七国集团国家和几乎 2/3 的经济合作与发展组织(OECD)国家,都建立了不动产投资信托基金制度。截至 2021 年 12 月,全世界共有 865 个上市的 REITs 正在运营,其股票市值合计约为 2.5万亿美元。在过去的 30 年里,REITs 在数量和股票市值上都有了巨大的增长,从两个国家的 120 个上市 REITs 到 40 多个国家和地区的 865 个上市不动产投资信托基金。② 亚洲地区的 REITs 也获得了快速发展,从 2005 年的 6 个国家和地区的 31 个 REITs 发展到 2021 年的 11 个国家和地区的 216 个 REITs。

三、中国 REITs 的制度演进与现状

相较于其他成熟市场,我国的 REITs 市场建设起步较晚,发展历史不长。2003 年以前,在相关政策文件中并没有明确提及 REITs 这一概念,自 2003 年香港推出《房地产投资信托基金守则》以来,我国对金融与不动产投融资的探索进入新阶段,REITs 开始逐步进入中国金融行业及监管部门的视野。

中国 REITs 的制度探索大致可以分为三个阶段:萌芽时期、探索时期、以基础设施为主的发展期。在探索过程中,行业内相关的监管部门逐步加深了对 REITs 的认知,并逐步建立相应的政策制度及规范措施,也进一步促进了中国特色 REITs

---

① 参见美国 Nareits 官网 2022 年 9 月 18 日,https://www.reit.com/data - research/reit - market - data/us - reit - industry - equity - market - cap。

② 参见美国 Nareits 官网 2022 年 9 月 18 日,https://www.reit.com/investing/global - real - estate - investment。

道路的稳步发展。

(一)以三亚地产投资券为代表的REITs制度萌芽时期

20世纪90年代初,受海外REITs市场发展的影响,三亚市开发建设总公司(以下简称三亚开建)在三亚市政府的支持下发行了三亚地产投资券,以投资券的形式,通过预售地产开发后的销售权益,集资开发三亚地产,被业界学者称为"中国最早的资产证券化",我国REITs道路的发展仍可以从中得到不少启示。

该项目的具体操作模式为,三亚开建作为项目的发行人,以三亚丹州小区800亩土地为发行标的物,以未来地产的销售收入为支撑发行有价凭证,将所筹集的资金用于该片土地的规划设计、拆迁、土地平整、道路建设及供电、供水、排水等地产项目的开发、建设、施工等。海南汇通国际信托投资公司担任投资管理人,在项目开发期间,负责控制向发行人支付发行收入的节奏,监督发行人按照规划设计的标准和进度完成开发,在项目开发完成后,管理人组织销售地产并保证地产售价的公正合理性。项目于1992年10月20~31日向三亚、海南的居民和法人团体发行,1995年8月5日前完成开发,1995年11月10日清盘,并在清盘时一次兑付。开发后地产销售收入及相应的存款利息在扣除管理费、应付税金、手续费、土地过户费以及地产销售费等费用之后,即为投资人的投资收益。三亚地产投资券项目的架构简单如图0-1所示。

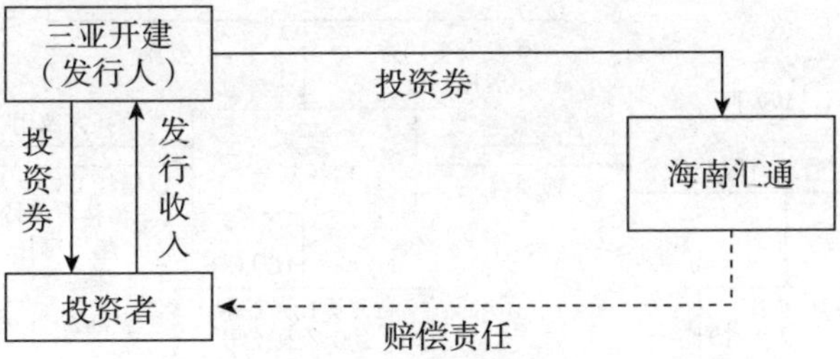

图0-1 三亚地产投资券项目的架构

同时,为推进该项目的落实,海南省地产投资券的主管机关中国人民银行海南省分行,于1992年专门为三亚地产投资券制定了配套制度——《海南地产投资券管理暂行办法》。尽管在该文件中未明确提及REITs这一概念,但已经显示地方市场逐步开始了具有一定REITs理念的创新金融实践。

(二)以"越秀REITs"和"中信启航类REITs"为代表的REITs制度探索时期

随着对海外REITs市场的不断学习,香港在结合本地实际发展情况的基础上,于2003年8月1日公布了《房地产投资信托基金守则》,其中提到房地产投资基金是以信托基金方式组成而主要投资于房地产项目集体投资计划,有关基金旨在向持有人提供来自方资产的租金收入的回报。房地产投资信托基金通过出售基金单位获得的资金,会根据组成文件加以运用,以在其投资组合内维持、管理及购入房地产;并对受托人、管理公司、核数师、物业估值师、投资限制等环节作了相应的规范。

《房地产投资信托基金守则》最初规定,在香港上市的REITs只能投资于香港物业,2005年,该规定得到进一步修订,允许在香港上市的房地产基金投资于世界各地的房地产。在这一系列相关政策的推动下,越秀REITs作为首只以中国内地房地产物业(标的物业为越秀企业在广州的财富广场、白马大厦以及城建大厦等)为资产的REITs,在香港联合证券交易所上市。其以越秀房托资产管理有限公司为基金管理人,以汇丰机构信托服务(亚洲)有限公司为受托人,成为香港上市REITs标杆项目,投资架构如图0-2所示。

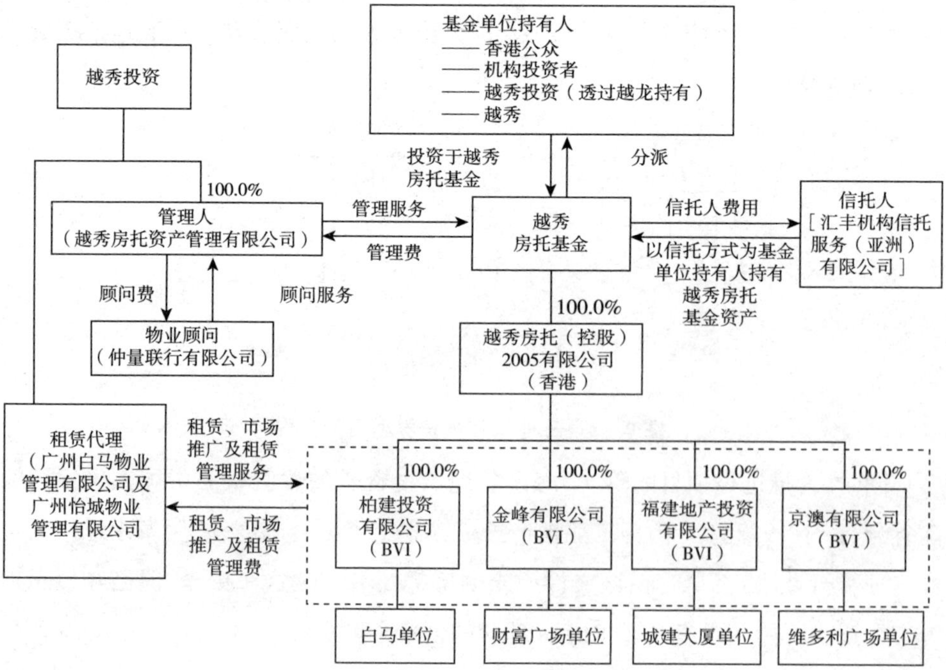

图0-2 越秀REITs投资架构

与此同时,我国内地不断探索,国务院于 2004 年 1 月 31 日发布《关于推进资本市场改革开放和稳定发展的若干意见》(国发〔2004〕3 号,已废止),明确提出了“建立以市场为主导的品种创新机制。研究开发与股票和债券相关的新品种及其衍生产品,加大风险较低的固定收益类证券产品的开发力度,为投资者提供储蓄替代型证券投资品种。积极探索并开发资产证券化品种”,这一方面体现了国家力求健全资本市场体系,丰富证券投资品种的努力;另一方面也表明国家在政策层面认可并支持具有 REITs 特征的金融产品的发展的决心。2005 年,商务部在全国商业地产情况调查组向国务院递交的全国商业地产调查报告中明确提出“打通国内 REITs 融资渠道”,此为国家在部委层面首次正面提出 REITs 概念;2008 年 3 月,国务院常务会议研究部署当前金融促进经济发展的政策措施,提出通过房地产信托投资基金等多种形式,拓宽企业融资渠道;2008 年 12 月,国务院办公厅发布了《关于促进房地产市场健康发展的若干意见》,其中提出“开展房地产投资信托基金试点,拓宽直接融资渠道”,但由于后续央行面对金融危机出于抑制风险考虑而推迟发行 REITs;2009 年 4 月,中国人民银行联合中国证监会等十一部委成立“REITs 试点管理协调小组”,在北京、上海、天津开展试点工作;2009 年 12 月 31 日,国务院发布《关于推进海南国际旅游岛建设发展的若干意见》中,明确提及“条件成熟时在海南开展房地产投资信托基金试点”的观点等。

在历经多年的政策探索后,我国内地首只类 REITs 产品“中信启航专项资产管理计划”(以下简称中信启航类 REITs)于 2014 年 4 月在深圳交易所获批上市。该计划由中信证券股份有限公司作为计划的管理人发起设立,其以北京和深圳的中心证券总部大楼为底层物业资产,发行金额达 52.1 亿元,为满足不同类型投资者的投资需求,在产品设计方面做了优先级与次级两类非公开募集产品其交易结构如图 0-3 所示。

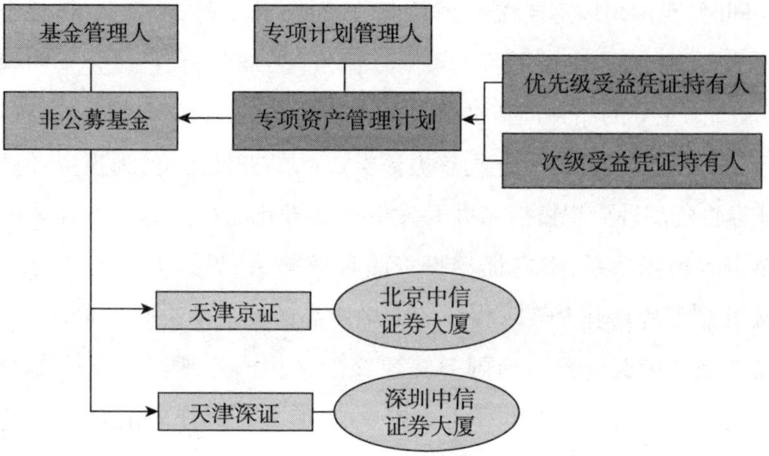

图0-3 中信启航专项资产管理计划交易结构

尽管中信启航类REITs得以在国内发行实施,但由于经济金融体系不完善,部分城市房地产价格上涨过快,供应结构、市场秩序比较混乱等问题,其他初期的产品发行尝试多以失败告终。2010年6月住房城乡建设部、国家发展改革委等七部门联合发布了《关于加快发展公共租赁住房的指导意见》,提出“探索运用保险资金、信托资金和房地产信托投资基金拓展公共租赁住房融资渠道”,这是国家部委首次明确提出利用REITs为发展公共租赁住房提供金融支持与服务,为房地产和金融业的健康发展发挥辅助作用。此后的政策也受其影响,2018年证监会、住房城乡建设部发布了《关于推进住房租赁资产证券化相关工作的通知》,提出要重点支持住房租赁企业发展以其持有不动产物业作为底层资产的权益类资产证券化产品,基金推动多类型共有债权性质的资产证券化产品,试点发行房地产投资信托基金。该阶段的推行政策主要应对上述部分城市“过度炒房”引起的房地产价格上涨过快的混乱现象,但由于缺乏相应的实施细则和可行的操作方案,未出现以租赁住房为标的的REITs产品。

(三)以基础设施公募REITs为突破的REITs制度发展时期

2016年12月21日,国家发改委、证监会联合发布《关于推进传统基础设施领域政府和社会资本合作(PPP)项目资产证券化相关工作的通知》,提出通过资产证券化这一新兴融资渠道大力支持国家PPP领域的发展,其中还特别强调要“推动不动产投资信托基金(REITs),进一步支持传统基础设施项目建设”。该文件首次在概念上将 REITs 的中文翻译为不动产投资信托基金,将不动产 REITs 金融产品的适用范围进一步推广到专项基础设施中,即扩展到铁路、高速公路、通讯设施、电力配送网络、污水处理设施及其他常见的基础设施资产中,这些资产都可以理解为不动产,而投资于这些基础设施资产的 REITs 即为基础设施 REITs。

2018 年,国家发改委投资司、中国证监会债券部联合召开了首次基础设施 REITs 座谈会,该次会议标志着中国基础设施 REITs 的发展之旅正式开启。2019 年国务院发布《关于推进国家级经济技术开发区创新提升,打造改革开放新高地的意见》,明确支持在有条件的国家级经济开发区开展不动产投资信托基金试点工作。

2020 年 4 月底,证监会、国家发改委联合发布了《关于推进基础设施领域不动产投资信托基金 REITs 试点相关工作的通知》,正式启动 REITs 试点。明确了采用“公募基金 + 单一基础设施资产支持证券”的产品架构,优先支持基础设施补短板行业,包括仓储物流、收费公路等交通设施,水电气热等市政工程,城镇污水垃圾处理、固废危废处理等污染治理项目。鼓励信息网络等新型基础设施,以及国家战略性新兴产业集群、高科技产业园区、特色产业园区等开展试点工作。2021 年 6 月,我国首批 9 单公募基础设施 REITs 项目分别在上海证券交易所和深圳证券交易所完成资金募集,并成功挂牌上市交易。

2021 年 6 月,国家发改委发布《关于进一步做好基础设施领域不动产投资信托基金(REITs)试点工作的通知》将保障性租赁住房纳入试点范围。2021 年 7 月国家发改委发布了《关于进一步做好基础设施领域不动产投资信托基金(REITs)试点工作的通知》,将基础设施 REITs 试点区域扩展到了全国各地区,并在重点支持区域中增加了黄河流域生态保护和高质量发展国家重大战略区域。同时,将能源基础设施、停车场项目市政基础设施、保障性租赁住房、具有供水、发电等功能的水利设施和具有较好收益的旅游基础设施加入试点行业中。

2023 年 3 月 1 日,国家发改委发布《关于规范高效做好基础设施领域不动产投资信托基金(REITs)项目申报推荐工作的通知》(发改投资〔2023〕236 号),将消费基础设施纳入公募 REITs 试点范围,提出“研究支持增强消费能力、改善消费条件、创新消费场景的消费基础设施发行基础设施 REITs。优先支持百货商场、购物中心、农贸市场等城乡商业网点项目,保障基本民生的社区商业项目发行基础设施 REITs”。分类调整项目收益率要求,新增对特许经营权、经营收益权类项目的收益要求,即“基金存续期内部收益率(IRR)原则上不低于5%”,并将非特许经营权、经营收益权类项目的预计未来3年每年净现金流分派率要求从4%微调至3.8%。此外,该通知调整了保障性租赁住房 REITs 资产规模门槛要求,将首次发行时的当期目标不动产评估净值下调至8亿元。

除上述政策之外,从2020年4月至2023年3月,国家各部委监管层密集出台了多项鼓励和支持基础设施 REITs 发展的政策,以加大力度推进我国 REITs 的发展力度。现将相关政策及重点内容做以下梳理(见表0-1),以供参考查阅。

表0-1 基础设施 REITs 主要相关法规政策

名称	发布部门	发布日期	相关内容
《关于推进基础设施领域不动产投资信托基金(REITs)试点相关工作的通知》	中国证监会、国家发展和改革委员会	2020年4月24日	对推进基础设施 REITs 试点的意义、原则、工作安排、REITs 试点项目要求等进行规范
《关于做好基础设施领域不动产投资信托基金(REITs)试点项目申报工作的通知》	国家发展和改革委员会办公厅	2020年7月31日	对基础设施 REITs 试点项目的地区和行业范围、基本条件、申请材料要求、申报程序、项目合规性审查等进行规范
《公开募集基础设施证券投资基金指引(试行)》	中国证监会	2020年8月6日	对基础设施 REITs 产品定义、产品注册、基金份额发售、参与主体资质与职责、投资运作、项目管理、监督管理、信息披露等方面进行了规范
《关于做好第一批基础设施 REITs 试点项目申报工作的通知》	国家发展和改革委员会投资司	2020年9月8日	对基础设施 REITs 的申报条件、工作要求等方面进行了规范
《关于建立全国基础设施领域不动产投资信托基金(REITs)试点项目库的通知》	国家发展和改革委员会办公厅	2021年1月13日	对基础设施 REITs 试点项目的储备管理、入库项目条件、梳理和报送工作、政策支持和协调服务进行规范

续表

名称	发布部门	发布日期	相关内容
《公开募集基础设施证券投资基金(REITs)业务办法(试行)》	上海证券交易所	2021年1月29日	对基础设施REITs的申请条件与确认程序、发售、上市与交易、存续期管理、自律监管等进行了规范
《公开募集基础设施证券投资基金(REITs)规则适用指引第1号——审核关注事项(试行)》	上海证券交易所	2021年1月29日	对基础设施REITs的参与机构、基础设施项目、评估与现金流、交易结构、运作管理安排等进行规范
《关于进一步做好基础设施领域不动产投资信托基金(REITs)试点工作的通知》	国家发展和改革委员会	2021年6月29日	强调加强支持引导、加强项目管理和协调服务、严把项目质量、促进基础设施REITs长期健康发展,并且加强部门协作和政策
《国家发展改革委关于进一步做好基础设施领域不动产投资信托基金(REITs)试点工作的通知》	国家发展和改革委员会	2021年6月29日	对基础设施REITs试点区域和行业范围、项目基本条件、申请材料要求、申报程序、审查内容、中介机构要求、其他工作要求等方面进行规范
《关于加快推进基础设施领域不动产投资信托基金(REITs)有关工作的通知》	国家发展和改革委员会办公厅	2021年12月29日	进一步加快推进基础设施REITs试点,推动盘活存量资产、形成投资良性循环
《关于基础设施领域不动产投资信托基金(REITs)试点税收政策的公告》	财政部、国家税务总局	2022年1月26日	对设立基础设施REITs之前、基础设施REITs设立阶段的相关税收做出特殊规定
《公开募集基础设施证券投资基金业务指引第3号——新购入基础设施项目(试行)》	深圳证券交易所	2022年5月31日	为进一步深入推进公开募集基础设施证券投资基金(REITs)试点,规范基础设施REITs新购入基础设施项目及扩募发售等行为

续表

名称	发布部门	发布日期	相关内容
《关于规范高效做好基础设施领域不动产投资信托基金(REITs)项目申报推荐工作的通知》	国家发展和改革委员会	2023年3月1日	将消费基础设施纳入公募REITs试点范围,并对项目收益率、回收资金的用途和比例、使用时限、项目审批时限等作出了新的规定
《关于进一步推进基础设施领域不动产投资信托基金(REITs)常态化发行相关工作的通知》	中国证监会	2023年3月7日	对研究支持消费基础设施发行基础设施REITs、完善审核注册机制、构建全链条监管机制、推动完善配套政策等作出了新的规定

四、国内外REITs比较

(一)国外REITs(以美国REITs为代表)的特点

1.组织形式以公司制为主。要符合不动产投资信托基金的资格,一家公司必须:

(1)将其总资产至少75%投资于不动产;

(2)至少75%的总收入来自不动产的租金、不动产抵押贷款的利息或不动产的销售收入;

(3)每年以股东分红的形式支付至少90%的应税收入;

(4)是一个可作为公司纳税的实体;

(5)由董事会或受托人管理;

(6)至少有100名股东;

(7)5个或更少的人持有不超过50%的股份。

2.具有税收优势。现代REITs的发展与转型离不开税制改革与税收优惠支持,各国在税制设计中几乎均保持了“税收中性”原则,免除REITs的租金收入等一般性收入的所得税,避免投资者入手的现金流被双重征税。例如,美国1986年《税法改革》规定,在REITs收益分配达到90%后,对REITs分配给投资者的股息免征公司所得税,只在投资者个人层面征收所得税,投资者因此能获得较高的税后回报。

3. 治理程度较高。美国公开交易的 REITs 产品需遵循上市公司的公司治理原则,REITs 投资者利益由严密的披露机制、上市条例及物产信托守则给予保障,透明度及公司治理程度高。

4. 专业化管理。美国 REITs 管理模式经历了从外部管理模式向内部管理模式的转变,物业管理的专业化程度较高。

(二)国内外 REITs 的主要不同

1. 投资行业领域差异。海外 REITs 的投资标的通常包括商业地产、基础设施等。海外 REITs 主要投资行业包括零售商业、办公楼、住宅公寓和酒店类,新兴养老医疗类,以及工业、数据中心、物流仓库、通信基站和林地类。例如,美国 REITs 起源于房地产行业,当前房地产行业 REITs 市值占总市值的约 1/3。美国 REITs 投资的房地产领域主要包括办公楼、零售地产、购物中心、公寓、酒店、工业区或混合型态等;此外,还包括基础设施、医院、养老院、木材、数据中心、电影院等特殊类别 REITs,其中,基础设施 REITs 占比较少,基础设施 REITs 中以仓储物流、新型基础设施为主。

目前我国 REITs 投资领域主要为基础设施和保障性租赁住房。我国 2020 年发布的《关于做好基础设施领域不动产投资信托基金(REITs)试点项目申报工作的通知》(发改办投资〔2020〕586 号)中规定首次开展试点的 7 个基础设施行业,明确将商业房地产项目排除在外。2021 年 6 月国家发改委发布的《关于进一步做好基础设施领域不动产投资信托基金(REITs)试点工作的通知》(发改投资〔2021〕958 号)将资产种类扩充至保障性租赁住房和能源基础设施。2023 年 3 月国家发改委发布《关于规范高效做好基础设施领域不动产投资信托基金(REITs)项目申报推荐工作的通知》(发改投资〔2023〕236 号),突破性地将消费基础设施领域纳入试点范围,优先支持百货商场、购物中心、农贸市场等城乡商业网点项目,保障基本民生的社区商业项目发行基础设施 REITs。虽然写字楼、酒店等业态尚未纳入试点范围,但本次政策对于消费基础设施业态的扩容仍是我国 REITs 发展的重大突破。

2. 组织形式差异。目前国际上常用的 REITs 组织形式分为两种:一种是“公司型"REITs,另一种是"契约型"公募基金。"公司型"REITs 的本质是通过特殊目的公司(SPV)直接持有不动产资产并实现风险隔离,再由 SPV 发行股票或可转债等证券公开募集资金并上市交易。"契约型"REITs 以公开募集的证券投资基金为载体,通过投资不动产支持证券(ABS)持有不动产资产,本质是"公募基金 + ABS"模式。例如,美国主要采用"公司型"REITs 法人主体,SPV 直接持有并运营不动产及基础设施,同时在符合美国对 REITs 法律规定的红利发放、股东人数等标准的情况下完成上市,享受 REITs 的税收优惠等政策。

目前我国推动的 REITs 试点采用"公募基金 + ABS"的模式。从立法成本、设计难度等方面考虑,契约型模式最有利于低成本、高效率地展开试点。"公募基金 + ABS"模式充分利用现有的制度框架,证监会《证券公司及基金管理公司子公司资产证券化业务管理规定》中已对资产支持证券的证券属性作出界定,有效规避了公募基金投资未上市公司股权或不动产可能存在的法律争议。

3. 税收差异。在欧美、新加坡等 REITs 较为发达的国家和地区,REITs 成为投资者青睐的投资产品,不仅由于收益率较高且较为稳定,还因为 REITs 在满足特定要求的情况下可就投资人分红收入和份额转让所得享受一定的免税待遇,对于 REITs 上市前重组也给予了特定税收优惠。美国没有专门的 REITs 立法,而是在税法中将符合特定条件的房地产投资公司或契约型基金定义为 REITs 而享受免税政策,其分配给投资者的分红部分可在所得税前予以扣除,新加坡也给予 REITs 诸多税收优惠政策。

我国当前公募基础设施 REITs 的产品结构比较复杂,税收方面可能存在重复征税和税收过重的问题。虽然 2022 年 1 月财政部、税务总局在《关于基础设施领域不动产投资信托基金(REITs)试点税收政策的公告》中对基础设施 REITs 的资产重组环节税收作出了特殊规定,但基础设施 REITs 运营、分配等环节涉及的税收仍按现行税收法律法规的规定执行,在这方面亟待相关税收优惠政策的出台。

上篇

基础设施REITs法律实务

第一章　REITs 项目法律核查要点

第一节　核查要点概述

一、核查要点

结合现行法规政策及已发行 REITs 项目的申报文件，本章将介绍 REITs 项目的核查要点。不同的 REITs 项目因其基础资产不同，所属行业不同，在核查中遇到的问题也不同。对于核查的总体框架以及律师在核查中需要普遍关注的要点，本篇将作简要介绍。

（一）参与机构

1. 原始权益人

原始权益人是基础资产的原始所有权人，通常也是基础资产的经营者。在 REITs 项目的交易结构中，原始权益人持有项目公司 100% 的股权。对于原权益人的主体资格核查要点如下。

(1) 原始权益人的存续状态及历史沿革

通过核查原始权益人的最新的营业执照、章程，以及通过国家企业信用信息公示系统中公示的基本信息，判断原始权益人是否已依法设立并有效存续。

(2) 原始权益人持有项目公司的股权

核查原始权益人是否持有项目公司 100% 的股权，原始权益人持有的股权上是否存在权利限制。对于原始权益人在交易前，对基础资产的所有权和经营权是否无瑕疵，将在后文中详细介绍。

(3)原始权益人的内控制度

核查原始权益人是否已建立议事决策规则、财务管理、风险控制、人力资源管理、战略及投资开发等内部控制制度。

(4)原始权益人的失信、违法、涉诉情况

通过中国证监会网站、中国银行保险监督管理委员会网站、国家外汇管理局网站、中国人民银行网站、应急管理部网站、生态环境部网、国家市场监督管理总局网站、国家发展和改革委员会网站、财政部网站、国家税务总局网站、国家税务总局广州市税务局网站、国家企业信用信息公示系统、“信用中国”平台、证券期货市场失信记录查询平台、中国银行间市场交易商协会、中国执行信息公开网－失信被执行人查询系统和中国执行信息公开网—被执行人信息查询系统进行的公开渠道检索,判断原始权益人是否存在重大违法违规,是否存在失信等对原始权益人的融资产生限制的情况。

2. 拟任基金管理人

《证券投资基金法》第12条第2款规定:“公开募集基金的基金管理人,由基金管理公司或者经国务院证券监督管理机构按照规定核准的其他机构担任。”《公开募集证券投资基金运作管理办法》第6条规定:“申请募集基金,拟任基金管理人、基金托管人应当具备下列条件:(一)拟任基金管理人为依法设立的基金管理公司或者经中国证监会核准的其他机构,拟任基金托管人为具有基金托管资格的商业银行或者经中国证监会核准的其他金融机构;(二)有符合中国证监会规定的、与管理和托管拟募集基金相适应的基金经理等业务人员;(三)最近一年内没有因重大违法违规行为、重大失信行为受到行政处罚或者刑事处罚;(四)没有因违法违规行为、失信行为正在被监管机构立案调查、司法机关立案侦察,或者正处于整改期间;(五)最近一年内向中国证监会提交的注册基金申请材料不存在虚假记载、误导性陈述或者重大遗漏;(六)不存在对基金运作已经造成或者可能造成不良影响的重大变更事项,或者诉讼、仲裁等其他重大事项;(七)不存在治理结构不健全、经营管理混乱、内部控制和风险管理制度无法得到有效执行、财务状况恶化等重大经营风险;(八)中国证监会根据审慎监管原则规定的其他条件。”

除存续状态、失信、违法、涉诉情况等内容外,还应重点核查拟任基金管理人的资质。具体包括基金管理人是否持有《经营证券期货业务许可证》,许可证上记载的业务范围是否包括公开募集证券投资基金管理、基金销售、特定客户资产管理，拟任基金管理人是否已被纳入中国证券投资基金业协会网站公示的“公募基金管理人名录”。

特别地，根据《公开募集基础设施证券投资基金指引(试行)》第5条的规定，拟任基金管理人还应满足以下条件：

第一，通过核查营业执照及国家企业信用信息公示中显示的设立日期，判断拟任基金管理人是否已存续满3年。通过核查基金管理人的基金产品情况，判断其资产管理经验是否丰富。通过核查基金管理人提供的内部管理制度文件，判断其治理制度是否健全，内控制度是否完善。

第二，通过核查基金管理人提供的文件或由基金管理人书面答复确认，判断基金管理人是否已设置独立的基础设施基金投资管理部门，以及其主要负责人员的人数、项目经验年限是否符合要求。

第三，通过核查基金管理人提供的文件或由基金管理人书面答复确认，判断基金管理人的基本财务情况。

第四，通过前述公开渠道查询的基金管理人失信、违法等情况，判断其是否存在重大不良记录。

第五，通过核查基金管理人提供的文件或由基金管理人书面答复确认，判断基金管理人相关制度和流程是否具体、明确。

3. 拟任基金托管人

托管人应当是具有基金托管资格的商业银行或者经中国证监会核准的其他金融机构，对基金托管人的核查，同样包括存续状态、资质、失信、违法、涉诉情况。其中需要核查基金托人是否已经取得中国证监会、中国人民银行下发的《证券投资基金托管人资格的批复》，是否已取得金融许可证，以及是否在中国证监会公布的《证券投资基金托管人名录》中。

《证券投资基金法》第35条规定：“基金托管人与基金管理人不得为同一机构，不得相互出资或者持有股份。”在核查基金托管人与基金管理人的主体资格时，还需判断二者之间是否存在相互出资或相互持股的情况。

特别地，根据《公开募集基础设施证券投资基金指引(试行)》第5条的规定，拟任基金托管人还应满足以下条件：

第一,通过核查基金托管人提供的文件或由基金托管人书面答复确认,判断基金托管人的基本财务情况。

第二,通过前述公开渠道查询的基金托管人失信、违法等情况,判断其是否存在重大不良记录。

第三,通过核查基金托管人提供的托管经验资料,判断其托管经验是否丰富。

第四,通过核查基金托管人提供的文件或由基金托管人书面答复确认,判断其是否配备充足的专业人员。

第五,基础设施基金托管人与基础设施资产支持证券托管人是否为同一人。

4. 运营管理机构

《公开募集基础设施证券投资基金指引(试行)》第 39 条第 1 款规定:"基金管理人可以设立专门的子公司承担基础设施项目运营管理职责,也可以委托外部管理机构负责第三十八条第(四)至(九)项运营管理职责,其依法应当承担的责任不因委托而免除。"对委托外部运营管理机构的核查应当包括以下内容:

第一,运营管理机构的存续、内控制度、失信、违法、涉诉等情况。在外部运营管理机构与原始权益人为同一主体的情况下,这些内容无须重复核查。

第二,运营管理机构是否取得备案。《证券投资基金法》第 97 条规定:"从事公开募集基金的销售、销售支付、份额登记、估值、投资顾问、评价、信息技术系统服务等基金服务业务的机构,应当按照国务院证券监督管理机构的规定进行注册或者备案。"因此需核查运营管理机构是否取得中国证监会的备案。

第三,通过核查运营管理机构提供的文件或由运营管理机构书面答复确认,判断运营管理机构是否具有足够的基础设施项目运营管理经验,以及是否配备不少于 2 名具有 5 年以上基础设施项目运营经验的专业人员。

第四,通过核查运营管理机构提供的文件或由运营管理机构书面答复确认,判断运营管理机构的基本财务情况。

第五,部分项目需运营管理机构具有不动产运营管理资质,后文中将根据不同的基础资产类型逐一分析。

5. 财务顾问

需核查财务顾问的主体资格及存续情况,是否持有中国证监会核发的《经营证券期货业务许可证》。

6. 资产评估机构

需核查资产评估机构的主体资格及存续情况，是否持有中华人民共和国财政部、中国证监会核发的《证券期货相关业务评估资格证书》，是否已在中国证监会备案，是否在中国证监会公布的《从事证券服务业务资产评估机构备案名单及基本信息》中，是否在证券期货市场失信记录查询平台上存在不良记录。

7. 会计师事务所

需核查会计师事务所的主体资格及存续情况，是否持有中华人民共和国财政部核发的《会计师事务所执业证书》，是否已在中国证监会备案，是否在中国证监会公布的《从事证券服务业务会计师事务所备案名单及基本信息》中。

8. 律师事务所

需自查律师事务所的主体资格及存续情况，是否持有司法局核发的《律师事务所执业许可证》，是否在中国证监会公布的《从事证券法律业务律师事务所备案基本信息情况表》中。

9. 基础设施资产支持证券的管理人

第一，核查资产支持证券管理人的存续状态、失信、违法、涉诉情况。

第二，核查资产支持证券管理人的主体资格。《证券期货经营机构私募资产管理业务管理办法》第9条规定："证券期货经营机构从事私募资产管理业务，应当依法经中国证监会批准。法律、行政法规和中国证监会另有规定的除外。"因此需通过核查管理人是否已取得《经营证券期货业务许可证》，业务范围是否包括私募资产管理，判断管理人的主体资格。

第三，核查资产支持证券管理人与基金管理人是否存在实际控制关系或受同一控制人控制。

10. 基础设施资产支持证券的托管人

根据《公开募集基础设施证券投资基金指引（试行）》第6条第5项的要求，基础设施基金托管人与基础设施资产支持证券托管人应当为同一人。

（二）公募基金的合法性

1. 募集公募基金的条件

《公开募集证券投资基金运作管理办法》第7条规定："申请募集基金，拟募集的基金应当具备下列条件:(一)有明确、合法的投资方向;(二)有明确的基金运作方式;(三)符合中国证监会关于基金品种的规定;(四)基金合同、招募说明书等法律文件草案符合法律、行政法规和中国证监会的规定;(五)基金名称表明基金的类别和投资特征,不存在损害国家利益、社会公共利益,欺诈、误导投资者,或者其他侵犯他人合法权益的内容;(六)招募说明书真实、准确、完整地披露了投资者做出投资决策所需的重要信息,不存在虚假记载、误导性陈述或者重大遗漏,语言简明、易懂、实用,符合投资者的理解能力;(七)有符合基金特征的投资者适当性管理制度,有明确的投资者定位、识别和评估等落实投资者适当性安排的方法,有清晰的风险警示内容;(八)基金的投资管理、销售、登记和估值等业务环节制度健全,行为规范,技术系统准备充分,不存在影响基金正常运作、损害或者可能损害基金份额持有人合法权益、可能引发系统性风险的情形;(九)中国证监会规定的其他条件。"

第一,投资方向。《证券投资基金法》第 72 条规定:"基金财产应当用于下列投资:(一)上市交易的股票、债券;(二)国务院证券监督管理机构规定的其他证券及其衍生品种。"《公开募集基础设施证券投资基金指引(试行)》第 2 条规定:"本指引所称基础设施基金,是指同时符合下列特征的基金产品:(一)80%以上基金资产投资于基础设施资产支持证券,并持有其全部份额;基金通过基础设施资产支持证券持有基础设施项目公司全部股权……"第 26 条规定:"基础设施基金除投资基础设施资产支持证券外,其余基金资产应当依法投资于利率债,AAA 级信用债,或货币市场工具。"

需通过核查项目的《基金合同》及《招募说明书》,判断公募基金的投资方向是否符合以上要求。

第二,运作方式。《公开募集基础设施证券投资基金指引(试行)》第 27 条规定:"基础设施基金应当采取封闭式运作,符合法定条件并经证券交易所依法审核同意后,可上市交易。"通过核查项目的《基金合同》,判断公募基金的运作方式是否符合《公开募集基础设施证券投资基金指引(试行)》的要求。

第三,基金品种。《公开募集基础设施证券投资基金指引(试行)》第 2 条规定了基金的品种为:"(一)80%以上基金资产投资于基础设施资产支持证券,并持有其全部份额;基金通过基础设施资产支持证券持有基础设施项目公司全部股权;

(二)基金通过资产支持证券和项目公司等载体(以下统称特殊目的载体)取得基础设施项目完全所有权或经营权利;(三)基金管理人主动运营管理基础设施项目,以获取基础设施项目租金、收费等稳定现金流为主要目的;(四)采取封闭式运作,收益分配比例不低于合并后基金年度可供分配金额的90%。"

需通过核查项目的《基金合同》及《招募说明书》,判断公募基金的类别是否为基础设施证券投资基金,基金的品种是否符合《公开募集基础设施证券投资基金指引(试行)》的规定。

第四,基金文件。需核查以下公募基金相关文件(见表1-1):

表1-1 需核查的公募基金相关文件

序号	文件名	参与方	内容	参考文本
1	《认购协议》	公募基金管理人 投资人 原始权益人	投资人认购公募基金份额	
2	《基金招募说明书》	公募基金管理人	公募基金管理人向投资人说明基金情况、风险等内容	《证券投资基金信息披露内容与格式准则第5号——招募说明书的内容与格式》
3	《基金合同》	公募基金管理人 公募基金托管人	明确投资人、公募基金管理人和公募基金托管人的权利、义务等内容	《证券投资基金信息披露内容与格式准则第6号——基金合同的内容与格式》
4	《基金托管协议》	公募基金管理人 公募基金托管人	明确公募基金管理人和公募基金托管人之间的权利义务等内容	《证券投资基金信息披露内容与格式准则第7号——托管协议的内容与格式》
5	《基金销售协议》	公募基金管理人 基金销售机构	公募基金管理人委托基金销售机构销售	

第五,基金名称。核查基金名称是否表明基金的类别和投资特征,是否存在损害国家利益、社会公共利益,欺诈、误导投资者,或者其他侵犯他人合法权益的内容。

第六,招募说明书。核查招募说明书是否符合证券投资基金信息披露内容与格式准则第5号《招募说明书的内容与格式》的要求,是否符合项目的实际情况,内容是否真实、准确、完整。

第七,投资者适当性管理制度。核查《招募说明书》《基金合同》中是否设置了明确的投资者定位、识别和评估方法,基金管理人是否有相应的内部管理办法,是否设置了针对个人投资者和机构投资者的风险承受能力测试问卷。

第八,业务环节制度。核查基金管理人的内部制度文件,判断基金的投资管理、销售、登记和估值等业务环节是否制度健全。

2. 基金管理人的授权

通过核查基金管理人的章程和决议文件,判断是否已存在有效决议文件同意基金管理人募集并管理公募基金。

(三)交易文件的合法性

除上述已提到的公募基金相关文件外,还需核查以下交易文件是否完整(见表1-2):

表1-2 需核查的交易文件

序号	文件名	参与方	内容
1	《标准条款》	ABS管理人	明确ABS管理人和ABS托管人之间的权利义务等内容
2	《托管协议》	ABS管理人 ABS托管人	ABS托管人为资产支持专项计划资金提供托管服务
3	《认购协议与风险揭示书》	ABS管理人 公募基金管理人	约定ABS管理人认购资产支持证券,并揭示资产支持证券风险
4	《项目公司监管协议》	公募基金管理人 ABS管理人 监管银行 项目公司	公募基金管理人、ABS管理人与项目公司共同委托监管银行对项目公司监管账户提供监管服务
5	《资产支持专项计划说明书》	ABS管理人	披露专项计划基本情况、参与主体、基础资产情况及现金流、专项计划投资及分配等

若交易结构中只有一层项目公司,则还需核查以下文件(见表1-3):

表 1 – 3 需核查的文件

序号	文件名	参与方	内容
1	《股权转让协议》	ABS 管理人 原始权益人	由 ABS 管理人(代表专项计划)收购原始权益人持有的项目公司 100% 股权
2	《债权转让协议》	ABS 管理人 原始权益人	由 ABS 管理人(代表专项计划)收购原始权益人对项目公司享有的股权借款债权

若交易结构中存在一层项目公司及一层 SPV,并且涉及吸收合并的,则还需核查以下文件(见表 1 – 4):

表 1 – 4 需核查的其他文件

序号	文件名	参与方	内容
1	《SPV 监管协议》	公募基金管理人 ABS 管理人 监管银行 SPV	公募基金管理人、ABS 管理人与 SPV 共同委托监管银行对 SPV 监管账户提供监管服务
2	《项目公司股权转让协议》	原始权益人 项目公司 SPV	SPV 收购原始权益人持有的项目公司 100% 股权
3	《SPV 借款合同》	原始权益人 SPV	原始权益人向 SPV 发放股东借款
4	《SPV 股权转让协议》	ABS 管理人 原始权益人 项目公司 SPV	ABS 管理人(代表专项计划)收购原始权益人持有的 SPV100% 股权
5	《债权转让协议》	ABS 管理人 原始权益人 项目公司 SPV	ABS 管理人(代表专项计划)收购原始权益人对 SPV 享有的股权借款债权
6	《还款协议》	ABS 管理人 SPV 项目公司	明确项目公司反向吸收合并 SPV 后,SPV 的债务由项目公司继承
7	《吸收合并协议》	SPV 项目公司	项目公司反向吸收合并 SPV,并继承 SPV 的权利义务

(四)基础设施项目的基本情况

对基础设施项目的核查主要包括项目的合规性及项目的运营情况两个方面,具体内容详见本篇对不同行业的REITs项目的分析。

1. 基础设施项目的合法合规性

第一,基础设施项目的范围;

第二,基础设施项目的特许经营权,包括特许经营权的权利人、内容、期限等;

第三,基础设施项目的权利限制情况,是否存在抵押、质押等权利限制;

第四,基础设施项目已取得的合规性文件情况;

第五,基础设施所属土地的实际用途;

第六,基础设施的收入来源;

第七,基础设施资产购买保险情况;

第八,如果基础设施项目属于PPP项目的,还需另外核查该项目的建设运营是否满足PPP项目的合规性要求。

2. 基础设施项目运营与现金流情况

国家发展和改革委办公厅《关于做好基础设施领域不动产投资信托基金(REITs)试点项目申报工作的通知》要求"项目运营时间原则上不低于3年"以及"现金流持续稳定且来源合理分散,投资回报良好,近3年内总体保持盈利或经营性净现金流为正。预计未来3年净现金流分派率(预计年度可分配现金流/目标不动产评估净值)原则上不低于4%"。

根据上述规定,需核查基础设施项目的以下内容:

第一,项目运营时间;

第二,重要现金流的来源是否真实、合法;

第三,现金流来源分散度;

第四,现金流中的政府补贴情况。

(五)基础设施项目公司的基本情况

对于项目公司的核查要点包括以下内容:

第一,项目公司的设立、变更、存续状态,项目公司是否由原始权益人100%持

股,原始权益人的出资是否符合项目公司章程的约定;

第二,项目公司是否存在重大重组情况;

第三,项目公司的组织机构是否健全;

第四,项目公司章程是否符合有关法律、法规和规范性文件的规定,根据项目公司章程规定的有权机构授权情况符合法律、法规和规范性文件的规定;

第五,项目公司的资产情况,包括是否已合法持有基础设施资产及经营权,是否持有其他知识产权;

第六,项目公司的重大合同履行情况以及与基础设施项目有关的合同,是否存在重大纠纷或潜在纠纷,或其他影响基础设施项目正常运行的事项;

第七,项目公司的资产独立情况,是否独立于原始权益人及其关联方;

第八,项目公司是否有完善的会计制度和财务管理制度;

第九,项目公司的税务情况;

第十,项目公司的失信、违法、涉诉情况。

(六)基础设施项目转让的合法性

对于基础资产转让中的法律问题,以及基础设施项目转让的交易结构问题,本篇第二章"基础设施 REITs 法律问题"中将深入分析研究,下文将介绍在基础设施项目转让过程中需要核查的内容:

1. 项目是否涉及基础设施资产转让以及特许经营权的转让

在不涉及前述转让的情形下,核查项目公司股权转让中:

第一,原始权益人是否有权处置项目公司的股权,项目公司是否存在其他股东;

第二,项目公司章程是否对股权转让的内部程序进行约定,若无约定则应按照《公司法》的规定履行相应程序;

第三,《特许经营协议》是否对项目股权转让有所限制,若存在限制,则需签署《特许经营协议》的政府部门同意项目公司转让股权;

第四,项目公司转让股权是否已履行完毕工商变更登记手续。

2. 项目公司股权转让对价的公允性

通常情况下,项目公司的股权转让协议中会对股权转让价款的计价原则进行约定,一般会与基础设施基金的募集资金规模关联,同时可能会要求不低于项目公司最新的《审计报告》中确定的净资产审定值。

3. 项目公司涉及国资的特别程序

《企业国有资产交易监督管理办法》第48条规定:“企业一定金额以上的生产设备、房产、在建工程以及土地使用权、债权、知识产权等资产对外转让,应当按照企业内部管理制度履行相应决策程序后,在产权交易机构公开进行。涉及国家出资企业内部或特定行业的资产转让,确需在国有及国有控股、国有实际控制企业之间非公开转让的,由转让方逐级报国家出资企业审核批准。”

因为基础设施项目的特殊性,已发行REITs项目中很多原始权益人均属于国有及国有控股企业、国有实际控制企业,所以需要履行《企业国有资产交易监督管理办法》中规定的公开转让程序,或逐级上报获批后才能非公开转让。

(七)基础设施基金治理安排的合规性

1. 核查《基金合同》中的以下内容:

第一,是否对公募基金的议事规则进行约定,包括基金份额持有人大会召开事由、会议议案的提案人、会议召集人及召集方式、召开基金份额持有人大会的通知时间、通知内容、通知方式、基金份额持有人出席会议的方式、议事内容与程序、决议形成的条件、表决方式、程序、计票、生效与公告;

第二,是否约定了基金管理人、基金托管人的权利及义务。

2. 核查《基金合同》和《招募说明书》中是否规定了基金管理人的决策机构及决策制度。

3. 核查《计划说明书》和《标准条款》中是否列明了资产支持证券持有人的权利及权利的行使方式及安排,以及专项计划管理人、专项计划托管人的权利及义务。

4. 核查项目公司是否按照《公司法》的要求设立了治理机制及经营管理架构。

5. 核查《运营管理协议》中的以下内容:

第一,是否对基金管理人、外部管理机构、项目公司的权利义务作出明确约定;

第二,是否对基金管理人解聘外部管理机构的情形作出明确约定。

(八)关联交易、同业竞争、对外借款等事项

1. 关联交易

需核查是否与项目公司存在关联交易的对象包括:原始权益人、项目公司的实际控制人、原始权益人控制的其他企业、项目公司的子公司、项目公司的合营企业和联营企业。

根据项目公司最新的《审计报告》及项目公司提供的资料,核查项目公司与上述主体之间发生的关联交易,是否符合项目公司内部关联交易流程和审批程序,交易价格与同类交易的市场价格是否存在显著差异。

2. 同业竞争

核查原始权益人、原始权益人其他子公司、外部管理机构与项目公司的经营范围、主营业务,如果存在业务重合,则进一步核查具体项目是否在同一区域,是否构成竞争关系,是否存在利益冲突。

如果存在利益冲突,则需核查《招募说明书》中是否采取了充分的风险缓释措施以避免利益冲突。

3. 对外借款

需根据项目公司提供的资料,核查项目公司对外借款的贷款人、借款用途、借款金额、借款利率、借款期限及担保措施。项目公司的既有借款情况应于公募基金及专项计划设立后,以募集资金偿还。

二、重点相关法规政策规定原文节选

(一)中国证监会、国家发展改革委《关于推进基础设施领域不动产投资信托基金(REITs)试点相关工作的通知》

“三、基础设施 REITs 试点项目要求

“(三)聚焦优质项目。基础设施 REITs 试点项目应符合以下条件:

“1. 项目权属清晰,已按规定履行项目投资管理,以及规划、环评和用地等相关手续,已通过竣工验收。PPP 项目应依法依规履行政府和社会资本管理相关规定,收入来源以使用者付费为主,未出现重大问题和合同纠纷。

“2. 具有成熟的经营模式及市场化运营能力,已产生持续、稳定的收益及现金流,投资回报良好,并具有持续经营能力、较好的增长潜力。

“3. 发起人(原始权益人)及基础设施运营企业信用稳健、内部控制制度健全,具有持续经营能力,最近 3 年无重大违法违规行为。基础设施运营企业还应当具有丰富的运营管理能力。”

(二)国家发展改革委办公厅《关于做好基础设施领域不动产投资信托基金(REITs)试点项目申报工作的通知》

“三、确保试点项目满足基本条件

“(七)基础设施项目权属清晰、资产范围明确,发起人(原始权益人)依法合规拥有项目所有权、特许经营权或运营收费权,相关股东已协商一致同意转让。

“(八)项目运营时间原则上不低于 3 年。

“(九)现金流持续稳定且来源合理分散,投资回报良好,近 3 年内总体保持盈利或经营性净现金流为正。预计未来 3 年净现金流分派率(预计年度可分配现金流/目标不动产评估净值)原则上不低于 4%。

“(十)基础设施运营管理机构具备丰富的同类项目运营管理经验,配备充足的运营管理人员,公司治理与财务状况良好,具有持续经营能力。

“(十一)发起人(原始权益人)、基金管理人、基础设施运营管理机构近 3 年在投资建设、生产运营、金融监管、工商、税务等方面无重大违法违规记录,项目运营期间未出现安全、质量、环保等方面的重大问题。

“四、明确试点项目申请材料要求

“(十二)发起人(原始权益人)应按要求准备项目申请材料,并对申请材料的真实性负责。申请材料包括:

“1. 基本情况。包括发起人(原始权益人)情况;项目及运营情况;REITs 发行总体方案;基础设施运营管理机构情况;市场机构参与等情况(详见附件 1)。

“2. 合规情况。包括项目符合国家重大战略、宏观调控政策、产业政策情况;依法依规取得固定资产投资管理相关手续情况;PPP 项目合规情况、项目收益和收入来源情况;筹集资金用途情况;基础设施项目持续健康运营保障条件等情况(详见附件 2)。

“3.证明材料。项目可行性研究报告批复或核准、备案文件复印件;规划、用地、环评、施工许可证书或批复文件复印件;项目竣工验收文件和产权文件(如有)复印件;PPP项目实施方案及批复文件、招标采购文件、PPP合同或特许经营协议复印件;项目经审计的财务报告或备考财务报表;律师事务所就项目权属和资产范围、项目合法合规性、转让行为合法性等出具的法律意见书(向国家发展改革委正式申报前出具即可);发起人(原始权益人)承诺材料等(详见附件3)。

“4.国家发展改革委要求提供的其他相关材料。”

(三)《公开募集基础设施证券投资基金指引(试行)》第8条

“基础设施基金拟持有的基础设施项目应当符合下列要求:

“(一)原始权益人享有完全所有权或经营权利,不存在重大经济或法律纠纷,且不存在他项权利设定,基础设施基金成立后能够解除他项权利的除外;

“(二)主要原始权益人企业信用稳健、内部控制健全,最近3年无重大违法违规行为;

“(三)原则上运营3年以上,已产生持续、稳定的现金流,投资回报良好,并具有持续经营能力、较好增长潜力;

“(四)现金流来源合理分散,且主要由市场化运营产生,不依赖第三方补贴等非经常性收入;

“(五)中国证监会规定的其他要求。”

(四)《证券公司及基金管理公司子公司资产证券化业务尽职调查工作指引》

第13条 对基础资产的尽职调查包括基础资产的法律权属、转让的合法性、基础资产的运营情况或现金流历史记录,同时应当对基础资产未来的现金流情况进行合理预测和分析。

第14条 对基础资产合法性的尽职调查应当包括但不限于以下内容:基础资产形成和存续的真实性和合法性;基础资产权属、涉诉、权利限制和负担等情况;基础资产可特定化情况;基础资产的完整性等。

第15条 对基础资产转让合法性的尽职调查应当包括但不限于以下内容:

基础资产是否存在法定或约定禁止或者不得转让的情形;基础资产(包括附属权益)转让需履行的批准、登记、通知等程序及相关法律效果;基础资产转让的完整性等。

第16条　管理人应当根据不同基础资产的类别特性对基础资产现金流状况进行尽职调查,应当包括但不限于以下内容:基础资产质量状况;基础资产现金流的稳定性和历史记录;基础资产未来现金流的合理预测和分析。

(五)《基础设施领域不动产投资信托基金(REITs)试点项目申报要求》

“二、项目基本条件

“(三)项目应成熟稳定,满足以下条件:

“1. 基础设施项目权属清晰、资产范围明确,发起人(原始权益人)依法合规直接或间接拥有项目所有权、特许经营权或经营收益权。项目公司依法持有拟发行基础设施 REITs 的底层资产。

“2. 土地使用依法合规。

“(1)对项目公司拥有土地使用权的非 PPP(含特许经营)类项目。如项目以划拨方式取得土地使用权,土地所在地的市(县)人民政府或自然资源行政主管部门应对项目以100%股权转让方式发行基础设施 REITs 无异议;如项目以协议出让方式取得土地使用权,原土地使用权出让合同签署机构(或按现行规定承担相应职责的机构)应对项目以100%股权转让方式发行基础设施 REITs 无异议;如项目以招拍挂出让或二级市场交易方式取得土地使用权,应说明取得土地使用权的具体方式、出让(转让)方、取得时间及相关前置审批事项。

“(2)对项目公司拥有土地使用权的 PPP(含特许经营)类项目。发起人(原始权益人)和基金管理人应就土地使用权作出包含以下内容的承诺:项目估值中不含项目使用土地的土地使用权市场价值,基金存续期间不转移项目涉及土地的使用权(政府相关部门另有要求的除外),基金清算时或特许经营权等相关权利到期时将按照特许经营权等协议约定以及政府相关部门的要求处理相关土地使用权。

“(3)对项目公司不拥有土地使用权的项目。应说明土地使用权拥有人取得土地使用权的具体方式、出让(转让)方和取得时间等相关情况,土地使用权拥有人与项目公司之间的关系，以及说明项目公司使用土地的具体方式、使用成本、使用期限和剩余使用年限，分析使用成本的合理性，并提供相关证明材料。

“3. 基础设施项目具有可转让性。

“（1）发起人（原始权益人）、项目公司相关股东已履行内部决策程序，并协商一致同意转让。

“（2）如相关规定或协议对项目公司名下的土地使用权、项目公司股权、特许经营权、经营收益权、建筑物及构筑物转让或相关资产处置存在任何限定条件、特殊规定约定的，相关有权部门或协议签署机构应对项目以 100% 股权转让方式发行基础设施 REITs 无异议，确保项目转让符合相关要求或相关限定具备解除条件。

“（3）对 PPP（含特许经营）类项目，PPP（含特许经营）协议签署机构、行业主管部门应对项目以 100% 股权转让方式发行基础设施 REITs 无异议。

“4. 基础设施项目成熟稳定。

“（1）项目运营时间原则上不低于 3 年。对已能够实现长期稳定收益的项目，可适当降低运营年限要求。

“（2）项目现金流投资回报良好，近 3 年内总体保持盈利或经营性净现金流为正。

“（3）项目收益持续稳定且来源合理分散，直接或穿透后来源于多个现金流提供方。因商业模式或者经营业态等原因，现金流提供方较少的，重要现金流提供方应当资质优良，财务情况稳健。

“（4）预计未来 3 年净现金流分派率（预计年度可分配现金流/目标不动产评估净值）原则上不低于 4%。

“5. 资产规模符合要求。

“（1）首次发行基础设施 REITs 的项目，当期目标不动产评估净值原则上不低于 10 亿元。

“（2）发起人（原始权益人）具有较强扩募能力，以控股或相对控股方式持有、按有关规定可发行基础设施 REITs 的各类资产规模（如高速公路通车里程、园区建筑面积、污水处理规模等）原则上不低于拟首次发行基础设施 REITs 资产规模的 2 倍。

“6. 发起人（原始权益人）等参与方符合要求。

“（1）优先支持有一定知名度和影响力的行业龙头企业的项目。

“(2)发起人(原始权益人)、项目公司、基金管理人、资产支持证券管理人、基础设施运营管理机构近3年在投资建设、生产运营、金融监管、市场监管、税务等方面无重大违法违规记录。项目运营期间未出现安全、质量、环保等方面的重大问题或重大合同纠纷。”

(六)国家发改委《关于规范高效做好基础设施领域不动产投资信托基金(REITs)项目申报推荐工作的通知》

“二、合理把握项目发行条件

(四)支持消费基础设施建设。贯彻党中央、国务院关于把恢复和扩大消费摆在优先位置的决策部署,研究支持增强消费能力、改善消费条件、创新消费场景的消费基础设施发行基础设施REITs。优先支持百货商场、购物中心、农贸市场等城乡商业网点项目,保障基本民生的社区商业项目发行基础设施REITs。项目用地性质应符合土地管理相关规定。项目发起人(原始权益人)应为持有消费基础设施、开展相关业务的独立法人主体,不得从事商品住宅开发业务。发起人(原始权益人)应利用回收资金加大便民商业、智慧商圈、数字化转型投资力度,更好满足居民消费需求。严禁规避房地产调控要求,不得为商品住宅开发项目变相融资。

(五)合理把握项目收益与规模。根据不同类型基础设施REITs项目的具体情况,合理把握项目收益水平。申报发行基础设施REITs的特许经营权、经营收益权类项目,基金存续期内部收益率(IRR)原则上不低于5%;非特许经营权、经营收益权类项目,预计未来3年每年净现金流分派率原则上不低于3.8%。可通过剥离低效资产、拓宽收入来源、降低运营成本、提升管理效率等多种方式,努力提高项目收益水平,达到项目发行要求。首次发行基础设施REITs的保障性租赁住房项目,当期目标不动产评估净值原则上不低于8亿元。

(六)严把投资管理合规性。投资管理手续是否合规,应以项目投资建设时的法律法规和国家政策作为主要判定依据。项目投资建设时无须办理但按现行规定应当办理的有关手续,应按当时规定把握,并说明有关情况;项目投资建设时应当办理但现行规定已经取消或与其他手续合并的有关手续,如有缺失,应由相关负责部门说明情况或出具处理意见;按照项目投资建设时和现行规定均需办理的有关手续,如有缺失,原则上应由相关负责部门依法补办,确实无法补办的应由相关负责部门出具处理意见。如项目曾进行改变功能用途的重大改扩建,应主要依据改扩建时的相关手续办理情况判断其投资管理合规性。"

…………

"五、用好回收资金促进有效投资

(十四)严格把握回收资金用途。基础设施REITs净回收资金(指扣除用于偿还相关债务、缴纳税费、按规则参与战略配售等资金后的回收资金)应主要用于在建项目、前期工作成熟的新项目(含新建项目、改扩建项目);其中,不超过30%的净回收资金可用于盘活存量资产项目,不超过10%的净回收资金可用于已上市基础设施项目的小股东退出或补充发起人(原始权益人)流动资金等。在符合国家政策及企业主营业务要求的条件下,回收资金可跨区域、跨行业使用;除国家有特殊规定外,任何地方或部门不得设置限制条件,影响企业按照市场化原则依法合规使用回收资金。

(十五)督促回收资金尽快使用。加快基础设施REITs净回收资金的投资进度,尽快形成投资良性循环,更好支持实体经济发展。基础设施REITs购入项目(含首次发行与新购入项目)完成之日起2年内,净回收资金使用率原则上应不低于75%,3年内应全部使用完毕。净回收资金使用进度明显不符预期的,应审慎考虑新购入项目安排。如回收资金实际投入项目与申报时拟投入项目不一致的,应按要求向有关省级发展改革委备案并说明情况。

(十六)建立回收资金使用直报制度。为确保回收资金尽快用于项目投资、有效支持实体经济发展,已上市基础设施REITs项目发起人(原始权益人)应于每季度结束后5个工作日内向我委投资司直接报送回收资金使用情况,同步抄送再投资项目涉及的省级发展改革委。如回收资金使用进度不及预期,我委将及时提醒有关项目发起人(原始权益人);确有必要时,将提请有关省级发展改革委约谈项目单位,了解具体情况,提出整改建议。"

第二节 交通基础设施REITs项目的核查要点

《基础设施领域不动产投资信托基金(REITs)试点项目申报要求》中列明了

八大试点行业,包括交通基础设施、能源基础设施、市政基础设施、生态环保基础设施、仓储物流基础设施、园区基础设施、新型基础设施、保障性租赁住房,并探索在具有供水、发电等功能的水利设施以及自然文化遗产、国家 AAAAA 级旅游景区等具有较好收益的旅游基础设施中开展试点。

上一节"核查要点概述"中介绍了在 REITs 项目发行时,律师需要核查的内容框架,以及不同项目中需要普遍关注的要点。自本节开始,我们将分行业、分项目介绍不同基础设施 REITs 项目中需要特别关注的核查要点。分析的重点也将放在原始权益人、基础资产以及项目公司上。

交通基础设施,包括收费公路、铁路、机场、港口项目。在已经发行的基础设施 REITs 项目中,就有浙商杭徽高速项目、平安广州交投公募 REITs 等收费公路项目。我们认为,收费公路项目将会是今后发行的重点 REITs 项目,因此本节将先分析收费公路 REITs 项目的核查要点。

一、收费公路项目

(一)核查要点

1. 项目权属和资产的核查

(1)收费公路经营权的取得情况

收费公路经营权的取得情况包括特许经营权的初始取得情况、为发行 REITs 新设子公司承接特许经营权的情况、特许经营权的范围等内容。

根据《收费公路管理条例》第 14 条的规定,经营性公路的收费期限,按照收回投资并有合理投资回报的原则确定,最长不得超过 25 年。国家确定的中西部省、自治区、直辖市的经营性公路收费期限,最长不得超过 30 年。

根据《公路法》第 60 条的规定,有偿转让公路收费权的公路,收费权转让后,由受让方收费经营。收费权的转让期限由出让、受让双方约定,最长不得超过国务院规定的年限。国内外经济组织投资建设公路,必须按照国家有关规定办理审批手续;公路建成后,由投资者收费经营。收费经营期限按照收回投资并有合理回报的原则,由有关交通主管部门与投资者约定并按照国家有关规定办理审批手续,但最长不得超过国务院规定的年限。值得关注的是,在广河高速公路 REITs

项目中,广河高速公路 REITs 项目的基金存续期设定为 99 年,但是特许经营的项目收费期为 25 年,自交工日(2011 年 12 月 17 日)起算。基金存续期显然超出了项目的收费期,将面临特许经营期(收费期)与基金存续期间不一致的问题。因此,在现行法律规定的体系下,在收费公路 REITs 项目中如何确保在特许经营权期限届满后仍能保证项目公司拥有收费收益权和收入来源,应是法律实务中的一个重点问题。

(2)资产权属的取得情况

为满足 REITs 项目的发行要求,收费公路的项目用地使用权应权属清晰,否则需对此做出补充说明。例如,广河高速公路 REITs 项目的项目用地尚未办理土地使用权证。据此,广河项目公司在发行 REITs 之前于 2020 年 12 月 21 日取得广州市规划和自然资源局《关于商请出具广河高速土地使用说明意见的复函》,广州市规划和自然资源局对广河项目公司在特许经营期内合法使用广河高速划拨土地无异议。

实务中,收费公路的项目用地很多都是通过划拨方式取得的,由于历史原因,很多项目未能办理土地使用证。在今后的收费公路 REITs 项目中,若出现类似未办理土地使用证的情况,应当注意是否取得政府主管部门对于项目公司在特许经营期内合法使用土地无异议的批复,以确认未办理土地使用证不影响项目公司对项目享有收费公路权益。

2. 项目立项及建设过程合法合规性的核查

收费公路项目的立项及建设过程涉及众多环节和主管部门,以广河高速公路 REITs 项目为例,在该项目公开披露的法律意见书中,对以下立项及建设过程的文件进行了核查(见表 1－5)。

表 1－5　广河高速公路 REITs 项目立项及建设过程的文件

序号	审批流程	主管部门
1	可行性研究批复	广东省交通厅
2	规划选址	广州市城市规划局
3	环境影响评估	广东省环境保护局
4	节能审查	广东省发展和改革委员会

续表

序号	审批流程	主管部门
5	投资立项	广东省发展和改革委员会
6	初步设计批复	广东省交通厅
7	施工图设计审查	广东省交通厅
8	建设项目选址意见书	广东省建设厅
9	用地预审意见	原广东省国土资源厅
10	用地规划	广州市城市规划局、增城区城乡规划局
11	用地批复	原国土资源部、原广东省国土资源厅
12	工程规划	广州市规划局
13	施工许可	广东省交通运输厅
14	交工验收	—
15	环保验收	广州市环境保护局
16	公路工程竣工验收	广东省交通运输厅

实务中,存在收费公路项目由于历史原因在某个环节未能取得相应许可和批准的情况,若出现缺失情况,应当注意是否取得政府主管部门的批复和认可,以确认不影响项目公司对项目享有收费公路权益。

另外需要注意,《收费公路管理条例》第 11 条第 1 ~ 3 款规定:"建设和管理政府还贷公路,应当按照政事分开的原则,依法设立专门的不以营利为目的的法人组织。省、自治区、直辖市人民政府交通主管部门对本行政区域内的政府还贷公路,可以实行统一管理、统一贷款、统一还款。经营性公路建设项目应当向社会公布,采用招标投标方式选择投资者。"

因此,还需核查收费公路项目的建设是否采用招投标程序,建设单位是否为中标人。如果收费公路项目建设在《收费公路管理条例》实施之前,即 2004 年 11 月 1 日之前,则不受本条规定的限制。

3. 项目权利限制的核查

以广河高速公路 REITs 项目为例,在该项目公开披露的法律意见书中对以下方面对项目权利的限制进行了核查:

广河项目公司分别与工商银行、招商银行、浦发银行签署《固定资产贷款合同》,约定由广河项目公司以贷款份额对应比例的广河高速项目收费权对应的应收账款向上述银行提供质押担保,且已办理动产融资登记手续。

实务中,收费公路项目为了融资通常会将收费收益权进行质押,向银行等金融机构提供借款担保。如遇到该类情况,在发行 REITs 产品前应取得银行金融机构的书面同意,同意项目公司发行 REITs 募集资金提前归还借款,并承诺在债务清偿后配合办理质押担保的注销手续等。

4. 转让行为合法性的核查

(1)法律法规对项目公司股权转让的限制性规定

根据交通运输部国家发展和改革委员会财政部《关于公路经营企业产权(股权)转让有关问题的通知》(已废止)的规定,公路经营企业产权(股权)转让造成公路经营企业控股方(包括相对控股方)变更的,首先,应按照企业章程和国家有关企业产权(股权)转让的规定履行相关审核审批程序;其次,按照国家有关收费公路权益转让的规定,办理收费公路权益转让审核审批手续;最后,再申请办理商务部门对合同章程审核审批(涉及外资的)以及工商部门的工商注册登记等政府部门审核审批手续。但该规定已于 2017 年 5 月 17 日废止。在《关于公路经营企业产权(股权)转让有关问题的通知》被废止后,目前国家层面尚无现行有效的法律法规对收费公路项目公司股权转让的程序进行限制。尽管如此,为避免未来可能存在的风险,广河高速项目仍取得了广州市交通运输管理部门的复函,同意广河高速项目股权转让。

实务中,在某些地方性管理规定中还存在对项目公司股权转让的限制,例如,根据《浙江省收费公路管理办法》第 17 条的规定,收费公路经营企业股权(份)转让,致使对收费公路收费权具有控股地位的股东发生变化的,应当报省人民政府批准;国家另有规定的,从其规定。该规定目前仍然有效。因此,如在有类似管理规定的省份发行高速公路 REITs 项目的,应注意当地管理法规对项目公司股权转让的限制性规定。

(2)法律法规对收费权转让的限制性规定

就收费公路项目收费权转让,根据交通运输部、国家发展改革委、财政部《关于做好公路收费权转让备案工作的通知》(交财审函〔2018〕782 号)的规定,公路收费权转让由审批制改为备案制,各级交通运输主管部门不得以任何理由继续保留该审批事项或者为备案设置前置条件。因此,根据国家及地方层面现行有效的法律法规,可以理解收费公路项目收费权转让无须履行交通运输管理部门的审批程序。但是,实务中在转让后应注意是否需要履行备案程序。

(3)特许经营协议对股权和资产转让的限制性规定

根据特许经营协议的约定,股权转让需报请政府批准,资产转让需经招标人书面同意。尽管广州市交通运输局没有单独就资产转让问题进行批复,但广州市交通运输局出具的同意广河高速项目股权转让的复函可以视为同意资产转让。

实务中,特许经营协议中一般都会设置条款限制股权和资产的转让,应注意在转让之前取得相关政府主管部门的批复同意。

(4)国有产权转让的限制性规定

根据32号令的规定,国有资产转让行为应履行企业国有产权转让的相关程序。在广河高速公路REITs项目中,根据广州国资委作出的《关于交投集团基础设施REITs试点广河项目股权转让环节国有资产交易程序的复函》,基础设施REITs遵循等价有偿和公开公平公正的原则公开规范发行,批准在股权转让时无须另行履行国有资产进场交易程序。

实务中,由于高速公路多由国有企业投资持有,在转让时应受32号令规定的约束。即在转让过程中应涉及批准、资产评估、进场交易等特有程序。特别在进场交易环节,若项目公司的股权被第三方摘牌或公募REITs产品的募集资金低于国有资产的挂牌价,将导致公募REITs产品设立失败。而未经批准直接以非公开协议方式转让,相关转让协议的法律效力在司法实践中又存在一定的不确定性。鉴于此,如何豁免进场交易必然成为高速公路REITs发行过程中重点关注的问题之一。目前已有部分省市率先开展试点工作,根据北京市人民政府召开的关于研究推进本市基础设施领域不动产投资信托基金有关工作的会议,基础设施REITs项目豁免国有资产进场交易程序。除已有政策出台的省市之外,在其他地区发行高速公路REITs项目还需要针对单个项目与国有资产监督管理部门沟通,取得同意非公开协议转让的批复和函件后才能顺利实施操作。

(5)项目融资文件的转让限制规定

广河项目公司分别与工商银行、招商银行与浦发银行签署《借款合同》,在合同中约定在进行股权转让等重大事项前须首先征得金融机构的书面同意。为此,广河项目公司分别与三家金融机构签订了补充协议等文件,金融机构表示知悉因发行 REITs 而产生的股权转让事宜,对转让限制进行了豁免。

实务中,为了保证借款人的还款能力,融资文件中通常会设置限制股权转让的条款。如遇到该类情况,在发行 REITs 产品前应取得银行金融机构的书面同意,对转让进行豁免。

5. 资产证券化层面的核查

鉴于现行基础设施公募 REITs 的交易结构采用的是“公募基金 + 资产支持专项计划(ABS)”的交易结构,因此还应注意证监会和交易所在资产证券化层面的针对高速公路项目的一些特殊核查要求。

(1)证监会层面

在证监会 2016 年 5 月发布的资产证券化监管问答中,对于政府还贷高速公路通行费能否作为资产证券化的基础资产这一问题,证监会答复:为社会提供公共产品或公共服务,最终由使用者付费,实行收支两条线管理,专款专用,并约定了明确的费用返还安排的相关收费权类资产,可以作为基础资产开展资产证券化业务。该类基础资产应当取得地方财政部门或有权部门按约定划付购买服务款项的承诺或法律文件。并且,以该类资产为基础资产的,管理人应当在尽职调查过程中详细了解提供公共产品或公共服务企业的历史现金流情况,约定明确的现金流返还账户。管理人应当对现金流返还账户获得完整、充分的控制权限。

根据基金业协会制定的基础资产负面清单的规定,以地方政府为直接或间接债务人的基础资产属于负面清单项目。但证监会的监管问答对一些属于使用者付费,但由财政统收并支付服务方的项目进行了区别对待,使得政府还贷高速公路通行费可以作为资产证券化的基础资产,但在实务操作中此类基础资产应当取得地方财政部门或有权部门按约定划付购买服务款项的承诺或法律文件。

(2)交易所层面

在深圳证券交易所固定收益部 2017 年 3 月修订的《深圳证券交易所资产证券化业务问答》中,针对收费公路收益权类的基础资产有如下关注要点。

①高速公路收费收益权作为基础资产时,底层资产的权利限制情况(如路面资产、土地等存在抵质押)可能对专项计划基础资产的形成和存续、现金流的持续产生造成较大影响。尽职调查过程中,应当关注相关权利限制是否可能导致底层

资产被处置从而影响到原始权益人的持续经营,如果底层资产可能影响到原始权益人的持续经营和专项计划投资者利益,应当做好解除底层资产权利限制的安排。

②鉴于高速公路等基础资产专业性较强,尽职调查要求较高,建议计划管理人聘请具备证监会和财政部核准的证券期货相关业务评估资格的资产评估机构对前述基础资产的资产价值及现金流情况进行评估。

③鉴于公路类企业需要持续不断地提供服务才能保证一定程度上稳定的现金流,所以需要关注在将相关现金流受让给专项计划后,原始权益人是否能够支付相应的运营成本。

④关注接受公路服务的用户或者行业是否会在未来出现较为重大的变动,是否存在行业周期性风险。现金流能否实现特定化,建议设置合理的资金归集频率,降低资金混同与被挪用风险。同时,还应关注高速公路收费收益权对应的收费权是否附带权利限制及风险缓释机制。

(二)相关法规政策

与收费公路相关的主要法规政策见表1-6。

表1-6 收费公路主要法规政策

序号	发布方	生效时间	名称	发文字号
1	全国人大常委会	2017年11月5日	《公路法》	主席令第81号
2	国务院	2011年7月1日	《公路安全保护条例》	国务院令第593号
3		2004年11月1日	《收费公路管理条例》	国务院令第417号
4		1999年4月26日	《关于收费公路项目贷款担保问题的批复》	国函〔1999〕28号
5	国家发展和改革委员会	2008年10月1日	《收费公路权益转让办法》	交通运输部、国家发展和改革委员会、财政部令2008年第11号
6	国务院办公厅	2009年2月17日	《关于转发发展改革委交通运输部财政部逐步有序取消政府还贷二级公路收费实施方案的通知》	国办发〔2009〕10号

二、港口项目

（一）核查要点

1. 项目权属和资产的核查

（1）港口经营权的取得情况

《港口法》第22条第1款规定："从事港口经营，应当向港口行政管理部门书面申请取得港口经营许可，并依法办理工商登记。"《港口经营管理规定》第6条第1款规定："从事港口经营，应当申请取得港口经营许可。"第10条第2款规定："《港口经营许可证》的有效期为3年。"

按照以上法律规定，需要核查项目公司是否已取得当地交通运输主管部门核发的《港口经营许可证》。我们注意到，不同于收费公路特许经营权期限为25年或30年，《港口经营许可证》的有效期仅为3年，通常情况下远短于REITs项目的基金存续期。为确保在基金存续期内项目公司始终持有有效的《港口经营许可证》，还应核查项目公司是否满足取得《港口经营许可证》的条件。

《港口经营管理规定》第7条规定："从事港口经营（港口拖轮经营除外），应当具备下列条件：

"（一）有固定的经营场所；

"（二）有与经营范围、规模相适应的港口设施、设备，其中：

"1. 码头、客运站、库场、储罐、岸电、污水预处理设施等固定设施应当符合港口总体规划和法律、法规及有关技术标准的要求；

"2. 为旅客提供上、下船服务的，应当具备至少能遮蔽风、雨、雪的候船和上、下船设施，并按相关规定配备无障碍设施；

"3. 为船舶提供码头、过驳锚地、浮筒等设施的，应当有相应的船舶污染物、废弃物接收能力和相应污染应急处理能力，包括必要的设施、设备和器材；

"（三）有与经营规模、范围相适应的专业技术人员、管理人员；

"（四）有健全的经营管理制度和安全管理制度以及生产安全事故应急预案，应急预案经专家审查通过；依法设置安全生产管理机构或者配备专职安全管理人员。"

除《港口经营许可证》之外，根据《港口危险货物安全管理规定》，危险货物港口经营人还需取得《港口危险货物作业附证》。因此,如港口涉及危险货物的,还需取得港口危险货物作业附证。基金管理人和律师应当核查项目公司是否拥有该等资质许可证书。

(2)资产权属的取得情况

港口项目涉及众多资产。根据交通部《关于港口基础设施范围界定的通知》的规定,"港口基础设施涵义主要包括:码头(含浮码头)、防波堤、防沙堤、导流堤、栈桥、船闸、驳岸、护岸、锚地、趸船、港内岸标、浮标等设施;港池、航道;陆域形成及征地拆迁形成的水下设施;客运码头的附属设施;边防(指资产账在港务局的)、战略设施;港内仓储设备、围墙、桥梁、道路、铁路及港内外装卸运输服务的水、电设施;为运营船舶服务的通讯导航和环保设施,水工工程的大临设施,以及国务院有关部门规定范围内的港口设施等"。

《港口工程建设管理规定》第2条第2款规定,"本规定所称港口工程建设,是指在港口规划范围内,为实现港口功能进行新建、改建和扩建的码头工程(含舾装码头工程)及其同时立项的配套设施、防波堤、锚地、护岸等工程建设"。

《航道工程建设管理规定》第2条第2款规定,"本规定所称航道工程建设,是指新建航道以及为改善航道条件而进行的航道整治、航道疏浚工程和航运枢纽、通航建筑物等工程及其配套设施的工程建设"。

因此,首先应当明确拟发行公募 REITs 的港口项目的资产范围,并确定所适用的法律。在资产权属上,应核查相关资产对应的海域使用权证、土地使用权证,房屋所有权证。如涉及的海域、土地或房屋为租赁资产的,应当对所租赁海域、土地或房屋的权属、批准流程、租赁合同是否涉及纠纷、租赁期限是否覆盖基础设施基金和资产支持证券存续期等问题进行充分核查。

2. 项目立项及建设过程合法合规性的核查

目前还没有港口类型的基础设施 REITs 项目申报发行。根据我们的实务经验,港口项目的立项及建设过程中涉及如下需要关注的审批程序。①

① 何勇、汤枭剑:《【建纬观点】水运工程系列之二:港口工程政策法规梳理和浅析(立项篇)》,载微信公众号"建纬律师"2022年9月14日,https://mp.weixin.qq.com/s/QktaAQgzlLOmlVF1XkZwCA;梁志远、汤枭剑:《【建纬观点】港口工程政策法规梳理和浅析(建设篇)》,载微信公众号"建纬律师"2022年10月26日,https://mp.weixin.qq.com/s/itQh9Q7y7b3FSedIsshLnA。

(1)可行性研究报告

根据《政府投资条例》、《企业投资项目核准和备案管理条例》和《企业投资项目核准和备案管理办法》等规定，依据项目资金来源的不同，将原有的项目审批制改为审批制、核准制和备案制。《港口工程建设管理规定》对此作了进一步规定，政府投资的港口建设项目实行审批管理，必须办理工程可行性研究报告审批手续；但企业投资的港口建设项目实行核准或备案管理，办理的是项目核准或者备案手续。

近年来，随着政府的简政放权，越来越多的企业投资的港口建设项目已采用备案制，且下放到地方发改部门、行政审批部门备案。同时，对于核准制和备案制，在可行性研究部分内容的先后顺序上存在区别，如岸线审批、环境影响评价等工作，在核准制项目中，需在核准之前完成，而在备案制项目中，部分地方已放宽要求，可在项目备案后进行。

(2)港口规划

根据《港口法》的规定，港口规划包括港口布局规划和港口总体规划。其中港口布局规划包括全国港口布局规划和省、自治区、直辖市港口布局规划，分别由交通运输部编制后报国务院批准，以及由省、自治区、直辖市人民政府根据全国港口布局规划组织编制并报交通运输部征求意见。港口总体规划指一个港口在一定时期的具体规划，由港口行政管理部门征求有关部门和有关军事机关的意见后编制。港口工程建设需在港口规划区域内，如涉及港口规划的修改，应按照港口规划制定程序办理。

港口工程项目立项过程中，对于项目是否符合港口规划，需要在编制可行性研究报告时一并编写，并上报至港航交通部门，出具相应的行业审查意见。

(3)用海审批

《港口法》第16条规定："港口建设使用土地和水域，应当依照有关土地管理、海域使用管理、河道管理、航道管理、军事设施保护管理的法律、行政法规以及其他有关法律、行政法规的规定办理。"其中有关海域使用，需遵守《海域使用管理法》；海域使用权的申请审批、招标、拍卖、转让、出租和抵押，按《海域使用权管理规定》执行。根据项目最终审批、核准的层级，由国家海洋行政主管部门或地方海洋行政主管部门(县级以上人民政府所属)负责海域使用申请的受理、审查、审核和报批。使用海域应当依法进行海域使用论证。评审通过的海域使用论证报告有效期3年。

海域使用申请人应当按项目用海批复要求办理海域不动产权登记,领取海域不动产证书。海域不动产证书是海域使用权的法律凭证。在实际审批中,通常在项目可研阶段先向国家海洋行政主管部门或地方海洋行政主管部门申请用海预审,待项目审批、核准或备案之后,再行办理用海批复和海域不动产证书。

(4)岸线审批

根据交通运输部的规定,申请岸线使用需满足以下条件:①建设项目是否符合产业政策和港口规划;②建设项目的必要性分析;③工程可行性研究报告或者项目申请报告提出的岸线使用方案是否符合国家技术标准和规范;④岸线使用方案的合理性分析;⑤岸线使用方案是否满足航道、通航安全的相关要求;⑥法律、法规和国家规定的其他要求。港口岸线使用申请材料包括申请表(交通运输部统一规定)、申请人情况及相关材料、工程可行性研究报告或项目申请报告、海事航道部门关于建设项目的意见等。

《港口法》对项目使用港口深水岸线或非深水岸线的审批作了规定,《港口岸线使用审批管理办法》进一步做了详细说明。其中,使用深水岸线的,由交通运输部会同发展改革委批准;使用非深水岸线的,由港口行政管理部门批准即可。港口深水岸线是指适宜建设一定吨级以上泊位的港口岸线(含维持其正常运营所需的相关水域和陆域),按照所在水域分为沿海港口深水岸线和内河港口深水岸线。其中,沿海港口深水岸线是指适宜建设各类型10万吨级及以上泊位的沿海港口岸线,其中长江南京长江大桥以下(江苏段)为适宜建设各类型5万吨级及以上泊位的港口岸线;内河港口深水岸线是指适宜建设各类型3000吨级及以上泊位的内河港口岸线。

(5)环境影响评价

港口工程建设立项需提前开展环境影响评价,包括陆域环评(针对海岸工程)和海洋环评(针对海洋工程)。建设项目单位必须对海洋环境进行科学调查,根据自然条件和社会条件,合理选址,编制环境影响报告书(表)和海洋环境影响报告书(表)。在建设项目开工前,报环境保护行政主管部门(陆域环评)和海洋行政主管部门(海洋环评)审查批准,但根据目前政府机构的改革与调整,部分地方已将陆域环评和海洋环评一同归于生态环境部门审批。

其中海岸工程建设项目，必须遵守国家有关建设项目环境保护管理的规定，并把防治污染所需资金纳入建设项目投资计划。在依法划定的海洋自然保护区、海滨风景名胜区、重要渔业水域及其他需要特别保护的区域，不得从事污染环境、破坏景观的海岸工程项目建设或者其他活动。海洋工程建设项目必须符合全国海洋主体功能区规划、海洋功能区划、海洋环境保护规划和国家有关环境保护标准。

(6)安全条件审查

港口的日常运作要进行大量货物的装卸和运输，尤其涉及危险货物的管理，建设单位需向港口行政管理部门申请开展安全条件审查工作，申请材料中包括建设项目安全预评价报告和建设项目安全条件论证报告。未通过安全条件审查的，危险货物港口建设项目不得开工建设。

其中安全预评价，是根据建设项目可行性研究报告的内容，运用科学的评价方法，对拟建工程设计方案和类比工程进行分析，预测该建设项目存在的危险、有害因素的种类和程度，提出合理可行的安全技术设计和安全管理的建议，作为该建设项目初步设计中安全设施设计和建设项目安全管理、监察的主要依据。因此预评价是港口工程前期安全条件审查的重要内容之一。

《港口危险货物安全管理规定》第 8 条规定："涉及危险化学品的港口建设项目，建设单位还应当进行安全条件论证，并编制安全条件论证报告。安全条件论证的内容应当包括：(一)建设项目内在的危险和有害因素对安全生产的影响；(二)建设项目与周边设施或者单位、人员密集区、敏感性设施和敏感环境区域在安全方面的相互影响；(三)自然条件对建设项目的影响。"

(7)地震安全性评价

《地震安全性评价管理条例》第 8 条规定："下列建设工程必须进行地震安全性评价：(一)国家重大建设工程；(二)受地震破坏后可能引发水灾、火灾、爆炸、剧毒或者强腐蚀性物质大量泄露或者其他严重次生灾害的建设工程，包括水库大坝、堤防和贮油、贮气，贮存易燃易爆、剧毒或者强腐蚀性物质的设施以及其他可能发生严重次生灾害的建设工程；(三)受地震破坏后可能引发放射性污染的核电站和核设施建设工程；(四)省、自治区、直辖市认为对本行政区域有重大价值或者有重大影响的其他建设工程。"

港口工程的水工建筑物由于与水体等接触较多，且埋置较深，以较长的线路布置进行适当疏导，在此条件限制下，水工建筑物的作业就容易受到多方面的影响，如高地下水位、强地震等。其中，地震对于港口工程水工建筑的影响十分严重，即一方面会导致建筑物的损害，另一方面也对社会居民的生命、财产安全造成影响。港口工程地震安全性评价的相关参数通常以《水运工程抗震设计规范》《建筑抗震设计规范》等为准，以确保评价的准确度。

(8)初步设计

港口工程的初步设计需要经相关部门审批，交通运输部负责国家重点水运工程建设项目的初步设计审批。省级交通运输主管部门负责经省级人民政府及其投资主管部门审批、核准或者备案的港口工程建设项目的初步设计审批。所在地港口行政管理部门负责其余港口工程建设项目初步设计审批。

(9)施工图设计

港口项目的施工图在完成之后应当由项目单位送所在地港口行政管理部门审批，审查主要围绕涉及公共利益、公众安全、工程建设强制性标准的内容。对于建设内容简单、投资规模较小的按照备案管理的港口工程建设项目，初步设计和施工图设计可以合并设计，深度应当达到施工图设计要求。港口工程项目的初步设计、施工图设计，均需经批准后方可使用。

(10)施工建设过程中的特殊许可

港口工程的施工建设涉及水域活动较多，而水域活动中需要遵守水上活动秩序并提前获取相应许可，在施工前要求获取的许可包括海上施工作业许可、废弃物倾倒许可等。

(11)交工验收

依据《港口工程竣工验收规程》(JTS 125－1－2021)，港口工程建设项目合同段完工后，由项目单位组织设计、施工、监理、试验检测等单位进行交工验收，并邀请所在地港口行政管理部门参加。

(12)竣工验收

港口工程建设项目完工后、正式投入使用前，对工程交工验收、执行强制性标准、投资使用等情况进行全面检查验收，以及对工程建设、设计、施工、监理等工作进行综合评价。竣工验收合格的，应当签发《港口工程竣工验收证书》。

因此，需要核查港口工程建设过程中是否完成法律规定的程序，并取得相应文件。在文件缺失的情况下，应提供相关主管部门的批复，以确保不会对后续港口REITs项目发行产生影响。

（二）相关法规政策

与港口相关的主要法规政策见表1-7。

表1-7 港口主要法规政策

序号	发布方	生效时间	名称	发文字号
1	全国人大常委会	1993年7月1日	《海商法》	主席令第64号
2		2018年12月29日	《港口法》	主席令第23号
3		2021年4月29日	《海关法》	主席令第81号
4	国务院	2014年7月29日	《船舶登记条例》	国务院令第653号
5		2017年3月1日	《国内水路运输管理条例》	国务院令第676号
6		2019年3月2日	《国际海运条例》	国务院令第709号
7	交通运输部	2017年2月10日	《船舶登记办法》	交通运输部令2016年第85号
8		2019年11月28日	《国际海运条例实施细则》	交通运输部令2019年第41号
9		2019年11月28日	《港口工程建设管理规定》	交通运输部令2019年第32号
10		2020年5月1日	《国内水路运输管理规定》	交通运输部令2020年第4号
11		2021年2月1日	《港口经营管理规定》	交通运输部令2020年第21号
12	交通运输部、中央网信办、国家发展改革委、教育部、科技部、工业和信息化部、财政部	2019年5月9日	《智能航运发展指导意见》	交海发〔2019〕66号

续表

序号	发布方	生效时间	名称	发文字号
13	交通运输部、国家发展和改革委员会、工业和信息化部、财政部、商务部、海关总署、国家税务总局	—	《关于大力推进海运业高质量发展的指导意见》	交水发〔2020〕18号
14	交通运输部办公厅	2021年5月18日	《海事系统"十四五"发展规划》	交办海〔2021〕41号

第三节 能源基础设施REITs项目的核查要点

能源基础设施,包括风电、光伏发电、水力发电、天然气发电、生物质发电、核电等清洁能源项目,特高压输电项目,增量配电网、微电网、充电基础设施项目,分布式冷热电项目。在已经发行的基础设施REITs项目中,有鹏华深圳能源清洁能源封闭式基础设施证券投资基金、中航首钢生物质封闭式基础设施证券投资基金等项目。我们认为,光伏发电项目也将会是今后发行的重点REITs项目,因此本章将分析天然气发电、生物质发电、光伏发电REITs项目的核查要点。

一、天然气发电项目

(一)核查要点

1.项目权属和资产的核查

(1)电力业务许可证的取得情况

《电力业务许可证管理规定》第4条规定:"在中华人民共和国境内从事电力业务,应当按照本规定取得电力业务许可证。除电监会规定的特殊情况外,任何单位或者个人未取得电力业务许可证,不得从事电力业务。本规定所称电力业务,是指发电、输电、供电业务。其中,供电业务包括配电业务和售电业务。”据此,项目公司从事电力业务,应取得电力业务许可证。

《电力业务许可证管理规定》第7条规定:“电力业务许可证分为发电、输电、供电三个类别。从事发电业务的,应当取得发电类电力业务许可证。从事输电业务的,应当取得输电类电力业务许可证。从事供电业务的,应当取得供电类电力业务许可证。从事两类以上电力业务的,应当分别取得两类以上电力业务许可证。从事配电或者售电业务的许可管理办法,由电监会另行规定。”据此,应根据项目公司需从事的业务类型核查是否取得相应类别的电力业务许可证。

《电力业务许可证管理规定》第25条第4款规定:“电力业务许可证的有效期为20年”;第30条规定:“电力业务许可证有效期届满需要延续的,被许可人应当在有效期届满30日前向电监会提出申请。电监会应当在电力业务许可证有效期届满前作出是否准予延续的决定。逾期未作出决定的,视为同意延续并补办相应手续。”据此,如基金存续期间长于电力业务许可证有效期的,还应注意对许可证到期无法续期的风险做出相应提示。

例如,在鹏华清洁能源REITs项目中,项目公司持有国家能源局南方监管局于2021年8月5日颁布的《电力业务许可证》,许可类别:发电类,有效期自2021年8月5日起至2041年8月4日止。因基金的存续期为34年,因此基金管理人针对电力业务许可证的续期风险进行了提示。

(2)资产权属情况

首先,应明确拟发行公募REITs的天然气发电项目的资产范围。以鹏华清洁能源REITs项目为例,其资产范围包括:东部电厂一期项目相关建筑物(主厂房、生产工艺楼、水泵房、氮气站、锅炉房等)的房屋所有权及其占用范围内的国有土地使用权;东部电厂一期项目厂区公共配套设施(材料库、工业废水处理站、检修车间、制氢站等);生产设备(燃气轮机、蒸汽轮机、发电机、余热锅炉等)。

其次,在资产权属上,应核查相关资产对应的土地使用权证、不动产权证书、设备采购合同及相关采购凭证等。如涉及的公共配套设施属于租赁资产的,应当对所租赁公共配套设施的权属、租赁合同、是否涉及纠纷、租赁期限是否覆盖基础设施基金和资产支持证券存续期等进行充分核查。此外,律师还应对基础设施项目是否附带权利负担进行充分核查。

2. 项目立项及建设过程合法合规性的核查

以鹏华清洁能源 REITs 项目为例,在该项目公开披露的法律意见书中对以下立项及建设过程的文件进行了核查(见表 1－8):

表 1－8 鹏华清洁能源 REITs 项目立项及建设过程文件

序号	审批流程	主管部门
1	原国家发展计划委员会办公厅同意将深圳东部燃气电厂列为广东 LNG 接收站一期工程配套项目并开展可行性研究工作的复函	原国家发展计划委员会办公厅
2	可研批复	国家发展和改革委员会
3	环境影响评估	深圳市环境保护局
4	节能审查	无须办理
5	建设用地规划许可证	深圳市规划局
6	建设工程规划许可证	深圳市规划局
7	建筑工程施工许可证	深圳市建设局
8	环保验收	原国家环境保护总局
9	建设工程规划验收合格证	规划和自然资源局大鹏管理局
10	消防竣工备案	深圳市公安局消防局
11	机组启动验收	深圳东部电厂 1 号机组启动验收委员会

3. 转让行为合法性的核查

关于天然气发电项目转让行为合法性的核查可参考收费公路项目转让行为合法性核查要点的相关内容。

除此之外,因天然气发电项目的项目用地多为工业用地,因此在转让时需要注意满足相关法律规定及工业用地使用权出让合同的要求。例如,在鹏华清洁能源 REITs 项目中,土地使用权出让合同上注明"限整体转让"。经核查,该项目属于整体转让土地使用权,因此符合合同约定。同时,作为项目所在地自然资源和规划主管部门及土地使用权出让合同的签署机构,就协议出让的项目用地,规土大鹏管理局于 2021 年 4 月 28 日出具《关于〈为深圳能源东部电厂一期项目申报基础设施公募 REITs 试点出具无异议函的请示〉的复函》,确认土地使用权出让合同中未对股权转让进行限制且对以100%股权转让方式发行基础设施REITs无异议。

4. 天然气采购合同的核查

天然气发电项目的特殊性之一体现在需要使用液化天然气发电,因此需要与天然气供应商签署液化天然气销售协议。为确保基金存续期间天然气来源的稳定性,应核查天然气销售合同的有效性,并对相关的价格波动风险进行提示。

例如,在鹏华清洁能源REITs项目中,律师对能源集团(买方)与广东大鹏液化天然气有限公司(卖方)签订的天然气销售合同及后续一系列协议的有效性明确发表了法律意见。同时,基金管理人在招募说明书中对天然气供应商履约的风险以及成本波动的风险进行了相应的提示。

5. 并网发电的核查

根据《电网运行规则(试行)》的规定,发电厂需要并网运行的,并网双方应当在并网前签订并网调度协议。

例如,在鹏华清洁能源REITs项目中,深圳供电公司和深圳能源已于2012年2月9日签署《深圳东部电厂3×390MW燃气—蒸汽联合循环发电机组并网协议》,约定深圳能源将东部电厂一期项目与深圳供电公司拥有的深圳电网并网运行;深圳供电公司和深圳能源东部电厂已于2013年2月22日签署《深圳能源集团股份有限公司东部电厂3×390MW发电机组并网调度协议》,约定深圳供电公司将东部电厂一期项目机组纳入其调度管辖范围;深圳供电公司和深圳能源已于2016年12月22日签署《深圳能源集团股份有限公司东部电厂3×390MW发电机组购售电合同》,约定深圳供电公司购买东部电厂一期项目的电能,实施电力调度并向深圳能源支付上网电费;深圳供电公司和深圳能源东部电厂已于2020年11月6日签署《供用电合同》,约定深圳供电公司以额定频率为50赫兹,额定电压为220千伏的交流电源向深圳能源东部电厂供电,双方确认用电地域范围只限于深圳市大鹏新区大鹏镇下沙秤头角范围。

律师分别对前述并网协议、并网调度协议、购售电合同、供用电合同的有效性进行了核查,明确发表了法律意见。

(二)相关法规政策

与天然气发电相关的主要法规政策见表1－9。

表1－9　天然气发电主要法规政策

序号	发布方	生效时间	名称	发文字号
1	国家发展和改革委员会、科技部、工业和信息化部	2017年6月23日	《关于〈加快推进天然气利用的意见〉的通知》	发改能源〔2017〕1217号
2	国家发展和改革委员会、财政部、自然资源部、住房和城乡建设部、国家能源局	2020年4月1日	《关于加快推进天然气储备能力建设的实施意见》	发改价格〔2020〕567号

二、生物质发电项目

根据《可再生能源法》的规定，生物质能，是指利用自然界的植物、粪便以及城乡有机废物转化成的能源。在我国，农林生物质发电项目和垃圾焚烧发电项目是生物质发电项目两大最主要的类型。

(一)核查要点

1.项目权属和资产的核查

(1)各项业务许可证的取得情况

生物质发电项目涉及较多环节，需要核查相关环节是否分别获取不同类别的许可证。例如，中航首钢生物质REITs项目作为垃圾焚烧发电项目，项目公司获取了从事生活垃圾处理业务、餐厨垃圾收集运输及处理业务所需的对应行政许可(门头沟城管委核发)；获取了从事发电业务所需的《电力业务许可证》(国家能源局华北监管局核发)；获取了从事发电业务与垃圾处理业务所需的《排污许可证》。相关行政许可无法覆盖基础设施资产支持证券及基础设施基金的存续期，若基金存续期内无法继续获得上述行政许可，项目公司可能面临无法正常从事相关业务的风险。

(2)资产权属情况

首先，应明确拟发行公募REITs的生物质发电项目的资产范围。以中航首钢生物质 REITs 项目为例，其资产范围包括：生物质能源项目（焚烧厂房、汽机及主控厂房、沼气发电厂房、污泥脱水间等）、残渣暂存场项目（渗沥液检查井、渗沥液调节池、药剂储坑、储罐、除臭系统基础、地下水收集提升井等）、餐厨项目（综合水处理车间、餐厨垃圾预处理车间等）。其收费权范围包括：生物质能源项目收费权（垃圾处理服务费、发电收入）、餐厨项目收费权。

其次，在资产权属上，应核查相关资产对应的土地使用权证、不动产权证书、设备采购合同及相关采购凭证等。如涉及的资产属于租赁资产的，应当对所租赁资产的权属、租赁合同、是否涉及纠纷、租赁期限是否覆盖基础设施基金和资产支持证券存续期等进行充分核查。此外，律师还应对基础设施项目是否附带权利负担进行充分核查。

2. 项目立项及建设过程合法合规性的核查

以中航首钢生物质 REITs 项目为例，在该项目公开披露的法律意见书中对以下立项及建设过程的文件进行了核查（见表 1－10）：

表 1－10　中航首钢生物质 REITs 项目立项及建设过程文件

序号	审批流程	主管部门
1	项目建议书批复	北京市发展和改革委员会（以下简称北京市发改委）
2	项目可行性研究报告批复	北京市发改委
3	初步设计批复	北京市规划和自然资源委员会（以下简称北京市规自委）、北京市发改委
4	环评批复	北京市环保局
5	节能审查	北京市发改委
6	用地预审	门头沟国土分局
7	规划意见复函和规划条件	北京市规自委
8	建设用地规划许可证	北京市规自委
9	建设工程规划许可证	北京市规自委
10	建筑工程施工许可证	北京市住建委
11	环保验收	北京市环保局

续表

序号	审批流程	主管部门
12	建设工程规划验收合格证	北京市规自委
13	消防验收	北京市门头沟住建委
14	建设工程竣工验收	北京市住建委

3. 补贴的核查

我国现行的垃圾焚烧发电补贴政策主要参照发改委2012年发布的《关于完善垃圾焚烧发电价格政策的通知》，生活垃圾焚烧发电项目的含补贴上网电量为0.65元/千瓦时，享受补贴的上网电量按入厂垃圾处理量和每吨垃圾上网电量280千瓦时结算，其余上网电量执行当地同类燃煤发电机组上网电价。垃圾焚烧发电上网电价高出当地燃煤标杆上网电价的部分实行两级分摊。其中，在省级电网负担每千瓦时0.1元(省补)时，电网企业由此增加的购电成本通过销售电价予以疏导，其余部分纳入全国征收的可再生能源电价附加解决。2006年起核准的垃圾焚烧发电项目均按规定执行。

2020年，国家密集出台了《关于促进非水可再生能源发电健康发展的若干意见》(财建〔2020〕4号)、《可再生能源电价附加补助资金管理办法》(财建〔2020〕5号)、《关于开展可再生能源发电补贴项目清单审核有关工作的通知》(财办建〔2020〕6号)等政策文件，明确“以收定补、新老划断、有序建设、平稳发展”的总体思路，新老项目划断节点为2020年1月20日，新增项目并网时间早者优先纳入；2021年后新增项目国补将以竞争方式配置，国补逐年调整并有序退出。文件也承认垃圾焚烧与风电、光伏的本质属性不同，需单独制定差异化价格，保障存量垃圾焚烧发电项目平稳运行。

2020年10月，垃圾焚烧行业再出政策文件，财政部、发展改革委、国家能源局联合下发《关于〈关于促进非水可再生能源发电健康发展的若干意见〉有关事项的补充通知》(财建〔2020〕426号)，至此关于可再生能源项目补贴政策算是全面落地。补充通知明确了各类非水可再生能源发电项目全生命周期合理利用小时数，补贴电量的计算，生物质发电项目最长可获15年补贴。

据此，如需要将垃圾焚烧发电项目的补贴纳入资产证券化的额基础资产，需要对相关的补贴收入比例、补贴收入来源等信息进行核查，并对电费“国补退坡”

采取风险缓释措施。

（二）相关法规政策

与生物质发电相关的主要法规政策见表 1－11：

表 1－11 生物质发电主要法规政策

<table>
<tr><th>序号</th><th>发布方</th><th>生效时间</th><th>名称</th><th>发文字号</th></tr>
<tr><td>1</td><td rowspan="5">全国人大常委会</td><td>2010 年 4 月 1 日</td><td>《可再生能源法》</td><td>主席令第 23 号</td></tr>
<tr><td rowspan="2">2</td><td>2012 年 7 月 1 日</td><td>《清洁生产促进法》</td><td>主席令第 54 号</td></tr>
<tr><td>2018 年 10 月 26 日</td><td>《循环经济促进法》</td><td>主席令第 16 号</td></tr>
<tr><td>3</td><td rowspan="2">2020 年 9 月 1 日</td><td rowspan="2">《固体废物污染环境防治法》</td><td rowspan="2">主席令第 43 号</td></tr>
<tr><td>4</td></tr>
<tr><td>5</td><td>国家发展和改革委员会、住房和城乡建设部、国家能源局、原环境保护部、原国土资源部</td><td>2017 年 12 月 12 日</td><td>《关于进一步做好生活垃圾焚烧发电厂规划选址工作的通知》</td><td>发改环资规〔2017〕2166 号</td></tr>
<tr><td>6</td><td>住房和城乡建设部</td><td>2016 年 10 月 22 日</td><td>《关于进一步加强城市生活垃圾焚烧处理工作的意见》</td><td>建城〔2016〕227 号</td></tr>
<tr><td>7</td><td>原环境保护部办公厅</td><td>2018 年 3 月 4 日</td><td>《生活垃圾焚烧发电建设项目环境准入条件（试行）》</td><td>环办环评〔2018〕20 号发布</td></tr>
</table>

三、光伏发电项目

（一）核查要点

1. 项目权属和资产的核查

目前还没有光伏发电类型的基础设施 REITs 项目申报发行。根据我们的实务经验，因光伏电站用地类型多样，在进行项目权属和资产核查时，可重点核查光伏用地的合规性风险。核查参考内容如下。①

(1)光伏场区及设备基础之外的用地。如果是未利用地的,可以采用租赁方式;如果是农光、渔光、牧光等复合电站的占用并非未利用地可以采用租赁方式;但是需要特别注意,如果是单一型地面电站且场区土地不是未利用地,整个光伏场区只能调成建设用地,征用建设用地会产生不可承受的用地成本。

(2)吊装平台、施工期临时使用道路。应办理临时用地手续,不得修建永久建筑物和硬化,期满应及时归还,并进行复垦和植被恢复。

(3)进场道路、检修道路。对于永久道路,应当办理永久用地手续,涉及农用地的,需办理转用手续,但可以使用农村道路、防火通道等原有道路,以租代征的方式,这是行业内通用的操作手法,但也要注意合规性。

(4)外部线路的基础,一般以租代征的方式。

(5)光伏电站占用森林、河道、草原等特殊类型的土地时,除了应履行国土部门的审批程序之外,还应根据草原、水利、林业等单行法规规定履行相应的审批程序。

2. 项目立项及建设过程合法合规性的核查

(1)建设用地规划许可证

光伏项目完成备案后,通过出让或划拨取得国有土地使用权后,须办理建设用地规划许可证,这也是为光伏项目后续办理建设工程规划许可证、施工许可证以及不动产权属证书的前提条件。

根据国务院办公厅2019年《关于全面开展工程建设项目审批制度改革的实施意见》,自然资源主管部门已将建设用地批准书与建设用地规划许可证合并,统一核发新的建设用地规划许可证,建设单位无须再单独申请获取建设用地批准书。

以出让方式获取国有土地使用权的,建设单位在签订国有建设用地使用权出让合同后,市、县自然资源主管部门向建设单位核发建设用地规划许可证;以划拨方式取得国有土地使用权的,建设单位向所在地的市、县自然资源主管部门提出建设用地规划许可申请,经有建设用地批准权的人民政府批准后,市、县自然资源

① 刘战胜:《【建纬观点】新能源发电并购投资实务要点及风险分析》,载微信公众号“建纬北京律师事务所”, https://mp.weixin.qq.com/s/fjJlFrl2HznsLV-UTgrsTQ。

主管部门向建设单位同步核发建设用地规划许可证、国有土地划拨决定书。

光伏项目涉及占用林地、草地、永久基本农田、湿地、自然保护区等特殊区域的，除按规定办理建设用地手续外，还应在此前完成额外的审批手续，如林地审核同意书、草地审核同意书等。

（2）建设工程规划许可证

根据《城乡规划法》的规定，在城市、镇规划区内进行建筑物、构筑物、道路、管线和其他工程建设的，建设单位或者个人应当向城市、县人民政府城乡规划主管部门或者省、自治区、直辖市人民政府确定的镇人民政府申请办理建设工程规划许可证。

申请办理建设工程规划许可证，应当提交使用土地的有关证明文件、建设工程设计方案等材料。需要建设单位编制修建性详细规划的建设项目，还应当提交修建性详细规划。对符合控制性详细规划和规划条件的，由城市、县人民政府城乡规划主管部门或者省、自治区、直辖市人民政府确定的镇人民政府核发建设工程规划许可证。

光伏项目的建设单位需要申请获取建设工程规划许可证，这也是取得施工许可证的前提条件。否则，项目将存在被停工、罚款甚至工程合同被认定为无效的风险。

（3）施工许可证

根据《建筑法》的规定，建筑工程开工前，建设单位应当按照国家有关规定向工程所在地县级以上人民政府建设行政主管部门申请领取施工许可证，国务院建设行政主管部门确定的限额以下的小型工程除外。

根据《建筑工程施工许可管理办法》的规定，在中华人民共和国境内从事各类房屋建筑及其附属设施的建造、装修装饰和与其配套的线路、管道、设备的安装，以及城镇市政基础设施工程的施工，建设单位在开工前应当依照该办法的规定，向工程所在地的县级以上地方人民政府住房和城乡建设主管部门申请领取施工许可证。工程投资额在30万元以下或者建筑面积在300平方米以下的建筑工程，可以不申请办理施工许可证。省、自治区、直辖市人民政府住房和城乡建设主管部门可以根据当地的实际情况，对限额进行调整，并报国务院住房和城乡建设主管部门备案。

(4)环境影响评价

根据《环境影响评价法》的规定,建设项目的环境影响评价文件未依法经审批部门审查或者审查后未予批准的,建设单位不得开工建设。根据国务院办公厅2019年颁布的《关于全面开展工程建设项目审批制度改革的实施意见》,环境影响评价、节能评价等评估评价和取水许可等事项在项目开工前完成即可。所以,就光伏项目而言,环境影响评价批复文件并不是项目备案的前置文件,但必须确保在项目正式开工前办理完毕,否则项目不得开工。

建设单位应根据最新的《建设项目环境影响评价分类管理名录》,分别组织编制建设项目环境影响报告书、环境影响报告表或者填报环境影响登记表。

(5)水土保持方案批复文件

根据《水土保持法》的规定,在山区、丘陵区、风沙区以及水土保持规划确定的容易发生水土流失的其他区域开办可能造成水土流失的生产建设项目,生产建设单位应当编制水土保持方案,报县级以上人民政府水行政主管部门审批,并按照经批准的水土保持方案,采取水土流失预防和治理措施。没有能力编制水土保持方案的,应当委托具备相应技术条件的机构编制。水土保持方案应当包括水土流失预防和治理的范围、目标、措施和投资等内容。

依法应当编制水土保持方案的生产建设项目,生产建设单位未编制水土保持方案或者水土保持方案未经水行政主管部门批准的,生产建设项目不得开工建设。

(6)雷电防护装置设计审核

根据国家气象局2020年颁布的《雷电防护装置设计审核和竣工验收规定》,下列建设工程、场所和大型项目的雷电防护装置须经设计审核和验收:①油库、气库、弹药库、化学品仓库和烟花爆竹、石化等易燃易爆建设工程和场所;②雷电易发区内的矿产、旅游景点或者投入使用的建(构)筑物、设施等需要单独安装雷电防护装置的场所;③雷电风险高且没有防雷标准规范、需要特殊论证的大型项目。

雷电防护装置未经设计审核或者设计审核不合格的,不得施工。雷电防护装置未经竣工验收或者竣工验收不合格的,不得交付使用。

(7)文物行政部门同意的意见

根据《文物保护法》的规定,进行大型基本建设工程,建设单位应当事先报请省、自治区、直辖市人民政府文物行政部门组织从事考古发掘的单位在工程范围内有可能埋藏文物的地方进行考古调查、勘探。考古调查、勘探中发现文物的，由省、自治区、直辖市人民政府文物行政部门根据文物保护的要求会同建设单位共同商定保护措施；遇有重要发现的，由省、自治区、直辖市人民政府文物行政部门及时报国务院文物行政部门处理。凡因进行基本建设和生产建设需要的考古调查、勘探、发掘，所需费用由建设单位列入建设工程预算。

(8)消防设计审查及验收

根据住建部2020年颁布的《建设工程消防设计审查验收管理暂行规定》，对大型发电、变配电等特殊建设工程，我国实行消防设计审查制度，建设单位应当向消防设计审查验收主管部门申请消防设计审查，消防设计审查验收主管部门依法对审查的结果负责，未经消防设计审查或者审查不合格的，建设单位、施工单位不得施工。

建设单位申请消防设计审查，应当提交下列材料：①消防设计审查申请表；②消防设计文件；③依法需要办理建设工程规划许可的，应当提交建设工程规划许可文件；④依法需要批准的临时性建筑，应当提交批准文件。

特殊建设工程竣工验收后，建设单位应当向消防设计审查验收主管部门申请消防验收，未经消防验收或者消防验收不合格的，禁止投入使用。建设单位申请消防验收，应当提交下列材料：①消防验收申请表；②工程竣工验收报告；③涉及消防的建设工程竣工图纸。

3. 转让行为合法性的核查

因光伏电站项目的特殊性，国家监管部门出台了一系列政策法规，对光伏电站的转让进行了限制。

根据《可再生能源发电有关管理规定》，国家发改委、能源局《关于完善光伏发电规模管理和实施竞争方式配置项目的指导意见》(发改能源〔2016〕1163号)等法规政策的相关规定，在光伏电站取得立项备案文件后至光伏电站投产(并网运行的通知)前，未经备案机关同意，光伏电站的投资主体不得擅自将光伏电站转让给其他投资主体。同时，未经变更备案转让光伏电站投资主体的股权，光伏电站项目可能会因此享受不到国家可再生能源发展基金补贴，同时买卖双方都可能面临被行政处罚的风险。

因此,除进行常规的转让限制核查之外,律师还应该对光伏电站是否有转让记录、转让是否取得备案机关的同意等事项进行重点核查。

4. 补贴的核查

根据《光伏电站项目管理暂行办法》(已废止)的规定,各地区按照国务院能源主管部门下达的年度指导性规模指标,扣除上年度已办理手续但未投产结转项目的规模后,作为本地区本年度新增备案项目的规模上限。从 2016 年起,光伏项目的建设规模指标根据光伏项目的投资主体、基本情况、上网电价、建设进度、电网接入落实情况等因素进行竞争性配置取得,已取得备案文件的光伏项目,如果未能取得光伏项目建设规模指标,将无法列入可再生能源资金补贴目录,而无法获得补贴。另外,根据国家发改委《关于 2021 年新能源上网电价政策有关事项的通知》的规定,自 2021 年起,对新备案集中式光伏电站、工商业分布式光伏项目和新核准陆上风电项目,中央财政不再补贴,实行平价上网。

(二)相关法规政策

与光伏发电相关的主要法规政策见表 1 - 12:

表 1 - 12 光伏发电主要法规政策

序号	发布方	生效时间	名称	发文字号
1	国务院	2013 年 7 月 4 日	《关于促进光伏产业健康发展的若干意见》	国发〔2013〕24 号
2	国家能源局	2013 年 11 月 18 日	《分布式光伏发电项目管理暂行办法》	国能新能〔2013〕433 号发布
3	原国土资源部、发展改革委、科学技术部、工业和信息化部、住房城乡建设部、商务部	2015 年 9 月 10 日	《关于支持新产业新业态发展促进大众创业万众创新用地的意见》	国土资规〔2015〕5 号
4	原国家林业局	2015 年 11 月 27 日	《关于光伏电站建设使用林地有关问题的通知》	林资发〔2015〕153 号

第四节 市政基础设施 REITs 项目的核查要点

市政基础设施,包括城镇供水、供电、供气、供热以及停车场项目,目前还没有此类市政基础设施项目申报。本篇将以供热项目为例,参考供热项目的 IPO 案例及资产证券化案例,介绍供热 REITs 项目的核查要点。

一、供热项目核查要点

(一)项目权属和资产的核查

1. 供热许可证的取得情况

2004 年,建设部发布了《关于废止〈城市房屋修缮管理规定〉等部令的决定》,《城市燃气和集中供热企业资质管理规定》正式被废止。至此,供热行业的自制管理再无全国性的法律法规依据。目前,各地方为规范本地供热企业的业务资质管理,纷纷出台了相关本地法规,以明确本辖区内供热企业的资质准入标准。总体来说,各地实行的供热企业的资质准入管理体系可分为许可制与备案制。

实行许可制的地区,会对供热企业规定准入条件,政府供热主管部门审查批准后,为热经营企业颁发经营许可证。而未取得经营许可证的企业,不得从事供热业务。如供热项目所在地是实行许可制的地区,在发行供热 REITs 项目时应核查项目公司是否取得供热经营许可证,许可证是否在有效期内。以笔者参与的大连某供热收费收益权资产支持专项计划为例,根据大连市人民代表大会常务委员会通过的《大连市供热用热条例》第 14 条的规定,供热经营依法实行特许经营制度。申请从事供热经营的单位或者个人应当符合法律、法规和国家规定的条件,依法取得供热用热管理机构的行政许可后,方可从事供热经营。原始权益人持有大连金普新区住房和城乡建设局颁发的供热经营许可证,有效期为 1 年。为确保供热经营许可证在资产支持专项计划期间持续有效,大连金普新区住房和城乡建设局作为颁发供热经营许可证的行政管理机构,应项目公司要求出具了相关确认函,确认在现有的供热经营许可证有效期限届满后,若项目公司未出现重大违法违规事项,将按照《辽宁省供热特许经营许可管理办法》(辽住建〔2015〕109 号)的相关规定及企业申请,为项目公司持续核发《供热经营许可证》到特定期限。

除许可制之外,我国部分地区对城市供热经营采取备案登记制度。如根据北京市市政市容管理委员会《关于对全市供热单位实行备案登记制度的通知》(京政容发〔2010〕37 号)的规定,北京对全市供热企业实行备案登记制度,各区县市政市容委应当自收到供热单位报送的齐全且符合法定形式的备案材料之日起 10 个工作日内,对符合备案登记要求的供热单位,发放《北京市供热运行单位备案登记证》。供热企业开展供热业务需取得特许经营权。如供热项目所在地是实行备案制的地区,在发行供热 REITs 项目时应核查项目公司是否已根据规定进行备案。

2. 排污许可证的取得情况

根据原环境保护部于 2017 年发布的《固定污染源排污许可分类管理名录(2017 年版)》(已失效)的规定,热力生产和供应排污许可的实施时限为 2019 年,2018 年原环境保护部又发布《排污许可管理办法(试行)》(已被修改),要求在固定污染源排污许可分类管理名录规定的时限前已经建成并实际排污的排污单位,应当在名录规定的时限内申请排污许可证;在名录规定的时限后建成的排污单位,应当在启动生产设施或者在实际排污之前申请排污许可证。此管理名录于 2019 年修订,根据《固定污染源排污许可分类管理名录》(2019 年版)的规定,国家根据热力生产和供应企业使用锅炉的规格大小,实行排污许可重点管理、简化管理和登记管理。除实行登记管理的排污单位不需要申请取得排污许可证外,其他单位应按法定要求办理排污许可证。

因此,在核查供热项目的排污许可问题时,应区分项目的建设时间进行分类核查:如属于 2019 年以前已经建成并实际排污的供热项目,则供热企业应当在 2019 年以前申请排污许可证;如属于 2019 年后建成的供热项目,则供热企业应当在启动供热或者实际排污之前根据项目的具体情况申请排污许可证或在全国排污许可证管理信息平台填报排污登记表。

3. 供热资产的取得情况

与供热业务相关的资产分为两大类,热源基础设施及热网基础设施。以笔者参与的大连某供热收费收益权资产支持专项计划为例,与供热业务相关的资产具体包括与供热业务经营相关的土地、锅炉房、换热站、管网等，需核查项目公司对该等资产是否有所有权或使用权。由于历史原因，供热业务相关的资产往往存在权利瑕疵，如项目公司未能持有相关资产所有权的，应由资产所有权人或项目公司出具情况说明和承诺函，确认项目公司对相关资产享有占有、使用及收益的权利。

（二）项目立项及建设过程合法合规性的核查

由于历史原因，供热项目在立项和建设过程中审批情况通常存在瑕疵，在核查过程中需要与行政主管部门进行沟通，取得行政主管部门的批复和同意。

以笔者参与的大连某供热收费收益权资产支持专项计划为例，针对缺少审批程序的问题，大连金普新区住房和城乡建设局出具了《报建、工程竣工验收等手续的情况说明》，确认供热工程缺少相关建设审批手续，未办理工程竣工及安全消防等手续，系历史原因导致。因供热系统涉及公共生活和生产，属于民生工程，目前未履行或补办开发、建设及竣工手续并不影响项目公司对锅炉房所在土地范围内供热设施的使用。

（三）转让行为合法性的核查

1. 法律法规对转让行为的限制性规定

除原始权益人是国有企业，应适用《企业国有资产交易监督管理办法》外，法律法规未对供热项目中的公司股权转让有所限制。因交易结构中仅转让项目公司的股权，而无须转让土地使用权，因此即便项目公司通过划拨方式取得土地使用权，也不会对项目公司股权转让产生影响，但划拨时另有限制的除外。

2. 法律法规及相关文件对资产转让的限制规定

与供热有关的法规政策中未见针对供热项目转让的特殊限制性规定。

3. 特许经营协议对股权和资产转让的限制性规定

项目公司需与政府部门签署特许经营协议，在实务中，特许经营协议一般都会设置条款限制股权和资产的转让，应注意在转让之前取得相关政府主管部门的批复同意。

二、与供热相关的主要法规政策规定(见表1－13)

表1－13 供热主要法规政策

序号	发布方	生效时间	名称	发文字号
1	国家发展和改革委员会	2017年10月1日	《关于开展全国城市供水、供气、供暖、电信领域价格重点检查的通知》	发改价监〔2017〕1773号
2	国家发展和改革委员会、财政部、住房城乡建设部、市场监管总局、国家能源局	2021年3月1日	《关于清理规范城镇供水供电供气供暖行业收费促进行业高质量发展的意见》	国办函〔2020〕129号发布
3	国家市场监督管理总局	2021年11月10日	《关于加强供气供暖相关特种设备安全工作的通知》	市监特设发〔2021〕86号
4	住房和城乡建设部	2022年1月1日	《关于发布国家标准〈供热工程项目规范〉的公告》	住房和城乡建设部公告2021年第67号
5	住房和城乡建设部	2022年8月1日	《关于发布行业标准〈城镇供热管网设计标准〉的公告》	住房和城乡建设部公告2022年第71号
6	住房和城乡建设部	2022年2月1日	《供水、供气、供热等公共企事业单位信息公开实施办法》	建城规〔2021〕4号发布

第五节 生态环保基础设施REITs项目的核查要点

生态基础设施,包括城镇污水垃圾处理及资源化利用环境基础设施、固废危废医废处理环境基础设施、大宗固体废弃物综合利用基础设施项目。在已经发行的基础设施REITs项目中,富国首创水务封闭式基础设施证券投资基金项目属于生态环保基础设施项目。

一、污水垃圾处理项目核查要点

(一)项目权属和资产的核查

1. 项目特许经营权的取得情况

项目特许经营权的取得情况包括特许经营权的初始取得情况、特许经营权的范围和期限等内容。

《市政公用事业特许经营管理办法》(2015年修正)第2条第2款规定,城市供水、供气、供热、公共交通、污水处理、垃圾处理等行业,依法实施特许经营的,适用本办法。

《市政公用事业特许经营管理办法》(2015年修正)第8条第1项规定,提出市政公用事业特许经营项目,报直辖市、市、县人民政府批准后,向社会公开发布招标条件,受理投标。因此需核查项目是否已履行招投标条件,是否符合招标条件并取得中标通知书。

《市政公用事业特许经营管理办法》(2015年修正)第8条第5项规定,公示期满,对中标者没有异议的,经直辖市、市、县人民政府批准,与中标者签订特许经营协议。因此,需核查原始权益人是否与政府签订《特许经营协议》。

《市政公用事业特许经营管理办法》(2015年修正)第12条规定,特许经营期限应当根据行业特点、规模、经营方式等因素确定,最长不得超过30年。但通常REITs项目的基金期限将长于30年,需注意对特许经营权的续期。

2.《排污许可证》的取得情况

根据《排污许可管理条例》及各地的规定,项目公司从事污水处理及其再生利用应取得《排污许可证》。但是通常排污许可证的期限较短,原始权益人在基金存续期内,在资质到期前需办理展期手续。

(二)项目立项及建设过程合法合规性的核查

以首创水务REITs项目深圳福永资产为例,在该项目公开披露的法律意见书中对以下立项及建设过程的文件进行了核查(见表1-14):

表1-14 首创水务REITs项目深圳福永资产立项及建设过程文件

序号	审批流程	证照取得情况
1	立项/可行性研究报告批复	深发改〔2007〕1897号
2	环评批复	深环批函〔2005〕130号
3	节能审查	无须办理
4	选址意见书	深规选2005-0-037号
5	建设用地规划许可证	地字第440306202000028号
6	建设工程规划许可证	深规建许字第BA-2008-0065号
7	建筑工程施工许可证	44030020090249002、44030020090243001
8	竣工验收备案或转商业运营批复	深水排〔2011〕481号

(三)转让行为合法性的核查

1. 法律法规对项目公司股权转让的限制

在首创水务REITs项目中,原始权益人有权依法对其所持项目公司的股权进行处置,并具备实施项目公司股权转让的转让方主体资格,且原始权益人全资持有项目公司,不涉及需项目公司其他股东方同意之事项。

此外,法律法规没有对从事污水处理的项目公司的股权转让有其他限制。

2. 特许经营协议对股权和资产转让的限制性规定

深圳首创与项目实施机构深圳市水务局于2009年2月10日签署的《特许经营协议》第2.1.4条约定:“在特许经营期内……(4)未经政府批准,项目公司及其投资人无权转让项目建设权或受让权,建设期内和运营期前三个周年期间项目公司的股权不得转让。运营期第四周年后,在不影响污水处理厂正常持续运营的前提下,经政府方批准同意,投资者可部分或全部转让项目公司的股权。”

对于上述事项,项目实施机构深圳市水务局于2020年10月16日出具《关于福永等水质净化厂实施REITs项目有关事宜的函》,原则同意首创股份在确保相关水质净化厂实际控制权不发生转移的前提下将所持深圳首创股权开展本次发行交易结构下的股权转让。

二、与污水处理相关的主要法规政策规定(见表 1 – 15)

表 1 – 15　污水处理主要法规政策

序号	发布方	生效时间	名称	发文字号
1	全国人大常委会	2015 年 1 月 1 日	《环境保护法》	主席令第 9 号
2		2016 年 7 月 2 日	《水法》	主席令第 48 号
3		2018 年 1 月 1 日	《水污染防治法》	主席令第 70 号
4		2018 年 10 月 26 日	《环境保护税法》	主席令第 16 号
5		2018 年 12 月 29 日	《环境影响评价法》	主席令第 24 号
6	住房和城乡建设部	2015 年 5 月 4 日	《市政公用事业特许经营管理办法》	住房和城乡建设部令第 24 号
7	国务院	2014 年 1 月 1 日	《城镇排水与污水处理条例》	国务院令第 641 号
8	国家发展和改革委员会、住房和城乡建设部、交通运输部、水利部、中国人民银行、财政部	2015 年 6 月 1 日	《基础设施和公用事业特许经营管理办法》	国家发展和改革委员会、财政部、住房和城乡建设部、交通运输部、水利部、中国人民银行令第 25 号

第六节　仓储物流基础设施 REITs 项目的核查要点

仓储物流基础设施，应为面向社会提供物品储存服务并收取费用的仓库，包括通用仓库以及冷库等专业仓库。根据国家标准化管理委员会发布的《物流术语》，其中将物流设施定义为，“具备物流相关功能和提供物流服务的场所”，其中包括物流园区、物流中心、配送中心，各类运输枢纽、场站港、仓库等。在已经发行的基础设施 REITs 项目中，就有中金普洛斯仓储物流封闭式基础设施证券投资基金(以下简称普洛斯仓储物流 REITs)和红土创新盐田港仓储物流封闭式基础设施证券投资基金(以下简称盐田港仓储物流 REITs)等。

一、仓储物流项目核查要点

(一)项目资产权属的核查

以普洛斯仓储物流 REITs 项目为例,在公开披露的法律意见书中对普洛斯北京空港物流园相关证照的取得情况进行核查,包括以下内容。

1. 核查基础设施资产的国有土地使用证及房屋所有权证,确认资产专项计划下的项目公司/SPV(北京普洛斯)为基础设施资产的合法使用权人和/或所有权人。

2. 核查相关主管部门出具或核发的立项核准文件、规划意见书、建设工程规划许可证、建筑工程施工许可证及竣工验收文件的具体情况以及环境影响批复文件的具体情况。

3. 确认房屋所有权及其对应的土地使用权均未被设置担保物权,不存在权属纠纷、被法院查封或被采取其他司法强制措施的情形,权属清晰。

其中值得关注的是,本次列入基础设施资产中的国有土地使用权证记载的土地使用权终止日期均早于基金到期日,届时项目的权属情况可能会因为已届土地使用权终止日而产生瑕疵。

根据《城镇国有土地使用权出让和转让暂行条例》第 40 条、第 41 条的规定,土地使用权期满,土地使用权及其地上建筑物、其他附着物所有权由国家无偿取得。土地使用者应当交还土地使用证,并依照规定办理注销登记。土地使用权期满,土地使用者可以申请续期。需要续期的,应当依照本条例第二章的规定重新签订合同,支付土地使用权出让金,并办理登记。

因此,考虑到公募 REITs 仍处于存续期的情况,项目公司应于土地使用权期满申请续期,待续期申请通过后支付土地使用权出让金并重新办理登记。此外,若续期申请未能通过,如何确保项目权属的完整有效,以及法律服务机构是否需要在续期申请后重新对项目权属情况出具法律意见,目前仍是法律实务中的一个重点问题。

(二)项目规划用途的核查

以普洛斯仓储物流 REITs 项目为例,根据公开披露的法律意见书,律师对该基础设施资产的规划用途情况进行了核查。在核查普洛斯通州光机电物流园的规划用途时,发现国有土地使用证记载的普洛斯通州光机电物流园项目所在宗地的土地用途为工业用地,经原始权益人说明,普洛斯通州光机电物流园项目的实际用途为物流仓储及配套设施,项目存在土地用途与实际用途不一致的问题。

就普洛斯通州光机电物流园的土地用途与实际用途不一致事宜,北京市规划和自然资源委员会通州分局(以下简称北京市规自委通州分局)于 2020 年 9 月 29 日向北京普洛斯出具《关于对"关于确认普洛斯通州光机电物流园项目用途情况申请函"的回复意见》(京规自通函〔2020〕949 号,以下简称《回复意见》),确认:根据相关国有土地使用证、建设用地规划许可证、规划意见书及有关历史审批文件,普洛斯通州光机电物流园项目建设用地性质为工业用地,建筑使用性质包括厂房、综合楼、分拣用房及附属设施用房等;经向中关村科技园区通州园管理委员会核实,普洛斯通州光机电物流园项目在建设时系铭林置业根据北京世纪卓越信息技术有限公司(以下简称北京世纪卓越)提供的使用功能需求而建设,双方于 2007 年 1 月 18 日签署了《物业建设租赁合同》,该合同约定本物业可用于通常办公用途、接收、储存、装运及销售产品、数据设备、客户服务以及其他合法用途,北京世纪卓越实际租赁该项目用于仓储,目前也在实际用于承租方的物资存放和仓储;鉴于项目已取得北京市规自委通州分局核发的相关规划手续,且完成竣工验收备案并已取得房屋所有权证等相关产权证书,项目建设单位在建设前期已考虑相关业态要求,符合促进城市功能合理复合化发展、推进存量空间的精细化提升等要求,北京市规自委通州分局同意普洛斯通州光机电物流园项目参与申报基础设施 REITs 试点。

实务中,与普洛斯通州光机电物流园一样,很多项目存在土地用途与实际用途不一致的问题。仓储物流项目使用"仓储物流用地"的较少,很多仓储物流项目的用地是"工业用地"。故对于在工业用地上是否可以建设仓储物流地产,长期以来仍存在疑问。根据中华人民共和国自然资源部对"仓储用地调整为工业用地是否为改变土地用途?"的回复:"工业用地、仓储用地同为二级地类,属于不同用途,因此,应该依据《城镇国有土地使用权出让和转让暂行条例》第 18 条的规定办理,‘土地使用者需要改变土地使用权出让合同规定的土地用途的,应当征得出让方同意并经土地管理部门和城市规划部门批准,依照本章的有关规定重新签订土地使用权出让合同,调整土地使用权出让金,并办理登记’。”①

此外,根据《国土空间调查、规划、用途管制用地用海分类指南(试行)》的定义,工业用地指工矿企业的生产车间、装备修理、自用库房及其附属设施用地,包括专用铁路、码头和附属道路、停车场等用地,不包括采矿用地。这里涉及的仓储物流用房被限定为“自用库房及其附属设施用地”,但该自用库房与仓储物流房屋是否存在差异,目前仍存在较大的不确定性。

鉴于上述问题,如后续拟发行仓储物流的 REITs 项目遇到土地实际用途不是“仓储物流”用地的情况,笔者建议要求原始权益人确认该项目是否取得过主管政府部门的批复、会议纪要等,载明同意该工业用地用于物流仓储产业。如没有取得认可的,应要求原始权益人取得政府认可,以确保合规性,或申请改变土地使用权出让合同中约定的土地用途。同时,笔者建议核查项目所在地政府是否出台了鼓励物流产业发展的政策文件,包括但不限于放宽对于工业用地用途的监管,或允许建设一定比例的仓储物流用房,以符合项目规划用途合规性的要求。

(三)项目现金流情况的核查

以普洛斯仓储物流 REITs 项目为例,公开披露的法律意见书中对基础设施项目的运营收入来源进行了核查,确认收入来源为自营收入,不依赖第三方补贴等非经常性收入。同时核查了与承租人签订的租赁合同,确认其合法有效性,并确认基础设施资产不存在单一现金流提供方及其关联方合计提供的现金流超过基础设施资产同一时期现金流总额的 10% 且排名前十的重要现金流提供方。

实务中,同样需要注意租赁合同期限的问题。根据《民法典》第 705 条的规定,租赁期限不得超过 20 年。超过 20 年的,超过部分无效。租赁期限届满,当事人可以续订租赁合同;但是,约定的租赁期限自续订之日起不得超过 20 年,故较容易出现租赁期限少于基金存续期的情形,可能影响基金存续期内的现金流稳定

---

① 资料来源:http://www.mnr.gov.cn/zt/hd/tdr/24tdr/nwwd/201310/t20131018_205095b.html。

性,需要在法律审核中予以关注。

（四）转让行为合法性的核查

1. 土地使用权出让合同对转让的限制性约定

以盐田港仓储物流 REITs 项目为例,公开披露的法律意见书中对是否存在转让限制进行了核查。经过核查发现,《初始土地使用权出让合同》约定:基础设施项目的宗地及建筑物未经批准不得转让,未经批准不得用于抵押,但是项目后续签订了补充协议。根据《土地使用权出让合同补充协议七》的约定,基础设施项目的宗地及建筑物限整体转让,允许抵押(统称为土地使用权转让特殊约定),即《初始土地使用权出让合同》项下的转让限制已被解除。同时,法律意见书审核确认原始权益人盐田港集团拟将其持有的 SPV 股权、项目公司股权及基础设施项目整体转让的专项计划,不违反前述出让合同以及不动产权证书的土地使用权转让的特殊约定。

此外,由于基础设施项目占用宗地的土地使用权系由项目公司通过协议出让的方式取得,根据深圳市规划和自然资源局盐田管理局于 2021 年 1 月 27 日出具的《关于盐田港现代物流中心项目参与基础设施不动产投资信托基金 REITs 相关意见的复函》,确认盐田港现代物流中心项目(宗地号 J306－0009)已签订的土地使用权出让合同及补充协议书中未对项目股权转让进行限制,其对该项目以 100% 股权转让方式发行基础设施 REITs 无异议。

实务中,存在不同类型的限制转让的情形,如盐田港仓储物流 REITs 项目中出现的基础设施项目占用宗地为通过划拨、协议转让的方式取得的,则可能需要取得土地使用权出让主管部门出具的无异议函;或是在土地使用权出让合同中约定受让人需满足该工业地块的项目准入条件及设置的相关规划条件后,方可进行转让等。对于上述情况,需要在核查时对土地使用权转让合同中的转让条件予以具体明确。

2. 相关政府部门对项目公司股权转让的要求

根据实务操作中的经验,部分工业用地所在地园区的管委会、地方政府对持有工业用地的项目公司的股权转让存在前置审批程序,相关政府文件中规定的合规性审查中的各部门均有对股权变更事项的一票否决权;同时在审核时会从纳税金额、产值等各方面予以综合考虑。因此项目公司应当根据前述相关政府文件的规定,向相关部门提交审核材料并通过审核程序。

二、与仓储物流相关的主要法规政策规定(见表1-16)

表1-16　仓储物流主要法规政策

<table>
<tr><th>序号</th><th>发布方</th><th>生效时间</th><th>名称</th><th>发文字号</th></tr>
<tr><td>1</td><td rowspan="2">全国人大常委会</td><td>2019年4月23日</td><td>《城乡规划法》</td><td>主席令第29号</td></tr>
<tr><td>2</td><td>2020年1月1日</td><td>《土地管理法》</td><td>主席令第32号</td></tr>
<tr><td>3</td><td rowspan="4">国务院</td><td>2009年3月10日</td><td>《物流业调整和振兴规划》</td><td>国发〔2009〕8号</td></tr>
<tr><td>4</td><td>2014年7月28日</td><td>《关于加快发展生产性服务业促进产业结构调整升级的指导意见》</td><td>国发〔2014〕26号</td></tr>
<tr><td>5</td><td>2014年9月12日</td><td>《物流业发展中长期规划(2014—2020年)》</td><td>国发〔2014〕42号</td></tr>
<tr><td>6</td><td>2020年11月29日</td><td>《城镇国有土地使用权出让和转让暂行条例》</td><td>国务院令第732号</td></tr>
<tr><td>7</td><td>商务部</td><td>2014年9月22日</td><td>《关于促进商贸物流发展的实施意见》</td><td>商流通函〔2014〕790号</td></tr>
<tr><td>8</td><td>国家标准化管理委员会、商务部</td><td>2014年5月</td><td>《关于加快推进商贸物流标准化工作的意见》</td><td>—</td></tr>
</table>

第七节　园区基础设施REITs项目的核查要点

园区基础设施,是指位于自由贸易试验区、国家级新区、国家级与省级开发区、战略性新兴产业集群的研发平台、工业厂房、创业孵化器、产业加速器、产业发展服务平台等园区基础设施。其中,国家级与省级开发区以《中国开发区审核公告目录(2018年版)》发布的名单为准,战略性新兴产业集群以国家发展改革委公布的名单为准。

根据联合国环境规划署(UNEP)的定义,产业园区是在一大片土地上集聚若干产业或企业的区域;目前,产业园区通常是指由政府划定的用以集中发展某些产业的特定区域。在已经发行的基础设施REITs项目中,就有博时招商蛇口产业园封闭式基础设施证券投资基金(以下简称博时招商蛇口产业园REITs)项目、东吴苏州工业园区产业园封闭式基础设施证券投资基金(以下简称东吴苏州工业园区产业园REITs)项目和华安张江光大园封闭式基础设施证券投资基金(以下简称华安张江光大园REITs)项目等。

一、产业园区项目核查要点

《公开募集基础设施证券投资基金尽职调查工作指引(试行)》中规定,应该对基础设施项目的权属和资产、基础设施项目的合法合规性、基础设施项目转让行为的合法性以及基础设施项目的运营管理安排进行尽职调查。以下将主要以博时招商蛇口产业园REITs项目和华安张江光大园REITs项目为例,对项目公开披露的法律意见书中的相关内容进行归纳,并结合实务进行提示。

(一)项目权属和资产的核查

以博时招商蛇口产业园REITs项目为例,在该项目公开披露的法律意见书中,律师对基础设施资产相关证照的取得情况进行核查,包括以下内容。

1. 根据基础设施项目对应的不动产权证书及由不动产登记中心出具的不动产信息查询结果,核查资产专项计划下的项目公司[SPV(万融)公司和SPV(万海)公司]为基础设施资产万融大厦项目、万海大厦项目的房屋所有权人及相应的土地使用权人。

2. 核查基础设施资产原产权人就基础设施资产所在地块是否签署了有效的土地使用权出让合同,是否缴清出让合同书项下的地价款。实务中,若出让合同项下的地价款未缴清的,应当按照出让合同的约定标准补缴地价。

3. 确认基础设施资产万融大厦项目及万海大厦项目均不存在抵押、查封等权利限制情况,项目公司在基础设施项目租赁合同项下应收取的租金不存在质押情形。

(二)项目开发建设过程合法合规性的核查

以博时招商蛇口产业园 REITs 项目为例,在该项目公开披露的法律意见书中对基础设施资产开发建设过程中履行的项目备案、规划、节能验收、环评、施工许可和竣工验收手续进行了核查。

值得注意的是,根据该项目公开披露的法律意见书披露,该项目基础设施资产的不动产权证书记载的土地用途为工业用地,房屋用途为工业、商业、食堂、配套;基础设施项目的实际用途是作为研发办公及商业等配套用途出租给信息技术产业、文化创意产业等企业,实际用途与基础设施项目的规划用途及其权证所载用途不一致的情形,可能面临被有关政府部门处以罚款、责令改正、恢复用途甚至无偿收回土地使用权并没收地上建筑物、附着物等行政处罚的法律风险。

就基础设施项目的实际用途与规划用途不一致事宜,因项目位于深圳市规划和土地资源委员会第二管理局出具的《宝耀片区专项规划批复》范围内,规划部门在批复中同意通过拆除重建将包括万融大厦项目、万海大厦项目所属片区升级改造为“蛇口网谷”互联网基地,万海大厦项目所属片区内的产业定位为互联网、电子商务基础及应用、物联网技术及应用示范三大核心主体园区及公共技术平台。基于此批复,结合该项目法律顾问对政府主管部门的访谈,该项目法律顾问认为基础设施项目的实际用途(主要作为研发办公及商业等配套用途出租给信息技术产业、文化创意产业等企业)的主要依据为深圳市规划部门在《宝耀片区专项规划批复》中对基础设施项目的产业定位。实务中,取得政府主管部门针对土地证记载的规划用途与实际用途不一致的问题出具的专门批复意见也是常见的操作方式。

(三)转让行为合法性的核查

产业园区项目的土地性质一般为工业用地,基于用地性质的特殊性,产业园区基础设施项目的转让应遵照地方法规、规章及政策对工业用地及地上建筑物转让相关的限制性规定执行。以下主要以华安张江光大园 REITs 项目和博时招商蛇口产业园 REITs 项目为例,对产业园区公募 REITs 项目中基础设施资产转让行为合法性的核查要素进行归纳总结。

1. 转让的前置性审批要求

我国地方性法规、规章及规范性文件或相关行政主管部门对工业用地的转让（股权或资产转让）经常设置相关的前置性行政审批程序。以华安张江光大园 REITs 项目为例，上海市人民政府办公厅于 2016 年 3 月 30 日印发《转发市规划国土资源局制订的〈关于本市盘活存量工业用地的实施办法〉的通知》（沪府办〔2016〕22 号）第 20 条第 3 款规定："存量工业用地使用权人出资比例结构、项目公司股权结构改变的，在办理股权变更前，须按照出让合同约定事先征得出让人同意。"根据前述规定，项目公司的股权转让需取得土地使用权出让人的同意。为此，华安张江光大园 REITs 项目在转让前取得了上海市浦东新区规划和自然资源局出具的"无异议函"，明确在不改变张江光大园项目占用范围内土地用途、性质的前提下，出让人对以 100% 股权转让方式发行基础设施 REITs 无异议。

2. 分割转让的限制要求

就工业物业产权是否可进行分割转让的问题，我国各省市存在不同规定，若产业园区公募 REITs 项目涉及工业物业产权分割转让的，则需要核查关于工业物业产权分割转让的相关规定。以博时招商蛇口产业园 REITs 项目为例，《深圳市工业楼宇及配套用房转让管理办法》第 4 条第 2 款规定："已供应用地的用地批准文件或者土地使用权出让合同对工业楼宇及配套用房的转让有约定的，按照约定执行。其中，用地批准文件或者土地使用权出让合同约定土地为非商品性质的，地上的工业楼宇及配套用房不得转让；仅约定为商品性质并且未对转让条件作明确约定的，仅能以约定为商品性质的部分为单位整体转让。"第 3 条第 4 款规定："本办法所称'整体转让'，是指以宗地为单位整体转让，本办法第四条、第七条另有规定的除外。"根据前述约定，该项目基础设施资产进行转让的，仅能以宗地为单位整体转让，不能分割转让。

3. 受让主体的资格条件要求

就工业物业转让问题，地方性法规、规章及规范性文件中都对受让主体的资格条件具有一定的要求。以博时招商蛇口产业园 REITs 项目为例，《深圳市工业楼宇及配套用房转让管理办法》第 9 条第 1 款规定："工业楼宇的受让人须是经依法注册登记的企业。其中，一级工业区块线内工业楼宇的受让人还应符合本市工业区块线管理规定的有关要求。"第 14 条第 1 款规定："工业楼宇按照本办法规定转让的,受让人应持买卖合同等材料向区产业部门申请资格条件审核……”《深圳市工业区块线管理办法》第23条规定:“一级线内工业用地转让或地上工业楼宇分割转让,受让方应当是从事制造业的生产、研发、设计环节的工业企业或生产性服务业企业,并有3年以上合法纳税记录(或投资方合法纳税记录),由各区指定部门或机构对受让方条件进行审核并出具意见。”

博时招商蛇口产业园REITs项目中,基础设施资产万融大厦项目、万海大厦项目均位于一级工业区块线范围内,因此基础设施项目的受让人应满足前述规定中关于受让主体的全部资格要求并通过区产业部门的资格条件审核。

4. 政府的优先购买权要求

特殊情况下,地方性规定可能存在相关政府部门对工业物业的转让享有优先购买权的情形。以博时招商蛇口产业园REITs项目为例,《深圳市工业楼宇及配套用房转让管理办法》第13条规定:“按照本办法规定仅能以宗地为单位整体转让的工业楼宇及配套用房或者独立工业配套宿舍用地进行整体转让的,自用地批准文件生效之日或者土地使用权出让合同签订之日起不满15年进行整体转让的,政府及其指定部门在同等条件下享有优先购买权。”

博时招商蛇口产业园REITs项目中,两份《深圳市土地使用权出让合同书》均签署于2012年,距申报项目时均不满15年,因此,项目公司需取得区产业部门明确政府及其指定部门放弃行使优先购买权的书面文件。就REITs设立过程中的项目公司股权转让事项,招商局蛇口工业区控股股份有限公司已取得深圳市规自局南山管理局、深圳市南山区工业和信息化局分别出具的该项目以100%股权转让方式发行基础设施REITs事项原则上无异议的书面函件,可视为政府及其指定部门已放弃其就基础设施项目的整体转让在同等条件下享有的优先购买权。

5. 环保审查要求

由于工业用地可能产生土壤污染等环保问题,工业用地转让中可能存在地方性规定或相关政府部门要求土壤环境调查或其他相关环保审查的情况。以华安张江光大园REITs项目为例,根据当时有效的上海市环境保护局、上海规划国土局于2016年6月13日印发的《上海市经营性用地和工业用地全生命周期管理土壤环境保护管理办法》(沪环保防〔2016〕226号,已废止)第7条第1款规定:“经营性用地和工业用地出让、转让前,土地储备机构或土地使用权人应组织完成土壤环境调查评估,需治理修复的,应组织实施修复并达到环保要求,并将相关材料报所在地区(县)环保局。土地使用权出让人在土地使用权出让前应征询土地所在地区(县)环保局意见。对于存在污染或治理修复未达环保要求的地块不得出让、转让。”

就上述规定,基础设施资产的实际控制人上海张江集成电路产业园开发有限公司和产权人上海中京电子标签集成技术有限公司出具了关于张江光大园项目土壤环境评估事宜的说明及承诺函,承诺将在公募 REITs 发行前组织完成土壤环境调查评估并实施治理修复(如需),并承诺因土壤环境评估事宜而引发的任何行政处罚、赔偿和责任等将由上海张江集成电路产业园开发有限公司承担。

(四)项目运营管理安排的核查

项目经营模式与运营能力方面,2021 年 1 月 29 日上交所发布的《上海证券交易所公开募集基础设施证券投资基金(REITs)规则适用指引第 1 号——审核关注事项(试行)》第 17 条,以及 2021 年 1 月深交所发布的《深交所公开募集基础设施证券投资基金业务指引第 1 号——审核关注事项(试行)》第 17 条均进行了明确规定:

(1)具备成熟稳定的运营模式,运营收入有较好增长潜力;

(2)运营时间原则上不低于 3 年,投资回报良好;

(3)若为产业园、仓储物流、数据中心等依托租赁收入的基础设施项目,近 3 年总体出租率较高,租金收入较高,租金收缴情况良好,主要承租人资信状况良好、租约稳定,承租人行业分布合理。

从以上规定可以看出,基础设施公募 REITs 试点应为优质项目,交易所重点关注产业园区项目的运营模式、运营时间、现金流等。以博时招商蛇口产业园 REITs 项目为例,基础设施项目的现金流来源主要包括基础设施项目租金收入、物业管理费收入及停车费收入。该项目公开披露的法律意见书核查了基础设施资产的运营时间均在 3 年以上;并核查了基础设施项目的近 3 个年度的营业收入、营业利润,基础设施项目可产生持续的现金流,不存在任何第三方补贴,以判断基础设施项目是否具有持续经营能力;同时核查了基础设施项目租赁合同的签署情况,租赁合同合法、有效性以及基础设施项目现金流来源的合理分散性。

(五)其他特殊问题的核查

《公开募集基础设施证券投资基金指引(试行)》第10条第1款规定:"……基金管理人或其关联方与原始权益人存在关联关系,或享有基础设施项目权益时,应当聘请第三方财务顾问独立开展尽职调查,并出具财务顾问报告。"

博时招商蛇口产业园REITs项目中,2021年4月27日,深圳证券交易所向基金管理人博时基金管理有限公司(以下简称博时基金)、计划管理人博时资本管理有限公司(以下简称博时资本)出具问询函,就基金管理人博时基金、原始权益人招商局蛇口工业区控股股份有限公司(以下简称招商蛇口)和财务顾问招商证券股份有限公司(以下简称招商证券)均为招商局集团同一控制下的关联方进行问询。深圳交易所要求基金管理人就聘任招商证券担任财务顾问是否符合《公开募集基础设施证券投资基金指引(试行)》第10条相关要求进行说明,并请律师结合上述情况,在法律意见书中就招商证券担任财务顾问是否符合《公开募集基础设施证券投资基金指引(试行)》第10条相关要求发表明确意见。

2021年4月29日,博时基金、博时资本就问询函出具答复函,答复函称,基金管理人和该项目的法律顾问认为,"第三方财务顾问"系指基金管理人及原始权益人之外的第三人。基金管理人聘请招商证券担任基金募集的财务顾问。招商证券具有保荐业务资格且已严格按照中国证监会的有关规定,不受基金管理人和原始权益人等主体的干涉,独立开展尽职调查并独立出具相应的财务顾问报告。同时,基金管理人补充聘请了中信证券股份有限公司(以下简称中信证券)担任本次基金募集的第三方财务顾问。该项目的法律顾问认为,招商证券和中信证券担任本次基金募集的财务顾问,符合《公开募集基础设施证券投资基金指引(试行)》第10条的相关规定。

对该项目基金管理人及法律顾问答复的与基金管理人及原始权益人存在关联关系的财务顾问属于"第三方财务顾问"的观点,深圳交易所存在一定的异议。虽然该项目基金管理人及法律顾问在回函中称《公开募集基础设施证券投资基金指引(试行)》第10条中的"第三方财务顾问"系指基金管理人及原始权益人之外的第三人,与基金管理人及原始权益人存在关联关系的财务顾问属于"第三方财务顾问",但为了避免违反《公开募集基础设施证券投资基金指引(试行)》第10

条的规定，基金管理人同时聘请了不存在关联关系的第三方担任项目的财务顾问。实务中，为了避免可能违反《公开募集基础设施证券投资基金指引（试行）》第10条规定及证券交易所对此提出问询，基金管理人应优先聘请与基金管理人及原始权益人均无关联关系的第三方担任财务顾问。

二、与产业园区相关的主要法规政策规定（见表1－17）

表1－17 产业园区主要法规政策

序号	发布方	生效时间	名称	发文字号
1	国务院	2019年5月18日	《国务院关于推进国家级经济技术开发区创新提升打造改革开放新高地的意见》	国发〔2019〕11号
2	国务院办公厅	2003年7月18日	《国务院办公厅关于暂停审批各类开发区的紧急通知》	国办发明电〔2003〕30号
3		2003年7月30日	《国务院办公厅关于清理整顿各类开发区加强建设用地管理的通知》	国办发〔2003〕70号
4		2014年10月30日	《国务院办公厅关于促进国家级经济技术开发区转型升级创新发展的若干意见》	国办发〔2014〕54号
5		2016年3月16日	《国务院办公厅关于完善国家级经济技术开发区考核制度促进创新驱动发展的指导意见》	国办发〔2016〕14号
6		2017年1月19日	《国务院办公厅关于促进开发区改革和创新发展的若干意见》	国办发〔2017〕7号
7	国家发展和改革委员会	2005年8月21日	《清理整顿开发区的审核原则和标准》	—
8	商务部	2005年8月17日	《国家级经济技术开发区扩建审批原则和审批程序》	商资字〔2005〕96号

续表

序号	发布方	生效时间	名称	发文字号
9	国家发展和改革委员会	2019 年 10 月 10 日	《关于加快推进战略性新兴产业产业集群建设有关工作的通知》	发改高技〔2019〕1473 号

第八节　新型基础设施 REITs 项目的核查要点

新型基础设施,包括数据中心类、人工智能项目,5G、通信铁塔、物联网、工业互联网、宽带网络、有线电视网络项目,智能交通、智慧能源、智慧城市项目。目前还没有此类基础设施项目申报,因此本篇将以数据中心为例,根据我们在实务中的案例经验,介绍新型基础项目的核查要点。

一、数据中心核查要点

(一)项目权属和资产的核查

1. 项目运营准入

根据《互联网信息服务管理办法》的规定,从事经营性互联网信息服务,应当向省、自治区、直辖市电信管理机构或者国务院信息产业主管部门[①]申请办理《互联网信息服务增值电信业务经营许可证》。因此,在通过数据中心从事互联网信息服务时,应办理相关准入手续,做到“持证经营”。

2. 土地使用权取得情况

根据《土地利用现状分类》(GB/T 21010 - 2017)的规定,可用于数据中心建设的土地主要有商务金融用地、工业用地、仓储用地和公共设施用地。上述类别中,以工业用地性质的土地报批数据中心建设的案例较为常见,但偶尔也会存在以仓储用地进行报批的情况。根据近年来的相关数据,相对而言,以商务金融用地及公共设施用地报批建设数据中心的案例较少。

---

① 2008 年机构改革后撤并为国务院工业和信息化主管部门。

(二)项目开发建设过程合法合规性的核查

1. 设计资质。数据中心在整个设计过程中,应遵循一般建筑所应符合的防火、抗震、照明、防雷、给排水、安防、节能等设计及施工标准。此外,还应特别注意以下规范性文件中规定的标准(见表1-18)。

表1-18 数据中心项目设计资质规范性文件

序号	文号	文件名
1	GB 50174	数据中心设计规范
2	GB 51195	互联网数据中心工程技术规范
3	GB/T 32910	数据中心资源利用
4	GB/T 34982	云计算数据中心基本要求
5	YDT 2441	互联网数据中心技术及分级分类标准
6	YDT 2442	互联网数据中心资源占用、能效及排放技术要求和评测方法
7	YDT 2542	电信互联网数据中心(IDC)总体技术要求
8	YDT 2543	电信互联网数据中心(IDC)的能耗测评方法

需特别注意的是,各地政府主管部门还会对UPS(不间断电源系统)设置、WUE(水资源使用效率)、PUE(电能使用效率)等作出特别的要求与规定,这也是数据中心在设计前期需要优先考量的问题。

2. 竣工验收。与一般的民用建筑及商用建筑相同,数据中心基础设施的竣工验收,应按现行《建筑工程施工质量验收统一标准》划分为单位工程、分部工程、分项工程和检验批。其中,各分部工程的质量验收均应合格。同时,数据中心基础设施工程文件的整理归档也应按《建筑工程资料归档目录》中的有关规定执行。

此外,数据中心还应特别注意电磁屏蔽工程是否验收完毕并合格,这是较一般的民用建筑及商用建筑不同的验收要求。

二、与数据中心相关的主要法规政策规定

关于数据中心的建设运营,目前还没有法律法规层面的规定,更多的是相关政策及建设标准(见表1-19)。

表1-19　数据中心建设运营政策及建设标准

序号	发布方	生效时间	名称	发文字号
1	国家发展和改革委员会、中共中央网络安全和信息化委员会办公室、工业和信息化部、国家能源局	2020年12月23日	《关于加快构建全国一体化大数据中心协同创新体系的指导意见》	发改高技〔2020〕1922号
2	国家发展和改革委员会、中共中央网络安全和信息化领导小组办公室、工业和信息化部、国家能源局	2021年5月24日	《全国一体化大数据中心协同创新体系算力枢纽实施方案》	发改高技〔2021〕709号
3	工业和信息化部	2021年7月4日	《新型数据中心发展三年行动计划(2021—2023年)》	工信部通信〔2021〕76号
4	国家发展和改革委员会、中共中央网络安全和信息化委员会办公室、工业和信息化部、国家能源局	2021年11月30日	《贯彻落实碳达峰碳中和目标要求推动数据中心和5G等新型基础设施绿色高质量发展实施方案》	发改高技〔2021〕1742号
5	工业和信息化部、国家发展和改革委员会、商务部、国家机关事务管理局、中国银行保险监督管理委员会、国家能源局	2022年3月10日	《2021年度国家绿色数据中心名单》	工业和信息化部、国家发展和改革委员会、商务部、国家机关事务管理局、中国银行保险监督管理委员会、国家能源局公告2022年第7号

第九节　保障性租赁住房REITs项目的核查要点

保障性租赁住房,作为国家发展改革委《关于进一步做好基础设施领域不动产投资信托基金(REITs)试点工作的通知》新增的试点行业,目前已有红土创新深圳人才安居 REITs、中金厦门安居 REITs 以及华夏北京保障房中心 REITs 发行上市。

一、保障性租赁住房项目核查要点

（一）项目用地问题

1. 政策规定

2021 年 6 月 29 日，国家发展和改革委员会发布了《关于进一步做好基础设施领域不动产投资信托基金（REITs）试点工作的通知》（发改投资〔2021〕958 号，以下简称 958 号文），将保障性租赁住房列入基础设施领域不动产投资信托基金的试点行业。958 号文同时指出，REITs 试点项目土地用途原则上应为非商业、非住宅用地，但是租赁住房用地以及为保障项目正常运转而无法分割的办公用房、员工宿舍等少数配套设施用地除外。据此，保障性租赁住房的用地性质有其特殊性，区别于其他 REITs 试点行业。

根据 2021 年 6 月 24 日国务院办公厅发布了《国务院办公厅关于加快保障性租赁住房的意见》（国办发〔2021〕22 号，以下简称 22 号文）的规定，保障性租赁住房的土地支持政策中涉及如下几类项目用地。

（1）集体经营性建设用地

具体支持政策为：人口净流入的大城市和省级人民政府确定的城市，在尊重农民集体意愿的基础上，经城市人民政府同意，可探索利用集体经营性建设用地建设保障性租赁住房；应支持利用城区、靠近产业园区或交通便利区域的集体经营性建设用地建设保障性租赁住房；农村集体经济组织可通过自建或联营、入股等方式建设运营保障性租赁住房；建设保障性租赁住房的集体经营性建设用地使用权可以办理抵押贷款。

（2）企事业单位已取得使用权的用地

具体支持政策为：人口净流入的大城市和省级人民政府确定的城市，对企事业单位依法取得使用权的土地，经城市人民政府同意，在符合规划、权属不变、满足安全要求、尊重群众意愿的前提下，允许用于建设保障性租赁住房，并变更土地用途，不补缴土地价款，原划拨的土地可继续保留划拨方式；允许土地使用权人自建或与其他市场主体合作建设运营保障性租赁住房。

(3)产业园区中的工业项目用地

具体支持政策为:人口净流入的大城市和省级人民政府确定的城市,经城市人民政府同意,在确保安全的前提下,可将产业园区中工业项目配套建设行政办公及生活服务设施的用地面积占项目总用地面积的比例上限由7%提高到15%,建筑面积占比上限相应提高,提高部分主要用于建设宿舍型保障性租赁住房,严禁建设成套商品住宅;鼓励将产业园区中各工业项目的配套比例对应的用地面积或建筑面积集中起来,统一建设宿舍型保障性租赁住房。

(4)非居住存量房屋

具体支持政策为:对闲置和低效利用的商业办公、旅馆、厂房、仓储、科研教育等非居住存量房屋,经城市人民政府同意,在符合规划原则、权属不变、满足安全要求、尊重群众意愿的前提下,允许改建为保障性租赁住房;用作保障性租赁住房期间,不变更土地使用性质,不补缴土地价款。

(5)保障性租赁住房用地

具体支持政策为:人口净流入的大城市和省级人民政府确定的城市,应按照职住平衡原则,提高住宅用地中保障性租赁住房用地的供应比例,在编制年度住宅用地供应计划时,单列租赁住房用地计划、优先安排、应保尽保,主要安排在产业园区及周边、轨道交通站点附近和城市建设重点片区等区域,引导产城人融合、人地房联动;保障性租赁住房用地可采取出让、租赁或划拨等方式供应,其中以出让或租赁方式供应的,可将保障性租赁住房租赁价格及调整方式作为出让或租赁的前置条件,允许出让价款分期收取。新建普通商品住房项目,可配建一定比例的保障性租赁住房,具体配建比例和管理方式由市县人民政府确定。鼓励在地铁上盖物业中建设一定比例的保障性租赁住房。

2. 难点问题

REITs为权益性的融资方式,在交易结构上原始权益人需要将持有的基础资产转让给资产支持专项计划,因此基础资产的“可转让性”是发行REITs产品的重要前提条件。根据《公开募集基础设施证券投资基金指引(试行)》第13条的规定,申请注册基础设施基金前,基金管理人应当聘请符合条件的律师事务所就基础设施项目合法合规性、基础设施项目转让行为合法性等问题出具法律意见书。

同时，根据国家发展改革委《关于进一步做好基础设施领域不动产投资信托基金（REITs）试点工作的通知》的规定，基础设施项目应具有可转让性，如相关规定或协议对项目公司名下的土地使用权、项目公司股权、特许经营权、经营收益权、建筑物及构筑物转让或相关资产处置存在任何限定条件、特殊规定约定的，相关有权部门或协议签署机构应对项目以 100% 股权转让方式发行基础设施 REITs 无异议，确保项目转让符合相关要求或相关限定具备解除条件。由此可见，项目用地的可转让性是 REITs 发行过程中的必须要解决的问题。

鉴于 22 号文中提到的可用于保障性租赁住房项目的用地类型多样，以下将逐一分析各类型用地的转让限制及应对建议。

（1）集体经营性建设用地的转让限制

根据《宪法》和《土地管理法》的规定，我国土地分为农用地、建设用地、未利用地。其中建设用地又分为国有建设用地和集体建设用地，集体建设用地分为集体公益性建设用地和集体经营性建设用地，其中可用于建设保障性租赁住房项目的仅有集体经营性建设用地（见图 1－1）。

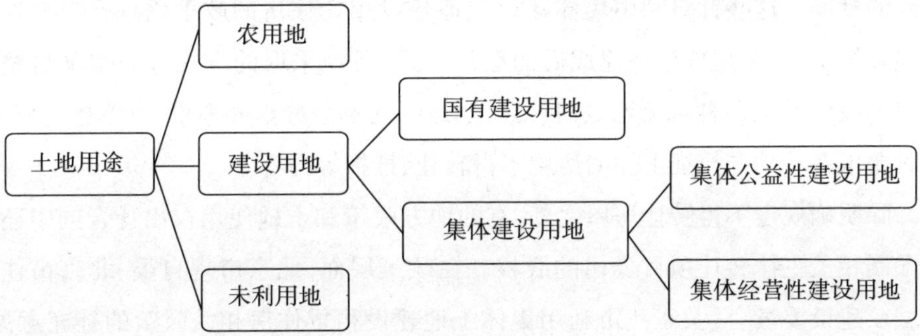

图 1－1　土地用途分类

因保障性租赁住房属于租赁住房的一部分，且 22 号文出台之前对保障性租赁住房的概念未成体系，政策文件多对租赁住房进行相关规定，以下将对利用集体经营性建设用地建设租赁住房的转让限制进行分析说明。

2019 年修正的《土地管理法》第 63 条规定："土地利用总体规划、城乡规划确定为工业、商业等经营性用途，并经依法登记的集体经营性建设用地，土地所有权人可以通过出让、出租等方式交由单位或者个人使用，并应当签订书面合同，载明土地界址、面积、动工期限、使用期限、土地用途、规划条件和双方其他权利义务……通过出让等方式取得的集体经营性建设用地使用权可以转让、互换、出资、赠与或者抵押,但法律、行政法规另有规定或者土地所有权人、土地使用权人签订的书面合同另有约定的除外……”根据该条规定,如法律、行政法规无另行规定、土地使用权出让合同无另行约定的,通过出让等方式取得的集体经营性建设用地使用权应可以进行转让。

在《土地管理法》进行修正之前,为鼓励和支持利用集体经营性建设用地建设租赁住房,各部门、各地方曾出台了众多专门针对租赁住房的政策。例如,原国土资源部和住房和城乡建设部曾于 2017 年 8 月 21 日印发了《利用集体建设用地建设租赁住房试点方案》,确定在北京、上海、沈阳、南京、杭州、合肥、厦门、郑州、武汉、广州、佛山、肇庆、成都 13 个城市开展利用集体建设用地建设租赁住房试点,北京市于 2017 年 10 月 31 日颁布了《关于进一步加强利用集体土地建设租赁住房工作的有关意见》,2018 年 1 月 16 日,除上海、北京之外的 11 个城市的《利用集体建设用地建设租赁住房试点实施方案》也获得了原国土资源部和住房和城乡建设部的批准。这些针对利用集体建设用地建设租赁住房的政策仍现行有效。在前述政策中,关于租赁住房建成后的登记方式,各地采取的方式分为按项目整体登记和按幢登记两种。无论是何种登记方式,均不予分割办理单元、单户产权证,同时要求在不动产权证上注明房屋不得转让、抵押等内容。

除明确规定不得转让房屋之外,有的地方政策和土地使用权出让合同中还明确限制相关主体转让项目公司的股权。在政策层面,北京市规自委、北京市住房和城乡建设委员会《关于我市利用集体土地建设租赁住房相关政策的补充意见》中提道,“国有企业在作价入股(联营)成立的新企业中所持股份转让、变更的,需提前告知农村集体经济组织,变更方案要报区政府批准。农村集体经济组织享有优先受让股份的权利,股权变更不得改变集体土地租赁住房原用途”。上海市《关于加快培育和发展本市住房租赁市场的规划土地管理细则》还规定,受让人的出资比例、股权结构、实际控制人等应按照出让合同约定不得改变,确需改变的,需经出让人或相关管理部门同意。

在土地使用权出让合同层面,根据上海市松江区泗泾镇 SJSB0001 单元 07－09 号地块集体经营性建设用地的《挂牌出让须知》的规定,若土地竞买人竞得土地后需以项目公司进行开发建设的,须在竞买申请表中注明。独立竞买申请人,所注册成立的项目公司,必须100%独立出资成立,竞得后不得进行调整。两家以上的(含两家)多家联合竞买申请人,在联合竞买申请附表中,应当注明各方的投资比例。竞得后所注册成立的项目公司其投资主体和比例应与联合竞买申请附表中注明的一致。即在土地竞买阶段,就必须明确项目公司的股东、持股比例及实际控制人。07－09号地块的《出让预合同》约定,若受让人擅自改变出资比例、股权结构、实际控制人等,拒不整改的,出让人有权解除本合同,收回集体建设用地使用权。

综上所述,利用集体建设用地建设租赁住房的,在发行REITs时应按照国家发改委958号文的规定在发行前取得政府主管部门、协议签署机构(如有)出具的对项目以100%股权转让方式发行REITs无异议的批复,以满足可转让性的合规要求。特别地,因集体建设用地与农村及集体经济组织的利益密切相关,在转让时除常规的审批程序之外,我们认为还应根据各地管理政策、土地使用权出让合同等文件的相关规定与农村集体经济组织进行沟通和协商,必要时应取得集体经济组织/土地使用权出让方同意转让的书面许可。

(2)企事业单位已取得使用权的用地的转让限制

22号文规定,对企事业单位依法取得使用权的土地,经城市人民政府同意,在符合规划、权属不变、满足安全要求、尊重群众意愿的前提下,允许用于建设保障性租赁住房,并变更土地用途,不补缴土地价款,原划拨的土地可继续保留划拨方式。

该条规定明确企事业单位利用已取得使用权的用地建设保障性租赁住房的前提之一是要求“权属不变”。

通常情况下,企事业单位除了持有用于建设保障性租赁住房的土地使用权之外,还有其他的资产。在REITs发行过程中,如原来持有保障性租赁住房项目所有权的企业同时也持有其他资产,为了方便进行股权交易通常会将保障性租赁住房项目从原有企业剥离至一个新设的SPV公司,再将SPV公司的股权出售给资产支持专项计划。鉴于我国“房地一体”的登记管理制度,如22号文中限制改变用地的权属,也将会限制改变保障性租赁住房项目的权属。

综上所述,我们认为将来如有该类项目需要发行REITs时,应按照国家发改委958号文的规定在发行前取得原批复单位(城市人民政府)、企业上级主管机关

(如国资委)、政府主管部门、协议签署机构(如有)出具的对项目以100%股权转让方式发行REITs无异议的批复,以满足可转让性的合规要求。

此外,如企业是以划拨方式取得项目用地的,根据国家发改委958号文的规定,“如项目以划拨方式取得土地使用权,土地所在地的市(县)人民政府或自然资源行政主管部门应对项目以100%股权转让方式发行基础设施REITs无异议”,在REITs设立时应根据相关政策履行报批程序。同时,基金管理人、财务顾问(如有)及律师等主要中介机构对划拨土地使用权转让程序合法、保障性租赁住房REITs使用土地符合《划拨用地目录》要求等法律法规规定发表明确意见。此外,根据已发行的REITs产品案例(如首钢绿能项目),在REITs设立时,基金管理人与发起人可通过协议明确REITs期限届满或特定运营期限后不动产的处置方式,包括返还给原始权益人或政府等。

(3)产业园区中的工业项目用地的转让限制

22号文规定,人口净流入的大城市和省级人民政府确定的城市,经城市人民政府同意,可将产业园区中工业项目配套建设行政办公及生活服务设施的用地面积占项目总用地面积的比例上限由7%提高到15%,提高部分主要用于建设宿舍型保障性租赁住房。

该条规定明确可将产业园区中的工业项目配套建设行政办公及生活服务设施用地用于建设保障性租赁住房。

通常情况下,各地出于对工业用地的投资监管需求,在政策规定和土地使用权出让合同中均会对工业项目配套的行政办公及生活服务设施的转让做出明确限制。以笔者团队正在服务的江苏某产业园区项目为例,该项目中亦涉及行政办公、生活服务设施建筑,其中生活服务设施建筑政府指明需要用于建设人才公寓。根据2022年1月1日施行的《关于印发进一步推进工业用地提质增效实施细则的通知》(苏自然资发〔2021〕264号)的规定,生产服务、行政办公、生活服务设施等配套用途的土地、房产不得分割转让。用于行政办公、生活配套设施的比例不超过地上建筑总面积的15%。配套部分不得分割转让。除政策性文件的规定之外,该项目的土地使用权出让文件、投资发展监管协议中亦明确规定,“行政办公、生活服务设施建筑(含人才公寓)不可分割销售”。

在REITs发行过程中,如原来持有保障性租赁住房项目所有权的企业同时也持有其他资产,为了方便进行股权交易通常会将保障性租赁住房项目从原有企业剥离至一个新设的 SPV 公司,再将 SPV 公司的股权出售给资产支持专项计划。鉴于我国“房地一体”的登记管理制度,如产业园区中工业项目的配套设施不能分割转让,也将会限制将配套设施(人才公寓)剥离至新设的 SPV 公司,限制进行资产重组。

综上所述,笔者认为将来如有该类项目需要发行 REITs 时,应按照国家发改委 958 号文的规定在发行前取得政府主管部门、土地使用权出让合同及投资发展监管协议的签署机构(如有)出具的对项目以 100% 股权转让方式发行 REITs 无异议的批复,以满足可转让性的合规要求。

(4)非居住存量房屋的转让限制

22 号文规定,对闲置和低效利用的商业办公、旅馆、厂房、仓储、科研教育等非居住存量房屋,经城市人民政府同意,在符合规划原则、权属不变、满足安全要求、尊重群众意愿的前提下,允许改建为保障性租赁住房;用作保障性租赁住房期间,不变更土地使用性质,不补缴土地价款。

该条规定明确利用非居住存量房屋改建保障性租赁住房的前提之一是要求“权属不变”。

通常情况下,企业除了持有用于改建保障性租赁住房的非居住存量房屋之外,还有其他的资产。在 REITs 发行过程中,如原来持有保障性租赁住房项目所有权的企业同时也持有其他资产,为了方便进行股权交易通常会将保障性租赁住房项目从原有企业剥离至一个新设的 SPV 公司,再将 SPV 公司的股权出售给资产支持专项计划。如 22 号文中限制改变非居住存量房屋的权属,将会对上述资产重组的环节形成障碍。

(5)保障性租赁住房用地的转让限制

22 号文规定,保障性租赁住房用地可采取出让、租赁或划拨等方式供应。

保障性租赁住房用地在分类上属于国有建设用地中的住宅用地,但也与其他的国有建设住宅用地有区别。以上海市为例,保障性租赁住房用地在规划用地分类中对应“四类住宅组团用地”(Rr4),与其他的住宅用地(Rr1、Rr2 和 Rr3)相区别。根据上海市《关于本市保障性租赁住房规划土地管理细则》的规定,保障性租赁住房土地和房屋应按照出让合同约定,不得整体或分割转让。对因破产、重组等特殊情形需转让的,须经出让人同意。保障性租赁住房用地受让人的出资比例、股权结构、实际控制人等应遵守出让合同的约定,不得改变,确需改变的,需经出让人同意。经出让人同意整体转让或出资比例、股权结构、实际控制人等改变的,保障性租赁住房规划用途和实际使用性质不得改变,必须继续用于保障性租赁住房,并按租赁使用合同保持原租赁关系。相关转让管理要求应纳入土地使用权出让合同,同时约定相关违约责任。

因发行 REITs 产品时需要将租赁住房的所有权转让到 SPV,因此以上四类住宅组团用地中关于限制转让的相关规定对 REITs 产品的发行造成了实质性的障碍。建议修改调整相关法规政策,在土地使用权出让环节合理设置出让条件,允许出于发行 REITs 的目的整体转让保障性租赁住房物业,变更项目公司股权。

例如,已发行的红土创新深圳人才安居保障性租赁住房 REITs 项目涉及保障性租赁住房用地。根据《红土创新深圳人才安居保障性租赁住房封闭式基础设施证券投资基金招募说明书(草案)》的说明,红土创新深圳人才安居保障性租赁住房 REITs 项目针对土地及地上建筑物的转让限制取得了以下批复文件。

①2021 年 11 月 24 日,深圳市市长主持召开市政府七届二十四次常务会议,并由深圳市人民政府办公厅于 2021 年 12 月 3 日印发相应《市政府常务会议纪要》(七届二十四次),该纪要载明会议原则同意深圳市人才安居集团有限公司《关于提请协调解决市人才安居集团保障性租赁住房基础设施 REITs 试点项目有关问题的请示》,主要包括:"同意将本次参与 REITs 试点的安居百泉阁项目、安居锦园项目、凤凰公馆项目、保利香槟苑项目等出租型人才房项目认定为保障性租赁住房,请市发展改革委、市国资委、市规划和自然资源局、市住房建设局会同市人才安居集团完善上述项目开展基础设施 REITs 试点所需的土地使用、资产转让等相关手续,依法依规适用税收优惠政策,相关土地使用权补充协议由原产权主体与相关方面签订。"

②深圳市规划和自然资源局大鹏管理局、深圳市规划和自然资源局坪山管理局、深圳市规划和自然资源局福田管理局、深圳市规划和自然资源局罗湖管理局已出具无异议函,对保利香槟苑项目、凤凰公馆项目、安居百泉阁项目、安居锦园项目以 100% 股权转让的方式发行基础设施 REITs 无异议。

③深圳市住房和建设局已于 2022 年 5 月 7 日出具《关于出具对市人才安居集团及其控股子公司以 100% 股权转让方式发行基础设施 REITs 意见的复函》,对

保利香槟苑项目、凤凰公馆项目、安居百泉阁项目、安居锦园项目以100%股权转让方式发行基础设施REITs无异议。

综上所述，在保障性租赁住房用地相关的法规政策修改之前，笔者认为将来如有该类项目需要发行REITs时，可借鉴红土创新深圳人才安居保障性租赁住房REITs项目的实操经验，在发行前取得政府主管部门、土地使用权出让合同签署机构出具的对项目以100%股权转让方式发行REITs无异议的批复，以满足可转让性的合规要求。

（二）项目认定问题

被认定为保障性租赁住房是发行保障性租赁住房REITs项目的前提条件，因此需要注意项目认定的问题。各地针对保障性租赁住房的认定出台了地方政策，下面将以《上海市保障性租赁住房项目认定办法（试行）》及相关规定为例进行简单说明。

1. 适用范围

上海市将保障性租赁住房项目分为既有项目和新实施项目。其中既有项目指已经建成或在建（含正在办理建设工程手续）的项目，新实施项目指未办理建设用地或建设工程手续的项目（改建项目除外）。

上海市保障性租赁住房既有项目适用范围包括：

“（一）租赁住房用地（含非居住存量建设用地转型为租赁住房用地）上建设的租赁住房；

“（二）集体经营性建设用地上建设的租赁住房；

“（三）非居住建设用地上配套建设的租赁住房；

“（四）按照本市非居住存量房屋改建租赁住房的相关规定合规纳管的改建租赁住房；

“（五）居住用地上配建的租赁住房和建设的其他租赁住房。”

上海市保障性租赁住房新实施项目适用范围包括：

“（一）集体建设用地新建；

“（二）非居住用地转型租赁住房用地新建；

“（三）非居住用地配套新建；

“(四)非居住存量房屋改建;

“(五)取得租赁住房用地或其他居住用地新建、配建。”

2. 认定标准

(1)既有项目。《上海市保障性租赁住房项目认定办法(试行)》并未直接列举规定既有项目的各项认定标准,认定办法中规定由各区保障性租赁住房工作领导小组办公室对建设单位提交的材料进行审核后认定,建设单位需提交的材料详见下文。

(2)新实施项目。《上海市保障性租赁住房项目认定办法(试行)》对于新实施项目的户型标准规定:新实施保障性租赁住房项目,应规范房型设计,以中小户型为主。70 平方米以下户型住房建筑面积占项目住房建筑面积的比例,应不低于 70%。

新实施非居住存量房屋改建保障性租赁住房项目,按照上海市非居住存量房屋改建保障性租赁住房的相关规定办理项目认定。

3. 需提交的材料

(1)既有项目

已建成的项目,应提交《保障性租赁住房项目认定申请表》、建设单位营业执照和《不动产权证》等权属证明材料(记载的房屋用途为租赁住房、公寓、宿舍等居住类型);在建的项目,应提交《保障性租赁住房项目认定申请表》,建设单位营业执照和建设工程规划许可文件(记载的建设项目为租赁住房、公寓、宿舍等居住类型);正在办理建设工程手续的项目,应在取得建设工程规划许可文件后申请认定,并提《上海市保障性租赁住房项目认定办法(试行)》第 3 条第 1 款第 2 项规定的申请材料。

改建类的既有项目,则应同时提交以下材料:①《保障性租赁住房项目认定申请表》。②建设单位营业执照。③《不动产权证》等权属证明材料;其中建设单位不是产权单位的,还应提交与产权单位之间的有效租赁协议,以及产权单位同意项目用作保障性租赁住房的书面意见。④国务院办公厅《关于加快发展保障性租赁住房的意见》(国办发〔2021〕22 号)发布前,项目已由区政府同意纳管为租赁住房的认定文件。⑤区政府按照本市非居住存量房屋改建租赁住房相关规定组织区相关部门联合验收的通过意见。

(2)新实施项目

新实施项目,应提交《保障性租赁住房项目认定申请表》、建设单位营业执照,以及项目地块的土地权属证明材料(建设单位为土地使用权人)或区级以上人民政府关于项目地块建设单位初步意向的意见材料(建设单位尚未取得土地使用权)。

(三)合规性问题

保障性租赁住房项目涉及诸多合规性问题,以下将以深圳证券交易所在对红土创新深圳人才安居保障性租赁住房封闭式基础设施证券投资基金进行上市审核时的问询为例,说明交易所对已发行保障性租赁住房 REITs 项目关注的合规问题,以及产品发行机构针对问题的具体回复。

2022 年 6 月 17 日,深圳证券交易所发出《关于红土创新深圳人才安居保障性租赁住房封闭式基础设施证券投资基金上市和深创投—深圳人才安居保障性租赁住房资产支持专项计划挂牌条件确认申请文件的审核问询函》。[①] 其中对于项目合规性方面提出的问询如下。

(1)请基金管理人充分论证底层资产是否符合《公开募集基础设施证券投资基金指引(试行)》第 8 条第 3 项所规定的条件,并请律师就此发表明确意见,同时配套完善相关信息披露和风险揭示;

(2)请基金管理人补充说明底层资产是否符合国务院办公厅《关于加快发展保障性租赁住房的意见》(国办发〔2021〕22 号)第 2 条第 1 项的相关要求,并请律师就此发表明确意见,同时配套完善相关信息披露。

2022 年 7 月 8 日,红土创新基金管理有限公司(基金管理人)、深创投红土资产管理(深圳)有限公司(资产支持专项计划管理人)发出《关于〈关于红土创新深圳人才安居保障性租赁住房封闭式基础设施证券投资基金上市和深创投—深圳人才安居保障性租赁住房资产支持专项计划挂牌条件确认申请文件的审核问询函〉的回复》[②]。针对项目合规性的主要答复如下:

---

① 深圳证券交易所官网,http://reportdocs. static. szse. cn/UpFiles/reitsinfodisc/REITS_000181717BFD0B3FED56E196DA66D13F. pdf。

② 深圳证券交易所官网,http://reportdocs. static. szse. cn/UpFiles/reitsinfodisc/REITS000181PE7AOD293FEA51B8F989C9E03F. pdf。

(1)请基金管理人充分论证底层资产是否符合《公开募集基础设施证券投资基金指引(试行)》第8条第3项所规定的条件,并请律师就此发表明确意见,同时配套完善相关信息披露和风险揭示。

答复:

①《公开募集基础设施证券投资基金指引(试行)》第8条第3项规定"基础设施基金拟持有的基础设施项目应原则上运营3年以上,已产生持续、稳定的现金流,投资回报良好,并具有持续经营能力、较好增长潜力"。根据国务院办公厅《关于进一步盘活存量资产扩大有效投资的意见》(国办发〔2022〕19号),对于在强化民生保障等方面具有重要作用的项目,在满足发行要求、符合市场预期、确保风险可控等前提下,可进一步灵活合理确定运营年限等要求。在此基础上,基金管理人从运营时间和经营情况、投资回报情况、持续经营能力及增长潜力角度进行分析,认为底层资产符合《公开募集基础设施证券投资基金指引(试行)》第8条第3项的规定。

②律师已在基金法律意见书"(七)结论"部分中明确发表意见如下:根据《基金指引》第8条第3款,基础设施项目应符合"原则上运营3年以上,已产生持续、稳定的现金流,投资回报良好,并具有持续经营能力、较好增长潜力"的要求。我们理解,前述3年以上的运营时间要求为原则性要求,而非强制要求,且前述规定的本质是要求项目资质良好;同时,国务院办公厅《关于进一步盘活存量资产扩大有效投资的意见》(国办发〔2022〕19号)规定对于在强化民生保障等方面具有重要作用的项目,在满足发行要求、符合市场预期、确保风险可控等前提下,可进一步灵活合理确定运营年限等要求。本基金持有的基础设施项目整体运营时间虽未满3年,但基础设施资产已建成并投入使用,截至本次尽调基准日,基础设施资产租赁台账所载明的全部已签署租赁合同均合法有效,符合《基金指引》第8条第3款所规定的条件。

③管理人已根据要求在招募说明书"重大风险揭示"之"(二)与基础设施资产相关的特有风险"之"2.基础设施项目运营管理风险"部分中将基础设施项目运营时间未满3年作为重大事项提示,具体内容如下:

"基础设施项目均已投入运营,但运营时间未满3年,其中安居百泉阁项目于2022年1月开始运营,安居锦园项目于2021年11月开始运营,保利香槟苑项目于 2020 年 7 月开始运营，凤凰公馆项目于 2020 年 11 月开始运营。投资者应认真阅读本招募书第十四部分关于运营时间的披露情况，审慎作出投资判断。”

(2)请基金管理人补充说明底层资产是否符合国务院办公厅《关于加快发展保障性租赁住房的意见》(国办发〔2021〕22 号)第 2 条第 1 项的相关要求，并请律师就此发表明确意见，同时配套完善相关信息披露。

答复：

①就底层资产符合国务院办公厅《关于加快发展保障性租赁住房的意见》(国办发〔2021〕22 号)第 2 条第 1 项的相关要求，基金管理人补充说明如下：

A. 底层资产原是国办发〔2021〕22 号文出台之前根据深圳市有关政策建设的出租的人才住房。

在国办发〔2021〕22 号文出台之前，深圳市制定了《深圳市人民政府关于深化住房制度改革加快建立多主体供给多渠道保障租购并举的住房供应与保障体系的意见》(深府规〔2018〕13 号)(以下简称深府规〔2018〕13 号文)，对于人才住房(用于出租的人才住房现均纳入保障性租赁住房)的面积标准为“建筑面积以小于 90 平方米为主”。底层资产是在国办发〔2021〕22 号文出台之前，根据深府规〔2018〕13 号文的规定建设的出租的人才住房。

B. 国办发〔2021〕22 号文出台之后，深圳市为了加快做好与国家住房保障体系的对接，将出租的人才住房等均纳入保障性租赁住房，取得了住房和城乡建设部的认可。

2021 年，国办发〔2021〕22 号文出台之后，“深圳市加快做好与国家住房保障体系的对接，将出租的人才住房、各类享受政府政策支持的租赁住房以及产业园区配套宿舍等均纳入保障性租赁住房，将出售的人才住房和安居型商品住房归入共有产权住房，进一步规范发展公租房。在此基础上，将原来由公租房、人才住房和安居型商品住房构成的公共住房，调整为以公租房、保障性租赁住房和共有产权住房为主体的住房保障体系”。以上做法取得了住房和城乡建设部的认可，并被纳入住房和城乡建设部《发展保障性租赁住房可复制可推广经验清单(第一批)》。底层资产作为原出租的人才住房纳入保障性租赁住房符合相关要求。

C. 根据国办发〔2021〕22 号文，深圳市人民政府办公厅印发《关于加快发展保障性租赁住房的实施意见》(深府办函〔2022〕23 号)(以下简称深府办函〔2022〕23

号文),明确做好政策衔接,已开工建设和已建成出租的人才住房项目,符合保障性租赁住房基本要求的均纳入保障性租赁住房管理。

2022年3月28日,根据国办发〔2021〕22号文的精神,深圳市人民政府办公厅印发深府办函〔2022〕23号文。根据该文件,深圳市明确了保障性租赁住房的限定面积标准即坚持以“小户型”为主,新增建设筹集保障性租赁住房建筑面积70平方米以下的套(间)数占比原则上不低于80%。单套建筑面积较大的户型可以按间为单位出租。同时,文件也要求做好政策衔接工作,明确深圳市已开工建设和已建成出租的人才住房项目,将符合保障性租赁住房基本要求的均纳入保障性租赁住房管理。底层资产属于已开工建设和已建成出租的人才住房项目,将其纳入保障性租赁住房符合相关要求。

D. 国办发〔2021〕22号文规定,保障性租赁住房的准入和退出的具体条件、小户型的具体面积由城市人民政府按照保基本的原则合理确定。

根据国办发〔2021〕22号文第2条第1项,保障性租赁住房主要解决符合条件的新市民、青年人等群体的住房困难问题,以建筑面积不超过70平方米的小户型为主,租金低于同地段同品质市场租赁住房租金,准入和退出的具体条件、小户型的具体面积由城市人民政府按照保基本的原则合理确定。底层资产主要解决符合条件的新市民、青年人等群体的住房困难问题,租金低于同地段同品质市场租赁住房租金,建筑面积符合深圳市人民政府的有关规定。

根据深圳市人民政府七届二十四次常务会议精神,2022年1月10日,深圳市住房和建设局向深圳市人才安居集团出具了证书编号分别为罗〔2022〕1号、福〔2022〕1号、鹏〔2022〕1号以及坪〔2022〕2号的《深圳市保障性租赁住房项目认定书》,根据国办发〔2021〕22号以及广东省和深圳市的有关规定,认定安居锦园项目、安居百泉阁项目、保利香槟苑项目、凤凰公馆项目为深圳市保障性租赁住房项目,符合有关规定。

综上,本次参与试点的4个项目符合国办发〔2021〕22号和深府办函〔2022〕23号等文件的相关要求,已按规定履行程序被认定为保障性租赁住房,并取得合法有效的《深圳市保障性租赁住房项目认定书》。

就上述补充说明,基金管理人已在招募说明书第十四部分第三章“基础设施项目的合规情况”之“(一)符合相关政策要求”中完善了相关信息披露。

②律师已在基金法律意见书第 3 条第 1 款第 2 项“基础设施资产的保障性租赁住房性质认定”中补充披露；并在基金法律意见书第 7 条“结论”部分中明确发表意见如下：“基础设施资产中的住宅房源符合国务院办公厅《关于加快发展保障性租赁住房的意见》（国办发〔2021〕22 号）对于保障性租赁住房的规定。”

二、与保障性租赁住房相关的主要法规政策规定（见表 1 – 20）

表 1 – 20　保障性租赁住房主要政策规定

序号	发布方	生效时间	名称	发文字号
1	国务院办公厅	2021 年 6 月 24 日	《关于加快发展保障性租赁住房的意见》	国办发〔2021〕22 号
2	财政部、国家税务总局、住房和城乡建设部	2021 年 10 月 1 日	《关于完善住房租赁有关税收政策的公告》	财政部、国家税务总局、住房和城乡建设部公告 2021 年第 24 号
3	中国人民银行、原中国银行保险监督管理委员会	2022 年 1 月 30 日	《关于保障性租赁住房有关贷款不纳入房地产贷款集中度管理的通知》	银发〔2022〕30 号
4	原中国银行保险监督管理委员会、住房和城乡建设部	2022 年 2 月 16 日	《关于银行保险机构支持保障性租赁住房发展的指导意见》	银保监规〔2022〕5 号

此外，部分省份及直辖市对保障性租赁住房也出台了相应政策，内容见表 1 – 21。

表 1 – 21　部分省、直辖市出台的保障性租赁住房政策

序号	发布方	生效时间	名称	发文字号
1	浙江省人民政府办公厅	2021 年 10 月 29 日	《关于加快发展保障性租赁住房的指导意见》	浙政办发〔2021〕59 号
2	广东省人民政府办公厅	2021 年 11 月 2 日	《关于加快发展保障性租赁住房的实施意见》	粤府办〔2021〕39 号
3	湖北省住房和城乡建设厅	2021 年 11 月 5 日	《关于加快发展保障性租赁住房的通知》	鄂建文〔2021〕45 号

续表

序号	发布方	生效时间	名称	发文字号
4	天津市住房和城乡建设局、天津市规划和自然资源局	2021年11月17日	《天津市非居住存量房屋改建为保障性租赁住房的指导意见(试行)》	津住建发〔2021〕17号
5	上海市人民政府办公厅	2021年12月1日	《关于加快发展本市保障性租赁住房的实施意见》	沪府办规〔2021〕12号
6	江苏省人民政府办公厅	2021年12月9日	《关于加快发展保障性租赁住房的实施意见》	苏政府办〔2021〕101号
7	北京市住房和城乡建设委员会、北京市发改委、北京市财政局、北京市规自委	2021年12月27日	《关于进一步规范本市新供住宅项目配建公租房、保障性租赁住房工作的通知》	京建发〔2021〕389号
8	四川省住房和城乡建设厅、四川省发展和改革委员会、四川省财政厅、四川省自然资源厅、中国人民银行成都分行、国家税务总局四川省税务局、原中国银行保险监督管理委员会四川监管局、中国证券监督管理委员会四川监管局	2021年12月31日	《关于加快发展保障性租赁住房的实施意见》	川建保发〔2021〕338号
9	上海市住房和城乡建设委员会、上海市房屋管理局	2022年1月13日	《上海市保障性租赁住房租赁管理办法(试行)》	沪住建规范联〔2022〕3号
10	上海市住房和城乡建设委员会、上海市房屋管理局	2022年1月13日	《上海市保障性租赁住房项目认定办法(试行)》	沪住建规范联〔2022〕2号
11	上海市规划和自然资源局	2022年1月18日	《关于本市保障性租赁住房规划土地管理细则》	沪规划资源用〔2022〕20号

续表

序号	发布方	生效时间	名称	发文字号
12	重庆市人民政府办公厅	2022 年 1 月 30 日	《关于加快发展保障性租赁住房的实施意见》	渝府办发〔2022〕21 号
13	北京市规自委	2022 年 2 月 17 日	《北京市国土空间近期规划（2021—2025 年）》	—

第二章　基础设施 REITs 法律问题

第一节　基础设施项目的相关法律问题

一、基础设施项目用地相关法律问题

2020 年 7 月 31 日国家发展和改革委员会印发的《关于做好基础设施领域不动产投资信托基金（REITs）试点项目申报工作的通知》（发改办投资〔2020〕586 号）规定，试点基础设施 REITs 项目需满足“权属清晰、资产范围明确，发起人（原始权益人）依法合规拥有项目所有权、特许经营权或运营收费权”的条件。原始权益人对基础设施项目拥有所有权或特许经营权是项目可产生持续、稳定现金流的前提。采用特许经营权模式的基础设施项目，原始权益人并不一定享有国有建设用地使用权，可基于稳定、排他的特许经营权运营基础设施项目；而产业园、仓储物流等非特许经营权模式的基础设施项目，项目公司一般享有土地使用权及地上建筑物的所有权。因此，需要核查基础设施项目用地环节的合法合规性，若项目公司的土地使用权存在重大瑕疵，则可能导致无法获得国家发改委、证监会等审核机构的认可。

（一）基础设施项目用地的获取路径问题

根据我国《土地管理法》《土地管理法实施条例》《城市房地产管理法》《公司法》等法律法规的相关规定，原始权益人通常可以通过划拨、出让、租赁、作价出资（入股）4 个路径获取基础设施项目用地的土地使用权。

1. 划拨

(1)划拨的土地类型

《土地管理法》第 54 条规定,城市基础设施用地和公益事业用地以及国家重点扶持的能源、交通、水利等基础设施用地可以通过划拨方式取得。《划拨用地目录》进一步细化了可采用划拨方式的用地类型,《划拨用地目录》第 3 条规定:"对国家重点扶持的能源、交通、水利等基础设施用地项目,可以以划拨方式提供土地使用权。对以营利为目的,非国家重点扶持的能源、交通、水利等基础设施用地项目,应当以有偿方式提供土地使用权。"根据《划拨用地目录》的规定,城市基础设施用地包括供水设施、燃气供应设施、供热设施、公共交通设施、环境卫生设施、道路广场、电力设施、水利设施、铁路交通设施、公路交通设施、水路交通设施、民用机场设施,均可以划拨方式提供土地使用权。

因此,以划拨方式提供土地使用权需满足《划拨用地目录》的规定,且强调公益性、非营利性,以无偿方式供地;对于营利性基础设施用地则一般以出让等有偿方式供地。需要注意的是,《产业用地政策实施工作指引(2019 年版)》第 14 条第 2 款规定:"市、县自然资源主管部门划拨国有建设用地使用权时,在符合国土空间规划的前提下,可以建设项目审批、核准、备案文件记载的项目建设内容为依据判断是否符合《划拨用地目录》,不得以建设单位投资来源为民间投资、外商投资或政府和社会资本合作等为由限制申请划拨用地。"因此,自然资源主管部门决定是否采用划拨方式供地的考虑因素为基础设施项目的内容是否符合《划拨用地目录》而非投资的来源。

同时,原国土资源部、国家发展和改革委员会、财政部、住房和城乡建设部、原农业部、中国人民银行、原国家林业局、原中国银行业监督管理委员会印发的《关于扩大国有土地有偿使用范围的意见》(国土资规〔2016〕20 号)中提出,"对可以使用划拨土地的能源、环境保护、保障性安居工程、养老、教育、文化、体育及供水、燃气供应、供热设施等项目,除可按划拨方式供应土地外,鼓励以出让、租赁方式供应土地"。可以看出,前述类型的基础设施项目以出让方式供地符合未来的政策趋势。投资人在符合《划拨用地目录》的情况下,也可以与出让部门沟通以划拨方式供地。

(2)划拨土地的使用权主体

实践中,基础设施项目多采用特许经营权模式,基础设施和公用事业特许经营的运作方式主要包括BOT(建设—运营—移交)、BOOT(建设—所有—运营—移交)、BOO(建设—所有—运营)、BTO(建设—移交—运营)、TOT(移交—经营—移交)等模式。基础设施的土地使用权主要划拨至以下两类主体:

第一种方式多见于BOT模式,操作模式为:自然资源主管部门将土地使用权划拨至政府部门或国有企业名下,再由政府部门或国有企业在特许经营期内无偿提供给取得特许经营权的项目公司使用。根据《民法典》规定的"房地一体"原则,土地使用权划拨至政府部门或国有企业名下的,则地上建筑物的所有权也应归属于土地使用权人。特许经营期内项目公司仅享有特许经营权,对基础设施资产享有使用权而非产权;特许经营期满后,项目公司将基础设施资产的运营管理权限移交给政府部门或政府部门指定的国有企业。

第二种方式为自然资源主管部门将土地使用权划拨到基础设施项目的项目公司名下,项目公司不仅取得项目用地的土地使用权,对其在项目用地上的建设的建(构)筑物也享有所有权。

2. 出让

根据《民法典》《城市房地产管理法》等相关规定,国有建设用地使用权的出让方式可分为公开出让和协议出让。

公开出让是指通过招标、拍卖、挂牌三种竞争性方式公开出让建设用地,由不特定的意向用地者通过公开竞价并根据出价结果确定受让人。根据《招标拍卖挂牌出让国有建设用地使用权规定》(2007年修订)的规定,对于工业、商业、旅游、娱乐和商品住宅等经营性用地以及同一宗地有两个以上意向用地者的,必须以招标、拍卖或者挂牌方式出让。

除必须采用招拍挂出让的建设用地以外,其他建设用地可以通过协议出让的方式取得。协议出让土地使用权指出让方与受让方通过协商的方式有偿出让土地使用权。应由用地者向政府提出用地申请,经批准后由出让方和受让方协商地价、出让年限、付款方式、付款期限以及土地使用条件,经双方协商达成一致后,签订土地使用权出让合同。根据《协议出让国有土地使用权规范(试行)》(国土资发〔2006〕第114号)的规定,可以适用协议出让的情况主要有:

(1)工业、商业、旅游、娱乐和商品住宅等各类经营性用地以外用途的土地,其供地计划公布后同一宗地只有一个意向用地者的;

(2)原划拨、承租土地使用权人申请办理协议出让,经依法批准,可以采取协议方式,但《国有土地划拨决定书》《国有土地租赁合同》、法律、法规、行政规定等明确应当收回土地使用权重新公开出让的除外;

(3)划拨土地使用权转让申请办理协议出让,经依法批准,可以采取协议方式,但《国有土地划拨决定书》、法律、法规、行政规定等明确应当收回土地使用权重新公开出让的除外;

(4)出让土地使用权人申请续期,经审查准予续期的,可以采用协议方式;

(5)法律、法规、行政规定明确可以协议出让的其他情形。

以建信中关村产业园 REITs 项目为例,根据公开披露的该项目的招募说明书,原始权益人以协议出让方式取得该项目的土地使用权,原始权益人与原北京市国土资源局签署了《国有建设用地使用权出让合同》及《补充协议》。但需要注意的是,以协议出让方式供地的产业项目,省级政府规章以及土地使用权出让协议中可能规定土地使用权的转让,需要事先取得政府的批准。

3. 土地租赁

根据《土地管理法实施条例》的规定,国有土地有偿使用的方式包括国有土地租赁。国有土地租赁是指国家将国有土地出租给使用者使用,由使用者与县级以上人民政府自然资源主管部门签订一定年期的土地租赁合同,并支付租金的行为。国有土地租赁是国有土地有偿使用的一种形式,是出让方式的补充。此处的国有土地租赁是指土地一级市场上的国有土地初次流转方式,不包括土地二级市场上土地使用权人将土地出租给承租人并收取租金的行为。

依据《规范国有土地租赁若干意见》(国土资发〔1999〕222 号)的规定,国有土地租赁,承租人取得承租土地使用权。承租人在按规定支付土地租金并完成开发建设后,经自然资源主管部门同意或根据租赁合同的约定,可将承租土地使用权转租、转让或抵押。同时,承租人因获得了租赁土地的土地使用权,也可获得其建造的地上建筑物的所有权。作为国有土地使用权取得方式之一,国有土地租赁在实践中应用较少,基础设施 REITs 试点项目中暂未发现国有土地租赁方式。

4. 作价出资(入股)

国有土地使用权作价出资(入股)即将一定时期的国有土地使用权作价,作为股东的投资计作股东的股权。国有土地使用权作价出资可应用于 PPP 项目中的政府出资,根据《关于在公共服务领域推广政府和社会资本合作模式指导意见的通知》(国办发〔2015〕42 号)的规定,“以作价出资或者入股方式取得土地使用权的,应当以市、县人民政府作为出资人,制定作价出资或者入股方案,经市、县人民政府批准后实施”。以河北省定州市规模化生物天然气示范项目一期工程 PPP 项目为例,根据公开披露的信息,定州市政府以土地出资作价至项目公司,并委托出资代表公司在项目公司中占股 10%;同时,土地使用权证登记至项目公司。

需要注意的是,REITs 项目原始权益人的股东国有土地使用权作价出资入股项目公司的,需要将土地使用权过户登记至原始权益人名下,否则无法构成股东的真实出资且无法满足 REITs 产品的发行要求。

(二)基础设施项目不动产登记权属问题

实务中,可能存在部分项目中政府未将基础设施项目的不动产资产权属登记于项目公司名下的情形。根据《民法典》第 209 条的规定,不动产物权的设立,经依法登记发生效力,未经登记,不发生效力。因此,对不动产权属的审查主要集中在对基础设施项目的不动产登记信息、土地使用权证、不动产权证,以及划拨决定书、土地使用权出让合同及缴款凭证的核查上。

根据《民法典》第 231 条、第 232 条的规定,“因合法建造、拆除房屋等事实行为设立或者消灭物权的,自事实行为成就时发生效力”。但处分前述不动产物权,“依照法律规定需要办理登记的,未经登记,不发生物权效力”。因此,对于未取得土地使用权证书但合法建造的基础设施项目,可认定项目公司依照法律规定对于基础设施资产拥有合法权属。

在基础设施 REITs 项目中,对于产业园、仓储物流等非特许经营权模式的基础设施 REITs 项目,法规政策要求项目公司应合法拥有不动产项目的资产权属。但是,采用 PPP 模式或特许经营权模式的基础设施项目,仅赋予 PPP 项目公司或特许经营主体一定期限的特许经营权,而不将基础设施的土地使用权及地上建筑物的权属登记在项目公司或特许经营主体名下。在此种情形下,政府方授予 PPP 项目公司或特许经营主体的特许经营权已包含一定年限的收费权,项目公司或特许经营主体未取得基础设施资产的产权并不会影响收费收益权的实现,从而也并不违背基础设施 REITs 发行的本质要求。

考察目前已发行的REITs项目，针对原始权益人未取得基础资产的土地使用权或建筑物产权的情况，主要通过政府部门出具特许经营项目合法使用土地无异议函、原始权益人承诺承担相关损失，以及建筑物合法建造等方面综合判断未能取得土地使用权或不动产权登记对项目运营的影响。

例如，在平安广州交投广河高速公路项目中，项目公司未办理土地使用权证。该项目公开披露的法律意见书显示，依据广州市规划和自然资源局作出的对新设广河项目公司在特许经营期内合法使用广河高速划拨土地无异议的复函，以及原始权益人出具的关于就未取得单独的用地批准书、划拨决定书等用地文件不影响原始权益人就广河高速享有特许经营权以及项目占用范围内土地使用权，且原始权益人尚未就上述原因受到相关行政处罚或监管措施作出的承诺，未办理土地使用权证不影响项目公司对平安广州交投广河高速公路项目享有的收费公路权益。

在华夏越秀高速公路项目中，项目公司未就汉孝高速机场北连接线办理完毕其沿线相关管理、养护等房屋建筑物的不动产权证书。该项目的法律意见书显示，汉孝高速项目房屋建筑系项目公司根据主管机关审批同意的设计文件合法建设，并取得投资建设相关的批准文件，项目公司作为土地使用权人通过合法建设的方式取得了汉孝高速机场北连接线沿线房屋建筑的所有权。项目公司未因此受到任何处罚、被采取任何行政监管措施或被提出异议或权利主张，基础设施项目的该等建筑物不存在任何纠纷或潜在纠纷，该等情形对基础设施项目主体部分运营未造成重大不利影响。并且，原始权益人已出具承诺函，承诺将持续积极协助项目公司、基金管理人补办上述缺失的许可或手续。项目公司如因上述手续或证书未办理完毕而被相关单位处罚、或标准不符合监管要求被责令整改等情形给项目公司、基金财产带来的损失由原始权益人承担。该项目法律意见书以此说明未办理不动产证书不会对基础设施的运营造成重大不利影响。

（三）土地规划用途与实际用途不一致问题

根据《土地管理法》的规定，国家实行土地用途管制制度。建设单位使用国有土地的，应当按照土地使用权出让等有偿使用合同的约定或者土地使用权划拨批准文件的规定使用土地；确需改变该幅土地建设用途的，应当经有关人民政府自然资源主管部门同意,报原批准用地的人民政府批准。其中,在城市规划区内改变土地用途的,在报批前,应当先经有关城市规划行政主管部门同意。不按照批准的用途使用国有土地的,存在被县级以上人民政府自然资源主管部门责令交还土地或处以罚款的风险。部分地方颁布的法规或规章规定,未按照出让合同规定的用途和条件开发利用土地的,可处以没收地上建筑物、附着物的行政处罚。首批发行的基础设施公募 REITs 项目中有 4 个项目存在基础设施资产的全部或部分规划用途与实际用途不一致的情形,其中博时招商蛇口产业园 REITs、东吴苏州工业园区产业园 REITs、华安张江光大园 REITs 三个项目为产业园类项目,实际用途与证载用途或规划用途不一致的情形体现为将工业用地或科研用地上的工业厂房或非居住用房实际用于办公;中金普洛斯仓储物流 REITs 项目则将工业用地上的工业厂房用于物流仓储。

上述 4 个项目公开披露的法律意见书显示,针对规划用途与实际用途不一致的问题,风险缓释措施主要包括相关政府部门出具书面意见确认无异议或原始权益人出具承诺书等。例如,根据博时招商蛇口产业园项目公开披露的法律意见书,项目基础设施资产的不动产权证书记载的土地用途为工业用地,房屋用途为工业、商业、食堂、配套;基础设施项目的实际用途是作为研发办公及商业等配套用途出租给信息技术产业、文化创意产业等企业。针对实际用途与基础设施项目的规划用途及其权证所载用途不一致的情形,深圳市规划和自然资源局南山管理局口头进行了答复;同时,原始权益人出具承诺书,承诺赔偿项目公司因此所遭受的全部损失(如有)作为风险缓释措施。根据中金普洛斯仓储物流 REITs 公开披露的法律意见书,普洛斯北京通州光机电物流园土地使用权证记载的土地用途为工业用地,实际用途为物流仓储及配套设施。针对该问题,北京市规自委通州分局出具《关于对"关于确认普洛斯通州光机电物流园项目用途情况申请函"的回复意见》,确认项目已取得北京市规自委通州分局核发的相关规划手续,且完成竣工验收备案并已取得房屋所有权证等相关产权证书,项目建设单位在建设前期已考虑相关业态要求,符合促进城市功能合理复合化发展、推进存量空间的精细化提升等要求,北京市规自委通州分局同意普洛斯通州光机电物流园项目参与申报基础设施 REITs 试点。

（四）土地使用权到期问题

部分 REITs 项目存在基础资产的到期日早于资产支持证券的预期到期日的情形。根据《民法典》第 359 条的规定，住宅建设用地使用权期限届满的，自动续期。续期费用的缴纳或者减免，依照法律、行政法规的规定办理。非住宅建设用地使用权期限届满后的续期，依照法律规定办理。该土地上的房屋以及其他不动产的归属，有约定的，按照约定；没有约定或者约定不明确的，依照法律、行政法规的规定办理。

《城市房地产管理法》第 22 条规定，土地使用权出让合同约定的使用年限届满，土地使用者需要继续使用土地的，应当至迟于届满前一年申请续期，除根据社会公共利益需要收回该幅土地的，应当予以批准。经批准准予续期的，应当重新签订土地使用权出让合同，依照规定支付土地使用权出让金。土地使用权出让合同约定的使用年限届满，土地使用者未申请续期或者虽申请续期但依照前款规定未获批准的，土地使用权由国家无偿收回。

根据前述规定，基础设施的土地使用权并无自动续约权，土地使用权持有人届时可能需要于土地使用权期限届满前申请土地使用权续期。如果延期申请获批，土地使用权持有人可能须（除需符合其他要求外）支付相应的土地使用权出让金。如果相关部门收取高额土地使用权出让金、施加额外条件，或不批准延长土地使用权期限，基础设施项目的运作可能受到不利影响。在土地使用权期限届满前，在符合公众利益的情况下，政府有权依照法律程序提前收回土地使用权，项目公司可能收到政府根据相关法律法规给予的补偿金额，但补偿金额可能低于基础设施项目的评估结果或已为该项目支付的价格。针对基础设施项目土地使用权到期问题，一般由管理人在招募说明书中承诺土地使用权期限届满前根据届时政策申请土地使用权续期。

例如，博时招商蛇口产业园 REITs 项目中，招募说明书说明，基金管理人将于基础设施项目的土地使用权期限届满前申请土地使用权续期，以确保基金持续、稳定运作。如果续期申请获批准，基金将有可能需要相应支付土地使用权出让金。

建信中关村产业园 REITs 项目中，招募说明书说明，针对基础设施项目权属到期的情况，基金管理人将根据市场环境和基础设施资产运营情况，在政策允许的情况下及时申请土地使用权续期,或制定基础设施项目出售方案、提交基金份额持有人大会审议(如需)并负责实施。

二、基础设施项目建设相关法律问题

根据国家发展和改革委员会办公厅《关于做好基础设施领域不动产投资信托基金(REITs)试点项目申报工作的通知》规定,试点基础设施项目发起人(原始权益人)需提交"项目可行性研究报告批复或核准、备案文件复印件;规划、用地、环评、施工许可证书或批复文件复印件;项目竣工验收文件和产权文件(如有)复印件"等证明材料。如未完成相应审批环节或取得相关审批、核准或备案文件,基础设施项目存在被主管部门责令限期改正、处以罚款、没收违法所得、停止建设、停止生产或使用,甚至责令关闭的风险。并且,若基础设施资产建设过程中出现的问题未能获得妥善处理的,将严重影响基础设施 REITs 项目的申报。因此,对于发行基础设施 REITs 的基础设施项目,应核查判断基础设施项目投资建设全过程的合法合规性,并针对基础设施资产建设的问题或风险安排完善手续及承诺承担责任的风险缓释措施。

根据 2023 年 3 月国家发改委发布《关于规范高效做好基础设施领域不动产投资信托基金(REITs)项目申报推荐工作的通知》第 2 条第 6 项的规定,投资管理手续是否合规,应以项目投资建设时的法律法规和国家政策作为主要判定依据。项目投资建设时无须办理但按现行规定应当办理的有关手续,应按当时规定把握,并说明有关情况;项目投资建设时应当办理但现行规定已经取消或与其他手续合并的有关手续,如有缺失,应由相关负责部门说明情况或出具处理意见;按照项目投资建设时和现行规定均需办理的有关手续,如有缺失,原则上应由相关负责部门依法补办,确实无法补办的应由相关负责部门出具处理意见。如项目曾进行改变功能用途的重大改扩建,应主要依据改扩建时的相关手续办理情况判断其投资管理合规性。

(一)固定资产投资项目立项

1. 政府投资项目

根据《政府投资条例》的规定,政府投资是指在中国境内使用预算安排的资金进行固定资产投资建设活动,包括新建、扩建、改建、技术改造等。

(1) 政府采取直接投资方式、资本金注入方式投资的项目为政府投资项目,项目单位应当编制项目建议书、可行性研究报告、初步设计,按照政府投资管理权限和规定的程序,报投资主管部门或者其他有关部门审批。根据国务院《关于投资体制改革的决定》的规定,对于采用直接投资和资本金注入方式的政府投资项目,从投资决策角度只审批项目建议书和可行性研究报告,除特殊情况外不再审批开工报告,同时应严格政府投资项目的初步设计、概算审批工作。

(2)采取投资补助、贷款贴息等方式安排政府投资资金的,项目单位应当按照国家有关规定办理手续。根据国务院《关于投资体制改革的决定》的规定,采取投资补助、转贷和贷款贴息方式的,只审批资金申请报告。2016 年 11 月 30 日国务院颁布的《企业投资项目核准和备案管理办法》(国家发展改革委令第 2 号)规定,项目申请使用政府投资补助、贷款贴息的,应在履行核准或备案手续后,提出资金申请报告。因此,企业使用自筹资金并申请使用政府投资补助或贷款贴息的项目为企业投资项目,按照规定进行核准或备案。

2. 企业投资项目

2016 年 11 月 30 日,国务院颁布了《企业投资项目核准和备案管理条例》,该条例规定,国家仅对关系国家安全、涉及全国重大生产力布局、战略性资源开发和重大公共利益等项目实行核准管理,其他项目实行备案管理。实行核准管理的具体项目范围以及核准机关、核准权限,由国务院颁布的《政府核准的投资项目目录》确定。

《企业投资项目核准和备案管理办法》重申了这一原则,同时明确了以下问题。

(1)实行核准制的项目,仅需向政府提交项目申请报告,不再经过批准项目建议书、可行性研究报告和开工报告的程序。政府对企业提交的项目申请报告,主要从维护经济安全、合理开发利用资源、保护生态环境、优化重大布局、保障公共利益、防止出现垄断等方面进行核准。对于外商投资项目,政府还要从市场准入、资本项目管理等方面进行核准。政府有关部门要制定严格规范的核准制度,明确核准的范围、内容、申报程序和办理时限,并向社会公布,提高办事效率,增强透明度。

(2)《政府核准的投资项目目录》以外实行备案制的企业投资项目,除国家另有规定外,由企业按照属地原则向地方政府投资主管部门备案。

首批公开发行的REITs试点项目主要为企业投资项目,其中,红土创新盐田港仓储物流项目、华安张江光大园项目、建信中关村产业园项目、中金普洛斯仓储物流项目等为实行备案制的固定资产投资项目;东吴苏州工业园区产业园项目、博时招商蛇口产业园万海大厦项目等试点项目为实行核准制的固定资产投资项目。

(二)规划手续

1. 规划选址。根据《城乡规划法》第36条的规定,需要有关部门批准或者核准的建设项目,以划拨方式提供国有土地使用权的,建设单位在报送有关部门批准或者核准前,应当向城乡规划主管部门申请核发选址意见书。对于实行备案制的企业投资项目,不需要申请选址意见书。

2. 建设用地规划许可。根据《城乡规划法》的规定,以划拨方式提供国有土地使用权的建设项目,经有关部门批准、核准、备案后,建设单位应当向城市、县人民政府城乡规划主管部门提出建设用地规划许可申请,由城市、县人民政府城乡规划主管部门依据控制性详细规划核定建设用地的位置、面积、允许建设的范围,核发建设用地规划许可证。以出让方式取得国有土地使用权的建设项目,在签订国有土地使用权出让合同后,建设单位应当持建设项目的批准、核准、备案文件和国有土地使用权出让合同,向城市、县人民政府城乡规划主管部门领取建设用地规划许可证。

3. 建设工程规划许可。根据《城乡规划法》的规定,在城市、镇规划区内进行建筑物、构筑物、道路、管线和其他工程建设的,建设单位或者个人应当向城市、县人民政府城乡规划主管部门或者省、自治区、直辖市人民政府确定的镇人民政府申请办理建设工程规划许可证。对符合控制性详细规划和规划条件的,由城市、县人民政府城乡规划主管部门或者省、自治区、直辖市人民政府确定的镇人民政府核发建设工程规划许可证。

(三)用地手续

1. 用地预审。用地预审是指自然资源主管部门在建设项目审批、核准、备案阶段，依法对建设项目涉及的土地利用事项进行的审查。建设项目用地实行分级预审。需人民政府或有批准权的人民政府发展和改革等部门审批的建设项目，由该人民政府的自然资源主管部门预审。需核准和备案的建设项目，由与核准、备案机关同级的自然资源主管部门预审。《土地管理法实施条例》(2021 年 9 月 1 日修正版)第 24 条第 1 款规定："建设项目批准、核准前或备案前后，由自然资源主管部门对建设项目用地事项进行审查，提出建设项目用地预审意见。建设项目需要核发选地意见书的，应当合并办理建设项目用地预审与选地意见书，核发建设项目用地预审与选地意见。"

2. 建设用地批准。《土地管理法》第 53 条规定，经批准的建设项目需要使用国有建设用地的，建设单位应当持法律、行政法规规定的有关文件，向有批准权的县级以上人民政府自然资源主管部门提出建设用地申请，经自然资源主管部门审查，报本级人民政府批准。根据 2019 年 9 月 17 日自然资源部发布的《关于以"多规合一"为基础推进规划用地"多审合一、多证合一"改革的通知》的规定，将建设用地规划许可证、建设用地批准书合并，统一核发新的建设用地规划许可证，不再单独核发建设用地批准书。

3. 土地使用权登记。根据《民法典》的规定，不动产物权的设立、变更、转让和消灭，经依法登记，发生效力；未经登记，不发生效力，但是法律另有规定的除外。根据《不动产登记暂行条例》(国务院令 710 号)第 7 条的规定，不动产登记由不动产所在地的县级人民政府不动产登记机构办理；直辖市、设区的市人民政府可以确定本级不动产登记机构统一办理所属各区的不动产登记。

(四)施工许可

根据《建筑工程施工许可管理办法》第 2 条、第 3 条的规定，建设单位在开工前应当向工程所在地的县级以上地方人民政府住房和城乡建设主管部门申请领取施工许可证，工程投资额在 30 万元以下或者建筑面积在 300 平方米以下的建筑工程，以及按照国务院规定的权限和程序批准开工报告的建筑工程除外。应当申请领取施工许可证的建筑工程未取得施工许可证的，一律不得开工。

例如，富国首创水务 REITs 项目中，项目缺少建设用地规划许可证、建设工程规划许可证、建筑工程施工许可证、竣工验收备案。解决方式为相关政府部门出具书面证明,证明系相关土地资产根据《特许经营协议》划转至深圳市水务局的过程中的历史遗留问题造成政府审批程序延误,并出具深圳市水务局《关于福永、燕川、公明水质净化厂有关报建手续办理情况的说明函》,说明上述缺少的文件及手续正在办理中。因此,该项目的法律服务机构认为缺少包括竣工验收备案在内的报批报建手续不影响项目合法合规运营,不存在对本次发行构成重大不利影响的暂停运营、重大合同纠纷及重大违法违规情形。

(五)环评批复

根据《环境保护法》的规定,建设对环境有影响的项目,应当依法进行环境影响评价。未依法进行环境影响评价的开发利用规划,不得组织实施;未依法进行环境影响评价的建设项目,不得开工建设。根据《环境影响评价法》的规定,国家根据建设项目对环境的影响程度,对建设项目的环境影响评价实行分类管理。建设单位应当按照建设项目可能造成环境影响的大小编制环境影响报告书、环境影响报告表或者填报环境影响登记表。建设项目的环境影响报告书、报告表,由建设单位按照国务院的规定报有审批权的生态环境主管部门审批。建设项目的环境影响评价文件未依法经审批部门审查或者审查后未予批准的,建设单位不得开工建设。

(六)节能审查

根据《固定资产投资项目节能审查办法》(国家发改委令第44号)的规定,固定资产投资项目节能审查意见是项目开工建设、竣工验收和运营管理的重要依据。政府投资项目,建设单位在报送项目可行性研究报告前,需取得节能审查机关出具的节能审查意见。企业投资项目,建设单位需在开工建设前取得节能审查机关出具的节能审查意见。未按规定进行节能审查,或节能审查未通过的项目,建设单位不得开工建设,已经建成的不得投入生产、使用。

固定资产投资项目节能审查由地方节能审查机关负责。国家发展改革委核报国务院审批以及国家发展改革委审批的政府投资项目,建设单位在报送项目可行性研究报告前,需取得省级节能审查机关出具的节能审查意见。国家发展改革委核报国务院核准以及国家发展改革委核准的企业投资项目,建设单位需在开工建设前取得省级节能审查机关出具的节能审查意见。

首批试点项目中有 4 个项目缺少节能审查手续。例如，博时招商蛇口产业园万海大厦项目存在节能评估和审查文件缺少情况，公开披露的该项目的法律意见书显示，依据《固定资产投资项目节能审查办法》（国家发改委第 44 号令）、广东省发展和改革委员会广东省经济和信息化委员会《关于印发〈广东省固定资产投资项目节能审查实施办法〉的通知》（粤发改资环〔2018〕268 号）及深圳市发展和改革委员会《关于进一步做好节能审查工作的通知》（深发改〔2017〕249 号）的相关规定，该项目不需要进行节能审查工作，由原项目公司招商创业自行编制或委托专业机构编制节能报告即可。原项目公司招商创业已委托第三方就万海大厦项目编制了《蛇口网谷万海大厦项目节能评估报告》。报告记载，万海大厦项目按照相关节能标准建设，符合建筑节能标准要求。此外，招商创业已就万海大厦项目取得深圳市南山区住房和建设局核发的编号为“深南住建节验（2014）11 号”《建筑节能专项验收意见书》，该意见书载明万海大厦项目“符合建筑节能标准要求”。招商创业已按规定就万海大厦项目的开发建设履行了项目核准、规划、节能验收、环评、施工许可和竣工验收手续。万海大厦项目节能评估和审查文件缺少的情形，不会对项目公司（万海）对万海大厦项目的权属及使用造成实质性不利影响。

（七）消防设计审查

《消防法》第 11 条规定：“国务院住房和城乡建设主管部门规定的特殊建设工程，建设单位应当将消防设计文件报送住房和城乡建设主管部门审查，住房和城乡建设主管部门依法对审查的结果负责。前款规定以外的其他建设工程，建设单位申请领取施工许可证或者申请批准开工报告时应当提供满足施工需要的消防设计图纸及技术资料。”《建设工程消防设计审查验收管理暂行规定》规定，实行施工图设计文件联合审查的，应当将建设工程消防设计的技术审查并入联合审查。

根据《消防法》的规定，特殊建设工程未经消防设计审查或者审查不合格的，建设单位、施工单位不得施工；其他建设工程，建设单位未提供满足施工需要的消防设计图纸及技术资料的，有关部门不得发放施工许可证或者批准开工报告。

(八)工程竣工验收

工程竣工验收分为工程综合验收和专项验收。依据《建设工程质量管理条例》的规定,建设单位收到建设工程竣工报告后,应当组织设计、施工、工程监理等有关单位进行竣工验收。专项验收是指基础设施项目所涉及的规划验收、节能验收、环评验收等单项验收。

1. 规划验收。根据《城乡规划法》第 45 条的规定,县级以上地方人民政府城乡规划主管部门按照国务院规定对建设工程是否符合规划条件予以核实。未经核实或者经核实不符合规划条件的,建设单位不得组织竣工验收。建设单位应当在竣工验收后 6 个月内向城乡规划主管部门报送有关竣工验收资料。

2. 消防验收。根据《消防法》《建设工程消防设计审查验收管理暂行规定》的规定,特殊建设工程竣工验收后,建设单位应当向住房和城乡建设主管部门申请消防验收,未经消防验收或者消防验收不合格的,禁止投入使用。对其他建设工程实行备案抽查制度,其他建设工程竣工验收合格之日起 5 个工作日内,建设单位应当报消防设计审查验收主管部门备案。

3. 节能验收。《固定资产投资项目节能审查办法》(2023)第 3 条规定:"固定资产投资项目节能审查意见是项目开工建设、竣工验收和运营管理的重要依据。政府投资项目,建设单位在报送项目可行性研究报告前,需取得节能审查机关出具的节能审查意见。企业投资项目,建设单位需在开工建设前取得节能审查机关出具的节能审查意见。未按本办法规定进行节能审查,或节能审查未通过的项目,建设单位不得开工建设,已经建成的不得投入生产、使用。"

4. 环保验收。《环境保护法》第 41 条规定:"建设项目中防治污染的设施,应当与主体工程同时设计、同时施工、同时投产使用……"根据《建设项目环境保护管理条例》(2017 修订)的规定,建设项目对环境可能造成重大影响的,应当编制环境影响报告书,对建设项目产生的污染和对环境的影响进行全面、详细的评价;建设项目对环境可能造成轻度影响的,应当编制环境影响报告表,对建设项目产生的污染和对环境的影响进行分析或者专项评价。编制环境影响报告书、环境影响报告表的建设项目竣工后,建设单位应当按照国务院环境保护行政主管部门规定的标准和程序,对配套建设的环境保护设施进行验收,编制验收报告。配套建设的环境保护设施经验收合格，方可投入生产或者使用。

5. 建设工程竣工验收备案。《建设工程质量管理条例》（2019 年修正）第 49 条规定，建设单位应当自建设工程竣工验收合格之日起 15 日内，将建设工程竣工验收报告和规划、公安消防、环保等部门出具的认可文件或者准许使用文件报建设行政主管部门或者其他有关部门备案。建设行政主管部门或者其他有关部门发现建设单位在竣工验收过程中有违反国家有关建设工程质量管理规定行为的，责令停止使用，重新组织竣工验收。

目前已发行的 REITs 试点项目存在专项验收缺失的问题，以华夏越秀高速公路项目为例，公开披露的法律意见书显示，该项目存在部分附属房屋建筑尚未取得水土保持设施验收手续，消防设计、消防竣工验收备案手续尚未办理，附属房屋的施工建设尚未取得相关主管机关的许可等合规性瑕疵，存在相关主管部门给予行政处罚或存在被相关主管部门给予行政处罚的风险。风险缓释措施为原始权益人出具关于基础设施项目转让合法合规的《承诺函》，承诺将持续积极协助项目公司、基金管理人与相关主管部门沟通协商，尽力争取补办上述缺少的许可或手续。在基金合同生效后，项目公司如因上述手续或证书未办理完毕而被相关单位处罚、或标准不符合监管要求被责令整改等情形给项目公司、基金财产带来的损失由越秀（中国）交通基建投资有限公司承担。

三、基础设施项目转让相关法律问题

根据《公开募集基础设施证券投资基金指引（试行）》第 2 条的规定，基础设施基金需符合“（一）……基金通过基础设施资产支持证券持有基础设施项目公司全部股权；（二）基金通过资产支持证券和项目公司等载体（以下统称特殊目的载体）取得基础设施项目完全所有权或经营权利”。因此，基础设施 REITs 项目在发行时通常需要将基础设施项目转让到资产支持证券名下，基金通过持有资产支持证券而间接取得基础设施项目的所有权或经营权。在转让过程中，有如下法律问题需要予以关注。

（一）股权转让限制

基础设施 REITs 涉及工业用地、产业用地等用地类型，以及交通设施、市政设施等基础设施,在法律法规、土地出让文件、特许经营协议中会对项目公司股权结构、持有年限等存在一定的限制。

1. 工业用地、产业用地的转让限制

在国家法律法规层面,我国暂未颁布明确的工业用地、产业用地转让的限制规定,部分地方政府则专门针对工业用地、产业用地转让设定了限制的规定,例如,《上海市人民政府办公厅转发市规划国土资源局制订的〈关于本市盘活存量工业用地的实施办法〉的通知》(沪府办〔2016〕22 号)第 20 条第 3 款规定:"存量工业用地使用权人出资比例结构、项目公司股权结构改变的,在办理股权变更前,须按出让合同约定事先征得出让人同意。"再如,《苏州工业园区优化产业项目用地出让管理的若干规定》第 9 条规定:"产业用地使用权原则上不得转让,产业用地受让人股权结构或出资比例发生改变的,应当事先经管委会授权签订《产业发展协议》的单位同意。"北京市、深圳市、苏州市也出台了关于工业用地、产业用地的项目公司股权结构或股权比例变更需要出让人事先同意的类似规定。

基于前述地方法规、规章针对工业用地、产业用地转让的限制性规定,一般来说,项目用地的土地使用权出让合同中亦会包含关于工业用地、产业用地的项目公司股权结构或股权比例变更需要出让人事先同意的约定。

针对前述的工业用地、产业用地的转让限制,目前已发行的基础设施 REITs 项目均通过项目公司股权转让前由土地行政管理部门出具同意项目公司股权转让的同意函或无异议函的方式,在征得土地行政管理部门的书面同意后进行转让。

2. 交通设施、市政设施的转让限制

区别于仓储物流、产业园区等基础设施资产,交通设施、市政设施显著的资产特点在于其区域性、垄断性,即具有政府赋予的特许经营权。我国《民法典》第 254 条第 2 款规定:"铁路、公路、电力设施、电信设施和油气管道等基础设施,依照法律规定为国家所有的,属于国家所有。"《基础设施和公用事业特许经营管理办法》第 2 条规定:"中华人民共和国境内的能源、交通运输、水利、环境保护、市政工程等基础设施和公用事业领域的特许经营活动,适用本办法。"第 18 条第 1 款规定:"实施机构应当与依法选定的特许经营者签订特许经营协议。"

以收费公路为例,2017 年 5 月 17 日废止的原交通部、国家发展改革委、财政部《关于公路经营企业产权(股权)转让有关问题的通知》规定,公路经营企业产权(股权)转让造成公路经营企业控股方(包括相对控股方)变更的,首先,应按照企业章程和国家有关企业产权(股权)转让的规定履行相关审核审批程序;其次,按照国家有关收费公路权益转让的规定,办理收费公路权益转让审核审批手续;最后,再申请办理商务部门对合同章程审核审批(涉及外资的)以及工商部门的工商注册登记等政府部门审核审批手续。该规定废止后,目前国家层面尚无现行有效的规定对收费公路项目公司股权转让的程序进行限制。

但是,我国各地的省级政府规章层面存在收费公路经营企业的股权转让限制,例如,根据《浙江省收费公路管理办法》第 17 条的规定,收费公路经营企业股权(份)转让,致使对收费公路收费权具有控股地位的股东发生变化的,应当报省人民政府批准;国家另有规定的,从其规定。根据前述规定,浙江省收费公路项目公司股权转让将导致控股股东发生变化的,应由省政府事先批准。浙商证券沪杭甬杭徽高速 REITs 项目中,项目公司股东出具《承诺函》,承诺项目公司股东将其持有的项目公司的股权转让给基于基础设施 REITs 需要设立的特殊目的载体后,承诺将在基础设施 REITs 发行时认购基金发售比例的 51%,确保杭徽高速公路(浙江段)收费权的具有控股地位的股东不发生变化,并将对项目公司进行并表管理。因此,在对收费权具有控股地位的股东不发生变化的情况下,项目公司的股权转让无须报浙江省人民政府批准。项目公司股东认购 51% 的基金份额,确保了国有资本对高速公路资产的控股地位。

3.《特许经营协议》层面的转让限制

财政部、中国人民银行、中国证监会《关于规范开展政府和社会资本合作项目资产证券化有关事宜的通知》(财金〔2017〕55 号)规定:“除 PPP 合同对项目公司股东的股权转让质押等权利有限制性约定外,在项目建成运营 2 年后,项目公司的股东可以以能够带来现金流的股权作为基础资产,发行资产证券化产品,盘活存量股权资产,提高资产流动性。”采用 PPP 模式的基础设施项目的项目公司股权转让至少应在项目建成运营 2 年后。

实践中,《特许经营协议》中的关于项目建成运营年限的要求可能更高。例如,中航首钢生物质 REITs 项目中,《垃圾处理服务协议》约定“垃圾处理服务期内,经市城市管理委事先书面同意,项目公司股东可以转让项目公司股权”,则项目公司的股权转让需要北京市城管委的事先出面同意。

例如,富国首创水务 REITs 项目的《特许经营协议》约定:“在特许经营期内:未经政府批准,项目公司及其投资人无权转让项目建设权或受让权,建设期内和运营期前三个周年期间项目公司的股权不得转让。运营期第四周年后,在不影响污水处理厂正常持续运营的前提下,经政府方批准同意,投资者可部分或全部转让项目公司的股权。”对于上述事项,项目实施机构深圳市水务局于 2020 年 10 月出具函件,原则同意原始权益人在确保相关基础设施项目的实际控制权不发生转移的前提下将所持项目公司股权开展本次发行交易结构下的股权转让。鉴于此,该项目的原始权益人承诺认购公募基金 51% 的基金份额,以满足深圳市水务局关于基础设施项目的实际控制权不发生转移的要求。

值得注意的是,2022 年 5 月 16 日,国务院国资委印发的《关于企业国有资产交易流转有关事项的通知》(国资发产权规〔2022〕39 号,以下简称 39 号令)第 9 条规定:“产权转让、企业增资导致国家出资企业及其子企业失去标的企业实际控制权的,交易完成后标的企业不得继续使用国家出资企业及其子企业的字号、经营资质和特许经营权等无形资产,不得继续以国家出资企业子企业名义开展经营活动。上述要求应当在信息披露中作为交易条件予以明确,并在交易合同中对工商变更、字号变更等安排作出相应约定。”39 号令禁止国资丧失实控权的项目公司继续使用项目公司的无形资产,包括但不限于字号、经营资质和特许经营权。按此规定,对于采用特许经营权模式的基础设施项目,实质上要求项目公司股权转让需要满足原始权益人认购公募基金 51% 的基金份额的前提条件,以满足国有资本的控制地位。

4. 融资协议层面的转让限制

一般情况下,基础设施项目均会涉及银行等金融机构的借款及担保。借款合同及担保合同通常存在作为融资主体的项目公司发生股权变动的首先征得金融机构的书面同意。例如,建信中关村产业园 REITs 项目、平安广州交投广河高速公路 REITs 项目均涉及该类协议约定限制。针对融资协议中的项目公司股权转让限制,通常需要金融机构事先出具同意函,或由项目公司与金融机构达成豁免转让限制的融资协议的补充协议。

(二)国有资产转让限制

1. 39 号令出台前的国有产权非公开协议转让

《企业国有资产法》第 54 条第 2 款规定:“除按照国家规定可以直接协议转让的以外,国有资产转让应当在依法设立的产权交易场所公开进行……”国务院国有资产监督管理委员会、财政部于 2016 年公布的 32 号令第 2 条也规定,除国家法律法规另有规定外,国有及国有控股企业、国有实际控制企业的国有资产交易应在依法设立的产权交易机构中公开进行。因此,若基础设施公募 REITs 项目公司为国有及国有控股企业、国有实际控制企业,则项目公司股权转让亦受到 32 号令的约束,除项目公司股权转让时存在“按照国家规定可以直接协议转让”的特定情形之外,项目公司股权转让均应在产权交易场所公开进行。按照我国目前的司法实践,国有股权转让未在产权交易机构公开转让的,股权转让合同存在被认定为无效或未生效的法律风险。

32 号令规定的免于进场交易的国有股权转让的情形有两种:

一是涉及主业处于关系国家安全、国民经济命脉的重要行业和关键领域企业的重组整合,对受让方有特殊要求。该情形下采取非公开协议转让方式需满足以下三个条件:

(1)国有股权交易的企业的主业处于关系国家安全、国民经济命脉的重要行业和关键领域。根据国资委在其官网上发布的《关于〈企业国有资产交易监督管理办法〉第 31 条的理解》的公开答复,上述条款中的命脉行业,包括军工国防科技、电网电力、石油石化、电信、煤炭、民航、航运、金融、文化共 9 个行业;关键领域,包括重大装备制造、汽车、电子信息、建筑、钢铁、有色金属、化工、勘察设计、科技共 9 个领域。

(2)国有产权转让对受让方有特殊要求。

(3)要求产权的转让方、受让方均为国有及国有控股企业。

二是“同一国家出资企业及其各级控股企业或实际控制企业之间因实施内部重组整合进行产权转让的,经该国家出资企业审议决策,可以采取非公开协议转让方式”,核心要求在于要求股权转让方和受让方属于“同一国家出资企业”及其各级控股企业或实际控制企业。富国首创水务 REITs 项目即适用了前述规定,富国首创水务 REITs 项目的招募说明书披露,项目公司股权转让方和受让方均为首创集团及其各级国有、国有控股企业或实际控制企业,经首创集团审议决策,并在实施前由首创集团以报告形式上报北京市国资委备案的产权转让可以采取非公开协议方式进行。

2. 39 号令出台后的国有产权非公开协议转让

39 号令进一步扩大了非公开协议转让方式的适用范围。根据 39 号令第 1 条的规定,政府或国有资产监督管理机构主导推动的国有资本布局优化和结构调整,以及专业化重组等重大事项,资产转让可以采用非公开协议转让方式。该条规定的适用前提较 32 号令规定的关系国家安全、国民经济命脉的重要行业和关键领域企业更为宽泛。并且,适用主体并不限于 32 号令所称"国有及国有控股企业"之间产权转让,而是"国家出资企业及其控股企业"之间的产权转让,因此国有参股企业之间的产权转让也可适用。

39 号令出台前,部分项目因适用 32 号令的相关规定采用非公开协议转让方式,如富国首创水务 REITs 项目、中航首钢生物质 REITs 项目。更多的项目不满足 32 号令规定的可采取非公开协议出让条件。若采取公开进场交易方式,可能出现 REITs 发行主体未能摘得挂牌的项目公司股权资产,或者公开询价结果与进场交易摘牌价格不一致等可能导致 REITs 流程被迫中断的问题。鉴于此,部分项目由地方国资委出函或以会议纪要的方式豁免国资进场交易方式。例如,建信中关村产业园 REITs 项目的招募说明书披露:"由于本基金发行采用公开询价定价机制,根据《基础设施基金指引》,基础设施基金的份额认购价格将通过向网下投资者询价的方式确定,且基础设施基金的基金份额将在证券交易所上市,可体现等价有偿和公开、公平、公正的原则。基于前述园区国资办出具的《园区国资办同意函》,本所穿透来看实质上类似于公开进行,基础设施项目资产的 IPO,实现了对底层国有资产的穿透定价,达到对底层国有资产的公开定价效果,体现了公开、公平、公正的原则,因此可以以中关村管委会的意见为准,按协议转让方式进行。"

39 号令第 3 条规定:"国家出资企业及其子企业通过发行基础设施 REITs 盘活存量资产,应当做好可行性分析,合理确定交易价格,对后续运营管理责任和风险防范作出安排,涉及国有产权非公开协议转让按规定报同级国有资产监督管理机构批准。”我们认为,REITs 询价机制可达到底层国有资产公开定价的效果,可由同级国有资产监督管理机构批准以非公开协议转让方式进行。

3. 有限合伙企业不适用 32 号令

华安张江光大园封闭式基础设施证券投资基金原始权益人为有限合伙型私募基金,虽然其由国有企业出资,但根据《上市公司国有股权监督管理办法》,国有出资的有限合伙企业不做国有股东认定;根据国务院国有资产监督管理委员会于 2018 年 12 月 29 日在其官网《对〈企业国有资产交易监督管理办法〉理解》中有关“32 号令第 4 条是针对公司制企业中的国有及国有控股、国有实际控制等情形进行分类,合伙企业中合伙人的权益和义务应以合伙协议中的约定为依据”的答复,32 号令针对公司制企业,合伙企业应以合伙协议的约定为依据。原始权益人转让子公司股权不适用国有企业产权转让进场交易的规定。

(三)外资转让限制

若项目公司为外商投资企业的,则项目公司股权转让涉及外资股权转让。2016 年 9 月之前,外商投资企业执行事前审批程序,外商投资企业的变更事项如股权转让需要经过事前向审批机构报批的程序。2016 年 9 月 13 日,国家对《中外合资经营企业法》(1979 年 7 月 8 日,已废止)、《外资企业法》(1986 年 4 月 12 日,已废止)和《中外合作经营企业法》(1988 年 4 月 13 日,已废止)(以下简称三资企业法)进行修改。根据修改后三资企业法的规定,国家规定实施准入特别管理措施的外商投资的设立及变更,由事前审批改为事前备案管理。

2020 年 1 月 1 日实施的《外商投资法》首次确认了我国对外商投资实行准入前国民待遇加负面清单的管理模式,监管模式从备案转变为报送投资信息,外商投资企业可通过企业登记系统以及企业信用信息公示系统向商务主管部门报送投资信息。

按照我国目前的外资管理制度,外商投资企业涉及股权转让的变更仅需要将变更内容报告商务部门。中金普洛斯仓储物流 REITs 项目涉及外商投资,中金普洛斯仓储物流 REITs 项目的招募说明书披露,项目公司均为外商投资企业,股权收购完成后,项目公司将变更为内资企业。根据相关监管规则,原则上在办理项目公司工商变更登记手续后视同已提交外商投资企业注销报告,相关信息将由市场监督管理部门推送至商务主管部门,项目公司无须另行报送。此外,项目公司将在公司所在地办理相关业务的银行办理外商投资企业基本信息登记变更手续。

四、特许经营权及经营资质相关法律问题

(一)特许经营权相关法律问题

1. 特许经营权的取得程序

区别于仓储物流、产业园区等,交通设施、市政设施显著的资产特点在于其区域性、垄断性,即项目公司具有政府赋予的特许经营权。我国《民法典》第 254 条第 2 款规定:“铁路、公路、电力设施、电信设施和油气管道等基础设施,依照法律规定为国家所有的,属于国家所有。”

按照六部委颁布的《基础设施和公用事业特许经营管理办法》的定义,基础设施和公用事业特许经营方式是指“政府采用竞争方式依法授权中华人民共和国境内外的法人或者其他组织,通过协议明确权利义务和风险分担,约定其在一定期限和范围内投资建设运营基础设施和公用事业并获得收益,提供公共产品或者公共服务”。根据《基础设施和公用事业特许经营管理办法》第 2 条,前述基础设施和公用事业包括能源、交通运输、水利、环境保护、市政工程等领域。根据《市政公用事业特许经营管理办法》第 2 条,市政工程包括城市供水、供气、供热、公共交通、污水处理、垃圾处理等行业。

《基础设施和公用事业特许经营管理办法》第 18 条规定:“实施机构应当与依法选定的特许经营者签订特许经营协议……”对于采用特许经营模式的基础设施项目,项目公司需要依据相关法律法规的规定获取特许经营权。

根据《基础设施和公用事业特许经营管理办法》的相关规定,特许经营项目取得/授予的操作流程如下。

(1)县级以上人民政府有关行业主管部门或政府授权部门项目提出部门提出特许经营项目实施方案。特许经营项目实施方案应当包括以下内容:①项目名称;②项目实施机构;③项目建设规模、投资总额、实施进度,以及提供公共产品或公共服务的标准等基本经济技术指标;④投资回报、价格及其测算;⑤可行性

分析,即降低全生命周期成本和提高公共服务质量效率的分析估算等;⑥特许经营协议框架草案及特许经营期限;⑦特许经营者应当具备的条件及选择方式;⑧政府承诺和保障;⑨特许经营期限届满后资产处置方式;⑩应当明确的其他事项。

(2)项目提出部门委托第三方机构开展特许经营可行性评估,完善特许经营项目实施方案,第三方机构出具特许经营可行性评估报告。特许经营可行性评估应当主要包括以下内容:①特许经营项目全生命周期成本、技术路线和工程方案的合理性,可能的融资方式、融资规模、资金成本,所提供公共服务的质量效率,建设运营标准和监管要求等;②相关领域市场发育程度,市场主体建设运营能力状况和参与意愿;③用户付费项目公众支付意愿和能力评估。

(3)项目提出部门会同发展改革、财政、城乡规划、国土、环保、水利等有关部门对特许经营项目实施方案进行审查,各部门分别出具书面审查意见。

(4)本级人民政府或其授权部门审定特许经营项目实施方案。

(5)县级以上人民政府授权实施机构实施特许经营项目。

(6)实施机构通过招标、竞争性谈判等竞争方式选择特许经营者。

(7)实施机构与依法选定的特许经营者签订特许经营协议。需要成立项目公司的,实施机构应当与依法选定的投资人签订初步协议,约定其在规定期限内注册成立项目公司,并与项目公司签订特许经营协议。特许经营者或项目公司与实施机构签订特许经营协议后,即取得基础设施项目的特许经营权。

2. 特许经营模式及对项目资产范围的影响

根据《基础设施领域不动产投资信托基金(REITs)试点项目申报要求》,原始权益人应当依法合规直接或间接拥有项目所有权、特许经营权或经营收益权,项目公司依法持有拟发行基础设施 REITs 的底层资产。因此,项目公司持有的底层资产既可以是项目所有权,也可以是特许经营权。

对于产业园、仓储物流等不采用特许经营权模式的基础设施项目,一般采用出让方式由项目公司取得基础设施项目的建设用地使用权,项目建成后,项目公司对地上的建筑物、构筑物及附属设施等资产等均享有所有权。

对于交通设施、市政设施、生态环保等采用特许经营权模式的项目,项目土地使用权多采用划拨形式,因特许经营权均存在不超过 30 年的授权期限,期满之后基础设施的项目资产及特许经营权均需要移交政府。为了简化交易流程及避免项目移交可能带来的税负,部分项目中政府并未将项目的建设用地使用权划拨至项目公司下,相应地,按照我国“房地一体”的原则,项目公司对其作为建设单位建成的项目资产也不能确认所有权。此种情况下,基础设施 REITs 项目的底层资产为项目公司依据《特许经营协议》合法拥有的特许经营权,项目公司基于特许经营权有权取得项目的经营收入,并且项目公司基于协议约定或政府部门出具的证明可合法使用土地。例如,富国首创水务 REITs 项目中,深圳项目用地由深圳市人民政府行政划拨给市水务局,土地使用权归市水务局所有;项目公司根据《特许经营协议》的约定由市水务局在特许经营期内将各水质净化厂厂区当期设施用地无偿交予项目公司使用。在广河高速公路 REITs 项目中,项目土地由原国土资源部及当地人民政府依据相关批复提供,项目公司未取得单独的用地批准书、划拨决定书等用地文件。在此情况下,广州市规划和自然资源局作出了关于项目公司合法使用项目土地的复函,说明对项目公司在特许经营期内合法使用广河高速划拨土地无异议,项目公司未取得单独的用地批准书、划拨决定书等用地文件不影响项目公司享有的特许经营权及项目占用范围内土地的使用权。

因此,采用特许经营权模式的基础设施项目的底层资产为基础设施项目的特许经营权,基础设施项目建设完成后资产本身不计入项目公司的资产负债表,特许经营权在项目公司的财务报表中体现为“无形资产”。

3. 国有土地使用权特许经营权早于基金到期的问题

根据《城市房地产管理法》第 22 条、《城镇国有土地使用权出让和转让暂行条例》(2020 年修订)第 41 条的规定,土地使用权出让合同约定的使用年限届满,土地使用者需要继续使用土地的,应当至迟于届满前一年申请续期,除根据社会公共利益需要收回该幅土地的,应当予以批准。经批准予以续期的,应当重新签订土地使用权出让合同,依照规定支付土地使用权出让金。因此,对于非采用特许经营权模式的基础设施项目,如产业园项目、仓储物流项目,除因社会公共利益政府需要收回土地使用权外,一般情况下,原土地使用权人均可以通过申请续期、支付土地使用权出让金的方式继续使用土地。

对于采用特许经营权模式的项目,如交通设施、市政设施、生态环保项目,《基础设施和公用事业特许经营管理办法》第 6 条规定,基础设施和公用事业特许经营期限应当根据行业特点、所提供公共产品或服务需求、项目生命周期、投资回收期等综合因素确定，一般情况下，最长不超过 30 年。基础设施项目的特许经营权到期后，原则上，基础设施项目资产及特许经营权需移交给政府，导致基金净值趋近于零。根据《基础设施和公用事业特许经营管理办法》第 37 条的规定，特许经营期限届满后确有必要延长的，按照有关规定经充分评估论证，协商一致并报批准后，可以延长。可以看出，基础设施项目的特许经营权期限届满后，特许经营者或项目公司与实施机构不能通过直接与实施机构协商并签订特许经营协议的方式延长特许经营期限，而是需要经过重新评估并经政府批准；一般情况下，大部分特许经营权协议也缺少特许经营权到期后的续期安排或特许经营者享有优先权的约定，因此，按照目前的规定，基础设施项目到期后的“续期”实质上类似于申请新的基础设施项目特许经营权。

采用特许经营权模式的基础设施 REITs 项目中，普遍存在基础设施项目特许经营权的正常到期日早于基金到期日的情况，如浙商杭徽高速 REITs 项目、富国首创水务 REITs 项目、华夏越秀高速公路 REITs 项目，前述项目的招募说明书中均有提示如基金到期日后没有纳入新的基础设施项目，则存在基金提前终止的风险，计划管理人有权对项目公司注销清算。

4. 特许经营权 REITs 项目运营权及收费权的取得程序

非采用特许经营权模式的基础设施项目，如产业园项目、仓储物流项目，其主要收入源于租金收入、物业费收入、管理费收入和停车费收入，一般不需要就其收费权获得政府部门的批准。而采用特许经营权模式的基础设施项目，项目的运营权及收费权需要获得相关政府部门的批准。

根据《收费公路管理条例》（国务院令第 417 号）第 20 条的规定，收费公路的权益，包括收费权、广告经营权、服务设施经营权。收费公路项目的收入来源为通过享有《特许权协议》约定的权利，主要包括收取车辆通行费收入、服务区经营权承包费收入、收费站灯箱广告位出租收入等。

收费公路建成后，应当按照国家有关规定进行竣工验收；经竣工验收合格的，方可收取车辆通行费。收费公路开始运营前，应按《收费公路管理条例》的规定获得相应的政府批准，主要包括：

（1）由省、自治区、直辖市人民政府负责审查批准收费公路的收费期限。

(2)由省、自治区、直辖市人民政府负责审查批准收费公路收费站的设置。

(3)车辆通行费的收费标准,应当依照价格法律、行政法规的规定进行听证,并由省、自治区、直辖市人民政府交通主管部门会同同级价格主管部门等部门审核后,报本级人民政府审查批准。

(4)依照本条例规定的程序审查批准的收费公路收费站、收费期限、车辆通行费收费标准,审批机关应当自审查批准之日起10日内将有关文件向国务院交通主管部门和国务院价格主管部门备案。

对于供水、供热、供气等市政设施项目以及污水处理、固体废物处理等基础设施项目,特许经营者或项目公司的特许经营权来源于和基础设施项目实施机构签订的《特许经营协议》的授权。根据《市政公用事业特许经营管理办法》第9条的规定,应当在《特许经营协议》中明确约定价格和收费的确定方法、标准以及调整程序。因此,如《特许经营协议》中约定了项目运营及收费须经政府批准的,则项目运营权应依照约定报政府审核批准。

(二)经营资质相关法律问题

1. 经营资质许可类型

基础设施项目涉及多种行业,项目公司在运营时需要依据相关法律、法规规定取得相应的经营资质许可证书。例如,固体废物处理厂、污水处理厂的运营须取得环保部门核发的《排污许可证》,供热项目的运营需要取得住房和城乡建设部门核发的《供热经营许可证》,垃圾焚烧发电项目需要取得电力部门核发的《电力业务许可证》等。因基础设施项目行业众多,且本书已在REITs项目法律核查要点中分行业进行了核查提示,本处仅列举两个特殊经营资质许可如下,后续在发行特定类型的基础设施REITs项目时应予以关注。

(1)电信业务经营许可证

在数据中心项目中,涉及经营增值电信业务的数据中心应取得增值电信业务经营许可。根据《电信条例》的规定,电信业务分为基础电信业务和增值电信业务。电信业务经营按照电信业务分类,实行许可制度。并要求根据不同的业务类型,获得相关许可。

①经营基础电信业务,须经国务院信息产业主管部门审查批准,取得《基础电

信业务经营许可证》。

②经营增值电信业务，业务覆盖范围在两个以上省、自治区、直辖市的，须经国务院信息产业主管部门审查批准，取得《跨地区增值电信业务经营许可证》；业务覆盖范围在一个省、自治区、直辖市行政区域内的，须经省、自治区、直辖市电信管理机构审查批准，取得《增值电信业务经营许可证》。

在需要办理电信业务经营许可的公募 REITs 项目中，若构成《电信条例》规定的"经营主体变更"，应当事先取得电信主管部门的批准。

(2)取水许可

在供水项目中，根据《取水许可和水资源费征收管理条例》的规定，取用水资源的单位和个人，除法定情形外，都应当申请领取取水许可证，并缴纳水资源费。未取得取水申请批准文件擅自建设取水工程或者设施的，责令停止违法行为，限期补办有关手续；逾期不补办或者补办未被批准的，责令限期拆除或者封闭其取水工程或者设施；逾期不拆除或者不封闭其取水工程或者设施的，由县级以上地方人民政府水行政主管部门或者流域管理机构组织拆除或者封闭，所需费用由违法行为人承担，可以处 5 万元以下罚款。

2. 经营资质许可证书超过有效期问题

部分基础设施 REITs 项目存在经营资质许可证书超过有效期的问题，如富国首创水务 REITs 项目存在排污许可证临近到期问题，根据《排污许可管理条例》第 33 条的规定，排污许可证有效期届满未申请延续或者延续申请未经批准排放污染物的，由生态环境主管部门责令改正或者限制生产、停产整治，处 20 万元以上 100 万元以下的罚款；情节严重的，报经有批准权的人民政府批准，责令停业、关闭。根据《排污许可管理条例》第 14 条的规定，排污许可证有效期为 5 年；排污许可证有效期届满，排污单位需要继续排放污染物的，应当于排污许可证有效期届满 60 日前向审批部门提出申请。审批部门应当自受理申请之日起 20 日内完成审查，对符合条件的予以延续。因此，对于基础设施 REITs 项目存在经营资质许可证书超过有效期的情形，项目公司应在资质到期前按照相关规定或主管部门要求办理展期手续，避免遭受行政处罚。

第二节 交易结构的相关法律问题

一、资产重组相关法律问题

根据国家发展改革委办公厅《关于做好基础设施领域不动产投资信托基金(REITs)试点项目申报工作的通知》(发改办投资〔2020〕586 号)的相关规定,开展公募 REITs 的基础设施资产应权属清晰、资产范围明确。基础设施 REITs 项目中,持有基础设施项目底层资产的公司可能涉及其他的资产、负债等,则需要考虑将该等基础设施项目剥离到单独的项目公司中,再将项目公司股权转让给基础设施 REITs 项目的资产支持专项计划管理人。因此,资产重组的过程就是构建项目公司持有基础设施资产的过程。

资产重组的主要目的是将基础设施资产剥离到项目公司,达到项目公司单独地持有底层资产的效果,并与原始权益人的其他债务、风险相隔离。经过资产重组后的项目公司,原则上除拟入池的资产外,仅有现金、应收或应付款项等少量资产,不含具有较高估值的其他非入池资产。

(一)资产重组方式

1. 无偿划转

(1)适用条件

根据《企业国有产权无偿划转管理暂行办法》第 2 条第 1 款的规定,国有产权无偿划转是指“企业国有产权在政府机构、事业单位、国有独资企业、国有独资公司之间的无偿转移”。第 21 条规定:“企业实物资产等无偿划转参照本办法执行。”因此国有资产无偿划转应当适用《企业国有产权无偿划转管理暂行办法》的相关规定。《企业国有产权无偿划转工作指引》第 2 条第 1 款规定,“国有独资企业、国有独资公司、国有事业单位投资设立的一人有限责任公司及其再投资设立的一人有限责任公司(以下统称国有一人公司),可以作为划入方(划出方)”,因此国有全资公司亦可以作为国有资产的划入方或划出方。

依据前述规定,国有资产无偿划转仅可在政府机构、事业单位、国有独资企业、国有独资公司、国有全资企业之间进行。前述规定的目的在于前述单位均属于纯国有主体,国有资产在国有主体之间转让可以避免国有资产流失。

(2)操作流程

基础设施 REITs 实践中,基础设施资产一般由原权益人无偿划转至项目公司。为申报发行基础设施基金产品,一般由原始权益人新设项目公司并完成注册资本金的实缴。依据《企业国有产权无偿划转管理暂行办法》等相关规定,国有资产无偿划转的基本流程如下:

①可行性研究。企业国有产权无偿划转应当做好可行性研究,并形成无偿划转可行性论证报告。

②内部决策。划转双方应当在可行性研究的基础上,按照内部决策程序进行审议,并形成书面决议。

——划入方(划出方)为国有独资企业的,应当由总经理办公会议审议;已设立董事会的,由董事会审议。

——划入方(划出方)为国有独资公司的,应当由董事会审议;尚未设立董事会的,由总经理办公会议审议。

——涉及职工安置事项。所涉及的职工分流安置事项,应当经被划转企业职工代表大会审议通过。

③划出方通知债权人。划出方应当就无偿划转事项通知债权人,并制订相应的债务处置方案。

④开展审计或清产核资。被划转企业应按照有关规定审计或清产核资,以中介机构出具的审计报告或经划出方国资监管机构批准的清产核资结果,作为企业国有产权无偿划转的依据。

⑤履行审批或决定程序。

——企业国有产权在同一国资监管机构所出资企业之间无偿划转的,由所出资企业共同报国资监管机构批准。

——企业国有产权在不同国资监管机构所出资企业之间无偿划转的,依据划转双方的产权归属关系,由所出资企业分别报同级国资监管机构批准。

⑥划转双方协商一致后,应当签订企业国有产权无偿划转协议。

⑦进行账务调整及办理工商登记。划转双方应当依据相关批复文件及划转协议,进行账务调整,按规定办理产权登记手续。

(3)关于国有资产划转进场交易的问题分析

国有资产进场交易的目的是通过公开公平的场内交易确保国有资产以更高的价格进行交易,实现国有资产的保值增值,但无偿划转并无相应对价,并非典型的交易行为,且仅在国有主体间流转,不涉及因交易价格不合理导致国有资产流失的问题。《企业国有资产法》第 51 条规定:"本法所称国有资产转让,是指依法将国家对企业的出资所形成的权益转移给其他单位或者个人的行为;按照国家规定无偿划转国有资产的除外。"

可见,无偿划转不属于国有资产转让的概念范畴,而是与之并列的一种国有资产变动的方式,《企业国有资产交易监督管理办法》所列的企业国有资产交易行为也未将无偿划转明确列举,因此,无偿划转无须适用经过场内交易程序。

2. 资产转让

对于政府机构、事业单位、国有独资企业、国有全资企业以外的国有主体之间的基础设施资产转让,无法采用无偿划转的方式。部分项目采用了资产转让方式将基础设施资产剥离到新设的公司或者将基础设施之外的资产从项目公司剥离,如国金铁建渝遂高速 REITs 项目中,项目公司采用了资产转让方式将基础设施资产外的住宅、商业资产从项目公司剥离。

32 号令第 48 条规定:"企业一定金额以上的生产设备、房产、在建工程以及土地使用权、债权、知识产权等资产对外转让,应当按照企业内部管理制度履行相应决策程序后,在产权交易机构公开进行。涉及国家出资企业内部或特定行业的资产转让,确需在国有及国有控股、国有实际控制企业之间非公开转让的,由转让方逐级报国家出资企业审核批准。"原则上,按照企业内部管理制度,一定金额以上的国有资产转让需在产权交易机构公开进行;如采用非公开协议转让的,则应满足资产在"国有及国有控股、国有实际控制企业之间"转让,并需由转让方逐级报国家出资企业审核批准。

依照 32 号令的相关规定,采用进场交易方式的国有资产转让需要遵照以下流程:

(1)转让方(原权益人)按照企业内部管理制度履行相应的内部决策程序,形成内部决议；

(2)转让方做好资产转让的可行性研究和方案论证；

(3)转让方应当委托具有相应资质的评估机构对转让标的进行资产评估，资产转让价格应以经核准或备案的评估结果为基础确定；

(4)转让方按照规定在资产交易机构公开进行资产转让；

(5)受让方确定后，转让方与受让方应当签订资产交易合同，受让方向转让方支付资产转让的对价；

(6)转让方、受让方按资产交易合同的约定办理不动产权属证书及特许经营权证书的转移登记。

3. 实物出资新设项目公司

《公司法》第 27 条规定："股东可以用货币出资，也可以用实物、知识产权、土地使用权等可以用货币估价并可以依法转让的非货币财产作价出资……对作为出资的非货币财产应当评估作价，核实财产，不得高估或者低估作价……"对于采用新设项目公司 + 物业出资方式进行的资产重组，在新设项目公司环节以及原权益人剥离资产环节与无偿划转方基本一致，对于转让方而言，其需要履行新设项目公司及资产划转程序，相关内部决策、通知债权人、资产评估、审批等流程与资产划转基本一致，不同的是转让方用基础设施资产对新设公司进行实物出资的方式。鹏华深圳能源 REITs 项目、建信中关村产业园 REITs 项目、东吴苏州工业园区 REITs 项目均采用了基础设施资产作价出资的形式，由原权益人与新设项目公司签订资产划转协议，并完成相关债务、人员的转移，按照协议约定将不动产权属证书及特许经营权证书转移至新设项目公司名下。

财政部、税务总局《关于继续支持企业、事业单位改制重组有关契税政策的通知》(财税〔2018〕17 号)第 6 条规定，"同一投资主体内部所属企业之间土地、房屋权属的划转，包括母公司与其全资子公司之间……免征契税。母公司以土地、房屋权属向其全资子公司增资，视同划转，免征契税"。因此，如采用设立后增资而非设立出资的方式，可以合理避免缴纳契税。

4. 公司分立

公司分立是指一个公司依照公司法有关规定分成两个以上的公司，公司分立也是一种常见的项目公司进行资产剥离的方式之一，基础设施资产的持有人可将其持有的基础设施资产通过公司分立的方式转让给新设的项目公司，达到资产隔离效果的资产重组。

公司分立可以采取存续分立和解散分立两种形式。存续分立是一个公司分立成两个以上公司，本公司继续存在并设立一个以上新的公司，一般情况下存续的本公司需完成减资程序；解散分立是一个公司分立为两个以上的新公司，本公司解散并注销。博时招商蛇口产业园 REITs 项目采用了存续分立并剥离基础设施资产的方式。

以存续分立为例，项目公司采用公司分立方式进行资产重组的基本步骤如下：

(1)被分立企业按照企业内部管理制度就公司分立事项履行相应的内部决策程序，形成内部决议。

(2)涉及国有企业分立的，应报上级单位或国有资产监督管理部门审批。根据《企业国有资产法》第 31 条的规定，国有独资企业、国有独资公司分立由履行出资人职责的机构决定；第 34 条规定，重要的国有独资企业、国有独资公司、国有资本控股公司的分立，履行出资人职责的机构在作出决定或者向其委派参加国有资本控股公司股东会会议、股东大会会议的股东代表作出指示前，应当报请本级人民政府批准。因此，国有独资企业、国有资本控股公司的分立应报国资委进行审批。

(3)编制公司资产负债表和财产清单。根据《公司法》第 175 条的规定，公司分立，其财产作相应的分割，应当编制资产负债表及财产清单。

(4)进行债权公告。根据《公司法》第 175 条的规定，公司应当自作出分立决议之日起 10 日内通知债权，并于 30 日内在报纸上公告。根据《公司法》第 176 条的规定，除公司在分立前与债权人就债务清偿达成的书面协议另有约定外，公司分立前的债务由分立后的公司承担连带责任。博时招商蛇口产业园 REITs 项目中，被分立企业及原始权益人签署了《债务清偿及担保情况说明》，对被分立企业分立前的债务由分立后存续的被分立企业与派生分立产生的 4 家公司向所有债权人承担连带清偿责任进行了说明。

(5)设立新公司，被分立企业与派生分立产生的新公司签署分立协议，对公司分立相关事项进行约定。

(6)资产分割及产权变更登记。被分立企业、新设立公司按照协议约定办理资产交割，并将不动产权属证书及特许经营权证书转移至新设项目公司名下。

(二)资产重组涉及的其他法律问题

除前述需遵循的法定程序外,基础设施项目的资产重组环节可能涉及债务转移、合同转移、员工划转等事项。

1. 债务及合同转移

资产重组过程中,基础设施资产相关的债务一般随无偿划转、资产转让或实物出资转移至新设的项目公司。根据《民法典》第 551 条的规定,债务人将债务的全部或者部分转移给第三人的,应当经债权人同意。债务人或者第三人可以催告债权人在合理期限内予以同意,债权人未作表示的,视为不同意。

对于基础设施资产的无偿划转,《企业国有产权无偿划转管理暂行办法》第 8 条规定:“划出方应当就无偿划转事项通知本企业(单位)债权人,并制订相应的债务处置方案。”《企业国有产权无偿划转管理暂行办法》第 18 条规定,“被划转企业或有负债未有妥善解决方案的”或“划出方债务未有妥善处置方案的”,不得实施无偿划转。前述规定仅明确划出方通知债权人以及划出方制订债务处置方案的义务,并未规定债务转让或债务处置方案取得债权人的同意。

但是,考察《民法典》第 538 条规定以及相关司法案例,未经债权人同意且影响其实现债权的无偿划转,无偿划转行为存在被法院撤销的风险。《民法典》第 538 条规定:“债务人以放弃其债权、放弃债权担保、无偿转让财产等方式无偿处分财产权益,或者恶意延长其到期债权的履行期限,影响债权人的债权实现的,债权人可以请求人民法院撤销债务人的行为。”例如,(2017)最高法民再 92 号案“国富发展有限公司(Well Rich Development Limited)与广州市隧道开发公司债权人撤销权纠纷”中,最高人民法院认为,隧道公司将西朗公司股权由隧道公司转让给净水公司,无意减损隧道公司的财产,损害隧道公司债权人的权益;隧道公司在 1994 年成立时的注册资本为 15.76 亿元,经过多年经营,在正常情况下,本案转让股权发生时其资产应远超此数额。没有证据证明当时隧道公司经营困难及因该案中的股权转让造成债务超过其资产而不能清偿国富公司的债务的情形,因此法院未支持撤销隧道公司转让西朗公司股权的行为。虽然法院未支持撤销无偿划转行为,但若无偿划转实际损害债权人利益的,不排除无偿划转行为存在被法院撤销的风险。

再如,(2017)最高法民终181号“吉林市中小企业信用担保集团有限公司诉中国长城资产管理股份有限公司吉林省分公司等公司债权人利益责任纠纷案”中,华星公司经吉林市国资委同意,将所持有股权无偿划转至中小企业担保公司。在无偿划转不久,华星公司宣告破产。破产管理人经清核,华星公司在资不抵债的情况下,仍将主要资产无偿划转至中小企业担保公司,于是提起诉讼。最高人民法院终审,依法判决中小企业担保公司在无偿划转股权价值80%的范围内,对华星公司的债务承担责任。可见,由于无偿划转程序不规范可能导致划入方被法院认定应承担赔偿责任。

因此,为避免无偿划转中与债权人发生争议,建议资产重组过程中由基础资产的原权益人、受让主体及债权人就与资产有关的债务处理进行明确约定。目前已发行的基础设施REITs项目中,一般情况下,通过无偿划转、资产转让或实物出资方式进行资产重组的,均将与基础设施资产相关的债务整体划转至新设的项目公司,并在无偿划转协议书中整体对债务转移进行约定,或者由转让方、受让方及债权人单独签署债务转移协议。

基础资产重组过程中,一般均会涉及与基础资产相关的合同转移,如基础资产重组前原权益人与相关业务合作方签署的业务合同,在资产重组后需要由项目公司继续履行的部分,项目公司需与相关业务合作方签署权利义务转让协议或重新签署相关业务合同。

2. 人员转移

一般情况下,资产重组过程中同样伴随着与基础设施资产有关的人员转移。原始权益人需将与其建立劳动关系的员工的劳动关系变更至新设项目公司名下,由新设项目公司与该等员工建立新的劳动关系。具体操作流程大致如下:

(1)原始权益人需要终止与拟转移员工的劳动合同。

(2)原始权益人需要协调该等员工与新设项目公司于原劳动合同终止之日签署完毕新劳动合同。

(3)原始权益人和新设项目公司需要按照国家有关法律法规和有权主管机构要求在履行必要的程序后为该等员工办理各项相关的转移手续,如社保关系等。

3. 租赁关系处理

在重组过程中,通常涉及对基础设施项目的原租赁关系的影响。在基础设施项目的所有权转移至新设项目公司名下前,原始权益人与承租人签署了相应的基础设施项目的租赁合同。在基础设施项目的所有权转移至新设项目公司名下后,根据《民法典》第 725 条以及最高人民法院《关于审理城镇房屋租赁合同纠纷案件具体应用法律若干问题的解释》(法释〔2020〕17 号)第 14 条的规定,基础设施项目的租赁合同的出租人发生变更,由新设项目公司作为新的出租人继续履行原租赁合同,由新设项目公司承继原始权益人在原租赁合同项下作为出租人的权利和义务。

因此,一般需要由原始权益人、新设项目公司与承租人签署相应租赁合同的变更协议,对新设项目公司承继原始权益人在原租赁合同项下作为出租人的权利和义务的相关安排予以明确。需要注意的是,由于新设项目公司所承继的权利包括在原租赁合同项下作为出租人收取并持续持有预收租金及租赁保证金的权利,因此原始权益人需要将其已收取并持有的预收租金及租赁保证金转移交付给新设项目公司。

二、交易结构的相关法律问题

(一)基础设施 REITs 的基本交易架构及交易步骤

1. 交易架构

根据目前监管的要求,基础设施 REITs 项目基本的交易结构为基础设施基金将从投资人募集的资金用于购买资产支持专项计划的份额,资产支持专项计划通过持有项目公司 100% 的股权间接持有基础设施项目权益。

根据《公开募集基础设施证券投资基金指引(试行)》的规定,我国的基础设施 REITs 试点采取"证券投资基金 + 专项计划"的双层交易架构。基金设施基金的结构一般包括三层:第一层是基础设施基金,公募基金 100% 持有资产支持证券;第二层是资产支持专项计划,资产支持专项计划持有项目公司 100% 股权;第三层是项目公司,项目公司持有基础设施项目的底层资产。基础设施 REITs 项目的基本架构(见图 2-1):

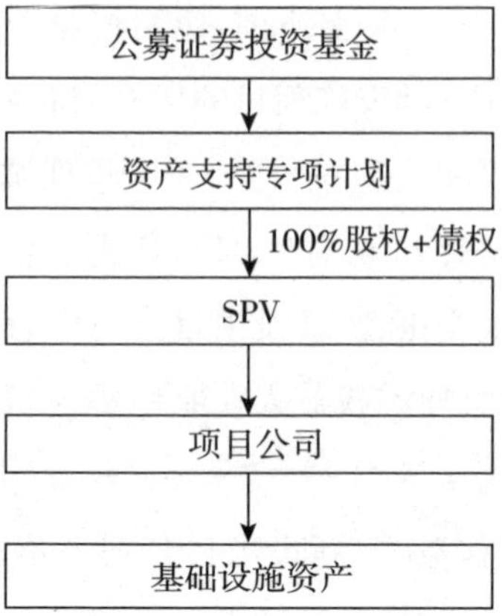

图 2-1 基础 REITs 项目基本架构

目前基础设施 REITs 发行以资产支持专项计划(ABS)为载体,系根据《证券投资基金法》对公募基金投资标的的规定,根据《证券投资基金法》第 72 条的规定,基金财产应当用于下列投资:(1)上市交易的股票、债券;(2)国务院证券监督管理机构规定的其他证券及其衍生品种。中国人民银行、中国银行保险监督管理委员会、中国证券监督管理委员会、国家外汇管理局《关于规范金融机构资产管理业务的指导意见》(银发〔2018〕106 号)第 10 条亦有类似规定。依据前述规定,公募基金不能直接投资不动产或未上市公司的股权,因此,通过公募 REITs 直接持有项目公司股权,进而实现控制项目的完全所有权或经营权利,在当前的法律框架下存在较大的障碍。

其他结构亦存在法律法规障碍,列举如下。

(1)《证券法》对公司股票发行上市有严格规制,美国等国家采用的公司型 REITs 不符合我国现行 IPO 的规定。同时,《公司法》对公司设立、股份转让以及利润等规定也将限制 REITs 的日常运作。

(2)《证券公司及基金管理公司子公司资产证券化业务管理规定》要求资产支持证券面向合格投资者发行,对象不得超过 100 人,资产支持证券未实现公募化。我国现行法律法规中没有资产支持证券公开发行的相关规定,资产支持证券直接公开发行缺少法律依据。

(3)《证券法》未认定信托单位属于证券范畴,《集合资金信托计划管理办法》规定单个信托计划的自然人人数不得超过 50 人,信托暂未在我国实现公募发行,因此采用香港的信托型 REITs 存在法律障碍。

综上,“公募 REITs 基金 + 专项计划 + 项目公司”结构未突破《公司法》《证券法》《基金法》等相关法律法规的规定,是基于我国目前法律框架快速推进试点落地现实路径选择。

2. 交易步骤

基础设施 REITs 的基本交易步骤流程如下:

(1)组建项目公司,完成资产划转。基金设立前,项目公司需进行资产重组,资产重组的主要目的是将基础设施资产剥离到项目公司,达到项目公司单独地持有底层资产的效果,并与原始权益人的其他债务、风险相隔离。资产重组的主要方式包括资产划拨、资产转让、物业出资新设项目公司、公司分立等。

(2)基金管理人设立公募证券投资基金,专项计划管理人设立资产支持专项计划。

(3)资产专项计划收购项目公司股权,并构建债务关系。计划管理人代表专项计划与项目公司原股东签订《股权转让协议》,受让原始权益人所持有的基础设施项目公司的 100% 股权,并构建对项目公司对专项计划的债务关系,形成“股 + 债”结构。

(二)“股 + 债”结构模式分析

1. “股 + 债”结构的形成原因

(1)实现资本弱化、合理节税

资本弱化是指企业和企业的投资者在融资和投资方式的选择上,降低股本的比重,提高贷款的比重而造成的企业负债与所有者权益的比率超过一定限额的现象。

资产支持专项计划收购项目公司 100% 股权后,若 REITs 仅持有项目公司股权,项目公司在向专项计划分红时需按 25% 的税率缴纳企业所得税。根据财政部、国家税务总局《关于企业关联方利息支出税前扣除标准有关税收政策问题的通知》(财税〔2008〕121 号)的规定,非金融企业在满足债权性投资与权益性投资比例不超过 2:1 的条件下,其实际支付给关联方的利息支出,在计算应纳税所得额时,准予扣除。因此,采用“股 + 债”结构的基础设施项目公司的收益分配方式由单一的股息分红调整为包含债务资本利息,使得前述利息可以列入税前扣除范围,从而实现资本弱化,减少企业的应缴所得税。

(2)稳定现金流

资产支持专项计划要求基础资产能持续产生稳定的现金流,基础设施资产底层资产的现金流存在不稳定因素。在 ABS 和项目公司直接搭建该部分债权,可将不稳定的收费权收入转为稳定的利息收入,达到稳定现金流的目的。

(3)减少资金沉淀

基础设施 REITs 实际的融资人是原始权益人,原始权益人可直接获取的资金是出让项目公司股权的对价。因此,公募证券投资基金募集的资金最终流向应为原始权益人,而非停留在项目公司。债权是 ABS 层直接发放给项目公司而非原始权益人,为充分利用此笔资金,一般通过偿还原股东(原始权益人)债务、偿还存量第三方债务的方式,避免资金沉淀在项目公司。

同时,根据《企业会计准则—固定资产》的规定,底层资产在项目公司表内需计提大额的折旧摊销及相关费用,此外,项目公司向专项计划进行股东分红还需计提盈余公积。因此,若项目公司只有可供分配的利润而没有存量债务,则项目公司会因资产折旧及计提盈余公积而使得项目公司的留存收益大大减少。"股+债"结构可以减少项目公司的资金沉淀,满足投资者的收益分配需求。

2. 构建"股+债结构"的主要模式

(1)专项计划直接发放股东借款

在项目公司具有较多存量债务时,专项计划收购项目公司股权后,可以通过向项目公司发放股东借款用于项目公司偿还存量债务,发放股东借款后专项计划对项目公司享有债权,以此实现"股权+债权"结构的搭建。

已发行的基础设施 REITs 项目中,专项计划直接发放股东借款是最为常见的一种股权搭建方式,首批基础设施 REITs 试点项目中,平安广州交投广河高速项目、中金普洛斯仓储物流项目、富国首创水务项目以及东吴苏州工业园区产业园项目均采用专项计划直接发放股东借款的方式。

(2)项目公司会计政策调整

项目公司持有投资性房产且按照成本法和公允价值法的评估结果差额可达到构造税盾的要求的基础设施 REITs 项目,可采用项目公司会计政策调整的方式构造"股+债"结构。博时招商蛇口产业园项目、普洛斯仓储物流项目均采用了调整会计制度的方式。

基本操作方式为，专项计划受让项目公司股权后，项目公司将其持有的投资性房地产由成本法计量转为公允价值计量。该会计政策变更导致投资性房地产账面价值产生增值，形成了项目公司对原股东（原始权益人）的应付股利债务。专项计划通过向项目公司发放股东借款以置换项目公司对原股东的应付股利债务，从而形成了“股 + 债”的交易结构。

项目公司会计政策调整的优势在于交易步骤相对简单，不需要再单独构造借款。

（3）项目公司减资

对于具有较大实收资本金的项目公司，可采用项目公司减资的方式构造“股 + 债”结构。沪杭甬高速 REITs 项目、红土创新保障性住房 REITs 项目均采用了项目公司减资的方式。基本操作步骤如下：

专项计划设立前，项目公司股东通过项目公司股东会决议完成减资的相关工作。减资完成后，由于项目公司没有足够资金支付减资款，项目公司账面形成一笔对项目公司股东的应付减资款。

专项计划设立后，私募基金将专项计划募集规模的认购资金支付至专项计划募集专户。专项计划管理人在收到募集的资金后向项目公司股东收购项目公司的股权和债权。股权转让款支付至项目公司股东账户后，计划管理人即成为项目公司 100% 控股股东。计划管理人收购项目公司股权后，向项目公司提供股东借款，项目公司收到股东借款后用于偿还其对项目公司原股东的应付减资款，从而完成股债结构的搭建（见图 2－2）。

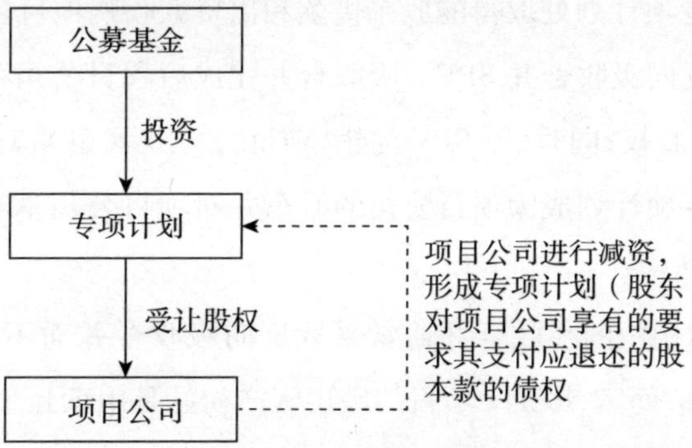

图 2－2　构建“股 + 债”结构步骤之项目公司减资

项目公司减资的优点在于不需要再单独构造借款;但由于项目公司减资需要履行决策程序、通知债权人、公告期或取得债权人同意等,因此步骤复杂且耗时较长。

(4)设立 SPV 并进行“反向吸收合并”

在项目公司不具有较多存量债务,且无法通过会计政策调整、减资等方式构建对项目公司原股东的债务时,可通过设立 SPV 并进行“反向吸收合并”构建股债结构(见图 2-3)。

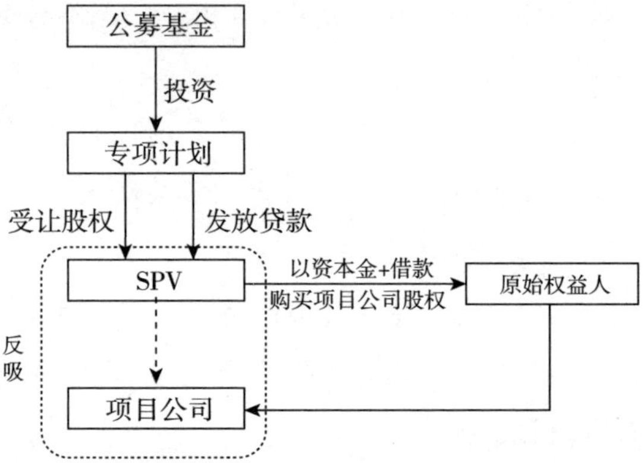

图 2-3 构建“股 + 债”结构步骤之反向吸收合并

反向吸收合并的主要步骤如下。

①原始权益人设立 SPV 并持有 100% 股权,专项计划设立后购买 SPV 股权并成为 SPV 的唯一股东。

②专项计划向 SPV 发放借款,形成对 SPV 的债权,至此搭建对 SPV 的股债结构。

③SPV 用从专项计划处取得的股东借款和出资款收购项目公司 100% 股权。

④项目公司反向吸收合并 SPV。吸收合并完成后项目公司存续,专项计划持有项目公司 100% 股权;同时,原 SPV 注销,项目公司继承 SPV 对专项计划负有股东借款的债务。专项计划成为项目公司的股东并对项目公司享有股东借款债权,形成了“股 + 债”结构。

REITs 交易结构中的吸收合并通常采取反向吸收合并而不是正向吸并模式的主要原因为,一般而言,REITs 项目的底层资产初始是由项目公司持有、运营的,底层资产相关权益等日常业务合同签署主体一方为项目公司。若采取由 SPV 吸收合并项目公司的正向吸收合并,则 SPV 存续,项目公司需注销,相应的项目公司原有的底层合同权利义务需要履行变更手续，会增加项目的操作手续。而采取反向吸收合并，即由项目公司吸收合并新设的 SPV，则 SPV 注销，项目公司存续，项目公司原有的合同关系不受影响，相较于正向吸收合并节省了一些操作手续。

首批基础设施 REITs 项目中，红土创新盐田港仓储物流项目、华安张江光大园项目采用“设立 SPV 并进行反向吸收合并”的交易模式。但是，2022 年 7 月 20 日，华安基金在《关于华安张江光大园 REITs 涉及仲裁事项的公告》中称：华安张江光大园封闭式基础设施证券投资基金的基金合同生效后，为简化基金结构，根据招募说明书的安排，已启动反向吸收合并的相关工作。因实务操作存在较高的税务成本，反向吸收合并将对基金份额持有人利益产生较大影响。为保护基金份额持有人的利益，本基金管理人决定终止反向吸收合并工作，由上海国泰君安证券资产管理有限公司（专项计划管理人）通过仲裁的方式撤销与上海安恬投资有限公司的股权转让协议。

公开披露的华安张江光大园项目的招募说明书显示，该项目中的反向吸收合并是指中京电子反向吸收合并其母公司安恬投资（系持有中京电子 100% 股权的 SPV 公司，以下简称安恬投资），反向吸收合并后，安恬投资注销，中京电子继续存续，专项计划直接持有中京电子 100% 股权。

国家企业信用信息公示系统显示，2021 年 9 月 10 日，安恬投资将持有的中京电子 100% 股权转让给了上海国泰君安证券资产管理有限公司（专项计划管理人），此时中京电子与安恬投资均属于专项计划 100% 持股的子公司。根据华安基金发布的仲裁事项公告，通过仲裁的方式撤销的为专项计划管理人与安恬投资的股权转让协议。按照招募说明书的交易安排，该项目原计划由中京电子反向吸收其母公司安恬投资，按原交易安排应为中京电子、安恬投资签署合并协议。按照 2021 年 9 月 10 日的交易安排，安恬投资将中京电子 100% 股权转让给了专项计划管理人，安恬投资、中京电子由原来的母子公司变为兄弟公司。不排除该项目原计划的后续交易安排为，中京电子、安恬投资进行同一控制下的吸收合并，即由中京电子吸收合并安恬投资。

根据华安基金发布的仲裁事项公告，终止反向吸收合并工作的原因为“实务操作存在较高税务成本”。反向吸收合并可能发生的税负主要是企业所得税。根据财政部、国家税务总局《关于企业重组业务企业所得税处理若干问题的通知》（财税〔2009〕59 号）规定，符合免税合并条件的 100% 直接控制的居民企业之间的企业重组,可选择适用特殊性税务处理,即合并企业以被合并企业的原有计税基础确定被合并企业资产和负债的计税基础,被合并企业也不缴纳企业所得税;如不符合免税合并条件,按照一般税务处理,被合并方应当按照清算进行所得税处理,同时合并方应按公允价值接受被合并企业资产和负债的计税基础。

根据《企业重组业务企业所得税管理办法》(国家税务总局公告 2010 年 4 号)的规定,财税〔2009〕59 号文规定的同一控制是指“参与合并的企业在合并前后均受同一方或相同的多方最终控制,且该控制并非暂时性的……在企业合并前,参与合并各方受最终控制方的控制在 12 个月以上,企业合并后所形成的主体在最终控制方的控制时间也应达到连续 12 个月”。前述规定要求可选择适用特殊性税务处理的受同一方控制(专项计划)的合并交易应当满足合并前后 12 个月(含)以上需受同一方控制。中京电子、安恬投资同受专项计划控制的时长显然不足 12 个月。因此,也不能排除由于前述原因而无法适用特殊性税务处理,故基金管理人通过仲裁的方式撤销专项计划管理人与安恬投资的股权转让协议。

(5)股权转让款递延支付

此种模式下,资产支持专项计划设立前,由原始权益人设立 SPV 公司,再由 SPV 收购项目公司的全部股权,同时约定大部分股权转让款递延支付,以此为依据构造项目公司原股东对 SPV 的债权。

此后,由项目公司原股东向原始权益人转让其对 SPV 的债权,使原始权益人同时持有 SPV 的股权及债权。在资产支持专项计划设立后,同时受让原始权益人持有的 SPV 的股权及债权。最后,由项目公司反向吸收合并 SPV,合并完成后项目公司主体存续,SPV 主体注销,由项目公司继承 SPV 的原有债权,形成了资产支持专项计划对项目公司“股 + 债”的交易结构。

该模式的交易流程较为复杂,且在债权转让过程中可能增加额外的成本。已发行的基础设施 REITs 项目中,中航首钢生物质项目采用了股权转让款递延支付方式。

第三节 REITs 发行的相关法律问题

由于基础设施 REITs 需要在相关交易场所完成公开发行,故其在发行、上市、交易等整个过程中，不仅受国家发改委和中国证监会的行政监管，而且还受证券交易所、中国证券登记结算有限责任公司、基金业协会及证券业协会的自律监管，同时各监管机关对 REITs 产品发行也制定了相关法律法规及行业指引。此外，由于公募基础设施 REITs 的特有交易架构及审核流程，公募基础设施 REITs 的申报发行需要提供一系列文件予以审核，包括需要提交地方发改委审核的有关基础项目情况、合规情况等方面的材料，以及在申请注册基础设施基金时，基金管理人应向中国证监会提供的相关材料。以下我们将着重分析 REITs 产品在发行阶段需要关注的法律问题。

一、发行申报流程

由于公募基础设施 REITs 的发行申报流程涉及多个监管机关，且各监管机关对于发行流程中的监管职责各不相同。各部门也对相关发行流程作出通知，其中包括《关于推进基础设施领域不动产投资信托基金（REITs）试点相关工作的通知》（证监发〔2020〕40 号）、《关于做好基础设施领域不动产投资信托基金（REITs）试点项目申报工作的通知》（发改办投资〔2020〕586 号）、《公开募集基础设施证券投资基金指引（试行）》（证监会公告〔2020〕54 号）、国家发展改革委《关于进一步做好基础设施领域不动产投资信托基金（REITs）试点工作的通知》（发改投资〔2021〕958 号）（以下简称 958 号文）等文件，都从各方面对发行流程中的流程、材料合规性等予以规范。

总体来说，各省级发改委主要从项目是否符合国家重大战略、宏观调控政策、产业政策、固定资产投资管理法规制度，以及鼓励回收资金用于基础设施补短板领域等方面出具专项意见；国家发改委主要负责将支持符合国家政策导向、社会效益良好、投资收益率稳定且运营管理水平较好的项目，开展基础设施 REITs 试点，将符合条件的项目推荐至中国证监会；中国证监会则负责依法依规，并遵循市场化原则，独立对申请注册的公募基础设施 REITs 项目履行注册、审查程序；而沪深证券交易所则具体负责 REITs 产品的发售、上市、交易、收购、信息披露及退市等工作。

基于相关监管规则及部分已经注册且发行的公募基础设施 REITs 的情况，我们整理了公募基础设施 REITs 项目的发行申报流程图见图 2－4。

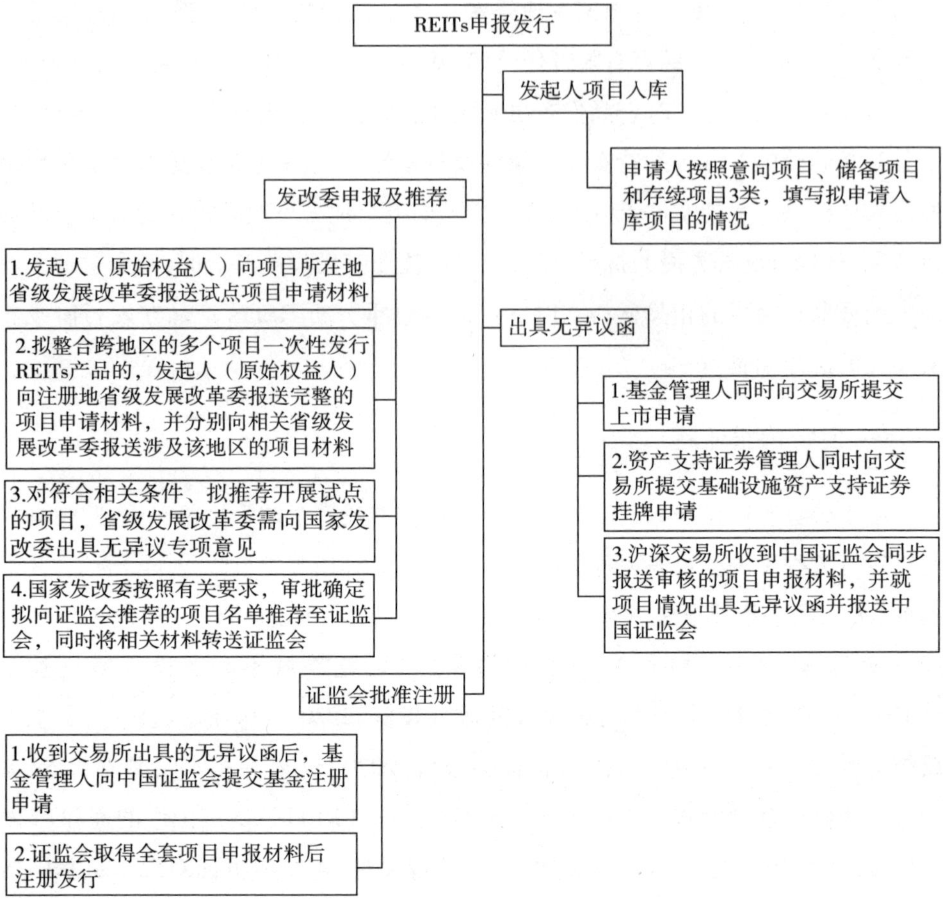

图2-4　公募基础设施REITs项目的发行申报流程

二、发行申报材料要求

由于公募基础设施REITs的发行申请涉及多个监管机构，且程序涉及的环节较为复杂（如涉及申请入库、设立公募基金、专项计划、申请上市等环节），各地相应出台了基础设施REITs申报指引及辅导手册。以下我们将主要通过梳理北京市发改委出台的《基础设施REITs试点政策及申报辅导手册》（以下简称北京REITs手册）及无锡市发改委出台的《无锡市基础设施领域不动产投资信托基金（REITs）试点项目申报操作指引》（以下简称无锡REITs指引），整理相关申报环节所需材料的要求情况。

（一）项目入库

958 号文第 2 条第 4 项规定："加强项目储备管理。及时梳理汇总本地区基础设施 REITs 试点项目，将符合条件的项目分类纳入全国基础设施 REITs 试点项目库，做到应入尽入，未纳入项目库的项目不得申报参与试点。督促有关方面适时更新项目信息，动态掌握入库项目进展，及时剔除不符合要求的项目，切实保障入库项目质量"。第 2 条第 5 项规定："推动落实项目条件。对纳入项目库的意向项目，要结合发展需要和项目情况，推动做好相关准备工作。对储备项目，要及时掌握项目进展，与中国证监会当地派出机构、沪深证券交易所、有关行业管理部门、有关行政审批部门等加强沟通，依法依规办理相关手续，帮助落实发行基础设施 REITs 的各项条件。"项目入库需作为公募基础设施 REITs 申报发行的前置条件。

对于 958 号文提及的内容，在多地的公募基础设施 REITs 发行指引文件中也均予以规定。例如，北京 REITs 手册中要求："按照 958 号文件要求，符合条件的项目要分类纳入全国基础设施 REITs 试点项目库，未纳入项目库的项目不得申报参与试点。"无锡 REITs 指引中则要求根据入库项目的情况，区分意向项目（属于基础设施项目，基本符合基础设施 REITs 发行条件，原始权益人具有发行 REITs 产品的明确意向）、储备项目[项目发起人（原始权益人）已正式启动发行 REITs 产品的准备工作。比如，已开始目标资产重组工作，或已基本确定公募基金管理人和资产支持专项计划管理人，或已筹备成立项目公司，或相关股东已协商一致同意转让，或相关主管部门同意发行 REITs 产品等]及存续项目（项目已成功发行 REITs 产品，设立的基础设施基金进入存续期管理），并填写不同类型项目的入库意向表。

（二）项目正式申报

在完成项目入库工作后，项目将正式进入申报阶段的工作。《关于做好基础设施领域不动产投资信托基金（REITs）试点项目申报工作的通知》（发改办投资〔2020〕586 号）对申报材料进行了详细的规定，包括以下材料：

1. 基本情况。包括发起人（原始权益人）情况；项目及运营情况；REITs 发行总体方案；基础设施运营管理机构情况；市场机构参与等情况。

2. 合规情况。包括项目符合国家重大战略、宏观调控政策、产业政策情况;依法依规取得固定资产投资管理相关手续情况;PPP项目合规情况、项目收益和收入来源情况;筹集资金用途情况;基础设施项目持续健康运营保障条件等情况。

3. 证明材料。项目可行性研究报告批复或核准、备案文件复印件;规划、用地、环评、施工许可证书或批复文件复印件;项目竣工验收文件和产权文件(如有)复印件;PPP项目实施方案及批复文件、招标采购文件、PPP合同或特许经营协议复印件;项目经审计的财务报告或备考财务报表;律师事务所就项目权属和资产范围、项目合法合规性、转让行为合法性等出具的法律意见书(向国家发展改革委正式申报前出具即可);发起人(原始权益人)承诺材料等。

4. 国家发展改革委要求提供的其他相关材料。

无锡REITs指引则在《关于做好基础设施领域不动产投资信托基金(REITs)试点项目申报工作的通知》(发改办投资〔2020〕586号)的基础上,对申报材料的内容进行了详细的说明,包括以下几个方面:

(1)基础设施REITs试点项目基本情况

①发起人(原始权益人)情况

包括发起人(原始权益人)的基本信息、主营业务、行业地位、持有或运营同类项目资产规模、财务状况、信用状况、内控制度、依法合规拥有项目所有权、特许经营权或运营收费权、同类资产可扩募情况。

②项目情况

包括基础资产范围、是否属于基础设施、项目明细、试点行业范围、收入来源结构及分散度、项目公司法人及股权结构。

③项目运营情况

包括项目的运营时间、近3年资产表现和未来3年分配情况。

④需要说明的重点问题

如发起人股东同意转让意见、项目资产可处置性、其他情况。

(2)基础设施REITs试点项目产品方案

①REITs发行整体方案

拟发售基金总额、交易结构(产品结构、方案、架构设计,符合国家固定资产投资管理相关规定和监管要求)、资产管理安排、拟实施步骤、工作进展情况。

②有关市场参与机构情况

公募基金管理人(基本情况、股权结构且与资产支持专项计划管理人关系、公募 REITs 业务准备情况)、资产支持证券管理人(基本情况、股权架构及存续情况、资管业务管理制度、业务流程和风控措施)、私募基金、财务顾问、托管人、审计机构、评估机构、税务咨询顾问、法律顾问等基本情况。

③需要说明的其他情况

(3)基础设施 REITs 试点项目合规性情况

①符合相关政策要求

符合国家重大战略、国家宏观调控政策、国民经济和社会发展总体规划等,符合产业政策和专项规划等。

②依法取得固定资产投资管理相关手续

审批、核准或备案,规划—用地—环评,施工许可证书,竣工验收报告,其他手续批复文件,PPP(含特许经营)项目实施方案及批复、PPP 合同或特许经营协议等文件。

③PPP 项目需说明的情况(如有)

④外商投资项目符合利用外资有关法律法规的情况(如有)

⑤需要说明的其他情况(如有)

(4)基础设施 REITs 试点项目其他重点情况

①募集资金用途

新固定资产入池合同梳理、国家固定资产投资现金流、每个投资项目的具体情况。

②运营管理安排

基础设施运营管理机构情况、运营管理服务协议或有关合同的约定情况、基金管理费用的收费机制、收费区间和收费原则等情况;基金管理人、基础设施运营管理机构等主要参与方符合国家固定资产投资管理规定。

③涉及的国有资产转让情况

④涉及的税收情况

⑤项目运营承销

⑥需要说明的其他情况(如有)

(5)其他证明材料要求

根据各项文件要求,无锡市各项目单位(原始权益人)在申报试点项目前还应根据项目适用性提交以下基础证明材料。如存在前期资料缺失,应至相关证明资料的出具方处办理补办手续;如无法补办,须提交具体情况说明并由相关主管部门出具无异议证明文件。

①参与主体证明材料(见表2-1)

表2-1 参与主体证明材料

序号	资料名称	出具方
1	项目公司章程	项目公司
2	原始权益人近3年及一期经审计的财务报告	原始权益人
3	底层资产持有主体近3年及一期经审计的财务报告	资产持有方和原始权益人为不同主体时提供
4	发起人(原始权益人)信用状况证明:中国网站、国家企业信用信息公示系统网站、中国执行信息公开网等官方网站的信用记录查询结果截图	发起人(原始权益人)
5	基础设施运营管理机构运营经验和能力佐证材料(规模、区域地位、行业地位等)	运营管理机构
6	运营管理相关各方的权责利关系和奖惩机制,以及解聘、更换运营管理机构的条件和程序	运营管理机构

②项目基本条件证明材料(见表2-2)

表2-2 项目基本条件证明材料

序号	资料名称	出具方
1	与项目所有权、特许经营权或经营收益权相关的政府批准文件(或法律文件)复印件(如有)	各级人民政府
2	项目公司拥有土地使用权的非PPP(含特许经营)类项目,以划拨方式取得土地使用权的,土地所在地的市(县)人民政府或自然资源行政主管部门出具的无异议函	各级人民政府、市自然资源和规划局

续表

序号	资料名称	出具方
3	项目公司拥有土地使用权的非 PPP(含特许经营)类项目,以协议出让方式取得土地使用权的,原土地使用权出让合同签署机构(或按现行规定承担相应职责的机构)出具的无异议函	原土地使用权出让合同签署机构、市自然资源和规划局
4	项目公司拥有土地使用权的 PPP(含特许经营)类项目,出具包括以下内容的承诺函:项目估值中不含项目使用土地的土地使用权市场价值,基金存续期间不转移项目涉及土地的使用权(政府相关部门另有要求的除外),基金清算时或特许经营权等相关权利到期时将按照特许经营权等协议约定以及政府相关部门的要求处理相关土地使用权	发起人(原始权益人)、基金管理人
5	项目公司不拥有土地使用权的项目,项目公司使用土地的具体方式、使用成本、使用期限、剩余使用年限、使用成本合理性的相关证明材料	项目公司
6	发起人(原始权益人)、项目公司相关股东已履行内部流程协商一致同意转让的证明文件复印件(董事会决议、股东会决议等)	发起人(原始权益人)、基金管理人
7	相关有权部门或协议签署机构出具的针对项目公司名下土地使用权、特许经营权、经营收益权等转让限制或相关资产处置存在任何限定条件、特殊规定约定的,相关规定或协议的复印件,以及相关有权部门或协议签署机构出具的无异议函	各级自然资源和规划局、协议签署机构、各级发展改革委、各级生态环境局、各级住房和城乡建设局
8	相关有权部门对项目公司股权转让出具无异议函(批复意见或会议纪要)	各级人民政府
9	涉及"三创载体"土地使用权转让的无异议函	各级科技局
10	对 PPP(含特许经营)类项目,PPP(含特许经营)协议签署机构(或有权代理机构)、行业主管部门对项目以100%股权转让方式发行基础设施 REITs 出具的无异议函	协议签署机构、市财政局
11	涉及国有资产转让的项目,国有资产管理部门关于项目申请基础设施 REITs 试点的反馈情况,以及国有资产监督管理部门出具的相关函件复印件(批复意见或无异议函)	市国资委

续表

序号	资料名称	出具方
12	涉及分拆上市事宜的上市公司项目,取得监管部门关于分拆上市意见的情况;不涉及分拆上市事宜的上市公司项目,具体原因说明文件	证监会或发行人

③项目投资管理证明材料(见表2-3)

表2-3 项目投资管理证明材料

序号	资料名称	出具方
1	项目立项批复、可行性研究方案批复、项目备案通知书、初步设计批复、企业投资项目核准及备案	原始权益人、各级行政审批局
2	建设项目选址意见书、建设用地规划许可证、建设工程规划许可证等	各级自然资源和规划局
3	建设项目用地预审意见、建设项目用地预审与选址意见书(2019年9月以后),建设用地批准书(2019年9月以前)	各级自然资源和规划局
4	土地使用合同(划拨决定书或土地使用权出让合同)	各级自然资源和规划局
5	土地使用权证、房屋所有权证或不动产权证书等	各级自然资源和规划局
6	《建设项目环境影响评价分类管理名录》中的建设项目环境影响报告书、环境影响报告表的批复意见或者填报的环境影响登记表,以及排污许可证(2016年以后)	原始权益人、各级生态环境局
7	施工许可证等	各级住房和城乡建设局
8	消防验收文件(如涉及)	各级住房和城乡建设局
9	规划验收文件(如涉及)	各级住房和城乡建设局
10	环保验收文件(如涉及)	各级生态环境局
11	节能验收文件(如涉及)	各级发展改革委
12	竣工验收备案表	原始权益人、各级住房和城乡建设局
13	竣工验收报告	各级住房和城乡建设局
14	涉及外商投资的项目,取得符合国家利用外资有关法律法规手续的证明材料	原始权益人、各级商务局

续表

序号	资料名称	出具方
15	PPP（含特许经营）项目的实施方案及批复文件、招标文件（或其他竞争性方式采购文件）、PPP 合同或特许经营协议复印件，合作政府方同意文件原件	原始权益人、各级人民政府、相关主管部门
16	其他专项验收（如涉及）	档案、应急等相关部门

④参与主体承诺函（见表 2－4）

表 2－4　参与主体承诺函

序号	资料名称	出具方
1	发起人（原始权益人）承诺函	发起人（原始权益人）
2	运营管理机构承诺近 3 年在投资建设、生产运营、金融监管、市场监管、税务等方面无重大违法违规记录，项目运营期间未出现安全、质量、环保等方面的重大问题。如运营管理机构与发起人（原始权益人）为同一机构，可合并出具一份承诺函	运营管理机构
3	基金管理人就项目转让限制相关事宜出具的承诺函	基金管理人

⑤其他证明材料（见表 2－5）

表 2－5　其他证明材料

序号	资料名称	出具方
1	法律意见书	律师事务所
2	项目公司拥有土地使用权的项目向税务部门咨询和书面报告的文件，应包含完整拟纳税方案	项目公司
3	税务部门对项目拟纳税方案的书面反馈意见（如有）	各级税务局
4	税务意见书	税务师事务所或会计师事务所
5	资产评估报告	资产评估机构

从以上申请材料的明细可以看出，各地的申报材料系基于 958 号文中有关项目审查内容的要求予以明细，从项目主体、项目情况、基础资产的合规性、有关项目的审批情况等方面予以细分表述。故建议发行人在申请项目前与各地方发改

委进行充分的沟通,确保项目申请材料的完整性及准确性。

(三)申请基础设施基金上市

基础设施基金拟在证券交易所上市的,基金管理人应当同步向证券交易所提交相关上市申请。证券交易所同意基础设施资产支持证券挂牌和基础设施基金上市的,应当将无异议函在产品注册前报送中国证监会。根据《上海证券交易所公开募集基础设施证券投资基金(REITs)业务办法(试行)》第12条的内容,基金管理人申请基础设施基金上市,应当向交易所提交以下文件:

(1)上市申请;

(2)基金合同草案;

(3)基金托管协议草案;

(4)招募说明书草案;

(5)律师事务所对基金出具的法律意见书;

(6)基金管理人及资产支持证券管理人相关说明材料,包括但不限于:投资管理、项目运营、风险控制制度和流程,部门设置与人员配备,同类产品与业务管理情况等;

(7)拟投资基础设施资产支持证券认购协议;

(8)基金管理人与主要参与机构签订的协议文件;

(9)交易所要求的其他材料。

资产支持证券管理人申请基础设施资产支持证券挂牌条件确认,应当向本所提交以下文件:

(1)挂牌条件确认申请;

(2)资产支持证券管理人合规审查意见;

(3)基础设施资产支持专项计划(以下简称专项计划)说明书、标准条款(如有);

(4)基础资产买卖协议、托管协议、监管协议(如有)、资产服务协议(如有)等主要交易合同文本;

(5)律师事务所对专项计划出具的法律意见书;

(6)基础设施项目最近3年及一期的财务报告及审计报告,如无法提供,应当提供最近 1 年及一期的财务报告及审计报告，相关材料仍无法提供的，应当至少提供最近 1 年及一期经审计的备考财务报表；

（7）基础设施项目评估报告；

（8）专项计划尽职调查报告；

（9）关于专项计划相关会计处理意见的说明（如有）；

（10）法律法规或原始权益人公司章程规定的有权机构作出的关于开展资产证券化融资相关事宜的决议；

（11）交易所要求的其他材料。

另外根据《上海证券交易所公开募集基础设施证券投资基金（REITs）业务办法（试行）》第 25 条的内容，基础设施基金符合本所《证券投资基金上市规则》规定的上市条件的，基金管理人向本所申请基金上市，应提交下列文件：

（1）本所《证券投资基金上市规则》要求的基金上市申请文件；

（2）已生效的基础设施基金认购基础设施资产支持证券的认购协议；

（3）基础设施基金所投资专项计划的成立公告；

（4）基础设施基金所投资专项计划的已生效的基础资产买卖协议；

（5）本所要求的其他文件。

最后，若已根据《上海证券交易所公开募集基础设施证券投资基金（REITs）业务办法（试行）》第 12 条规定提交且无变化的材料，可不用再次向证监会提交。

（四）申请注册基础设施基金

在相关注册基础设施基金的上市申请提交后，相关交易所将根据评议结果出具基础设施资产支持证券挂牌和基础设施基金上市的无异议函，或者作出终止审核的决定，并通知基金管理人和资产支持证券管理人。在收到相关交易所出具的无异议函后，基金管理人可以向中国证监会提交有关本次项目基础设施基金的注册申请。根据《公开募集基础设施证券投资基金指引（试行）》第 14 条的规定，申请注册基础设施基金，基金管理人应当向中国证监会提交下列材料：

（1）《证券投资基金法》《公开募集证券投资基金运作管理办法》要求的公开募集证券投资基金注册申请文件；

(2)基金管理人及资产支持证券管理人相关说明材料,包括但不限于:投资管理、项目运营、内部控制与风险管理制度和流程,部门设置与人员配备,同类产品与业务管理情况等;

(3)拟投资基础设施资产支持证券相关说明材料,包括但不限于:资产支持专项计划说明书、法律意见书、拟提交中国证券投资基金业协会备案材料等;

(4)拟投资基础设施资产支持证券认购协议;

(5)基金管理人与主要参与机构签订的协议文件;

(6)中国证监会规定提交的其他材料。

三、信息披露

作为公开发行募集的基金产品,公募基础设施 REITs 同时需要遵守相关法律法规及交易所对信息披露的规范及要求。相关信息披露义务人应当及时、公开地履行信息披露义务,保证其提交的文件和披露的信息真实、准确、完整,不存在虚假记载、误导性陈述或者重大遗漏。相关中介机构应当勤勉尽责,严格遵守执业规范和监管规则,按规定和约定履行义务,出具的文件和专业意见真实、准确、完整,不得存在虚假记载、误导性陈述或者重大遗漏。

同时,中国证监会于 2020 年 10 月 30 日出具的《证券投资基金信息披露内容与格式准则第 1 号〈上市交易公告书的内容与格式〉》规定,根据《证券投资基金法》等有关法律法规在中华人民共和国境内公开发售基金份额并申请在证券交易所上市交易的基金,基金管理人应当按照本准则的规定编制基金上市交易公告书。需要披露的内容包括:重要声明与提示、基金概览、基金的募集与上市交易、持有人户数、持有人结构及前十名持有人、基金主要当事人简介、基金合同摘要、基金投资组合、重大事件揭示、基金管理人承诺、基金托管人承诺、基金上市推荐人意见、备查文件目录等内容,规定了对上市交易公告书信息披露的最低要求。除上述格式准则外,沪、深两大交易所对上市交易公告中需披露的信息均作出了相同的补充规定,即基金管理人应当在基金份额上市交易的 3 个工作日前,公告上市交易公告书。上市交易公告书除应披露中国证监会《证券投资基金信息披露内容与格式准则第 1 号〈上市交易公告书的内容与格式〉》规定的内容外,还应披露下列内容:

(1)基础设施基金发售情况;

(2)基础设施项目原始权益人或其同一控制下的关联方、其他战略投资者参与本次基金战略配售的具体情况及限售安排;

(3)基础设施基金投资运作、交易等环节的主要风险;

(4)基础设施基金认购基础设施资产支持证券以及基础设施基金所投资专项计划投资的基础资产的情况;

(5)交易所要求的其他内容。

最后,根据《公开募集基础设施证券投资基金指引(试行)》第 15 条的规定,基础设施基金经中国证监会注册后,基金管理人应当在基金份额公开发售 3 日前,依法披露基金合同、托管协议、招募说明书、基金份额发售公告、基金产品资料概要等法律文件。基金招募说明书除按照法律法规要求披露相关信息外,还应当披露其他相关信息。我们将相关信息整理见表 2 - 6。

表 2 - 6　基金招募说明书应披露其他信息

信息种类	具体内容
基础设施基金整体架构、特殊目的载体情况、相关费用	1. 基础设施基金整体架构及拟持有特殊目的载体情况 2. 基础设施基金募集及存续期相关费用,并说明费用收取的合理性
发售安排	3. 基金份额发售安排 4. 预期上市时间表
募集资金用途及支持证券情况	5. 募集资金用途 6. 基础设施资产支持证券基本情况
项目基本信息、财务状况、经营业绩分析、现金流测算、运营展望	7. 基础设施项目基本情况,包括项目所在地区宏观经济概况、基础设施项目所属行业和市场概况、项目概况、运营数据、合规情况、风险情况等 8. 基础设施项目财务状况及经营业绩分析 9. 基础设施项目现金流测算分析 10. 基础设施项目运营未来展望

续表

信息种类	具体内容
为管理基金配备的主要负责人员情况、运营管理安排、外部管理机构信息、借款安排	11. 为管理基础设施基金配备的主要负责人员情况 12. 基础设施项目运营管理安排,聘请外部管理机构的,应当披露外部管理机构的基本信息、人员配备、项目资金收支及风险管控安排等 13. 借款安排,基础设施基金成立后保留基础设施项目已存在对外借款的,应当充分说明理由,详细说明保留借款的金额、比例、偿付安排、符合法定条件的说明及对基础设施项目收益的影响,并充分揭示相关风险
同业竞争、关联关系及关联交易情况	14. 关联关系、关联交易等潜在利益冲突及防控措施,包括基金管理人与原始权益人关联关系情况,基金管理人运用基金财产买卖基础设施资产支持证券涉及的关联交易及其他关联交易概况,基金管理人就关联交易采取的内控措施等
原始权益人情况、原始权益人或其同一控制下关联方认购基金份额情况	15. 基础设施项目原始权益人的基本情况,以及原始权益人或其同一控制下的关联方拟认购基础设施基金份额情况
募集失败的处理、基础设施项目权属到期和处置安排	16. 基础设施基金募集失败的情形和处理安排 17. 基础设施基金拟持有的基础设施项目权属到期、处置等相关安排
原始权益人及其控股股东、实控人对相关事项的承诺、基金可供分配金额测算报告、尽调报告、财务顾问报告、评估报告等	18. 主要原始权益人及其控股股东、实际控制人对相关事项的承诺 19. 经会计师事务所审阅的基金可供分配金额测算报告,测算期限不超过 2 年且不晚于第二年年度的最后一日 20. 基础设施项目尽职调查报告、财务顾问报告(如有) 21. 基础设施项目评估报告
基础设施项目三年一期财务报告及审计报告	22. 基础设施项目最近 3 年及一期的财务报告及审计报告,最近一期财务报告截止日距离招募说明书披露日不超过 6 个月。如无法提供上述材料,则应当充分说明理由,并提供基础设施项目财务状况和运营情况
主要参与机构信息及其他	23. 主要参与机构的基本情况,包括名称、注册地址与办公地址、成立日期、通信方式、法定代表人、主要业务负责人等 24. 可能影响投资者决策的其他重要信息

四、税收问题

对于公募基础设施 REITs，税收问题一定是无法避免且需要讨论的重要环节。根据公募基础设施 REITs 不同的交易结构，涉及的税务问题也不尽相同。例如，在底层资产未归属于交易结构中的项目公司时，需在交易前安排相关底层资产的转让，或转让该项目公司的股权至 SPV 或其他项目公司，以期后续通过专项资产计划采取收购股权或股东借款的形式持有该底层资产，这其中即涉及相关增值税的缴纳问题。此外，公募基础设施 REITs 在后续的持续经营期间，同样涉及有关底层基础资产增值，项目公司所得的情形，该部分同步涉及所得税、增值税和资本利得税的缴纳。最后，持有 REITs 份额（股票）的投资者也需要就其持有的 REITs 及其股息缴纳相关的所得税。

对于上述比较尖锐的税收问题，财政部、国家税务总局于 2022 年 1 月 26 日发布了《关于基础设施领域不动产投资信托基金（REITs）试点税收政策的公告》（以下简称《REITs 税收公告》），该公告是目前国内针对基础设施 REITs 出台的税收优惠文件，体现了国家层面对基础设施 REITs 的支持。以下我们根据基础设施 REITs 的设立、运营及退出等阶段，简要分析其中可能涉及的税务处理相关问题。

（一）设立阶段

为了确保基础设施 REITs 项目不受项目公司可能存在的历史遗留问题的影响，并与非底层资产进行划分，在项目设立前期往往需要对于底层资产进行划转剥离安排。在项目公司单一持有底层资产的情况下，可以通过直接股权转让的方式转让给专项计划或 SPV，而对于需要完成资产剥离的情形，则需要先进行底层资产转让，在完成转让后再进行股权转让的操作。

基于上述情形，《REITs 税收公告》即对此进行了相应规定，即设立基础设施 REITs 前，原始权益人向项目公司划转基础设施资产相应取得项目公司股权，适用特殊性税务处理，即项目公司取得基础设施资产的计税基础，以基础设施资产的原计税基础确定；原始权益人取得项目公司股权的计税基础，以基础设施资产的原计税基础确定。原始权益人和项目公司不确认所得，不征收企业所得税。该文件也确认基础设施 REITs 项目不受财政部、国家税务总局《关于企业重组业务企业所得税处理若干问题的通知》(财税〔2009〕59 号)中有关“企业重组中取得股权支付的原主要股东(如原始权益人)在重组后连续 12 个月内不得转让所取得的股权”的限制。但基于目前尚未出台对《REITs 税收公告》实施的具体公告或要求文件,对于划转的定义、原始权利人的范围等问题,仍尚待后续的进一步解答。

此外,项目公司后续股权转让过程中,原始权益人应就其取得的股权转让所得缴纳企业所得税。根据《REITs 税收公告》第二点的内容,原始权益人向基础设施 REITs 转让项目公司股权实现的资产转让评估增值,当期可暂不缴纳企业所得税,允许递延至基础设施 REITs 完成募资并支付股权转让价款后缴纳。其中,对原始权益人按照战略配售要求自持的基础设施 REITs 份额对应的资产转让评估增值,允许递延至实际转让时缴纳企业所得税。这一规定能够缓解原始权益人在项目设立前期时的现金流压力,有利于项目的顺利推进。

(二)运营阶段

根据《REITs 税收公告》第三点的内容,对基础设施 REITs 运营、分配等环节涉及的税收,按现行税收法律法规的规定执行。基于基础设施 REITs 底层资产种类的多样性,项目公司在运营过程中也可能享受不同种类的税收优惠政策,包括但不限于:

(1)底层资产位于产业园、工业园、科技园等相关管委会出台的税收优惠政策;

(2)根据《企业所得税法》的规定,可以免征、减征企业所得税的国家重点扶持的公共基础设施项目(《公共基础设施项目企业所得税优惠目录》中规定的港口码头、机场、铁路、公路、城市公共交通、电力、水利等项目);

(3)支持贫困地区基础设施建设的税收优惠政策。

此外,根据财政部、国家税务总局《关于企业所得税若干优惠政策的通知》(财税〔2008〕1 号)文的规定,对证券投资基金从证券市场中取得的收入,包括买卖股票、债券的差价收入,股权的股息、红利收入,债券的利息收入及其他收入,暂不征收企业所得税。对投资者从证券投资基金分配中取得的收入,暂不征收企业所得税。参考上述文件,基础设施 REITs 取得的收益应认为可以暂无须缴纳企业所得税,企业投资者从基础设施 REITs 分配中取得的收入应认为可以暂无须缴纳企业所得税。

(三)退出阶段

若投资者拟通过交易所出售基金份额,应认为属于财政部、国家税务总局《关于全面推开营业税改征增值税试点的通知》(财税〔2016〕36 号)附件 2《营业税改征增值税试点有关事项的规定》第 1 条第 3 款规定的金融商品转让行为,其中企业持有人转让金融产品时应适用《增值税暂行条例》第 2 条规定的 6% 的税率,而个人转让金融商品则暂不征收增值税。

下篇

基础设施REITs案例分析

截至2022年10月底,我国通过审核注册的公募基础设施REITs产品共计22只。其中,上海证券交易所14只,深圳证券交易所8只。在已注册生效的公募基础设施REITs产品中,涉及的基础设施类型包括收费公路、仓储物流、产业园、污水和垃圾处理、能源、保障性租赁住房等。

本篇将以公募基础设施REITs产品中基础设施的类型为划分标准,分类选取具有代表性的相关案例进行分析,以期为读者提供参考。

第一章 收费公路 REITs 案例

第一节 浙商证券沪杭甬高速 REITs[①]

浙商证券沪杭甬高速封闭式基础设施证券投资基金于 2021 年 6 月 21 日在上交所上市,证券简称为"浙商杭徽 REITs",证券代码为"508001",基金合同期限 20 年,募集份额总额为 5 亿份。

一、投资基金基本信息(见表 1－1)

表 1－1 浙商杭徽 REITs 基本信息

基金名称	浙商证券沪杭甬高速封闭式基础设施证券投资基金
基础设施项目类型	高速公路运营管理
原始权益人	浙江沪杭甬高速公路股份有限公司
基金管理人	浙江浙商证券资产管理有限公司
专项计划管理人	浙江浙商证券资产管理有限公司
托管人	招商银行股份有限公司
注册生效日期	2021 年 5 月 17 日

① 《浙商证券沪杭甬高速封闭式基础设施证券投资基金招募说明书(草案)》,载上海证券交易所官网,http://static.sse.com.cn/bond/bridge/information/c/202104/cd85599fea614b368f54095046fae74b.pdf。

二、基金交易结构

(一)交易结构(见图1-1)

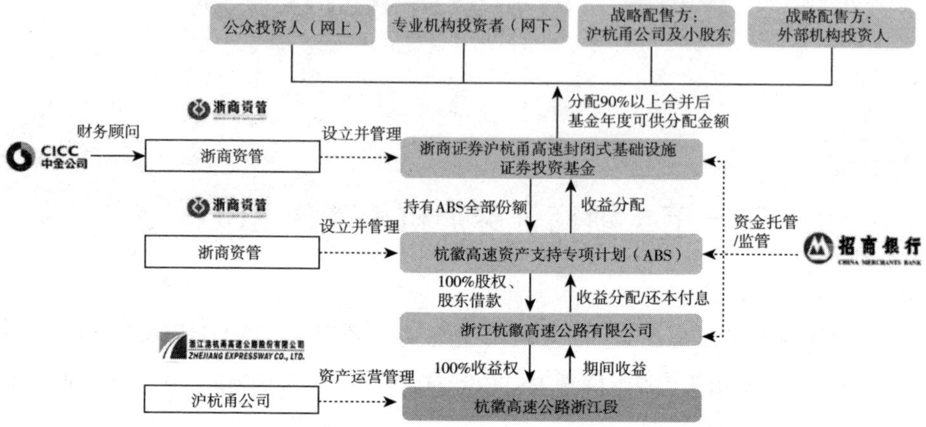

图1-1　浙商杭微 REITs 交易结构

(二)交易步骤

1. 基金成立、生效

基金募集达到基金备案条件的,自基金管理人办理完毕基金备案手续并取得中国证监会书面确认之日起,本基金成立,《基金合同》生效。

2. 项目公司减资

项目公司各股东根据持股比例对项目公司同比例减资21亿元,并在最迟不晚于资产支持证券设立日当日向杭州市临安区市场监督管理局递交正式的减资申请相关文件,完成21亿元减资。项目公司没有足够资金向股东支付减资款,形成对各股东的债权(应付减资款)21亿元。

3. 资产支持证券设立

本基金初始募集资金全部用于认购目标基础设施资产支持证券,认购完成后,根据资产支持证券相关文件约定完成设立。

4. 资产支持证券完成项目公司股权及债权投资

目标资产支持证券完成设立后,资产支持证券管理人代表资产支持证券与项目公司原股东签署《关于浙江杭徽高速公路有限公司之股权转让协议》，收购项目公司 100% 的股权，签署《债权转让协议》，收购项目公司原股东就减资事宜所享有的对项目公司的债权并生效。资产支持证券作为项目公司债权人，与项目公司签署《债权债务确认协议》，确认股东借款，至此完成项目公司股债结构的搭建。

5. 股权交割

资产支持证券管理人（代表资产支持证券）将于资产支持证券设立日后 1 个工作日向项目公司原股东支付首笔股权转让价款，并于交割审计基准日审计报告出具之日起 5 个工作日内支付剩余股权转让价款。在全部标的股权转让价款支付完毕之日，项目公司应将受让方记载于项目公司的股东名册。

6. 工商变更登记安排

转让方与项目公司应当配合受让方在全部标的股权转让价款支付完毕、股东名册和出资证明书更新完毕且资产支持证券设立日起 45 个工作日之内完成标的股权的股权转让工商变更登记以完成标的股权的交割。各方应就该等工商变更登记手续提供协助［包括按登记机关的要求签署登记机关版本的股权转让协议等（如需）］，并且转让方应向受让方提供项目公司工商变更登记手续所需的全部文件、材料。

项目公司的股权转让所涉及的工商变更登记未能于资产支持证券设立日起 45 个工作日内完成，参照《运营管理服务协议》《基金合同》等基础设施基金文件及资产支持证券文件的约定处理。

三、基础设施项目概况

（一）基础设施基本情况

基础设施项目资产范围为杭徽高速公路浙江段及其相关构筑物资产组的收费权，其中杭徽高速公路（浙江段）包括三段，分别为杭徽高速公路昌化至昱岭关段、杭徽高速公路汪家埠至昌化段和杭徽高速公路留下至汪家埠段（见表 1 - 2）。

表1-2 杭徽高速公路(浙江段)基本信息

杭徽高速公路(浙江段)			
项目(资产)名称	昌昱段	汪昌段	留汪段
所在地	杭州市临安区	杭州市临安区	杭州市余杭区
起止地点	起自临安区昌化镇,终于浙皖两省交界昱岭关	起自临安区汪家埠,终于临安区昌化镇	起自杭州市留下镇境内的杭州绕城高速,终于余杭区与临安区交界的汪家埠
建设内容和规模	高速公路36.537公里	高速公路67.41公里	高速公路18.298公里
用地性质	公路用地	公路用地	公路用地
开竣工时间	于2002年9月29日开工,至2004年12月25日完工	于2004年12月1日开工,至2006年12月23日完工	于2004年9月1日开工,至2006年12月22日完工
决算总投资	人民币98,718.10万元	人民币285,690.01万元	人民币143,071.14万元
运营开始时间	2004年12月26日	2006年12月26日	2006年12月26日
特许经营年限	25年,从2004年12月26日至2029年12月25日	25年,从2006年12月26日至2031年12月25日	25年,从2006年12月26日至2031年12月25日

基础设施项目的主要收入源于高速公路通行费收入。

(二)资产范围

杭徽高速公路资产包括建设、运行、养护及管理的位于浙江境内的留汪段、汪昌段和昌昱段项目资产、附属设施以及持有的其占用范围内的土地使用权。杭徽高速公路长约122.245公里;其中昌昱段在临安区境内,工程起自临安区昌化镇西南,经龙岗、颊口和顺溪,终于浙皖两省交界昱岭关,路线全长36.537公里;汪昌段起自临安汪家埠,与留汪段终点相连,经青山、临安、玲珑、藻溪、於潜、太阳,终于昌化,与昌昱段起点相连,路线全长67.41公里;留汪段起点位于杭州市留下镇境内的杭州绕城高速公路,与绕城高速公路通过Y形枢纽互通相接,路线向西经过余杭区的闲林镇、中泰乡,终点止于余杭区与临安区交界的汪家埠,与杭徽高速公路临安段相连接，路线全长18.298公里。

（三）运营情况

昌昱段项目已于2004年12月25日通过交工验收并于26日开始通车试运行，汪昌段项目已于2006年12月23日通过交工验收并于26日开始通车试运行，留汪段项目已于2006年12月22日通过交工验收并于26日开始通车试运行，并向通行车辆收取车辆通行费。

杭徽公司通过对杭徽高速公路（浙江段）进行开发经营、提供高速公路服务，对杭徽高速公路（浙江段）进行养护、维修、路政及交通安全管理以保证高速公路的通行质量，并按照行业监管部门制定的收费标准对过往车辆收取通行费。

根据《浙江省人民政府办公厅关于深化收费公路制度改革取消高速公路省界收费站收费正常调整意见的复函》（浙政办函〔2019〕96号，已失效），自2020年1月1日起，同意调整浙江省高速公路车型分类，同步调整高速公路火车通行费定价机制和计费机制。

四、项目公司概况

（一）项目公司基本情况（见表1－3）

表1－3 浙江杭徽高速公路有限公司基本情况

名称	浙江杭徽高速公路有限公司
类型	有限责任公司（非自然人投资或控股的法人独资）
住所	浙江省杭州市临安区玲珑街道夏禹桥29号
法定代表人	侯显夫
注册资本	人民币100,185.3万元
成立日期	2008年12月22日
营业期限	2008年12月22日至2038年12月21日
经营范围	高速公路投资及经营管理；建筑材料销售

(二)项目公司股权结构(发行前)(见图1-2)

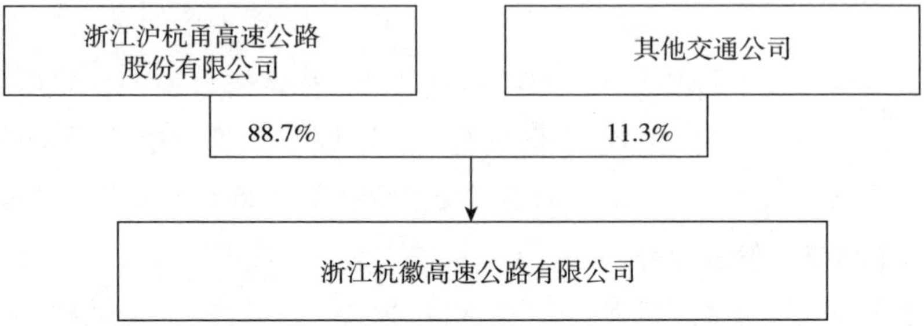

图1-2　浙江杭徽高速公路有限公司股权结构(发行前)

(三)项目公司股权结构(发行后)(见图1-3)

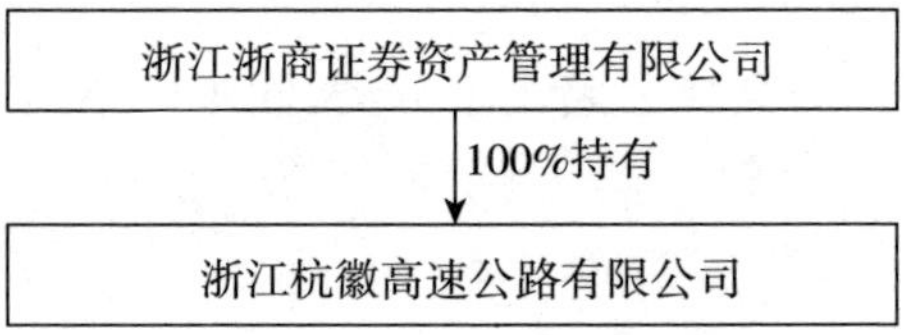

图1-3　浙江杭徽高速公路有限公司股权结构(发行后)

五、原始权益人概况

浙江杭徽高速公路有限公司股东包括浙江沪杭甬高速公路股份有限公司(以下简称沪杭甬公司)、杭州市交通投资集团有限公司(以下简称杭州交投)、杭州市临安区交通投资有限公司(以下简称临安交投)和杭州余杭交通集团有限公司(以下简称余杭交通),持股比例分别为88.6737%、5.4838%、4.0146%和1.8279%。沪杭甬公司、杭州交投、临安交投和余杭交通均为基础设施项目原始权益人,其中浙江沪杭甬高速公路股份有限公司为主要原始权益人。

(一)浙江沪杭甬高速公路股份有限公司

1. 基本情况(见表 1-4)

表 1-4　浙江沪杭甬高速公司股份有限公司基本情况

名称	浙江沪杭甬高速公路股份有限公司
类型	股份有限公司(港澳台投资、上市)
住所	杭州市杭大路 1 号黄龙世纪广场 A 座 12 楼
法定代表人	俞志宏
注册资本	人民币 434,311.45 万元
成立日期	1997 年 3 月 1 日
营业期限	无期限
经营范围	许可项目:公路管理与养护;各类工程建设活动;建设工程设计;餐饮服务(依法须经批准的项目,经相关部门批准后方可开展经营活动,具体经营项目以审批结果为准)。一般项目:股权投资;技术服务、技术开发、技术咨询、技术交流、技术转让、技术推广;信息技术咨询服务;汽车拖车、求援、清障服务;洗车服务;停车场服务;普通货物仓储服务(不含危险化学品等需许可审批的项目)(除依法须经批准的项目外,凭营业执照依法自主开展经营活动)

2. 股权结构(见图 1-4)

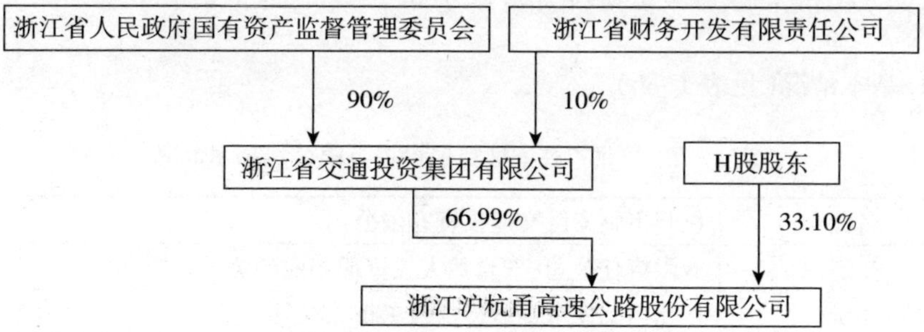

图 1-4　浙江沪杭甬高速公路股份有限公司股权结构

(二)杭州市交通投资集团有限公司

1. 基本情况(见表1－5)

表1－5　杭州市交通投资集团有限公司基本情况

名称	杭州市交通投资集团有限公司
类型	有限责任公司(国有控股)
住所	杭州市下城区环城北路63号财富中心写字楼26楼
法定代表人	章舜年
注册资本	人民币200,000万元
成立日期	2003年11月11日
营业期限	无期限
经营范围	市政府授权经营的国有资产

2. 股权结构(见图1－5)

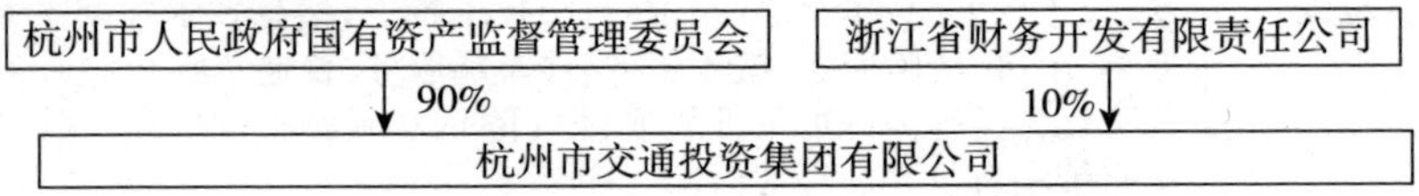

图1－5　杭州市交通投资集团有限公司股权结构

(三)杭州市临安区交通投资有限公司

1. 基本情况(见表1－6)

表1－6　杭州市临安区交通投资有限公司基本情况

名称	杭州市临安区交通投资有限公司
类型	有限责任公司(非自然人投资或控股的法人独资)
住所	杭州市临安区锦城街道钱王街356号
法定代表人	吴兵
注册资本	人民币8000万元
成立日期	1992年12月9日
营业期限	无期限
经营范围	对交通工程项目投资、开发、经营

2. 股权结构(见图 1－6)

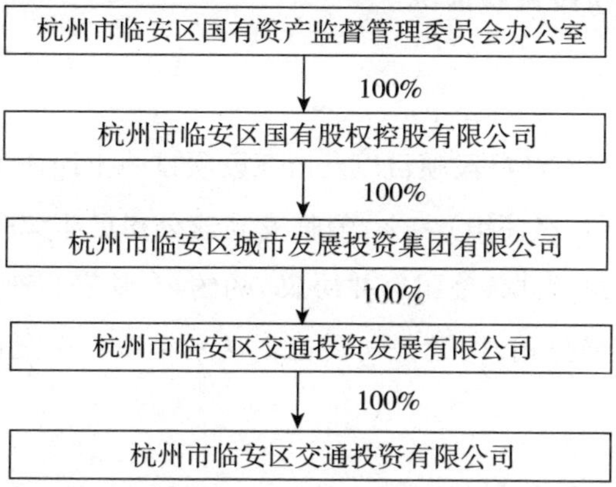

图 1－6 杭州市临安区交通投资有限公司股权结构

(四)杭州余杭交通集团有限公司

1. 基本情况(见表 1－7)

表 1－7 杭州余杭交通集团有限公司基本情况

名称	杭州余杭交通集团有限公司
类型	有限责任公司(国有控股)
住所	杭州余杭区南苑街道南大街 326 号 2 幢 801－805 室
法定代表人	黄洪奎
注册资本	人民币 360,000 万元
成立日期	1993 年 8 月 21 日
营业期限	无期限
经营范围	交通基础设施投资、建设;“四自”收费公路经营管理;路桥航道建设;现代物流、港区开发;土地利用与开发;实业投资;设计、制作、发布国内广告(除媒体及网络);交通工程代建及监理咨询服务

2. 股权结构(见图 1－7)

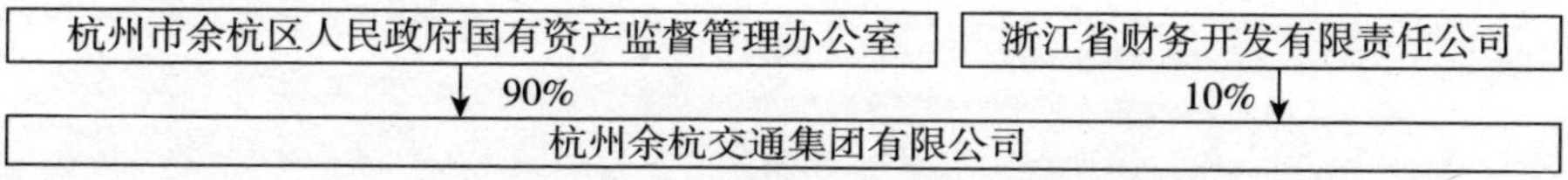

图 1－7 杭州市余杭交通集团有限公司股份结构

六、基础设施项目合规情况

(一)项目权属

杭徽公司合法持有汪昌段项目以及留汪段项目的土地使用权;昌昱段土地仍登记在临安高速公司(已注销)名下,但临安高速公司已于2008年12月10日被合并新设为杭徽公司,根据《公司合并协议》的约定,临安高速公司名下所有资产均纳入新公司即杭徽公司,杭徽公司现已依法承继取得昌昱段项目的土地使用权。

(二)项目固定资产投资管理手续

基础设施项目杭徽高速公路包括杭徽高速公路昌化至昱岭关段、杭徽高速公路汪家埠至昌化段、杭徽高速公路留下至汪家埠段三段高速公路。杭徽高速公路已经取得项目批复、规划、用地、环境影响评估、施工许可、竣工验收以及依据相关法律法规必须办理的其他重要手续(见表1-8)。

表1-8 杭徽高速公路项目投资管理手续

项目	昌昱段	汪昌段	留汪段
工程立项批复	2002年3月18日,浙江省发展计划委员会向浙江省交通厅作出《关于杭昱公路昌化至昱岭关段改建高速公路工程可行性研究报告的批复》	1.2003年8月8日,浙江省发展计划委员会向浙江省交通厅作出《关于杭徽高速公路汪家埠至昌化段工程可行性研究报告的复函》 2.2003年11月24日,浙江省发展计划委员会向浙江省交通厅作出《关于杭徽高速公路汪家埠至昌化段工可补充报告的复函》	2003年12月2日,浙江省发展计划委员会向浙江省交通厅作出《关于杭徽高速公路留下至汪家埠段工程可行性研究报告的复函》

续表

项目	昌昱段	汪昌段	留汪段
设计批复	1. 2002 年 4 月 12 日，浙江省发展计划委员会向浙江省交通厅作出《关于杭昱高速公路昌化至昱岭关工程初步设计的批复》 2. 2002 年 8 月 26 日，浙江省交通厅向杭州市交通局作出《关于杭昱高速公路昌化至昱岭关段工程施工图设计的批复》 3. 2003 年 3 月 13 日，浙江省发展计划委员会向省交通厅作出《关于杭昱高速公路昌化至昱岭关工程补充初步设计的批复》 4. 2009 年 9 月 25 日，浙江省交通运输厅向杭州市交通局作出《关于杭徽高速公路昌昱段工程设计变更的批复》	1. 2003 年 11 月 24 日，浙江省发展计划委员会向浙江省交通厅作出《关于杭徽高速公路汪家埠至昌化段工程初步设计的复函》 2. 2004 年 5 月 9 日，浙江省交通厅向杭州市交通局作出《关于对杭徽高速公路汪家埠至昌化段主体工程施工图的批复》	1. 2004 年 5 月 12 日，浙江省发展计划委员会向浙江省交通厅作出《关于杭徽高速公路留下至汪家埠段初步设计的复函》 2. 2005 年 2 月 5 日，浙江省交通厅向杭州市交通局作出《关于杭徽高速公路留下至汪家埠段工程施工图设计的批复》 3. 2006 年 1 月 17 日，浙江省交通厅向杭州市交通局作出《关于杭徽高速公路留下至汪家埠段交通工程施工图设计的批复》 4. 2006 年 3 月 26 日，浙江省交通厅向杭州市交通局作出《关于杭徽高速公路留下至汪家埠段房建工程施工图设计的批复》
规划选址批复	1. 2001 年 12 月 29 日，临安区建设局向 02 省道临安段工程指挥部颁发《建设项目选址意见书》 2. 2002 年 9 月 17 日，原国家林业局向昌昱段指挥部下发《使用林地审核同意书》	1. 2004 年 3 月 15 日，临安区建设局向杭徽高速公路汪家埠至昌化段工程建设指挥部颁发《建设项目选址意见书》 2. 原国土资源部向浙江省人民政府作出《关于杭徽高速公路汪家埠至昌化段工程建设用地的批复》 3. 2004 年 12 月 1 日，原国家林业局向杭徽高速公路汪家埠至昌化段工程建设指挥部下发《使用林地审核同意书》	1. 2004 年 7 月 26 日，余杭区建设局向余杭区杭徽高速公路工程建设指挥部颁发《建设项目选址意见书》 2. 2007 年 11 月 19 日，原国土资源部下发《关于杭徽高速公路余杭段工程建设用地的批复》 3. 2005 年 9 月 8 日，杭州市林业水利局向余杭区杭徽高速公路工程建设指挥部下发《使用林地审核同意书》 4. 浙江省林业厅下发《使用林地审核同意书》

续表

项目	昌昱段	汪昌段	留汪段
项目规划	2002年9月13日,临安区建设局向临安区交通局颁发《建设用地规划许可证》(高速公路一期、二期)	2004年9月27日,临安区建设局向杭徽高速公路汪家埠至昌化段工程建设指挥部颁发《建设用地规划许可证》	1. 2004年11月22日,临安区建设局向余杭区杭徽高速公路工程建设指挥部颁发《建设用地规划许可证》 2. 2004年11月23日,杭州市余杭区建设局向余杭区杭徽高速公路工程建设指挥部颁发《建设用地规划许可证》
环评	2004年12月24日,浙江省环境保护局向昌昱段指挥部下发《关于杭昱高速公路昌化至昱岭关段工程环境影响报告书审查意见的函》	2004年8月24日,浙江省环境保护局向杭徽高速公路汪家埠至昌化段工程建设指挥部作出《关于杭徽高速公路汪家埠至昌化段工程影响报告书审查意见的函》	2004年10月9日,浙江省环境保护局向余杭区杭徽高速公路工程建设指挥部出具《关于杭徽高速公路留下至汪家埠段工程环境影响报告书审查意见的函》
施工许可	1. 2002年6月21日,浙江省交通厅向省计委出具浙交函〔2003〕50号《关于杭昱高速公路昌化至昱岭关工程补充初步设计的函》 2. 2003年4月16日,昌昱段指挥部向省交通厅发出临高指〔2003〕11号《关于要求对补充设计里仁、颊口两互通路基增加部分作变更处理的请示》	提交《杭徽高速公路汪家埠至昌化段项目施工许可申请书》,申请开工日期为2003年12月。2006年9月1日,浙江省交通厅就上述申请书出具审查意见:项目属补报,以后须及时申报施工许可	提交《杭徽高速公路汪家埠至昌化段项目施工许可申请书》,浙江省交通厅就上述申请书作出同意意见
环保验收	2009年3月23日,浙江省环境保护局下发验收意见,昌昱段工程执行环境影响评价和“三同时”制度,环境保护手续齐全	2010年6月12日,浙江省环境保护厅向杭徽公司作出《关于杭徽高速公路汪家埠至昌化段工程竣工环境保护验收意见的函》,工程保护手续齐全,准予项目投入正式运行	1. 浙江省环境监测中心接受杭徽公司的委托,承担留汪段竣工环境保护验收调查工作 2. 杭徽公司组织召开验收会议,成立验收工作组,验收工作组出具《杭徽留汪段竣工环保验收意见书》

续表

项目	昌昱段	汪昌段	留汪段
交工及竣工验收	1. 2010 年 1 月 27 日，浙江省交通运输厅向浙江杭徽高速公路有限公司下发《关于印发杭昱高速公路昌化至昱岭关工程竣工验收鉴定书的通知》，通知显示，2004 年 12 月 25 日昌昱段工程通过交工验收 2. 2009 年 12 月 18～19 日，浙江省交通厅组织昌昱段工程项目的竣工验收，昌昱段项目工程质量等级和建设项目综合评价等级均为优良，同意该项目通过竣工验收	1. 根据 2007 年 1 月 26 日申报的《浙江省公路、水运工程交工验收备案表》，交工验收时间为 2006 年 12 月 23 日。2008 年 11 月 10 日，杭州市交通局关于前述交工验收备案标的审查意见为"同意" 2. 根据 2015 年 11 月 23 日杭徽公路同意上报备案的《浙江省公路工程竣工验收备案表》，完工日期为 2006 年 12 月 23 日，竣工验收时间为 2015 年 11 月 20 日。2015 年 12 月 3 日，浙江省交通厅关于前述竣工验收备案表的意见为"同意"	
其他	2003 年 8 月 21 日，浙江省水利厅向临安公司下发《关于杭徽高速公路昌化至昱岭关段水土保持方案的批复》	1. 2004 年 5 月 17 日，浙江省水利厅向杭徽高速公路汪家埠至昌化段工程建设指挥部作出《关于杭徽高速公路临安汪家埠至昌化段工程水土保持方案的批复》 2. 2008 年 10 月 23 日，浙江省水利厅向临安杭徽高速公路有限公司作出《关于印发杭徽高速公路临安汪家埠至昌化段工程水土保持设施验收鉴定书的通知》	1. 浙江省水利厅向余杭区杭徽高速公路工程建设指挥部《关于杭徽高速公路留下至汪家埠段工程水土保持方案的批复》 2. 浙江省交通运输厅向杭徽公司印发《关于印发杭徽高速公路留下至汪家埠段工程竣工验收鉴定书的通知》

（三）项目权属期限、经营资质及展期安排情况

2020 年 10 月 16 日，浙江省人民政府办公厅向省交通集团、省交通运输厅、省发展改革委、省财政厅、省审计厅下发《浙江省人民政府办公厅关于杭徽高速公路浙江段收费期限的复函》（浙政办函〔2020〕64 号），省政府同意省交通运输厅等部

门的测算意见,核定杭徽高速公路浙江段收费期限为25年,即昌化至昱岭关段从2004年12月26日至2029年12月25日、汪家埠至昌化段和留下至汪家埠段从2006年12月26日至2031年12月25日。

根据现行法律规定,杭徽高速公路(浙江段)收费期限期满后,将按国家有关规定无偿向交通运输主管部门办理收费公路移交手续。

七、基础设施相关风险

(一)基础设施项目运营风险

本基金投资集中度高,收益率很大程度上依赖于基础设施项目的运营情况,基础设施项目可能因经济环境变化或运营不善等因素影响,导致实际现金流大幅低于测算现金流,存在基金收益率不佳的风险,基础设施项目运营过程中高速公路通行费等收入的波动也将影响基金收益分配水平的稳定。此外,基础设施基金可直接通过项目公司借款,如基础设施项目经营达不到预期,存在基金无法偿还借款的风险。

(二)政策风险

本基金投资的基础设施依赖于特许经营的高速公路收费权,收费标准、收费时限受法律法规及政策影响较大,可能由于中央法规或地方政策的变化,收费标准降低、收费时限缩短或减少,如免收通行费的国家法定节假日增加、特殊事件或特殊时期下免费通行政策等,造成基础设施项目未来的价值降低,对基金净值造成负面影响。

(三)市场风险

本基金投资的杭徽高速公路,一定距离范围内存在新建收费高速公路、高铁网络的可能性,以及新建免费通行的公路网络,如新建国道、省道、县道网络,可能对标的基础设施造成一定的车流分流影响,存在一定的市场风险。

(四)合规风险

杭徽高速公路(浙江段)的项目公司在依法取得的国有土地使用权的土地上,

根据浙江省发展计划委员会、浙江省交通运输厅批复同意的设计方案建设，取得投资建设相关的批准文件，通过合法建设的方式取得了昌昱段房屋建筑、汪昌段房屋建筑和留汪段房屋建筑的所有权，但未完成权属登记。此外，存在项目公司以经营服务委托经营、房屋及经营性项目租赁经营的方式利用划拨土地使用权以及其上建成的房屋的情况，项目公司存在被相关主管部门主动审查后要求上缴前述租赁收入中的土地收益的风险，也存在《服务区经营协议》被认定为无效后，项目公司已收取的租赁费用中所含土地收益被依法上缴国家的可能性。近三年的服务区租赁收入分别为 798.88 万元、390.07 万元和 404.22 万元，分别占项目公司当年收入的 1.13%、0.33% 和 1.75%，该部分租赁收入占项目公司全年收入的比例相对较小，该部分土地收益占项目全年收入的比例相对更小。后续项目公司也可考虑不将临安和龙岗服务区内房屋建筑出租给任何第三方而自行对服务区进行运营管理，届时项目公司虽无法直接收取租赁收入，但有权基于对服务区的自行管理而获得与服务区运营相关的多项收益。

（五）其他风险

包括自然灾害及战争等不可抗力风险、重大交通事故风险等。自然灾害包括地震、台风、泥石流、山体滑坡，以及战争等不可抗力，可能导致本基金所投资的基础设施被物理性破坏，导致额外的修复成本及影响正常的交通通行及收费、运营现金流的下降；长时间大雾、暴雨或其他恶劣天气预警，也可能导致高速公路暂时关闭，期限内运营现金流的下降。重大、恶性交通事故可能造成高速公路路基、路面、桥梁、隧道、防护工程、沿线设施等被破坏，也可能造成长时间交通堵塞和收费的中断，可能对现金流造成一定的负面影响。

八、关键问题解析

（一）股债结构的搭建

本项目采用项目公司减资的方式搭建股债结构。

项目公司各股东根据持股比例对项目公司同比减资 210,000 万元，项目公司应向各股东支付减资款。因项目公司没有足够资金，形成项目公司对各股东的应付债权(减资款)21 亿元。

目标资产支持证券设立后,资产支持证券管理人代表资产支持证券与项目公司原股东签署《关于浙江杭徽高速公路有限公司之股权转让协议》,收购项目公司100%的股权,签署《债权转让协议》,收购项目公司原股东就减资事宜所享有的对项目公司的债权生效。资产支持证券作为项目公司债权人,与项目公司签署《债权债务确认协议》,确认股东借款,至此完成项目公司股债结构的搭建。

(二)国有资产的转让

本项目为国有资产,应遵守关于国有资产转让交易的相关法律规定。针对国有资产转让安排问题,各原始权益人均取得了各自所在上级国有资产管理部门的批复。

根据浙江省国资委于 2020 年 12 月 15 日下发的《浙江省国资委关于同意省交通集团公司申报基础设施公募 REITs 试点项目的批复》(浙国资产权〔2020〕45 号),浙江省国资委同意将沪杭甬公司持有的杭徽公司股权转让给基于公募 REITs 需要设立的特殊目的载体,转让价格不低于资产评估值。

根据杭州市临安区人民政府国有资产监督管理办公室(以下简称临安国资)于 2021 年 3 月 4 日下发的《关于同意杭州市临安区交通投资有限公司参与杭徽高速浙江段基础设施公募 REITs 试点项目有关事项批复》,临安国资同意将杭州市临安区交通投资有限公司(以下简称临安交通)持有的杭徽公司股权转让给基于公募 REITs 需要设立的特殊目的载体,转让价格不低于资产评估值。

根据余杭市国资委于 2021 年 3 月 5 日下发的《关于同意杭州余杭交通集团有限公司申报基础设施公募 REITs 试点项目的批复》(余国资办〔2021〕24 号),余杭市国资委同意将余杭交通持有的杭徽公司股权转让给基于公募 REITs 需要设立的特殊目的载体,转让价格不低于资产评估值。

根据杭州市国资委于 2021 年 3 月 12 日下发的公文处理简复单(市国资委简复〔2021〕第 16 号),杭州市国资委同意将杭州交通持有的杭徽公司股权以非公开协议方式转让给基于公募 REITs 需要设立的特殊目的载体,转让价格不低于资产评估值。

（三）土地的转让

基础设施项目为高速公路，项目公司合法合规获得划拨用地，且土地实际用途与土地证要求一致，均为公路用地。

本项目中，主要原始权益人以杭徽高速公路（浙江段）为底层基础设施项目，主要原始权益人和项目公司均不会改变项目用地的建设用途，仍严格按照划拨批准文件的规定将项目用地的用途限定为“公路用地”。本项目不涉及土地建设用途的变更，也不涉及土地使用权人的变更。

关于该项审批问题，律师咨询杭州市临安区及余杭区的政府办公室及国土部门，得到的答复为若仅是项目公司的股东发生变更，而划拨土地的土地证所载的土地使用权人没有发生变化，则无须进行相关批准，目前实践操作中就该项事宜也没有对应的审批流程。

第二节　平安广州交投广河高速 REITs[①]

平安广州交投广河高速公路封闭式基础设施证券投资基金于 2021 年 6 月 21 日在深交所上市，证券简称为“平安广州广河 REITs”，证券代码为“180201”，基金合同期限为 99 年，募集份额总额为 7 亿份。

一、投资基金基本信息（见表 1－9）

表 1－9　平安广州广河 REITs 基本信息

基金名称	平安广州交投广河高速公路封闭式基础设施证券投资基金
基础设施项目类型	收费公路
原始权益人	广州交通投资集团有限公司

① 《平安广州交投广河高速公路封闭式基础设施证券投资基金招募说明书（草案）》，载深圳证券交易所官网，http://reportdocs.static.szse.cn/UpFiles/reitsinfodisc/REITS_0001794048885C3FC3406B92970F383F.pdf。

续表

基金管理人	平安基金管理有限公司
专项计划管理人	深创投红土资产管理(深圳)有限公司
托管人	中国工商银行股份有限公司
注册生效日期	2021 年 5 月 17 日

二、基金交易结构

(一)交易结构(见图 1-8)

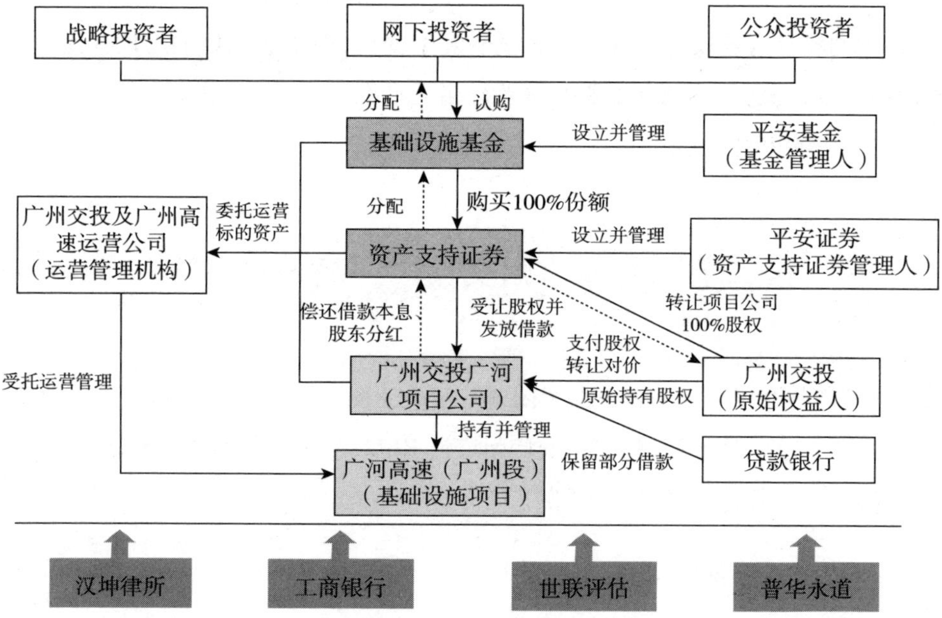

图 1-8 平安广州广河 REITs 交易结构

(二)交易步骤

1. 投资者交纳认购资金:战略投资者与平安基金签署战略投资者配售协议,战略投资者、网下投资者、公众投资者交纳认购款项,认购人取得基础设施证券投资基金份额,成为基础设施证券投资基金份额持有人。基础设施基金拟以首次募集资金认购平安广州交投广河高速公路基础设施资产支持专项计划资产支持证券的全部份额。

2. 基金进行初始投资：平安基金与平安证券签订资产支持证券认购协议，将资产支持证券认购资金委托平安证券管理，平安证券设立并管理专项计划，平安基金(代表基础设施基金)取得全部资产支持证券，成为资产支持证券持有人。

3. 专项计划进行初始投资：平安证券根据资产支持专项计划文件约定的付款安排，并根据《股权转让协议》的约定，向资产支持证券托管人发出划款指令，指示资产支持证券托管人将专项计划资金中付款指令载明的金额作为项目公司的股权受让价款划拨至原始权益人指定的账户，购买项目公司的100%股权。其中，项目公司股权转让价款 = 基础设施基金的最终募集资金规模 - 基础设施基金需预留的全部资金和费用 - 专项计划需预留的全部资金和费用 -(评估基准日未偿银行负债 - 交割日后拟保留银行负债)。

同时，平安证券根据《借款合同》的约定向资产支持证券托管人发出付款指令，指示资产支持证券托管人将付款指令载明的金额作为股东借款划拨至项目公司账户，用于偿还项目公司的存量负债及项目公司的日常经营。其中，股东借款 = 基础设施基金的最终募集资金规模 - 基础设施基金需预留的全部资金和费用 - 专项计划需预留的全部资金和费用 - 项目公司股权转让价款。偿还部分存量负债后，项目公司留存的工行债务本金余额拟为人民币壹拾亿元整。

根据《股权转让协议》的约定，支付首期股权转让价款之日为目标股权交割日。转让方应当确保项目公司在交割日后5个工作日内向市场监管局提交股权变更登记所需的全部申请资料。专项计划受让取得项目公司100%股权后，为搭建和重组专项计划对项目公司的投资结构，项目公司将视情况进行资本公积转增注册资本、减资等安排，具体以实际签署的相关协议为准。其中，减资金额上限 =(项目公司资产总额 - 交割日后拟保留银行负债)×2/3 - 股东借款；具体金额根据届时项目公司的资产负债表调整。

4. 委托运营管理：平安基金(代表基础设施基金)、平安证券(代表资产支持专项计划)及项目公司联合委托广州交投及广州高速运营公司担任基础设施运营管理机构并签署《运营管理服务协议》，运营管理机构对基础设施项目提供运营管理服务。

5. 收益分配：项目公司应将基础设施资产收入归集至监管账户，并按一定频率向保留外部借款的银行及平安证券(代表专项计划的利益)偿还相应借款的本金和/或利息,并向平安证券(代表专项计划的利益)分配利润(如有)和/或支付往来款(如需)。平安证券根据专项计划文件的约定,实施专项计划的分配流程。平安基金(代表基础设施基金的利益)获得分配款项后,根据基础设施证券投资基金文件的约定,实施基础设施基金的分配流程,基础设施基金份额持有人获得相应分配收益。

三、基础设施项目概况

(一)基础设施基本情况

广河高速(广州段)全长70.754公里,投资批准概算69.81亿元,于2011年12月30日开通,由项目公司广州交投广河高速公路有限公司100%持有,收入来源为广河高速通行费收入等高速公路运营收入。广河项目位于广州市东北部,路线呈东北走向,起于春岗立交与华南快速相交,终于九龙江大桥与广河高速(惠州段)相接。项目穿越广州市天河区、白云区、黄埔区、增城区,与广州市华南快速干线二期、三期,北二环高速公路,省道S116、S118及北三环高速,增从高速等多条干道相交,从增城区梳脑林场进入惠州市龙门县境内接广河高速(惠州段)(见表1-10)。

表1-10 广州至河源高速公路广州段项目基本信息

项目名称	广州至河源高速公路广州段项目
所在地	起于广州市天河区龙洞春岗立交,对接华南快速干线(三期),与华南快速干线(二期)相交,路线呈东北走向,穿越广州市天河区、白云区、黄埔区(萝岗)、增城区,终于增城区九龙江与广河高速公路惠州段相接
行业	高速公路
建设规模	项目新建双向六车道高速公路,路线全长70.754公里,全线设春岗、八斗、九龙、中新、二龙、腊圃、黄岭香、正果、梳脑河(预留)互通立交共9处
建设内容	广河高速(广州段)的特许经营权及基于特许经营权而投资建设和拥有的广河高速(广州段)资产
用地性质	高速公路用地
开工时间	2008年4月先行工程开工,2008年9月全线开工

续表

交工时间	2011 年 12 月 17 日
竣工日期	2015 年 12 月 29 日
所有权人	广州交投广河高速公路有限公司

(二)权属期限

2006 年 12 月 30 日,广州市交通委员会(作为招标人)、广州市正阳招标采购服务中心(作为招标机构)向广州市公路开发公司(为广州市高速公路有限公司的曾用名——笔者注)出具了《中标通知书》,广州市公路开发公司为广河高速(广州段)BOT 项目招标的中标人。

根据广州市交通委员会与市高公司签署的《广州至河源高速公路(广州段)项目特许经营权合同协议书》的约定,交工日系指实质上完成项目施工并合格地通过交工验收后在交工证书中标明的日期。根据各《公路工程交工验收证书》,其标注的交工验收日期均为 2011 年 12 月 17 日,此日期亦为《竣工验收鉴定书》标注的交工日期。

综上,项目实际交工日期为 2011 年 12 月 17 日,收费期应当自 2011 年 12 月 17 日起开始计算,收费期限 25 年,至 2036 年 12 月 16 日止。

四、项目公司概况

(一)项目公司基本情况(见表 1－11)

表 1－11　广州交投广河高速公路有限公司基本情况

名称	广州交投广河高速公路有限公司
类型	有限责任公司(法人独资)
住所	广州市黄埔区龙湖街广河高速知识城收费站
法定代表人	李华平
注册资本	人民币 287,642.9858 万元
成立日期	2020 年 11 月 30 日
营业期限	2020 年 11 月 30 日至无固定期限

续表

经营范围	信息系统运行维护服务;汽车拖车、求援、清障服务;交通设施维修;工程管理服务;技术服务、技术开发、技术咨询、技术交流、技术转让、技术推广;非居住房地产租赁;物业管理;广告发布(非广播电台、电视台、报刊出版单位);信息系统集成服务;信息咨询服务(不含许可类信息咨询服务);以自有资金从事投资活动;工程和技术研究和试验发展;公路管理与养护

(二)项目公司股权结构(发行后)(见图1-9)

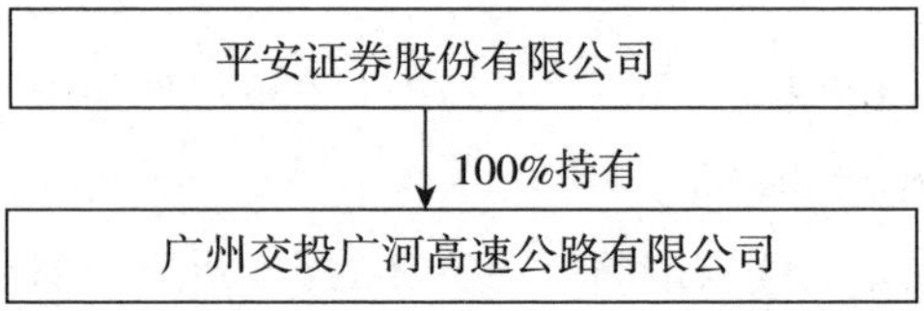

图1-9　广州交投广河高速公路有限公司股权结构(发行后)

五、原始权益人概况

(一)基本情况(见表1-12)

表1-12　广州交通投资集团有限公司基本情况

名称	广州交通投资集团有限公司
类型	有限责任公司(国有独资)
住所	广州市海珠区广州大道南1800号
法定代表人	杨宇正
注册资本	人民币578,129.7万元
成立日期	1988年1月13日
营业期限	1988年1月13日至无固定期限
经营范围	以自有资金从事投资活动;企业总部管理;承接总公司工程建设业务;工程管理服务;建筑材料销售;建筑装饰材料销售;建筑用石加工;房地产经纪;房地产咨询;物业管理;住房租赁;非居住房地产租赁;广告制作;广告发布(非广播电台、电视台、报刊出版单位);安全咨询服务;普通货物仓储服务(不含危险化学品等需许可审批的项目);金属材料销售;非金属矿及制品销售;旅客票务代理;汽车拖车、求援、清障服务;日用杂品销售;信息系统集成服务;各类工程建设活动;公路管理与养护;房屋建筑和市政基础设施项目工程总承包;工程造价咨询业务;建设工程设计;建筑物拆除作业(爆破作业除外);施工专业作业;特种设备安装改造修理;房地产开发经营;餐饮服务;矿产资源(非煤矿山)开采

(二)股权结构(见图 1－10)

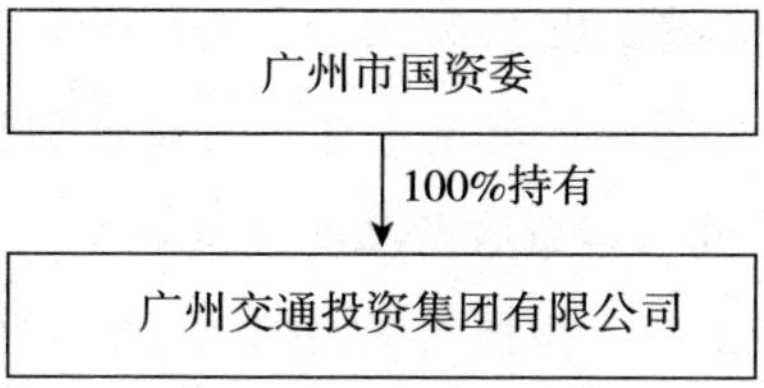

图 1－10 广州交通投资集团有限公司股权结构

六、基础设施项目合规情况

(一)项目权属

1. 土地使用情况

广河高速项目尚未办理土地使用证,所涉土地由原国土资源部及当地人民政府依据相关批复提供。

2020 年 12 月 21 日,广州市规划和自然资源局作出了《广州市规自局复函》,复函载明,广州市规划和自然资源局对新设广河项目公司在特许经营期内合法使用广河高速划拨土地无异议。

同时,广州交通投资集团有限公司(以下简称广州交投)与广州市高速公路有限公司(以下简称市高公司)于 2020 年 10 月出具了承诺函,广州交投与市高公司承诺:市高公司未取得单独的用地批准书、划拨决定书等用地文件不影响市高公司就广河高速(广州段)项目享有的特许经营权及项目占用范围内土地的使用权,市高公司尚未就上述事宜受到相关行政处罚或监管措施。

广州市规划和自然资源局已作出《广州市规自局复函》,对广河项目公司在特许经营期内合法使用广河高速项目划拨土地无异议,未办理土地使用证不影响广河项目公司对广河高速项目享有的收费公路权益。

2. 公路资产

广河高速项目的公路资产范围包括根据《初始特许经营协议》《初始特许经营协议之补充协议》,广东省发展和改革委员会作出的《关于广州至河源高速公路广州段项目申请报告的核准意见》(粤发改交〔2007〕1073 号),广东省交通运输厅作出的《关于广州至河源高速公路广州段初步设计的审查意见》(粤交基〔2007〕1006号)、《关于印发广州至河源高速公路(广州段)第一设计合同段施工图设计审查意见的通知》(粤交基函〔2008〕924号)、《关于印发广州至河源高速公路(广州段)第二设计合同段施工图设计审查意见的通知》(粤交基函〔2008〕921)、《关于广州至河源高速公路广州段设置收费站的批复》(粤交费〔2011〕235号)及《关于印发广州至河源高速公路广州段工程竣工验收鉴定书的通知》(粤交基函〔2018〕3373号)而投资建设的广河高速(广州段)主线(包括路基土石方、路面工程、桥涵工程、隧道工程)、互通式立交及收费站(以下简称公路资产)。

2020年12月29日,市高公司与广河项目公司签署了《资产、债务及员工整体划转协议书》,市高公司将广河高速(广州段)特许经营权及相关资产、相关业务及合同、部分人员、关联债务等自2020年12月29日起整体划转至广河项目公司,公路资产属于整体划转范围。因此,自2020年12月29日起,广河项目公司享有公路资产的资产所有权。

3.特许经营权

(1)初始取得

2006年12月30日,广州市交通委员会(作为招标人)、广州市正阳招标采购服务中心(作为招标机构)向广州市公路开发公司(市高公司的曾用名——笔者注)出具了《中标通知书》,广州市公路开发公司为广河高速(广州段)BOT项目招标的中标人。2011年12月2日,广州市交通委员会与市高公司签署了《初始特许经营协议》。根据《初始特许经营协议》,市高公司已通过公开招标方式取得广河高速项目独占的、具有排他性的特许经营权,包括但不限于收取高速公路车辆通行费的收费权等。特许经营期分为建设期和收费期(经营期)两个阶段。根据《中标通知书》,项目收费期(经营期)为25年(自交工日起算)。

(2)广河项目公司享有的特许经营权

为申报发行基础设施基金,广州交投已新设了全资子公司广河项目公司,由广河项目公司享有广河高速项目的特许经营权。

就广河项目公司的设立和特许经营权的取得,广州市交通运输局于2020年10月16日作出了《广州市交通运输局关于新设广河高速公路(广州段)项目公司的复函》(〔2020〕629号),原则同意广交投集团新设全资所有的广河高速公路项目公司,承接广河高速项目的资产、收费及特许经营等相关权益。

2020 年 12 月 29 日,广州市交通运输局、市高公司、广河项目公司签署了《初始特许经营协议之补充协议》,约定广河项目公司就项目高速公路享有独占的、具有排他性的特许经营权(不含服务设施经营权、广告经营权),广河项目公司享有的特许经营权包括收取项目高速公路车辆通行费的权利。

(3)剩余经营期

项目实际交工日期为 2011 年 12 月 17 日,收费期自 2011 年 12 月 17 日起开始计算,收费期限 25 年,至 2036 年 12 月 16 日止,剩余经营期自评估基准日 2020 年 12 月 31 日起按剩余期限 15.96 年估算。

(二)项目固定资产投资管理手续(见表 1 - 13)

表 1 - 13 广河高速公路项目投资管理手续

序号	文件类别	文件名称/文件编号
1	可行性研究批复	《关于印发广州至河源公路预可行性研究报告评审意见的函》(粤交规函〔2005〕514 号)
2		《广州至河源公路预可行性研究报告评审意见》
3		《关于印发广州至河源高速公路工程可行性研究报告评审意见的函》(粤交规函〔2006〕177 号)
4	规划选址	《关于广州至河源高速公路路线方案规划意见的复函》(穗规函〔2005〕143 号)
5		《关于申请办理建设项目选址审查意见问题的复函》(穗规函〔2006〕9031 号)
6	环境影响评价	《关于广州至河源高速公路(广州段)环境影响报告书的批复》(粤环审〔2007〕57 号)
7	投资立项	《关于广州至河源高速公路广州段项目申请报告的核准意见》(粤发改交〔2007〕1073 号)
8	初步设计批复	《关于广州至河源高速公路广州段初步设计的审查意见》(粤交基〔2007〕1006 号)

续表

序号	文件类别	文件名称/文件编号
9	施工图纸审查	《关于印发广州至河源高速公路(广州段)第一设计合同段施工图设计审查意见的通知》(粤交基函〔2008〕924 号)
10		《关于印发广州至河源高速公路(广州段)第二设计合同段施工图设计审查意见的通知》(粤交基函〔2008〕921 号)
11		《关于印发广州至河源高速公路广州段交通工程施工图设计审查意见的通知》(粤交基函〔2010〕1465 号)
12	开发建设手续	《建设项目选址意见书》[粤建规(选址)字第 06020 号]
13		《关于广(州)河(源)高速公路(广州段)建设项目用地的预审意见》[粤国土资(预)函〔2007〕79 号]
14		《建设用地规划许可证》(穗规地证〔2008〕188 号)、《建设用地规划许可证》(地字第 440183201000117 号)
15		《国土部用地批复》《国土厅用地批复》
16		《建设工程规划许可证》(穗规建证〔2011〕8 号)
17		广东省交通运输厅审批通过的《广州至河源高速公路广州段施工许可申请书》
18		《公路工程交工验收证书》
19		《广州市环境保护局关于广州至河源高速公路(广州段)建设项目竣工环境保护验收的意见》(穗环管验〔2014〕115 号)
20		《关于印发广州至河源高速公路广州段工程竣工验收鉴定书的通知》(粤交基函〔2018〕3373 号)及其附件《竣工验收鉴定书》

七、基础设施相关风险

(一)基金整体架构所涉及的相关交易风险

1. 购买项目公司股权之交易未能完成或未能及时完成的风险

基础设施资产支持专项计划将按照《股权转让协议》的约定收购项目公司全部股权,并支付股权转让价款。根据《股权转让协议》的约定,协议解除情形主要包括:如项目公司股权交割日起 90 个工作日内,项目公司股权变更登记尚未完成或者基础设施资产上仍存在未完成注销的质押登记(资产支持证券管理人认可的除外),则资产支持证券管理人有权终止该协议;股权转让双方应当按照恢复原状的原则办理协议终止的后续事项;若项目公司股权转让对价低于经国有资产监督管理机构备案的股权评估价值,则股权转让双方均有权解除股权转让协议。

若发生《股权转让协议》约定的解除情形且相关方解除《股权转让协议》的,本基金将无法完成对项目公司的股权收购,存在交易失败的风险。

2. 项目公司无法完成减资的操作风险

为实现交易方案所设置的股债结构,基础设施资产支持专项计划取得项目公司 100% 股权后将视情况对项目公司进行减资,进而形成一笔对基础设施资产支持专项计划的应付减资款债务。项目公司减资需履行一定的工商变更程序,如实操中项目公司无法完成减资,将对本基金的顺利运作造成不利影响。

3. 本基金整体架构的交易结构较为复杂,交易结构的设计以及条款设置可能存在瑕疵,使本基金的成立和存续面临法律和税务风险。

(二)外部借款风险

广河项目公司已与中国工商银行股份有限公司广州庙前直街支行(以下简称工商银行庙前支行)签署《补充协议》[编号:0360200036 - 2020 年(庙支)字 00695 - 补 1 号],约定本基金成立后,项目公司将偿还欠付该行的部分债务,剩余债务拟予保留,拟保留的债务本金余额为 10 亿元,利率为 5 年期以上贷款市场报价利率(LPR)下浮 0.24%。上述对外借款可能导致本基金存在如下特殊风险:

1. 如未来 LPR 大幅上行,将导致广河项目公司财务成本上升,可供分配金额降低,进而对投资人的投资收益产生不利影响。

2. 广河项目公司的财务状况可能受到影响,如可支配的资金减少、偿债压力提高、运营资金的灵活性降低等。

3. 如基础设施项目运营资金不足导致无法偿还已到期债务,贷款人可能提起诉讼、仲裁或依法采取相关的保全措施。该等情况下,基础设施项目的运营将可能受到限制,进而对投资人的投资收益造成严重不利影响。

(三)基础设施项目未办理《国有土地使用证》或《不动产权证书》的合规风险

就基础设施项目的用地批复事宜,原国土资源部已于2010年7月16日作出了《关于广州至河源高速公路广州段工程建设用地的批复》(国土资函〔2010〕546号),广东省国土资源厅已于2010年8月30日作出了《关于广州至河源高速公路广州段项目建设用地的批复》(粤国土资(建)字〔2010〕664号),批准了基础设施项目的用地事宜,但广河项目尚未取得《国有土地使用证》或《不动产权证书》。根据《民法典》第349条的规定,"设立建设用地使用权的,应当向登记机构申请建设用地使用权登记。建设用地使用权自登记时设立。登记机构应当向建设用地使用权人发放权属证书"。由于广河高速项目尚未办理建设用地使用权登记,尚未取得土地使用证,建设用地使用权尚未设立,存在被主管部门要求尽快完成整改、规范等风险,将可能对基础设施项目的运营造成实质影响,从而影响本基金的运作和收益。

2020年12月21日,广州市规划和自然资源局作出了《广州市规自局复函》,复函载明,广州市规划和自然资源局对新设广河项目公司在特许经营期内合法使用广河高速划拨土地无异议。

(四)权属期限到期风险

根据特许经营权协议及相关文件,广河高速(广州段)特许经营权于2036年12月16日到期。特许经营期满政府主管部门对高速公路养护情况验收后,项目公司将按照国家有关规定向政府办理高速公路无偿移交手续。

根据《股权转让协议》,鉴于目前基础设施项目公允价值评估并未考虑因发生政策补偿事件或将获得的潜在政策补偿的价值,若在基础设施项目交割日及交割日后因交割日前的政策补偿事件取得了相关政策补偿的,该等政策补偿应归属于原始权益人所有。

其中,广东省交通运输厅已发布粤交规〔2020〕812号《关于新冠肺炎疫情防控期间免收收费公路车辆通行费补偿有关事宜的通知》,该通知中明确"收费公路经营者应在项目原收费期限到期前1年提出补偿申请"。鉴于基础设施项目评估时并未考虑未来获得潜在疫情补偿的价值，因此若项目公司收费期在股权交割日后因疫情补偿予以延期的，该期间对应的特许经营收益应归属于原始权益人所有。

此外，不排除将来政府会因鲜活农产品运输车辆免费、节假日 7 座及以下小客车免费等对收费公路经营者进行补偿的可能，如政府进行补偿，因股权交割日前的鲜活农产品运输车辆免费和节假日 7 座及以下小客车免费导致政策予以延期的，该期间对应的特许经营收益应归属于原始权益人所有。

（五）基础设施项目存在权利负担的风险

基础设施项目收费权对应的应收账款已按比例分别向工商银行庙前支行、招商银行股份有限公司广州分行（以下简称招商银行广州分行）、上海浦东发展银行股份有限公司广州分行（以下简称浦发银行广州分行）设置了质押担保，并办理了质押登记手续。

就上述权利负担，广河项目公司已取得债权人/质权人关于相关债务提前清偿并解除权利负担的同意，具体而言：(1)根据工商银行庙前支行、广河项目公司与广州交投签署的《补充协议》，工商银行庙前支行已同意并确认广河项目公司在基础设施基金发行后提前归还欠付的部分或全部债务，在取得中国证监会同意基础设施基金注册的文件后，工商银行庙前支行按照广河项目公司通知在指定时间内（但不晚于基础设施基金发行前）配合办理完毕全部质押担保注销手续并解除账户监管；(2)根据广河项目公司与招商银行广州分行签署的《固定资产借款合同补充合同》，招商银行广州分行知悉并同意广河项目公司在基础设施基金发行后提前归还欠付的全部债务，债务清偿后配合办理完毕全部质押担保注销手续并解除账户监管；(3)根据广河项目公司与浦发银行广州分行签署的《固定资产借款合同补充合同》，浦发银行广州分行知悉并同意广河项目公司在基础设施基金发行后提前归还欠付的部分或全部债务，在取得中国证监会同意基础设施基金注册的文件后，浦发银行广州分行按照广河项目公司通知在指定时间内（但不晚于基础设施基金发行前）配合办理完毕全部担保注销手续并解除账户监管。

若基础设施项目的上述权利负担未能如期解除，相关债权银行将有权在本基金存续期内执行相关债权合同及担保合同项下的账户监管措施，由此将对基础设施项目的现金流归集产生不利影响,同时基础设施项目上的权利负担将会影响本基金对基础设施项目的处置。

八、关键问题解析

(一)股债结构的搭建

本项目采用股东借款偿还项目公司原有债务、项目公司减资的方式搭建股债结构。

项目公司原有对外债务约26亿元,收购日专项计划发放给项目公司股东借款约26亿元,以偿还对外债务。同时为实现交易方案所设置的股债结构,基础设施资产支持专项计划取得项目公司100%股权后将视情况对项目公司进行减资,进而形成一笔对基础设施资产支持专项计划的应付减资款债务。预计项目公司于收购日因减资而应付专项计划的股东借款约31亿元。

(二)基础设施资产他项权利限制的解除

1. 工行债务项下的权利限制解除

为担保工商银行庙前支行债务,广河项目公司与工商银行庙前支行签署了《应收账款质押合同》,并约定由广河项目公司以不低于项目贷款占比的广河高速项目收费权对应的应收账款向工商银行庙前支行提供质押担保。经查询中国人民银行征信中心动产融资统一登记公示系统,前述质押已办理动产融资登记手续。

就上述权利限制,工商银行庙前支行、广河项目公司与广州交投已签署《工行债务补充协议》,并约定:“贷款人同意并确认广河高速项目为发行公开募集基础设施领域不动产投资信托基金之目的所涉及的以下相关事项:……借款人在基础设施REITs发行后可以提前归还借款人欠付贷款人的部分或全部债务……为基础设施REITs发行之目的,在取得证监会同意基础设施REITs注册的文件后,贷款人应按照借款人通知在借款人指定时间内(但不晚于基础设施REITs发行前)配合借款人办理完毕全部担保(包括但不限于质押担保等)注销手续、解除账户监管。”

2. 招行债务项下的权利限制解除

为担保招商银行广州分行债务，广河项目公司与招商银行广州分行已签署《质押合同》，并约定由广河项目公司以贷款份额对应比例的广河高速项目收费权对应的应收账款向招商银行广州分行提供质押担保。经查询中国人民银行征信中心动产融资统一登记公示系统，前述质押已办理动产融资登记手续。

就上述权利限制，广河项目公司与招商银行广州分行已签署《固定资产借款合同补充合同》（合同编号：120HT2020209709 补 2），并约定："贷款人知悉并同意广州至河源高速公路广州段因发行公开募集基础设施领域不动产投资信托基金而涉及的以下事项，包括……借款人在基础设施 REITs 发行后需提前归还借款人欠付贷款人的全部债务，债务清偿后贷款人配合借款人办理完毕全部担保（包括但不限于质押担保等）注销手续、解除账户监管。"

3. 浦发债务项下的权利限制解除

为担保浦发银行广州分行债务，广河项目公司与浦发银行广州分行签署了《应收账款最高额质押合同》（编号：ZZ8223202000000006）及《应收账款最高额质押合同补充合同》，并约定由广河项目公司以贷款份额对应比例的广河高速项目收费权对应的应收账款向浦发银行广州分行提供质押担保。经查询中国人民银行征信中心动产融资统一登记公示系统，前述质押已办理动产融资登记手续。

就上述权利限制，广河项目公司与浦发银行广州分行已签署《固定资产贷款合同补充合同》（合同编号：82012020281154－2），并约定："贷款人知悉并同意广州至河源高速公路广州段因发行公开募集基础设施领域不动产投资信托基金而涉及的所有相关事项，仅包括……借款人在基础设施 REITs 发行后可以提前归还借款人欠付贷款人的部分或全部债务；为基础设施 REITs 发行之目的，在取得证监会同意基础设施 REITs 注册的文件后，贷款人应按照借款人通知在其指定时间内（但不晚于基础设施 REITs 发行前）配合办理完毕全部担保（如有，包括但不限于质押担保等）注销手续并解除账户监管。"

（三）基础设施资产的转让限制

1. 法律对收费公路项目公司股权及收费权转让的限制

仅就收费公路项目公司股权转让，在《关于公路经营企业产权（股权）转让有关问题的通知》(交财发〔2010〕739号,以下简称739号文)被废止之前,收费公路项目公司股权转让需要取得交通运输管理部门的批准,或者履行备案程序。2017年5月17日由交通运输部、国家发展和改革委员会、财政部联合发布的《关于进一步规范收费公路权益转让行为的通知》(交财审发〔2017〕80号)废止了739号文。因此,根据国家及地方层面现行有效的法律法规,可以理解为收费公路项目公司的股权转让无须履行交通运输管理部门的审批或备案程序。

仅就收费公路项目收费权转让,根据交通运输部、国家发展改革委、财政部《关于做好公路收费权转让备案工作的通知》(交财审函〔2018〕782号)的规定,公路收费权转让由审批制改为备案制,各级交通运输主管部门不得以任何理由继续保留该审批事项或者为备案设置前置条件。因此,根据国家及地方层面现行有效的法律法规,可以理解为收费公路项目收费权转让无须履行交通运输管理部门的审批程序。

虽有上述规定,作为广州市交通运输管理部门及《初始特许经营协议》《初始特许经营协议之补充协议》签署方的广州市交通运输局仍于2020年11月17日作出了《广州市交通运输局关于以广河高速(广州段)发行公募REITs的复函》(〔2020〕690号,以下简称《广州市交通局复函》),同意广河高速项目的股权转让。

2.《初始特许经营协议》对股权和资产转让的限制

《初始特许经营协议》第6.01(3)条约定:"在特许经营期内,项目公司股权结构的变更,包括股权融资、债权融资或公路经营权有偿转让或项目公司内部股权结构的调整等等,均应将融资方案(包括融资方式、资产评估结果、融资期等)报请政府批准。"

《初始特许经营协议》第5.03条约定:"未经招标人事先书面同意,项目公司不能转让本合同或本合同项下任何权利或义务,或其任何资产。"

广州市交通运输局已作出《广州市交通运输局关于以广河高速(广州段)发行公募REITs的复函》,同意广河高速项目股权转让。虽项目公司未就《初始特许经营协议》项下资产转让限制另行取得广州市交通运输局的批准,但是鉴于广州市交通运输局亦为批准《初始特许经营协议》项下资产转让的有权机构,鉴于广州市交通运输局已出具《广州市交通运输局关于以广河高速(广州段)发行公募REITs的复函》,可以视为广州市交通运输局对股权转让可能涉及的资产转让无异议。

3. 国有资产转让限制

广河项目公司由广州交投 100% 持股，广州交投由广州市人民政府国有资产监督管理委员会 100% 持股，因此转让行为涉及企业国有产权转让。根据《企业国有资产交易监督管理办法》（国务院国有资产监督管理委员会、中华人民共和国财政部令第 32 号，以下简称 32 号令），转让行为应履行企业国有产权转让的相关程序。

2020 年 12 月 14 日，广州市国资委作出了《关于交投集团基础设施 REITs 试点广河项目股权转让环节国有资产交易程序的复函》（穗国资函〔2020〕77 号），出具意见如下：基础设施 REITs 是通过证券交易所公开发行的金融产品，执行中国证监会公布的《基础设施基金指引》等证券监管制度，遵循等价有偿和公开公平公正的原则公开规范发行，无须另行履行国有资产进场交易程序。

4. 项目公司融资文件的转让限制

项目公司与工商银行庙前支行、招商银行广州分行、浦发银行广州分行的借款合同中均约定，项目公司在进行股权转让等重大事项前须首先征得银行的书面同意。

就此，项目公司分别工商银行庙前支行、招商银行广州分行、浦发银行广州分行签订了书面文件，各银行书面确认知悉并同意因项目公开发行募集基础设施领域不动产投资信托基金而涉及的事项，包括借款人股东将其持有的借款人股权转让至基础设施 REITs 项下的主体，通过书面文件对原借款合同中的转让限制予以豁免。

（四）项目公司未取得土地权属证书

广河高速项目尚未办理土地使用证，所涉土地由原国土资源部和当地人民政府依据相关批复提供。相关风险缓释措施如下。

1. 虽然广河高速项目尚未办理建设用地使用权登记，但是项目用地是由原国土资源部根据《国土部用地批复》及《国土厅用地批复》批准使用及提供，应未触发《土地管理法》第 77 条规定的“未经批准……非法占用土地的，由县级以上人民政府自然资源主管部门责令退还非法占用的土地……没收在非法占用的土地上新建的建筑物和其他设施，可以并处罚款；对非法占用土地单位的直接负责的主管人员和其他直接责任人员,依法给予处分;构成犯罪的,依法追究刑事责任……”的情形。

2. 2020年12月21日,广州市规划和自然资源局作出了《广州市规自局复函》,复函载明,广州市规划和自然资源局对新设广河项目公司在特许经营期内合法使用广河高速划拨土地无异议。

3. 原始权益人广州交投与市高公司于2020年10月出具了《承诺函》,广州交投与市高公司承诺:市高公司未取得单独的用地批准书、划拨决定书等用地文件不影响市高公司就广河高速(广州段)项目享有的特许经营权及项目占用范围内土地的使用权,市高公司尚未就上述事宜受到相关行政处罚或监管措施。

4. 于原始权益人签署的《股权转让协议》中,将由原始权益人承诺并保证合法持有基础设施资产,若因该等承诺与保证不实而导致专项计划遭受相关损失,由原始权益人承担。

第二章　仓储物流 REITs 案例

第一节 中金普洛斯仓储物流 REITs[①]

中金普洛斯仓储物流封闭式基础设施证券投资基金于2021年6月21日在上交所上市，证券简称为“中金普洛斯 REITs”，证券代码为“508056”，基金合同期限50年，募集份额总额为15亿份。

一、投资基金基本信息（见表2-1）

表2-1　中金普洛斯 REITs 基本信息

基金名称	中金普洛斯仓储物流封闭式基础设施证券投资基金
基础设施项目类型	仓储物流
原始权益人	普洛斯中国控股有限公司
基金管理人	中金基金管理有限公司
专项计划管理人	中国国际金融股份有限公司
托管人	兴业银行股份有限公司
注册生效日期	2021年5月17日

二、基金交易结构

本基金基金合同生效后首次投资的基础设施资产支持证券为“中金－普洛斯

① 《中金普洛斯仓储物流封闭式基础设施证券投资基金招募说明书（草案）》，载于上海证券交易所官网，http://static.sse.com.cn/bond/bridge/information/c/202105/8a1c4f69ad0a474da894f184794c8487.pdf。

仓储物流基础设施资产支持专项计划基础设施资产支持证券”,并将通过持有该资产支持证券全部份额,持有北京普洛斯空港物流发展有限公司、普洛斯(广州)保税仓储有限公司、广州普洛斯仓储设施管理有限公司、佛山市顺德区普顺物流园开发有限公司、苏州普洛斯望亭物流园开发有限公司、昆山普淀仓储有限公司6家项目公司(以下简称项目公司)的全部股权和对该等项目公司的全部股东债权,进而持有普洛斯北京空港物流园、普洛斯通州光机电物流园、普洛斯广州保税物流园、普洛斯增城物流园、普洛斯顺德物流园、苏州望亭普洛斯物流园、普洛斯淀山湖物流园7处基础设施资产(以下简称目标基础设施资产)。本基金通过资产支持专项计划受让项目公司股权前,上述项目公司均由注册在我国香港特别行政区的普洛斯中国控股有限公司间接全资持有,其中广州普洛斯仓储设施管理有限公司为普洛斯(广州)保税仓储有限公司的全资子公司,其余项目公司均为外商独资企业。

(一)交易结构图(见图2-1)

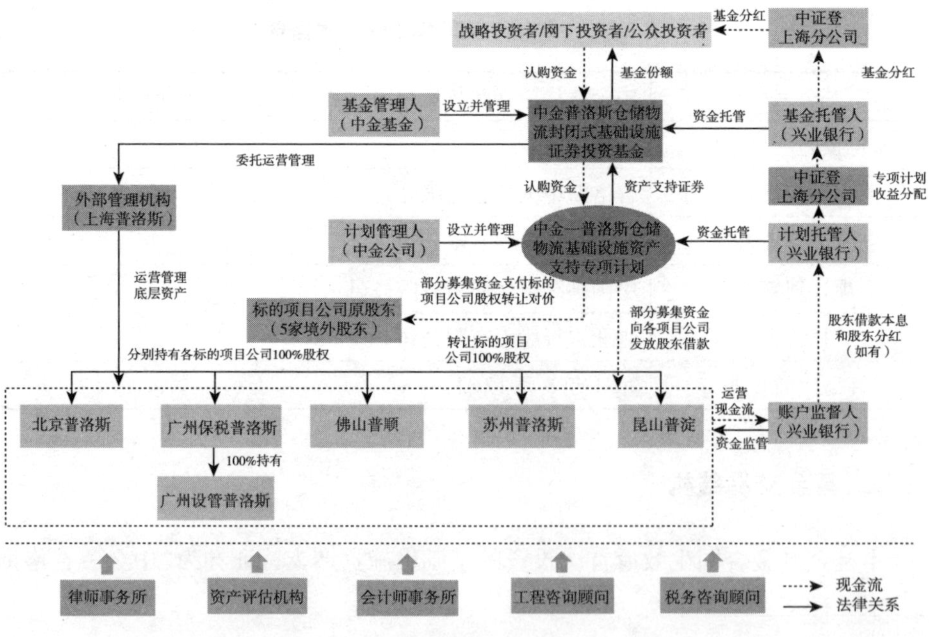

图2-1 中金普洛斯 REITs 交易结构

(二)交易步骤

1. 基金合同成立、生效与基金投资

(1)计划管理人中国国际金融股份有限公司获得上海证券交易所关于同意基础设施资产支持证券挂牌的无异议函,基金管理人中金基金管理有限公司获得上海证券交易所关于同意基础设施基金上市的无异议函以及中国证监会关于准予基础设施基金注册的批文。

(2)基金管理人委托中国国际金融股份有限公司担任基础设施基金财务顾问,办理基础设施基金份额发售的路演推介、询价、定价、配售等相关业务活动。基础设施基金份额认购价格通过向网下投资者询价的方式确定。网下询价结束后,中金基金向投资者公告基金份额的认购价格。投资者以询价确定的认购价格参与基础设施基金份额认购。

(3)本基金募集资金扣除募集期的认购资金利息以及基金成立初期的必要税费外,全部投资于由中金公司作为计划管理人发行的"中金 - 普洛斯仓储物流基础设施资产支持专项计划基础设施资产支持证券",基金管理人(代表基金的利益)成为该基础设施资产支持证券的单一持有人。"中金 - 普洛斯仓储物流基础设施资产支持专项计划"设立之日即本次发行权利义务转移日,自权利义务转移日起,计划管理人(代表专项计划的利益)即成为标的项目公司的所有权人,即标的项目公司的唯一股东,就广州普洛斯仓储设施管理有限公司而言,系间接唯一股东。本基金通过基础设施资产支持证券持有基础设施项目公司的全部股权和对项目公司的全部股东债权,通过资产支持证券和项目公司等载体取得基础设施项目完全所有权或经营权利。

2. 资产支持专项计划的设立与投资

(1)专项计划的设立

计划管理人将专项计划募集资金(不包括利息,代扣银行手续费)全部划转至已开立的专项计划账户。认购资金划入专项计划账户之日为专项计划设立日。计划管理人于该日宣布专项计划设立并于该日或其后第一个工作日通知所有认购人,并在专项计划设立日起 5 个工作日内向计划托管人提交验资报告。

(2)专项计划的投资

计划管理人(代表专项计划的利益)可以在有效控制风险、保持流动性、不影响当期分配的前提下,以现金管理为目的,将专项计划资金进行合格投资。待各项目公司完成向项目公司境外股东支付分红款、清缴相应税务、办理工商登记等交割手续后,计划管理人(代表专项计划的利益)将根据《股权转让协议》的约定向项目公司境外股东支付股权转让价款并完成预提所得税的代扣代缴。具体流程如下。

①专项计划税费预留

专项计划募集的认购资金划至专项计划账户后,计划管理人应预留部分专项计划资金用于支付必要的专项计划费用,包括向登记机构支付证券登记费、缴纳《股权转让协议》项下应由买方承担的印花税等。

②专项计划基础资产的投资安排

——债权投资

计划管理人(代表专项计划的利益)通过发放股东借款的形式完成对各项目公司的债权投资,定向用于项目公司向原股东支付分红款及预提所得税以及偿付项目公司借款本金及其应付利息(如有)。

——股权收购

计划管理人(代表专项计划的利益)向各项目公司境外股东收购标的项目公司的全部股权。广州普洛斯仓储设施管理有限公司系普洛斯(广州)保税仓储有限公司的全资子公司,计划管理人(代表专项计划的利益)通过收购普洛斯(广州)保税仓储有限公司的100%股权间接取得广州普洛斯仓储设施管理有限公司的100%股权。

《股权转让协议》约定各项目公司境外股东根据《股权转让协议》约定的条款及条件,分别将其持有的标的股权转让予计划管理人(代表专项计划的利益)。根据《股权转让协议》的约定,自专项计划设立之日起,计划管理人(代表专项计划的利益)即成为标的股权的所有权人,即各项目公司的唯一股东(就广州普洛斯仓储设施管理有限公司而言,系间接唯一股东)享有标的股权所附带的一切权利和利益,并承担相应的股东义务。

③合格投资

在《专项计划标准条款》允许的范围内,计划管理人(代表专项计划的利益)

可以在有效控制风险、保持流动性、不影响当期分配的前提下，以现金管理为目的，将专项计划资金进行合格投资。

3. 标的股权交割及股权收购价款孳息安排

(1)标的股权交割安排

①股权交割

根据《股权转让协议》的约定，自专项计划设立日起，计划管理人(代表专项计划的利益)将成为标的股权的所有权人，即标的项目公司的唯一股东，享有标的股权所附带的一切权利和利益，并承担相应的股东义务。

②工商变更登记及其他相关手续

根据《股权转让协议》的约定，标的项目公司应在计划管理人(代表专项计划的利益)支付标的股权收购价款之前办理完成标的股权变更至计划管理人名下的工商变更登记手续。标的项目公司均为外商投资企业，本次股权收购完成后，标的项目公司将变更为内资企业。根据相关监管规则，原则上在办理标的项目公司工商变更登记手续后视同已提交外商投资企业注销报告，相关信息将由市场监督管理部门推送至商务主管部门，标的项目公司无须另行报送。此外，标的项目公司将在公司所在地可办理相关业务的银行办理外商投资企业基本信息登记变更手续。

③标的股权收购价款支付安排

在《股权转让协议》约定的前提条件被计划管理人(根据基金管理人指示)确认满足或豁免的前提下，计划管理人(代表专项计划的利益)将向各项目公司境外股东一次性支付标的股权的收购价款。

本次股权收购涉及向项目公司境外股东支付股权收购价款，计划管理人(代表专项计划的利益)作为境内买方对外支付股权收购价款将按相关监管要求在主管税务机关办理对外支付税务备案手续，并代扣代缴项目公司境外股东的企业所得税。完成税务备案手续后，根据外汇监管相关规则，计划管理人(代表专项计划的利益)在完成相关登记手续后在可办理相关业务的银行办理对外支付手续。

《股权转让协议》约定的标的股权收购价款支付前提条件主要包括：基金已完成募集并设立、专项计划资金已经募集到位并设立、《股权转让协议》及《股东借款合同》等相关协议已经签署并有效、项目公司的特定债务已经全部清偿、标的项目公司100%股权已经工商变更登记至计划管理人名下,且各项目公司的法定代表人已在工商变更登记为基金管理人指定人员、董事/执行董事、监事、经理(如设经理),项目公司章程已提交市场监督管理局完成备案等。

(2)股权收购价款孳息安排

根据《股权转让协议》的约定,股权收购价款在专项计划设立日至专项计划实际向项目公司境外股东支付股权收购价款期间产生的孳息拟按照固定计息期限(90日)、届时计划管理人(代表专项计划利益)与计划托管人签署的合格投资相关协议约定的利率水平计算,并支付予项目公司境外股东。基于上述安排,目前《股权转让协议》约定向标的项目公司境外股东支付股权转让对价款的时间为在专项计划设立90日以后,并依据《股权转让协议》约定的其他付款时间前提条件达成后进行支付。

4.基金与资产支持专项计划的投资运作

(1)基金管理人及计划管理人根据基金和资产支持专项计划相关文件的约定,承担资产管理责任。基金管理人主动运营管理基础设施项目,以获取基础设施项目租金、收费等稳定现金流及基础设施资产增值为主要目的,并将90%以上合并后基金年度可供分配金额向基金份额持有人进行分红,每年不得少于1次。计划管理人执行基金管理人(代表基金的利益)作为资产支持证券单一持有人的决定。

(2)基金管理人委托原始权益人在境内的投资管理平台普洛斯投资(上海)有限公司担任基础设施基金的外部管理机构,在法律、法规允许的范围内负责基础设施项目的日常运营管理、制定及落实仓储物流运营策略等。

(3)兴业银行受托担任基金和资产支持专项计划的托管人("基金托管人"与"计划托管人")以及项目公司账户的监督人,主要负责保管基金财产、权属文件;监督重要资金账户及资金流向;监督、复核基金管理人的投资运作、收益分配、信息披露及保险购买情况等;监督项目公司运营收入、支出及借入款项的资金安排等。

三、基础设施项目概况

目标基础设施资产由7个仓储物流园组成,分布于京津冀、长三角、大湾区三大城市群,建筑面积合计约 704,988 平方米。截至 2020 年 12 月 31 日,目标基础设施资产合计平均出租率约 98.72%,合同租金及管理费平均约 40.04 元/月/平方米,估值合计约 53.46 亿元。

(一)普洛斯北京空港物流园

普洛斯北京空港物流园位于北京顺义空港物流基地范围内,紧邻首都国际机场,毗邻北京天竺综合保税区。顺义空港物流基地是 2002 年经北京市政府批准设立的北京市唯一的航空 - 公路国际货运枢纽型物流基地,位于北京市高端产业功能区——临空经济区的核心区。顺义空港物流基地引进包括 TNT、日本邮船、日本住友等世界 500 强企业以及中外运、近铁、宅急送、嘉民、安博、宝供等国内外知名物流企业,产业氛围浓厚。

(二)普洛斯通州光机电物流园

普洛斯通州光机电物流园在北京市东南部中关村科技园 - 光机电一体化产业基地范围内,紧邻通州新城核心区,与亦庄经济技术开发区仅一路之隔,地理位置优越。园区主要功能定位为高新技术产业研发和高端制造业,周边高科技企业和高端制造企业聚集,产业氛围浓厚。

(三)普洛斯广州保税物流园

普洛斯广州保税物流园位于广东省广州市广州经济技术开发西区的保税区范围内,位于广州保税区的主入口处,区位条件优越。广州保税区分为一期和二期,一期主要发展商业贸易、仓储、展示、商业性简单加工、码头及公共服务等行业;二期主要用于发展电子信息制造业等高科技产业。保税区内拥有先进的物流仓储,具有保税仓储、保税展示、保税物流和保税加工等多重功能,产业集聚度高,产业氛围较好。

(四)普洛斯增城物流园

普洛斯增城物流园位于广东省广州市增城经济技术开发区范围内,其大致范围北至南香山山脚、南至荔新公路、东至仙宁公路西面、西至东陵公司用地(与永和经济开发区相邻),处于广州“东进”轴线上。普洛斯增城物流园周边以工业园为主,主要项目有中豪高新科技园、沙埔银沙工业区、奥航仙村物流园等,工业集聚度高,产业氛围浓厚。

(五)普洛斯顺德物流园

普洛斯顺德物流园位于广东省佛山市顺德科技工业园区范围内,该区东临广州番禺,距广州市南沙港23.5公里。以太澳高速(广珠西线南延线)、广州番禺西部干线、顺番公路、南顺城际轨道为主要对外交通干线,与广东第三大内河港口顺德港仅一河之隔。周边以汽车制造业等产业为主,产业聚集度高,主要项目有丰田合成(佛山)汽车部品有限公司、佛山市东海理化汽车部件有限公司、广东富士电梯有限公司等,产业氛围浓厚。

(六)苏州望亭普洛斯物流园

苏州望亭普洛斯物流园位于江苏省苏州市望亭国际物流园内,园区临苏州次干道望东路,道路交通便利。园区先后有盛丰物流、通联物流、普洛斯、点通物流、中顺国际、大田物流、海联物流、丰亿物流、越海全球物流、盐云实业、配套服务中心等项目进驻,产业集聚度高,产业氛围浓厚。

(七)普洛斯淀山湖物流园

普洛斯淀山湖物流园位于江苏省苏州市沿淀山湖镇东北角,紧邻北青公路,毗邻上海青浦区。园区周边工业氛围良好,高端电子信息、机械制造、工业加工类企业较为集中,包括华伟纳精密工具(昆山)有限公司、维亚通用机电(昆山)有限公司、华格电子(上海)有限公司等;仓储物流产业集聚度一般,周边物流园区有神州数码物流园、骏辉物流园等。

四、项目公司概况

7处基础设施资产项目分属6家项目公司,项目公司持有基础设施资产项目明细见表2-2:

表 2－2 项目公司及基础设施资产

序号	项目公司名称	项目名称
1	北京普洛斯空港物流发展有限公司	普洛斯北京空港物流园
		普洛斯通州光机电物流园
2	普洛斯(广州)保税仓储有限公司	普洛斯广州保税物流园
3	广州普洛斯仓储设施管理有限公司	普洛斯增城物流园
4	佛山市顺德区普顺物流园开发有限公司	普洛斯顺德物流园
5	苏州普洛斯望亭物流园开发有限公司	苏州望亭普洛斯物流园
6	昆山普淀仓储有限公司	普洛斯淀山湖物流园

(一)北京普洛斯(空港物流发展有限公司)(见表 2－3)

表 2－3 北京普洛斯空港物流发展有限公司基本情况

名称	北京普洛斯空港物流发展有限公司
类型	有限责任公司(法人独资)
住所	北京市顺义区北京空港物流基地顺畅大道 15 号
法定代表人	邵晓晔
注册资本	人民币 22,773.865134 万元
成立日期	2005 年 4 月 11 日
营业期限	无固定期限
经营范围	标准厂房及仓储设施的建设和经营管理;货物仓储、配送服务;信息咨询服务(市场主体依法自主选择经营项目,开展经营活动;依法须经批准的项目,经相关部门批准后依批准的内容开展经营活动;不得从事国家和本市产业政策禁止和限制类项目的经营活动)

(二)普洛斯(广州)保税仓储有限公司(见表 2－4)

表 2－4 普洛斯(广州)保税仓储有限公司基本情况

名称	普洛斯(广州)保税仓储有限公司
类型	有限责任公司(法人独资)
住所	广州保税区保盈西路 12 号

续表

法定代表人	邵晓晔
注册资本	人民币24,921.893897万元
成立日期	2004年11月16日
营业期限	无固定期限
经营范围	其他仓储业(不含原油、成品油仓储、燃气仓储、危险品仓储);物业管理

(三)广州普洛斯仓储设施管理有限公司(见表2-5)

表2-5　广州普洛斯仓储设施管理有限公司基本情况

名称	广州普洛斯仓储设施管理有限公司
类型	有限责任公司(法人独资)
住所	广州市增城区荔新九路1号首层
法定代表人	邵晓晔
注册资本	人民币5000万元
成立日期	2005年10月20日
营业期限	无固定期限
经营范围	其他仓储业(不含原油、成品油仓储、燃气仓储、危险品仓储);仓储咨询服务

(四)佛山市顺德区普顺物流园开发有限公司(见表2-6)

表2-6　佛山市顺德区普顺物流园开发有限公司基本情况

名称	佛山市顺德区普顺物流园开发有限公司
类型	有限责任公司(外商投资企业法人独资)
住所	佛山市顺德区大良街道五沙顺德科技工业园A区西-8-1地块之二
法定代表人	邵晓晔
注册资本	人民币11,403.330100万元
成立日期	2007年2月14日
营业期限	无固定期限

续表

经营范围	开发建设物流仓储设施及工业厂房，出租物业及提供物业管理服务（不含法律、行政法规以及国务院决定须经许可经营的房地产开发经营项目）（以上项目不涉及外商投资准入特别管理措施）（依法须经批准的项目，经相关部门批准后方可开展经营活动）（依法须经批准的项目，经相关部门批准后方可开展经营活动）

（五）苏州普洛斯望亭物流园区开发有限公司（见表 2－7）

表 2－7　苏州普洛斯望亭物流园开发有限公司基本情况

名称	苏州普洛斯望亭物流园开发有限公司
类型	有限责任公司（非自然人投资或控股的法人独资）
住所	苏州市相城区望亭镇海盛路 68 号
法定代表人	邵晓晔
注册资本	人民币 2980 万元
成立日期	2007 年 6 月 13 日
营业期限	无固定期限
经营范围	仓储设施的建设、经营（道路货物运输除外），并提供相关的咨询服务和物业管理服务（涉及许可经营的项目凭许可证经营）（依法须经批准的项目，经相关部门批准后方可开展经营活动）

（六）昆山普淀仓储有限公司（见表 2－8）

表 2－8　昆山普淀仓储有限公司基本情况

名称	昆山普淀仓储有限公司
类型	有限责任公司（非自然人投资或控股的法人独资）
住所	江苏省昆山市淀山湖镇双马路 1 号房、2 号房
法定代表人	邵晓晔
注册资本	人民币 36,875.57 万元
成立日期	2008 年 10 月 6 日
营业期限	无固定期限
经营范围	普通货物的仓储（不含运输）和仓储胚配套服务，仓储设施的开发建设、经营以及相关的技术咨询服务（依法须经批准的项目，经相关部门批准后方可开展经营活动）

五、原始权益人概况

(一)基本情况(见表2-9)

表2-9 普洛斯中国控股有限公司基本情况

名称	普洛斯中国控股有限公司(GLP China Holdings Limited)
类型	公众股份有限公司
住所	香港中环皇后大道15号置地广场公爵大厦33楼
负责人	MINGZHIMEI
注册资本	6,958,064,752.00美元
成立日期	2013年10月15日
经营范围	业务性质为投资控股,其在中国境内的主要业务为现代仓储开发、经营和物流相关业务

(二)股权结构(见表2-10)

表2-10 普洛斯中国控股有限公司股权结构

序号	股东名称	持股数(股)	股权比例(%)
1	CLH Limited	4,600,564,753	66.21
2	Khangai Company Limited	1,316,250,000	18.94
3	Khangai Ⅱ Company Limited	778,839,422	11.21
4	GLPAssociates(Ⅱ)LLC	131,715,446	1.90
5	GLPAssociates(Ⅰ)Limited	121,072,268	1.74
合计		6,948,441,889	100.00

六、基础设施项目合规情况

(一)项目权属

1.普洛斯北京空港物流园

普洛斯北京空港物流园分为两期开发建设,一期、二期项目均已竣工并已取得《房屋所有权证》，其中一期项目产权证证载建筑面积为 76，446.77 平方米，二期项目产权证证载建筑面积为 54，092.92 平方米。

2. 普洛斯通州光机电物流园

普洛斯通州光机电物流园系由北京普洛斯于 2009 年自铭林置业处通过资产收购取得。普洛斯通州光机电物流园项目已竣工并已取得《房屋所有权证》，产权证证载建筑面积为 45，597.37 平方米。

3. 普洛斯广州保税物流园

普洛斯广州保税物流园分为两期开发建设，一期、二期项目均已竣工并已取得《房地产权证》，其中一期项目产权证证载建筑面积为 16，187.4524 平方米，二期项目产权证证载建筑面积为 28，013.4 平方米。

4. 普洛斯增城物流园

普洛斯增城物流园分为两期，普洛斯增城物流园已竣工并已取得《不动产权证书》，产权证证载建筑面积为 109，093.39 平方米。

5. 普洛斯顺德物流园

普洛斯顺德物流园分为三期开发建设，一期、二期和三期项目均已竣工并已取得《房地产权证》和《不动产权证书》，其中一期项目产权证证载建筑面积为 43，836.08平方米，二期和三期项目产权证证载建筑面积共计 61，172.17 平方米。

6. 苏州望亭普洛斯物流园

苏州望亭普洛斯物流园分为三期开发建设，一期、二期、三期项目均已竣工并已取得《房屋所有权证》及《不动产权证书》，其中一期项目产权证证载建筑面积为 34，540.87 平方米，二期和三期项目产权证证载建筑面积共计 57，607.32 平方米。

7. 普洛斯淀山湖物流园

普洛斯淀山湖物流园分为三期开发建设，一期、二期、三期项目均已竣工并已取得《房屋所有权证》及《不动产权证书》，其中一期项目产权证证载建筑面积为 53，257.26平方米，二期项目产权证证载建筑面积为 60，732.03 平方米，三期项目产权证证载建筑面积为 64，411.86 平方米。

目标基础设施资产的国有土地使用证/房地产权证/不动产权证书记载的土地使用权到期日为 2054～2064 年，具体情况见表 2－11：

表2-11 基础设施资产土地使用权到期日

序号	项目名称	土地到期日
1	普洛斯北京空港物流园	2054年8月18日、2057年10月30日
2	普洛斯通州光机电物流园	2056年3月23日
3	普洛斯广州保税物流园	2054年11月21日、2057年4月15日
4	普洛斯增城物流园	2056年10月15日、2057年6月28日
5	普洛斯顺德物流园	2057年3月19日、2057年6月29日
6	苏州望亭普洛斯物流园	2057年10月7日
7	普洛斯淀山湖物流园	2060年5月7日、2063年9月12日、2064年3月25日

(二)项目固定资产投资管理手续

1.项目审批、核准或备案手续(见表2-12)

表2-12 普洛斯基础设施资产项目审批、核准或备案手续

项目名称	文件名称/文件编号	发文机关/登记机关
普洛斯北京空港物流园	《关于北京普洛斯空港物流项目核准的批复》(京发改〔2005〕1919号)	北京市发改委
	《关于普洛斯空港物流二期项目核准的批复》(京发改〔2007〕361号)	北京市发改委
	《关于普洛斯空港物流二期项目重新核准的批复》(京发改〔2010〕1787号)	北京市发改委
普洛斯通州光机电物流园	《项目备案通知书》{京通州发改(备)〔2007〕24号}	通州区发展和改革委员会(加盖北京市通州区固定资产投资建设项目备案专用章)
普洛斯广州保税物流园	《关于设立外资企业普洛斯(广州)保税开发有限公司的批复》(穗保项目〔2004〕153号)	广州保税区管理委员会
普洛斯增城物流园	《广东省基本建设投资项目备案证》(备案项目编号080183580010209)	增城区发展和改革局

续表

项目名称	文件名称/文件编号	发文机关/登记机关
普洛斯顺德物流园	《关于外商独资经营佛山市顺德区普顺物流园开发有限公司项目申请报告的核准意见》(顺发改资〔2007〕29 号)	佛山市顺德区发展和改革局
苏州望亭普洛斯物流园	《关于核准苏州普洛斯望亭物流园开发有限公司物流建设项目的通知》(苏发改服务发〔2007〕833 号)	江苏省发展改革委员会
普洛斯淀山湖物流园	《关于同意设立昆山普淀仓储有限公司的批复》(苏外经贸资审字〔2008〕第 15066 号)	江苏省对外贸易经济合作厅
	《关于"昆山普淀仓储有限公司"增资及修改公司章程的请示报告》(昆商资字〔2013〕251 号)	昆山市商务局
	《关于昆山普淀仓储有限公司增资建设淀山湖普洛斯物流园(二期)项目核准的批复》(昆发改高〔2013〕22 号)	昆山市发展和改革委员会
	昆山市发展和改革委员会《关于昆山普淀仓储有限公司增资建设昆山淀山湖普洛斯物流园三期工程项目核准的批复》(昆发改高〔2013〕47 号)	昆山市发展和改革委员会

2. 规划、用地、环评情况手续

(1)普洛斯北京空港物流园(见表 2-13)

表 2-13 普洛斯北京空港物流园规划、用地、环评手续

期数	文件名称	文件编号	发文机关/登记机关
一期	建设工程规划许可证	2006 规(顺)建字 0022 号	原北京市规划委员会
		2007 规(顺)建字 0208 号	
		2007 规(顺)建字 0087 号	
	规划意见书	2005 规(顺)意字 0143 号	原北京市规划委员会
	国有土地使用证	京顺国用(2005 出)第 0134 号	北京市顺义区国土资源和房屋管理局

续表

期数	文件名称	文件编号	发文机关/登记机关
	房屋所有权证	X京房权证顺涉外字第204881号	北京市顺义区建设委员会
		X京房权证顺字第220658号	
		X京房权证顺字第219779号	
	环评批复	《关于北京空港物流园区环境影响报告表的批复》(京环保监督审字〔2002〕473号)	北京市环境保护局
二期	建设工程规划许可证	2008规(顺)建字0133号	原北京市规划委员会
		2008规(顺)建字0151号	
		2010规(顺)建字0185号	
	建设用地规划许可证	2007规(顺)地字0062号	原北京市规划委员会
	国有土地使用证	京顺国用(2008出)字第00004号	原北京市国土资源局
	房屋所有权证	X京房权证顺字第285013号	北京市顺义区住房和城乡建设委员会
		X京房权证顺字第273969号	
	环评批复	《北京市环境保护局关于普洛斯北京空港物流园二期项目环境影响报告表的批复》(京环审〔2007〕136号)	北京市环境保护局

(2)普洛斯通州光机电物流园(见表2-14)

表2-14 普洛斯通州光机电物流园规划、用地、环评手续

文件名称	文件编号	发文机关/登记机关
建设工程规划许可证	2007规(通)建字0053号	原北京市规划委员会
建设用地规划许可证	2006规(通)地字0001号	未载明
国有土地使用证	京通国用(2010出)第011号	原北京市国土资源局
房屋所有权证	X京房权证通字第1000734号	北京市通州区住房和城乡建设委员会
环评批复	《关于对"北京铭林国际企业中心项目二期"建设项目环境影响报告表的批复》(通环管字〔2007〕201号)	北京市通州区环境保护局

(3)普洛斯广州保税物流园(见表 2－15)

表 2－15　普洛斯广州保税物流园规划、用地、环评手续

期数	文件名称	文件编号	发文机关/登记机关
一期	建设用地规划许可证	穗城规(开)地字〔2005〕第 01 号	广州市城市规划局、广州经济技术开发区规划国土建设局
	建设工程规划许可证	穗城规开建字〔2005〕第 01 号、穗开规建证〔2005〕135 号	广州经济技术开发区规划国土建设局
	房地产权证	粤房地权证穗字第 0510000396 号	广州市国土资源和房屋管理局
	环评批复	《关于普洛斯广州保税区物流园周转库建设项目环境影响报告表的审查意见》(穗开环保影字〔2004〕271 号)	广州经济技术开发区环境保护局
二期	建设工程规划许可证	穗开(规)地〔2007〕94 号	广州市城市规划局、广州经济技术开发区规划国土建设局
	建设工程规划许可证	穗开规建证〔2007〕252 号	广州经济技术开发区规划国土建设局
	国有土地使用证	07 国用(05)第 000078 号	广州市国土资源和房屋管理局
	房地产权证	粤房地权证穗字第 0510003470 号	广州市国土资源和房屋管理局
	环评批复	《关于普洛斯广州保税区物流园周转库二期建设项目环境影响报告表的审查意见》(穗开环保影字〔2005〕226 号)	广州经济技术开发区环境保护局

(4)普洛斯增城物流园(见表2-16)

表2-16 普洛斯增城物流园规划、用地、环评手续

文件名称	文件编号	发文机关/登记机关
建设用地规划许可证	地字建第440183200800042号	增城区规划局
	地字建第440183200800043号	
	地字建第440183200800044号	
建设工程规划许可证	建字第440183200900244号	增城区城乡规划局
	建字第440183200900246号	
	建字第440183200900245号	
	建字第440183200900242号	
	建字第440183200900247号	
	建字第440183200900243号	
	建字第440183200900239号	
	建字第440183200900240号	
	建字第440183200900241号	
	建字第440183200900302号	
	建字第440183200900303号	
国有土地使用证	增国用(2008)第B0401586号	原增城区国土资源和房屋管理局
	增国用(2008)第C0400283号	
	增国用(2008)第C0400282号	
不动产证书	粤(2016)广州市不动产权第10210799号	原广州市国土资源和规划委员会
	粤(2016)广州市不动产权第10210796号	
	粤(2016)广州市不动产权第10210806号	
	粤(2016)广州市不动产权第10210805号	
	粤(2016)广州市不动产权第10210804号	
	粤(2016)广州市不动产权第10210797号	
	粤(2016)广州市不动产权第10210798号	
	粤(2016)广州市不动产权第10210803号	
	粤(2016)广州市不动产权第10210795号	
	粤(2016)广州市不动产权第10210800号	
	粤(2016)广州市不动产权第10210801号	

续表

文件名称	文件编号	发文机关/登记机关
环评批复	《关于〈增城普洛斯汽车零配件产业物流园环境影响报告表〉的审查意见》(增环影〔2008〕075 号)	原增城区环境保护局

(5)普洛斯顺德物流园(见表 2-17)

表 2-17　普洛斯顺德物流园规划、用地、环评手续

期数	文件名称	文件编号	发文机关/登记机关
一期	建设用地规划许可证	顺规地证(2007)00106	原佛山市规划局顺德分局
	建设工程规划许可证	佛顺建证(2007)000591	原佛山市规划局顺德分局
	房地产权证	粤房地权证佛字第 0300090898 号	佛山市住房和城乡建设局
	环评批复	《顺德区建设项目环境影响报告批准证》(批准号:20071652)	原佛山市顺德区环境保护局
二期	建设用地规划许可证	顺规地证(2007)00385	原佛山市规划局顺德分局
	建设工程规划许可证	建字第 440606201116388 号	原佛山市顺德区发展规划和统计局
	不动产权证	粤(2017)顺德区不动产权第 1117093236 号	佛山市顺德区国土城建和水利局
	环评批复	《顺德区建设项目环境影响报告批准证》(批准号:良 20110139)	佛山市顺德区环境运输和城市管理局
三期	建设用地规划许可证	顺规地证(2007)00385	佛山市规划局顺德分局
	建设工程规划许可证	建字第 440606201510096 号	原佛山市顺德区发展规划和统计局
	不动产权证	粤(2017)顺德区不动产权第 1117093236 号	佛山市顺德区国土城建和水利局
	环评批复	《顺德区建设项目环境影响报告批准证》(批准号:良 20160220)	佛山市顺德区环境运输和城市管理局

(6)苏州望亭普洛斯物流园(见表2－18)

表2－18 苏州望亭普洛斯物流园规划、用地、环评手续

期数	文件名称	文件编号	发文机关/登记机关
一期	建设工程规划许可证	建字第320507200800092号	原苏州市规划局
	建设用地规划许可证	苏规相(2007)地字095号	原苏州市规划局
	国有土地使用证	相国用(2012)第0700356号	原苏州市国土资源局相城分局
	房屋所有权证	苏房权证相城字第3016780号	苏州市相城区住房和城乡建设局
		苏房权证相城字第3016780号	
		苏房权证相城字第3016780号	
		苏房权证相城字第3016780号	
		苏房权证相城字第3016780号	
		苏房权证相城字第3016781号	
	环评批复	《关于对〈苏州普洛斯望亭物流园开发有限公司建设项目环境影响报告表〉的审批意见》(苏相环建〔2007〕203号)	苏州市相城区环境保护局
二期	建设工程规划许可证	建字第320507201100135号	原苏州市规划局
	建设用地规划许可证	地字第320507200900020号	原苏州市规划局
	不动产权证	苏(2018)苏州市不动产权第7023665号	原苏州市国土资源局
	环评批复	《关于对〈苏州普洛斯望亭物流园开发有限公司建设项目环境影响报告表〉的审批意见》(苏相环建〔2007〕203号)	苏州市相城区环境保护局
三期	建设工程规划许可证	建字第320507201600065号	原苏州市规划局
		《苏州市规划局规划变更批准意见书》(苏规相〔2017〕变审字第0056号)	
	建设用地规划许可证	地字第320507200900020号	原苏州市规划局
	不动产权证	苏(2018)苏州市不动产权第7023665号	原苏州市国土资源局
	环评批复	《关于对〈苏州普洛斯望亭物流园开发有限公司建设项目环境影响报告表〉的审批意见》(苏相环建〔2007〕203号)	原苏州市相城区环境保护局

(7)普洛斯淀山湖物流园(见表 2－19)

表 2－19　普洛斯淀山湖物流园规划、用地、环评手续

期数	文件名称	文件编号	发文机关/登记机关
一期	建设工程规划许可证	建字第 20112462 号	原昆山市规划局
		建字第 20112463 号	
		建字第 20102075 号	
		建字第 20102076 号	
		建字第 20102077 号	
	建设用地规划许可证	地字第 20100198 号	原昆山市规划局
	不动产权证	苏(2020)昆山市不动产权第 3060956 号	昆山市自然资源和规划局
	环评批复	《关于对昆山普淀仓储有限公司建设项目环境影响登记表的审批意见》(昆环建〔2008〕2547 号)	原昆山市环境保护局
二期	建设工程规划许可证	建字第 320583201331849 号	原昆山市规划局
		建字第 320583201331848 号	
		建字第 320583201331547 号	
		建字第 320583201430405 号	
		建字第 320583201331845 号	
		建字第 3205835201430404 号	
	建设用地规划许可证	地字第 320583201320149 号	原昆山市规划局
	国有土地使用证	昆国用(2014)第 DW5 号	原昆山市国土资源局
	房屋所有权证	昆房权证淀山湖字第 211014719 号	昆山市住房和城乡建设局
		昆房权证淀山湖字第 211014722 号	
		昆房权证淀山湖字第 211014721 号	
		昆房权证淀山湖字第 211014716 号	
		昆房权证淀山湖字第 211014720 号	
		昆房权证淀山湖字第 211014717 号	
		昆房权证淀山湖字第 211014718 号	
	环评批复	《关于对昆山普淀仓储有限公司新建物流园项目环境影响报告表的审批意见》(昆环建〔2013〕1580 号)	原昆山市环境保护局

续表

期数	文件名称	文件编号	发文机关/登记机关
三期	建设工程规划许可证	建字第 3205835201430066 号	原昆山市规划局
		建字第 3205835201430067 号	
		建字第 3205835201430068 号	
		建字第 3205835201430069 号	
		建字第 3205835201430070 号	
		建字第 3205835201430071 号	
		建字第 3205835201430072 号	
	建设用地规划许可证	地字第 3205835201420003 号	原昆山市规划局
	国有土地使用证	昆国用(2014)第 DW297 号	昆山市住房和城乡建设局
	房屋所有权证	昆房权证淀山湖字第 211014975 号	
		昆房权证淀山湖字第 211014969 号	
		昆房权证淀山湖字第 211014970 号	
		昆房权证淀山湖字第 211014971 号	
		昆房权证淀山湖字第 211014974 号	
		昆房权证淀山湖字第 211014973 号	
		昆房权证淀山湖字第 211014972 号	
	环评批复	《关于对昆山普淀仓储有限公司扩建占地面积 121,441.8 平方米物流园项目建设项目环境影响报告表的审批意见》(昆环建〔2013〕3743 号)	原昆山市环境保护局

3. 施工许可、竣工验收手续

各目标基础设施资产已依法分别取得了施工许可、竣工验收手续等文件,该等项目手续合法合规。

七、基础设施相关风险

(一)相关政策法规发生变化的风险

仓储物流行业受到众多法律和行政法规的约束和影响,相关法律及强制性规定要求的变化,包括国家宏观经济政策及地方政府、园区、管委会相关政策的调整,均可能对基础设施项目的运营产生影响。

其中,普洛斯广州保税物流园位于广州保税区保盈西路 5 号及 12 号,在黄埔海关下辖的穗东海关辖区内。园区内的仓库可以储存出口保税货物和进口保税货物,主要服务于广州开发区一带对货物有保税需求的生产型企业和第三方物流企业。如保税区内保税政策发生变化,则园区租约和运营将会受到影响。

(二)基金首次投资的交割风险

在本次发行的交易结构中,基金设立并认购基础设施资产支持专项计划的全部份额后,计划管理人(代表资产支持专项计划)将根据项目公司《股权转让协议》的约定受让原始权益人持有的项目公司 100% 股权,并根据《股东借款合同》通过股东借款的形式完成对项目公司的债权投资,上述流程涉及的交易参与主体较多,涉及专项计划的设立备案,且包括境外主体,同时股权交割涉及诸多前置条件,存在一方或多方因故不能按时履约的可能,亦存在基金设立后因政策变动或操作风险导致基础设施项目无法按时完成交割的风险。

根据《股权转让协议》和《股东借款合同》的相关约定,自专项计划设立日起,基金通过专项计划成为目标项目公司的唯一股东,享有目标股权所附带的一切权利和利益,并承担相应的股东义务。该日之后,专项计划将向各项目公司发放股东借款,用于项目公司向原股东支付分红款、偿付关联方借款等存量对外债务。由于进行境外股东分红需在工商变更前完成,因此专项计划将在工商变更完成前发放股东借款,在工商变更完成后支付股权收购价款,上述安排将使工商变更等操作流程不确定性导致的交割风险进一步增加。

虽然原始权益人已承诺将采取一切合法有效的措施并尽一切合理必要的努力,确保外部管理机构及各项目公司履行《股权转让协议》和《股东借款合同》项下之义务,并提供必要的支持,且基金管理人及计划管理人也将采取一切合法有效的措施并尽一切合理必要的努力促使各项目的交割按计划完成,但无法完全保证上述承诺事项得以充分履行,或完全避免项目交割的相关风险。

根据《股权转让协议》的相关约定,在股权收购价款支付前,项目公司原股东需履行相关手续以满足付款前置条件,若项目公司原股东无法及时达成或最终无法达成《股权转让协议》约定的任一前置条件,则可能对股权转让的完成时间或股权转让的成功交割造成一定影响。此外,鉴于部分项目公司为外商独资企业,相关股权转让事项还需事先与有关主管部门进行沟通并完成预缴税款、工商变更、外商投资企业信息登记变更、税务备案、跨境付款等操作流程。鉴于前述操作的复杂性和不确定性,存在无法及时完成标的股权转让和交割的风险。

(三)基础设施项目出售的相关风险

基础设施项目的转让,多以项目公司股权交易的方式进行,不涉及底层资产的直接交易。但如若发生底层资产的直接转让,目标基础设施资产所在地的地方性法规、政策及土地使用权出让合同中存在的关于土地使用权转让过程中相关交易流程及所需满足的前置条件方面的要求,在未来收购或处置相关目标基础设施资产的过程中,可能存在因为无法按时完成或满足上述流程及前置条件导致无法顺利收购或处置该等目标基础设施资产的风险。特别地,根据普洛斯顺德物流园《房地产权证》附记页的记载,如涉及处置该项基础设施资产,发生基础设施资产转让的情况时可能被要求补交地价款。考虑如涉及处置该项基础设施项目,为了减少交易成本,预计将采用项目公司股权转让而非基础设施资产转让的形式,由于股权转让不涉及缴纳地价差,因此该基础设施项目估值暂未考虑转让资产导致补交地价差的影响。若该基础设施项目实际采用基础设施资产转让方式进行出售,则可能需要补交地价差,会减少基础设施项目出售后的实际回收金额。

特别地,根据《昆山市工业用地再开发及交易管理办法(试行)》(昆政发〔2018〕7号)的规定,“工业用地项目调整出资比例、股权结构的,经所在地区镇同意后,由市场监管部门依法予以变更;同等条件下,所在地区镇可优先收购”。普洛斯淀山湖物流园位于昆山市,目前已获得当地政府同意原股东以转让100%的股权的方式将普洛斯淀山湖物流园项目纳入公募基础设施基金从而发行基础设施REITs项目的回函。基金运作期内若决定采用股权交易方式出售该仓储物流园,亦可能需要事先获得当地政府的同意。

(四)土地使用权到期、被征用或收回的风险

根据《民法典》、《城市房地产管理法》(2019年修正)、《土地管理法》(2019年修正)及《城镇国有土地使用权出让和转让暂行条例》(2020年修正)的规定,非住

宅建设用地使用权年限届满，土地使用者需要继续使用土地的，应当至迟于届满前一年申请续期，除根据社会公共利益需要收回该幅土地的，应当予以批准；经批准予以续期的，应当重新签订土地使用权出让合同，依照规定支付土地使用权出让金。土地使用权出让合同约定的使用年限届满，土地使用者未申请续期或者虽申请续期但未获批准的，土地使用权由国家无偿收回。另外，根据《土地管理法》等规定，在若干情况下，政府有权在符合公共利益的情况下，强制在土地使用权期满前收回土地使用权，并向土地使用者支付补偿金，上述补偿金将根据相关法规规定的要求进行评估。此外，若土地使用者未能根据土地使用权出让协议遵守或履行若干条款及条件，政府有权终止土地使用权并无须支付任何补偿。

目标基础设施资产的国有土地使用证/房地产权证/不动产权证书记载的土地使用权到期日为 2054 ~ 2064 年，存在于基础设施基金到期前目标基础设施资产所在宗地的土地使用权到期的可能。目前各目标基础设施资产所在地的土地主管部门并未就非住宅建设用地使用权续期事宜作出明确、具体的审批标准及操作指南，故目标基础设施资产所在宗地土地使用权续期具有一定的不确定性。若发生土地使用权到期后被要求支付高昂的土地使用权出让金，或承担额外条件，或申请续期不被批准，或土地使用权在到期前被提前收回，且获得的补偿金不足以覆盖基础设施项目估值或弥补经营损失的情况，基金及基础设施项目将受到重大不利影响。

八、关键问题解析

（一）土地实际用途与证载规划用途不一致的问题

根据国有土地使用证及房屋所有权证的记载，普洛斯通州光机电物流园的房屋用途为定制用房；但根据普洛斯中国控股有限公司的说明并经基金管理人、计划管理人及法律顾问现场查验，普洛斯通州光机电物流园的实际用途为物流仓储。据此，存在土地实际用途与证载规划用途不一致的问题。

就普洛斯通州光机电物流园的规划用途事宜，北京市规自委通州分局于 2020 年 9 月 29 日向北京普洛斯空港物流发展有限公司出具了《关于对“关于确认普洛斯通州光机电物流园项目用途情况申请函”的回复意见》（京规自通函〔2020〕949

号),确认:根据相关《国有土地使用证》、《建设用地规划许可证》、《规划意见书》及有关历史审批文件,普洛斯通州光机电物流园项目建设用地性质为工业用地,建筑使用性质包括厂房、综合楼、分拣用房及附属设施用房等;经向中关村科技园区通州园管理委员会核实,普洛斯通州光机电物流园项目在建设时系铭林置业根据北京世纪卓越信息技术有限公司(亚马逊)提供的使用功能需求而建设,双方于2007年1月18日签署了《物业建设租赁合同》,该合同约定本物业可用于通常办公用途、接收、储存、装运及销售产品、数据设备、客户服务以及其他合法用途,亚马逊实际租赁该项目用于仓储,目前也实际用于承租方的物资存放和仓储;鉴于项目已取得北京市规自委通州分局核发的相关规划手续,且完成竣工验收备案并已取得房屋所有权证等相关产权证书,项目建设单位在建设前期已考虑相关业态要求,符合促进城市功能合理复合化发展、推进存量空间的精细化提升等要求,北京市规自委通州分局同意普洛斯通州光机电物流园项目参与申报基础设施REITs试点。

此外,根据北京市通州区环境保护局于2007年3月6日出具的《关于对"北京铭林国际企业中心项目二期"建设项目环境影响报告表的批复》,该项目的用途为"办公,仓储,严禁进行生产加工项目"。

综上,基金管理人、计划管理人及法律顾问认为:"普洛斯通州光机电物流园项目实际用于物流仓储用途的,不违反中国法律及相关规划主管部门对本项目的规划监管要求。"

(二)同行竞业及利益冲突问题

原始权益人及其同一控制下的关联方在中国境内以自有资金投资、持有或管理在目标基础设施资产所在同一县级行政区划范围内与目标基础设施资产存在竞争关系的其他物流仓储物业项目(以下简称竞品项目),因此可能与本基金所持有的目标基础设施项目存在同业竞争关系;以及普洛斯投资(上海)有限公司(以下简称上海普洛斯)在作为外部管理机构期间,其可能持续为境内竞品项目(包括但不限于原始权益人自持的或原始权益人关联方发起设立的私募基金所持有的竞品项目)提供运营管理服务,因此可能与本基金所持有的目标基础设施项目存在业务竞争关系。

就上述业务竞争可能引发的利益冲突风险，原始权益人、上海普洛斯拟采取如下风险缓释措施。

1. 根据原始权益人出具的承诺函，在原始权益人及其同一控制下的关联方持有基础设施基金份额超过 10% 的期间内，对于原始权益人及其同一控制下的关联方在中国境内以自有资金投资、持有或管理的竞品项目，原始权益人承诺：原始权益人及其同一控制下的关联方将公平地对待其在中国境内以自有资金投资、持有或管理的物流仓储项目及基础设施基金所持有的物流仓储项目，不会将项目公司已取得的或本应由项目公司取得的业务机会不公平地授予或提供给任何其他竞品项目，原始权益人不会，且将敦促关联方不得，利用原始权益人及原始权益人同一控制下的关联方持有基础设施基金份额超过 10% 的地位或利用该地位获得的信息作出不利于项目公司及目标基础设施资产而有利于其他以自有资金投资或管理的竞品项目的决定或判断，并将避免该种客观结果的发生。

2. 根据上海普洛斯出具的承诺函，在其担任基础设施基金外部管理机构期间内，对于上海普洛斯或其关联方以自有资金投资及持有的或上海普洛斯运营管理的竞品项目，上海普洛斯承诺：上海普洛斯将公平地对待其自身或其关联方在中国境内所投资或管理的物流仓储项目及基础设施基金所持有的物流仓储项目，不会将项目公司已取得的或本应由项目公司取得的业务机会不公平地授予或提供给任何其他竞品项目。上海普洛斯不会且将敦促关联方不得，利用上海普洛斯作为外部管理机构的地位或利用该地位获得的信息，作出不利于项目公司及目标基础设施资产而有利于其他上海普洛斯或其关联方所投资或管理的竞品项目的决定或判断，并将避免该种客观结果的发生。

3. 根据基金管理人、各项目公司与上海普洛斯签署的《运营管理服务协议》的约定，上海普洛斯进一步承诺其作为外部管理机构受委托从事目标基础设施项目运营管理，不得泄露因职务便利获取的未公开信息，不得利用该信息从事或者明示、暗示他人从事相关交易活动；其作为外部管理机构同时向其他机构提供基础设施项目运营管理服务的，应当采取充分、适当的措施避免可能出现的利益冲突，对于在其他项目运营管理服务中可能与其履行《运营管理服务协议》项下职责出现利益冲突的，其作为外部管理机构应当事先通知基金管理人并配合其履行信息披露，不得损害基础设施基金及其持有人的利益。

(三)转让限制问题

1. 根据昆山市人民政府颁布的《昆山市工业用地再开发及交易管理办法(试行)》(昆政发〔2018〕7号)的规定,工业用地项目调整出资比例、股权结构的,经所在地区镇同意后,由市场监管部门依法予以变更;同等条件下,所在地区镇可优先收购(以下简称昆山普淀股权转让限制)。就上述昆山普淀股权转让限制,昆山普淀已经取得了淀山湖镇人民政府于2020年12月22日向昆山普淀出具的《回函》,该函载明:“你公司目前持有的普洛斯淀山湖物流园系我辖区内的物业,镇政府同意你公司股东通过转让你公司100%的股权的方式将普洛斯淀山湖物流园项目纳入公募基础设施基金及其持有的特殊目的载体,从而发行基础设施REITs项目。”

2. 就本次发行涉及的位于由海关等部门批准设立的、实行封关运行的广州保税区内的普洛斯广州保税物流园,持有普洛斯广州保税物流园的项目公司普洛斯(广州)保税仓储有限公司实际经营业务为将普洛斯广州保税物流园物业对外出租用于物流仓储,虽然地理位置在广州保税区内,但并不从事海关报关服务或直接进出口货物的业务。经与区内海关部门沟通,普洛斯(广州)保税仓储有限公司不属于受海关监管的报关单位,原始权益人将普洛斯广州保税物流园以100%股权转让方式发行基础设施REITs的事项无须海关部门审批。原始权益人已出具承诺函承诺:如由于海关主管部门的监管原因,导致本基础设施REITs发行完成后未能完成普洛斯广州保税物流园所对应的项目公司普洛斯(广州)保税仓储有限公司的交割的,原始权益人将回购未能完成交割的基础设施项目权益,以确保本基础设施REITs及投资者的权益。

第二节 红土创新盐田港仓储物流REITs[①]

红土创新盐田港仓储物流封闭式基础设施证券投资基金于2021年6月21日

① 《红土创新盐田港仓储物流封闭式基础设施证券投资基金招募说明书(草案)》,载深圳证券交易所官网,http://reportdocs.static.szse.cn/UpFiles/reitsinfodisc/REITS_00017940A441E13FC6111EEAE7B9843F.pdf。

在深交所上市，证券简称为“红土创新盐田港 REITs”，证券代码为“180301”，基金合同期限为基金合同生效日至2057 年6 月29 日，募集份额总额为8 亿份。

一、投资基金基本信息（见表2 –20）

表2 –20　红土创新盐田港 REITs 基本信息

基金名称	红土创新盐田港仓储物流封闭式基础设施证券投资基金
基础设施项目类型	港口仓储物流
原始权益人	深圳市盐田港集团有限公司
基金管理人	红土创新基金管理有限公司
专项计划管理人	深创投红土资产管理（深圳）有限公司
托管人	招商银行股份有限公司
注册生效日期	2021 年5 月17 日

二、基金交易结构

（一）交易结构

1. SPV 吸收合并前（见图2 –2）

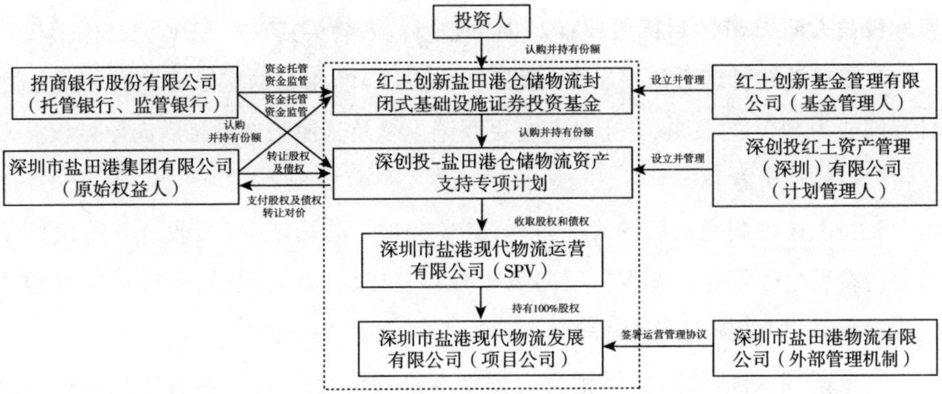

图2 –2　红土创新盐田港 REITs 交易结构（吸收合并前）

2. SPV 吸收合并后(见图 2－3)

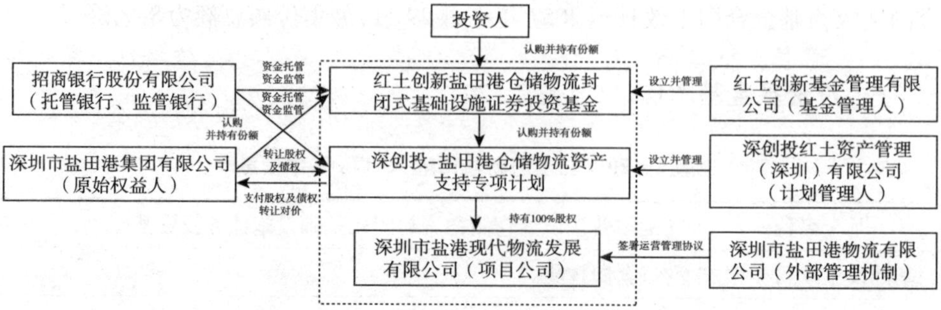

图 2－3 红土创新盐田港 REITs 交易结构(吸收合并后)

(二)交易步骤

1. 本基金募集达到基金备案条件,自基金管理人办理完毕基金备案手续并取得中国证监会书面确认之日起,《基金合同》正式生效。

2. 基金管理人通过与专项计划管理人签订《专项计划认购协议》,将认购资金以专项资产管理方式委托专项计划管理人管理,专项计划管理人设立并管理专项计划,基金管理人取得资产支持证券,成为资产支持证券 100% 的持有人。

3. 首次发行时,专项计划将以公募基金认购资产支持证券的认购款项(1)向原始权益人购买 SPV 目标股权;(2)向原始权益人购买其对于 SPV 的目标债权。

4. 专项计划管理人依据《SPV 股权转让协议》的相关约定于专项计划设立之日起即成为 SPV 的股东,并于工商变更登记手续及其他条件满足后向原始权益人支付股权转让价款。

5. 在上述收购完成后的 6 个月内,SPV 和项目公司依据《吸收合并协议》,项目公司将反向吸收合并 SPV。反向吸收合并完成后,SPV 注销,专项计划管理人成为项目公司 100% 股东。

6. 根据《监管协议》,监管银行应根据本协议约定对 SPV 监管账户和项目公司监管账户的资金接收、存放及支付进行监督和管理。项目公司应将项目运营过程中产生的项目公司运营收入归集至项目公司监管账户。

7. 在借款偿还日,项目公司应按照《债权债务确认及还款协议》的约定或专项计划管理人(代表专项计划)作出的还款指令,向专项计划管理人(代表专项计划)偿还应当偿还的本金(如有)及/或利息。

8. 在项目公司股利分配日,项目公司应根据中国法律和公司章程的规定或项目公司股东作出的分红决定向股东分配与其所持有项目公司股权所对应的股息、红利等股权投资收益,在《吸收合并协议》约定的吸收合并完成前,项目公司股东为相应 SPV;在《吸收合并协议》约定的吸收合并完成后,项目公司股东为专项计划管理人(代表专项计划)。

9. 在项目公司借款还款日,借款人应根据计划管理人发出的《还本付息通知书》偿还借款利息。借款人应当于每一个借款偿还日 17:00 时前将当期应偿还的本金(如有)及利息划付至专项计划账户。

10. 专项计划管理人根据专项计划文件的约定,实施专项计划的分配流程,向基金管理人分配相应款项。

三、基础设施项目概况

基金初始投资的基础设施项目为现代物流中心项目。

(一)项目所在地

现代物流中心项目位于深圳市盐田区沿港路综合保税区内。项目所在区域东临惠深沿海高速、南临盐排高速、西临盐田路、北临明珠大道,毗邻香港国际航运中心,深水岸线资源丰富,拥有海铁、水水、公水等多式联运,区位优势明显。项目距离深圳地铁8 号线盐田路站 1.5 公里,距离盐田港约1 公里,距离惠深沿海高速入口约2.5 公里,距离盐排高速入口约 3 公里,距深圳宝安国际机场约60 公里,距深圳市区约 28 公里,便捷的交通为项目的高效物流能力提供了良好的基础。

(二)建设内容及规模

现代物流中心项目包括 A 区的 A 仓、入区盘道和行车道,B 区的 B1 仓、B2 仓、B3 仓、综合办公楼、气瓶站、出区盘道和行车道,建筑面积共计约 32.0 万平方米,宗地面积约 11.9 万平方米,具体如下。

(1) A 仓建设内容为 4 层盘道式仓库,建筑面积为 78,583.84 平方米。

(2)B1、B2 仓库建设内容为 4 层盘道式仓库,建筑面积为 168,068.70 平方米。

(3)B3 仓建设内容为 4 层盘道式仓库,建筑面积为 63,157.57 平方米。

(4)综合楼办公楼建设内容为 9 层办公楼,建筑面积为 10,511.67 平方米。

(5)气瓶站建设内容为气瓶站,建筑面积为 124.44 平方米。

(三)资产范围

现代物流中心项目的资产范围包括位于深圳市盐田区内约 11.9 万平方米的国有建设用地使用权及地上建筑面积共计约 32.0 万平方米的房屋(含附属设施设备),可租赁面积约 26.6 万平方米。盐田港现代物流中心项目包括 A 区的 A 仓、入区盘道和行车道,B 区的 B1 仓、B2 仓、B3 仓、综合办公楼、气瓶站、出区盘道和行车道。

四、项目公司概况

(一)项目公司基本情况(见表 2-21)

表 2-21 深圳市盐港现代物流发展有限公司基本情况

名称	深圳市盐港现代物流发展有限公司
类型	有限责任公司(法人独资)
住所	深圳市盐田区盐田街道东海社区明珠道 15 号盐田综合保税区盐田港现代物流中心综合楼 1 楼办公
法定代表人	陈锦达
注册资本	人民币 96,912.767796 万元
成立日期	2020 年 11 月 5 日
营业期限	2020 年 8 月 5 日至无固定期限
经营范围	一般经营项目是:港口配套仓储及工业设施经营、物业管理、仓储租赁服务、场地租赁服务。(依法须经批准的项目,经相关部门批准后方可开展经营活动),许可经营项目是:无

（二）项目公司股权结构（发行后）（见图 2－4）

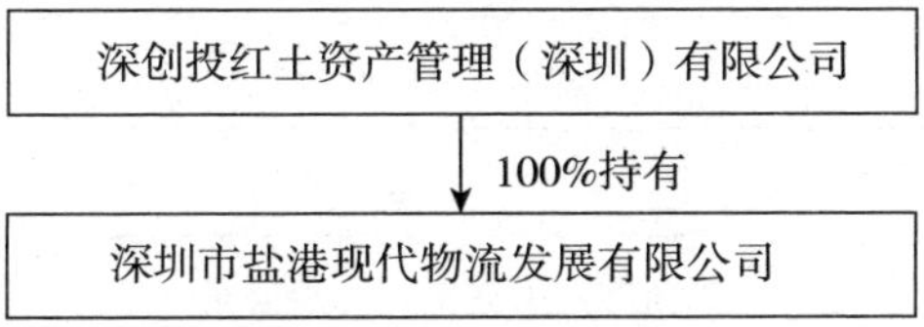

图 2－4　深圳市盐港现代物流发展有限公司股权结构（发行后）

五、原始权益人概况

（一）基本情况（见表 2－22）

表 2－22　深圳市盐田港集团有限公司基本情况

名称	深圳市盐田港集团有限公司
类型	股份有限公司（国有独资）
住所	深圳市盐田区沙头角深盐路盐田港海港大厦 21～26 楼
法定代表人	孙波
注册资本	人民币 453,000 万元
成立日期	1985 年 2 月 26 日
营业期限	1985 年 2 月 26 日至无固定期限
经营范围	一般经营项目是：投资、开发建设和经营管理盐田港区、大铲湾港区、国内外其他港口及港口后方陆域（含港口区、保税区、工业区、商业贸易区、生活区、基础设施的投资、建设和经营）；物流、仓储、疏港运输、信息、资讯、电子商务；在取得合法使用权的土地上从事房地产开发；外供、外代、货代、报关，国际国内贸易（含建筑材料、钢材、装饰材料、机电设备、有色金属材料、矿产品、五金、交电、化工、土产品、粮油食品、副食品）（不含危险物品），旅游、娱乐等配套服务业。许可经营项目是：从事开展国际航行船舶保税油供应业，经营保税燃料油、保税润滑油和保税柴油（以上均不含危险化学品）。（经营事项参考保税燃料油经营企业相关项）

(二)股权结构(见图2-5)

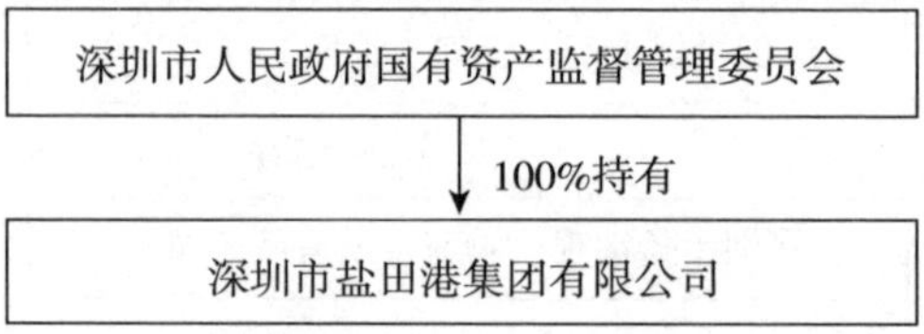

图2-5　深圳市盐田港集团有限公司股权结构

六、基础设施项目合规情况

(一)项目权属(见表2-23)

现代物流中心项目的产权人为项目公司。不动产权证书基本信息如下：

表2-23　现代物流中心项目不动产权证书基本信息

编号	坐落	用途	建筑面积(平方米)
粤(2020)深圳市不动产权第0237058号	盐田区沿港路盐田港现代物流中心一期A区A仓库	仓储用地/仓储、办公、设备用房	78,583.84
粤(2020)深圳市不动产权第0237061号	盐田区沿港路盐田港现代物流中心一期B区B1、B2仓库	仓储用地/仓储、办公、设备用房	168,068.70
粤(2020)深圳市不动产权第0237059号	盐田区沿港路盐田港现代物流中心二期B区B3仓库	仓储用地/仓储、办公、无盖引桥	63,157.57
粤(2020)深圳市不动产权第0237055号	盐田区沿港路盐田港现代物流中心一期综合办公楼	仓储用地/办公、人防报警间、设备用房	10,511.67
粤(2020)深圳市不动产权第0237045号	盐田区沿港路盐田港现代物流中心一期气瓶站	仓储用地/气瓶站	124.44
合计			320,446.22

(二)项目固定资产投资管理手续

基础设施项目的固定资产投资管理手续办理文件齐全,手续办理合法合规。

主要包括以下文件(见表 2 -24)。

表 2 -24　现代物流中心项目投资管理手续

序号	文件类别	文件名称/文件编号
1	固定资产投资计划文件及立项备案文件	《关于下达深圳市盐田港集团有限公司盐田港现代物流中心等项目固定资产投资前期计划的通知》
2		《关于下达深圳兴利家具有限公司兴利家具工业园等项目2007 年固定资产投资计划的通知》(深发改〔2007〕1197 号)
3		《深圳市社会投资项目备案证》[深盐田发改备案(2015)0033 号]
4		《深圳市社会投资项目备案证》[深盐田发改备案(2018)0045 号]
5	环评批复文件	《深圳市环境保护局建设项目环境影响审查批复》(深环批〔2007〕100070 号)
6		《关于〈盐田港现代物流中心建设项目环境影响报告书〉(报批稿)的批复》(深环批函〔2007〕007 号)
7		《建设项目环境影响审查批复》(深盐环批〔2015〕80076 号)
8	环保验收文件	《关于盐田港现代物流中心项目竣工环境保护验收的决定书》(深环建验〔2013〕234 号)
9		盐田港现代物流中心二期工程项目竣工环保设施验收意见
10	消防手续	《建设工程消防验收意见书》(深公消验〔2013〕第 0094 号)
11		《建设工程竣工验收消防备案凭证》(深盐建消竣备字〔2019〕第 0040 号)
12	建设用地规划许可证	《深圳市建设用地规划许可证》(深规许 HQ -2007 -0090 号)
13	建设工程规划许可证	《深圳市建设工程规划许可证》(深规建许字 BH -2009 -0004 号)
14		《深圳市建设工程规划许可证》(深规建许字 BH -2009 -0005 号)
15	建筑工程施工许可证	《建筑工程施工许可证》44030020090068002
16		《建筑工程施工许可证》440300201603101

续表

序号	文件类别	文件名称/文件编号
17	竣工验收文件	《工程竣工验收报告(建筑工程)》
18		《建筑工程竣工验收报告》
19		《深圳市房屋建筑工程项目竣工验收备案收文回执》(编号:2014073)
20		《深圳市竣工验收备案收文回执》(编号:S17902122003250001)

(三)项目权属期限、经营资质及展期安排

基础设施项目的土地使用权将于2057年6月29日到期。

根据《民法典》、《城市房地产管理法》(2019年修正)、《土地管理法》(2019年修正)及《城镇国有土地使用权出让和转让暂行条例》(2020年修订)的规定,非住宅建设用地使用权年限届满,土地使用者需要继续使用土地的,应当至迟于届满前一年申请续期,除根据社会公共利益需要收回该幅土地的,应当予以批准;经批准予以续期的,应当重新签订土地使用权出让合同,依照规定支付土地使用权出让金。土地使用权出让合同约定的使用年限届满,土地使用者未申请续期或者虽申请续期但未获批准的,土地使用权由国家无偿收回。但目前各基础设施项目所在地的土地主管部门并未就非住宅建设用地使用权续期事宜作出明确、具体的审批标准及操作指南,基础设施项目所在宗地土地使用权续期具有一定的不确定性。未来如相关法规允许基础设施项目所在宗地土地使用权进行续期,项目公司将依照相关法规的规定并在所在地土地主管部门要求的期限内申请续期,须支付的土地使用权出让金将由项目公司现金流或基础设施基金扩募资金进行支付。

七、基础设施相关风险

(一)基础设施项目管理风险

港口物流运营业务技术密集,需要众多高技术含量的工种和业务系统相配合,是一项系统性工程,任何一个环节出现问题都将可能影响运营安全。运营安

全事故的发生将对项目公司的正常经营产生不利影响，增加了项目公司的安全经营风险，影响基础设施资产现金流的稳定性。

存储、配送过程中存在众多不可预知的安全风险因素，包括货物灭损、设备事故、运输事故、自然灾害和突发事件等，这些未知事项都有可能对基础设施项目的运营质量和经营效益产生负面影响，而且随着港口物流行业对智能化、数字化要求的逐步提高，运营管理的难度也可能逐步加大。

（二）行业政策风险

港口物流业属于大型基础设施行业，中央与地方政府高度重视，出台的相关政策较多。若后续根据土地使用、产业政策、行业管理、环境保护等有关政策，需要项目公司配合进行改造、租金减免等事宜，则可能对项目公司的经营造成不利影响。

（三）市场风险

本基础设施项目位于盐田港港区内的保税仓，租赁需求与进出口贸易景气度高度相关。如未来国际贸易政策环境发生变化，可能对本基础设施项目的经营造成不利影响。

（四）新冠肺炎疫情恶化的风险

基础设施项目为港口保税仓储设施，其租赁需求受进出口贸易的影响。2020年初新冠疫情的暴发对进出口贸易造成了较为明显的影响。虽然自2020年第三季度以来，随着疫情得到控制，进出口贸易已经逐渐恢复。但如未来国内或国外的新冠肺炎疫情反复出现，可能导致进出口贸易的下滑，进而可能导致基础设施项目的出租率降低或租金下降。

（五）原始权益人租赁集中度风险

原始权益人为本基金基础设施项目的重要现金流提供方，租赁面积占现代物流中心项目总可出租面积的44%，租约剩余租赁期限约5.5年。如原始权益人未来对现代物流中心项目的租赁需求降低，同时来自非原始权益人的租赁需求无法及时填补相关出租面积时,将可能存在项目公司短期现金流表现受到影响的风险。

(六)同业竞争与利益冲突风险

1. 原始权益人同业竞争风险

本基金拟通过投资深创投—盐田港仓储物流资产支持证券,并持有其全部份额,实现基金通过资产支持证券和项目公司取得基础设施项目的完全所有权。本基金的原始权益人盐田港集团主营业务包括港口货物装卸运输、港口仓储、交通运输、仓储物流等方面。原始权益人及其关联公司与项目公司存在同业竞争关系,可能对基础设施基金产生不利影响。

2. 外部管理机构运营管理过程中的利益冲突风险

基金管理人通过签署《管理服务协议》,委托深圳市盐田港物流有限公司担任本基金的外部管理机构。深圳市盐田港物流有限公司为盐田港集团的全资子公司。除了本基金持有并经营的基础设施项目外,深圳市盐田港物流有限公司也向原始权益人自持的同类项目提供基础设施项目运营管理服务。因此,原始权益人自持的同类项目与本基础设施资产存在同业竞争关系,如外部管理机构未公平对待其所管理的各个项目,可能对基础设施基金产生不利影响。

(七)客户集中度较高的风险

截至2020年12月31日,按照2020年12月的收入计算,基础设施项目来自前10大客户的收入合计占比为92%,前5大客户的收入合计占比为74%,客户集中度较高。如果一个或多个租赁面积占比较大的客户未来出现拖欠租金、不续租、提前退租等情况,同时外部管理机构招租的新增租赁需求无法及时填补相关出租面积,将可能存在项目公司短期现金流水平下降从而影响投资收益的风险。

就客户严重违约的情况,基金管理人将主动履行运营管理职责,追究违约客户的违约责任,保障投资人利益。就客户不续租、提前退租等情况,基金管理人将加强对客户租赁情况、续租意愿的日常监控和提前摸底,督促外部管理机构尽早准备应对措施,降低基础设施项目的空置风险。

(八)承租人履约风险

目前,基础设施项目正在履行的部分现有非关联方租赁合同存在一定的账期,即租金并非在每月/季度初预先收取。如承租人未能按照租赁合同约定的时间和金额向项目公司支付租金,则可能对项目公司的现金流造成负面影响,进而可能影响投资人的投资收益。

就此,考虑到现存租赁合同的如约履行是专项计划向原始权益人收购特殊目的公司(SPV)股权的条件之一,故在专项计划向原始权益人收购 SPV100% 股权的《SPV 股权转让协议》中约定,原始权益人承诺项目公司截至 SPV 股权交割日的所有现有租约(以下简称现有租约)真实且合法有效,若项目公司截至 SPV 股权交割日的租户违反现有租约而给项目公司及/或受让方造成损失的,且该违约租户已向项目公司支付的租赁保证金不足以覆盖其给项目公司及/或受让方造成的损失的,则原始权益人同意足额赔偿项目公司及/或受让方因此受到的全部损失。

(九)土地使用权续期风险

基础设施项目的土地使用权将于 2057 年 6 月 29 日到期。根据相关法律,上述土地使用权并无自动续期的权利。土地使用权持有人届时可能需要于土地使用权期限届满前申请土地使用权续期。如续期申请未能获批,或续期申请虽然获批,但需要缴纳高额的续期费用,或续期附加额外条件,则可能对基础设施基金的运作造成不利影响。

(十)租约集中到期的风险

截至 2020 年 12 月 31 日,基础设施项目 2021 ~ 2023 年到期的租约占基础设施项目总可出租面积的百分比分别为 42%、5%、7%,存在一定的租约集中到期风险。如租约到期后部分承租人未续约,且未能及时引入新的承租人,则可能影响基础设施项目的出租情况,进而影响基础设施项目的现金流及投资人的投资收益。

八、关键问题解析

(一)股债结构的搭建

本项目采用先设立SPV公司,后由项目公司反向吸收合并SPV公司的方式搭建股债结构。

专项计划设立后,专项计划向原始权益人购买SPV目标股权,后向SPV增资及向原始权益人购买其对SPV的目标债权,SPV收到增资款项后将全部用于偿还对原始权益人的债务。在上述收购完成后,SPV和项目公司依据《吸收合并协议》,项目公司将吸收合并SPV。吸收合并完成后SPV注销,专项计划管理人成为项目公司100%股东。

(二)部分设施未完成工程结算

基础设施项目除B3仓库以外的其他部分于2014年建成并投入使用,B3仓库于2020年4月建成并投入使用。B3仓库于2020年3月完成竣工验收,但截至基金产品发行之时,尚未完成工程结算。

B3仓库原由盐田港集团建设。盐田港集团与项目公司于2020年10月13日签署《现代物流中心项目无偿划转协议》,盐田港集团将包括B3仓库在内的基础设施项目无偿划转给项目公司。《现代物流中心项目无偿划转协议》第5.1条第8项约定:"5.1 于本协议签署日,划出方向划入方作如下承诺、陈述和保证……(8)现代物流中心项目B3仓库尚未办理完毕工程结算,划出方(盐田港集团)承诺由其负责结清相关款项。"同时,专项计划向原始权益人收购SPV100%股权的《SPV股权转让协议》中约定:"根据盐田港集团与项目公司于2020年10月13日签署的《现代物流中心项目无偿划转协议》第5.1条第8项:现代物流中心项目B3仓库尚未办理完毕工程结算,划出方(盐田港集团)承诺由其负责结清相关款项。盐田港集团在此进一步承诺,若相关工程方向项目公司主张工程款,且项目公司向其支付了相关款项,则盐田港集团应在收到项目公司书面通知后3个工作日内向项目公司足额补偿该等款项。"因此,B3仓库尚未结清的工程款项的付款义务承担主体为盐田港集团。

盐田港集团预计于 2021 年内完成 B3 仓库的工程结算,并于 2021 年年底开始进行 B3 仓库的工程决算,预计于 2022 年年中完成 B3 仓库的工程决算。由于 B3 仓库尚未结清的工程款项的付款义务承担主体为原始权益人盐田港集团,故上述工程款项不影响基础设施项目的现金流。

(三)土地使用权的转让

基础设施项目对应的宗地国有土地使用权系通过协议出让方式取得,根据《发改委试点通知》的要求,须取得土地使用权出让合同签署机构(或按现行规定承担相应职责的机构)出具的无异议函。

就此,盐田港集团已经取得了深圳市规划和自然资源局盐田管理局于 2020 年 12 月 11 日出具的《市规划和自然资源局盐田管理局关于盐田港港口基础设施项目参与基础设施不动产投资信托基金 REITs 相关意见的复函》,确认盐田港现代物流中心项目(宗地号 J306 – 0009)已签订的土地使用权出让合同及补充协议书中未对项目股权转让进行限制,其对该项目发行基础设施 REITs 无异议。

(四)国有资产的转让

项目公司系深圳市人民政府国有资产监督管理委员会间接持有 100% 股权的国有企业,项目公司的 100% 股权转让交易适用《企业国有资产法》、《企业国有资产监督管理暂行条例》(2019 年修订)、《企业国有资产交易监督管理办法》、《深圳市属企业国有产权变动监管办法》(已失效)等法律法规。

就本次发行涉及的项目公司股权转让事宜,根据深圳市人民政府国有资产监督管理委员会于 2020 年 10 月 12 日出具的《深圳市国资委关于深圳市地铁集团有限公司、深圳市盐田港集团有限公司申请基础设施 REITs 试点的反馈意见》:"基础设施 REITs 是通过证券交易所公开发行的金融产品,项目所涉国有资产按照中国证监会公布的《基础设施基金指引(试行)》等证券监管制度要求,遵循等价有偿和公平公正的原则公开规范发行,无须另行履行国有资产交易程序。你公司与基金管理人等中介机构应严格按照证券监管制度要求,充分发挥公开市场配置资源作用,根据基础设施项目评估情况及基础设施 REITs 交易结构,按照市场化方式通过公开询价确定基金份额认购价格,进而确定基础设施项目交易价格,防止国有资产流失,实现国有资产保值增值。”

前述反馈意见表明深圳市人民政府国有资产监督管理委员会同意按照市场化方式通过公开询价确定基金份额认购价格和基础设施项目交易价格,明确盐田港集团在本次发行中无须另行履行国有资产交易程序。

(五)保税区事宜

根据盐田港集团的说明并经律师适当核查,基础设施项目位于深圳市盐田综合保税区,根据《发改委试点通知》的要求,就本次发行,盐田港集团须征得有管辖权的海关部门同意。

就此,盐田港集团已经取得了梅沙海关于2020年12月29日出具的《梅沙海关关于盐田港集团发行REITs项目事宜的复函》(梅沙关函〔2020〕166号),确认梅沙海关是负责办理深圳盐田综合保税区内各项海关业务的主管海关,盐田港集团来函中提及的拟发行基础设施REITs项目相关不动产资产位于盐田综合保税区内,盐田港集团对该项目以转让相关项目公司100%股权的方式发行基础设施REITs,不涉及海关管理事权内的保税货物、减免税货物等海关监管事项,不属于海关管辖事权范围,非海关审批事项。

第三章　产业园区 REITs 案例

第一节　华安张江光大园 REITs[1]

华安张江光大园封闭式基础设施证券投资基金于 2021 年 6 月 21 日在上海证券交易所上市，证券简称为“华安张江光大 REITs”，证券代码为“508000”，基金合同期限 20 年，募集份额总额为 5 亿份。

一、投资基金基本信息（见表 3-1）

表 3-1　华安张江光大 REITs 基本信息

基金名称	华安张江光大园封闭式基础设施证券投资基金
基础设施项目类型	产业园区项目
原始权益人	上海光全投资中心（有限合伙），光控安石（北京）投资管理有限公司
基金管理人	华安基金管理有限公司
专项计划管理人	上海国泰君安证券资产管理有限公司
托管人	招商银行股份有限公司
注册生效日期	2021 年 5 月 17 日

① 《华安张江光大园封闭式基础设施证券投资基金招募说明书（草案）》，载上海证券交易所官网，http://static.sse.com.cn/bond/bridge/information/c/202105/1aa17558a98e497b859a0ad94d860616.pdf。

二、基金交易结构

(一)交易结构(见图3-1)

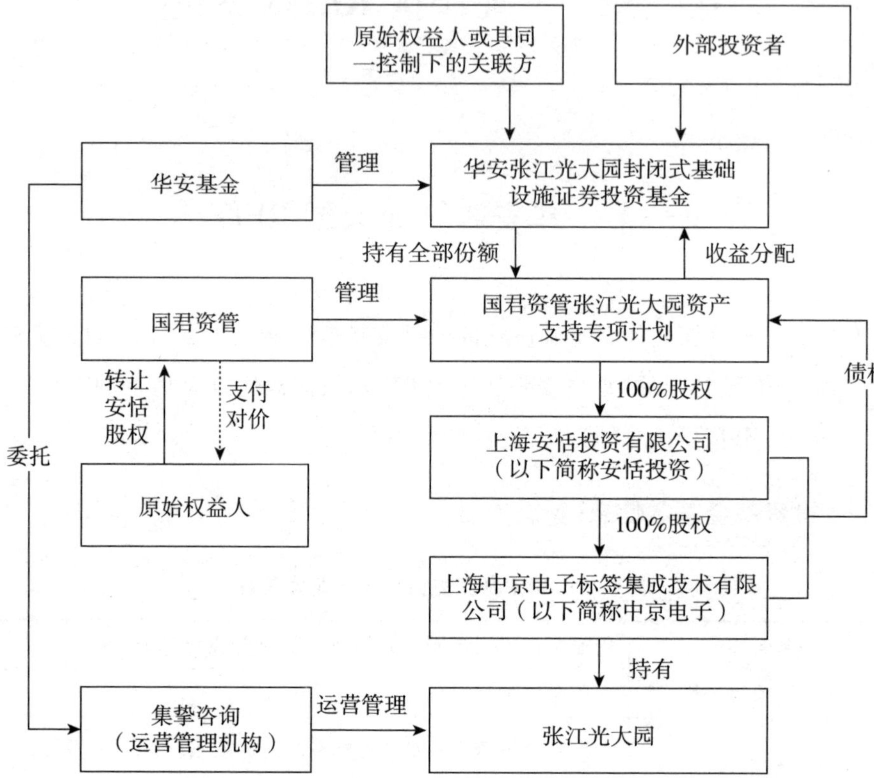

图3-1 华安张江光大 REITs 交易结构

(二)交易步骤

1. 基金募集结束并达到基金备案条件后,基金管理人向证监会办理基金备案手续,自取得中国证监会书面确认之日起,《基金合同》正式生效。

2.《基金合同》生效后,基金管理人将按照与目标基础设施 ABS 计划管理人签署的《认购协议》,以基金资产认购目标基础设施 ABS 全部份额,也即国君资管张江光大园资产支持专项计划全部份额。认购完成后,专项计划管理人按照相关程序完成专项计划的设立及备案。

3. 专项计划管理人将按照与上海光全投资中心(有限合伙)等签署的《上海安恬投资有限公司股权转让协议》(以下简称《股权转让协议》)的约定,在专项计划设立日后通知专项计划托管人将专项计划募集资金作为安恬投资第一笔股权转让价款支付至光全投资的账户,用于购买安恬投资 100% 股权;待《股权转让协议》约定的交割审计完成后,根据交割审计的结果支付第二笔股权转让价款(如需),并在专项计划设立日后 15 个工作日内在工商局完成安恬投资章程备案。专项计划托管人应根据《股权转让协议》及《国君资管张江光大园资产支持专项计划托管协议》的约定对付款指令中资金的用途及金额进行核对,核对无误后予以付款。

4. 专项计划设立后,专项计划管理人分别向安恬投资及中京电子发放借款,安恬投资和中京电子将分别以其获得的借款用于偿还存量负债及专项计划管理人认可的其他用途。

5. 基金存续期间,基金管理人、运营管理机构将根据《华安张江光大园封闭式基础设施证券投资基金关于张江光大园项目之运营管理协议》的约定负责基础设施项目的各项运营管理事宜。

6. 中京电子应根据与基金管理人、监管银行签署的《资金监管协议》的约定将项目运营过程中产生的中京电子运营收入归集至监管账户。

7. 安恬投资、中京电子应按照其与专项计划管理人(代表专项计划)签署的相关《借款合同》的约定,向专项计划管理人(代表专项计划)偿还相应借款的本金和/或利息。

8. 专项计划管理人向资产支持证券持有人(基金)分配款项后,基金管理人按照《基金合同》的约定进行收益分配。

9. 反向吸收合并安排。根据招募说明书的安排,基金管理人为简化基金结构,在基金合同生效后的 20 个工作日内,基金将启动反向吸收合并的相关工作,反向吸收合并的相关工作预计在基金合同生效后的 6 个月内完成。吸收合并的步骤为中京电子吸收取得安恬投资的 100% 股权,在中京电子完成对安恬投资的合并后,安恬投资履行注销手续。

基金管理人于 2022 年 7 月 20 日发布了《关于华安张江光大园 REITs 涉及仲裁事项的公告》,说明:基金管理人为简化基金结构,根据招募说明书的安排,启动了反向吸收合并的相关工作,但因实务操作存在较高的税务成本,继续推进反向吸收合并将对基金份额持有人的利益产生较大影响。基金管理人决定终止反向吸收合并工作,由上海国泰君安证券资产管理有限公司(专项计划管理人)通过仲裁的方式撤销与上海安恬投资有限公司的股权转让协议。上述相关仲裁程序已终结,仲裁裁决已生效。国君资管与安恬投资签订的股权转让协议已被撤销。后续有关主体将按照规定办理相关手续,安恬投资与中京电子继续存续。

三、基础设施项目概况

基础设施项目为位于上海市浦东新区盛夏路500弄1~7号的张江光大园的房屋所有权及其对应范围内的分摊国有建设用地使用权,基础设施项目分两期建设,具体包括:

(1)盛夏路500弄1~6号建设项目(以下简称1~6号项目),即位于盛夏路500弄1~6号的1#厂房、2#厂房、3#厂房、地下车库、门卫1、门卫2、垃圾房;

(2)盛夏路500弄7号扩建项目(以下简称7号项目),即位于盛夏路500弄7号的4#厂房扩建项目。

基础设施项目张江光大园地处中国(上海)自由贸易试验区盛夏路500弄,位于国家级高科技产业园区张江高科技园区的核心地带。园区总建筑面积50,947.31平方米。截至2020年年末,张江光大园共有267个可用车位,其中地库机械车位100个,非机械车位99个,地面非机械停车位68个。根据张江光大园项目的建设用地规划许可,项目用地性质为工业-M1。张江光大园分为1~6号项目工程和7号项目工程,合同开工时间分别为2011年1月28日和2015年8月1日,并于2014年2月14日及2016年12月23日分别取得1~6号项目工程和7号项目工程的竣工验证备案证明文件。

张江光大园凭借良好的区域优势、产业配套及交通便利优势,吸引了包括集成电路、先进制造业、在线经济、金融科技及产业服务配套等符合国家重大战略、宏观调控及产业政策、发展规划的行业内优质企业入驻。

四、项目公司概况

张江光大园REITs项目中,安恬投资持有项目公司中京电子100%的股权,专项计划管理人通过持有安恬投资 100% 的股权间接控制基础设施资产。项目原计划中京电子反向吸收安恬投资 100% 股权，在中京电子完成对安恬投资的合并后，安恬投资履行注销手续。2022 年 7 月 20 日，基金管理人发布了《关于华安张江光大园 REITs 涉及仲裁事项的公告》，通过仲裁的方式撤销与安恬投资的股权转让协议，安恬投资与中京电子将继续存续。

（一）安恬投资

1. 基本情况（见表 3－2）

表 3－2 安恬投资基本情况

名称	上海安恬投资有限公司
类型	有限责任公司（非自然人投资或控股的法人独资）
住所	上海市自由贸易试验区张杨路 707 号二层西区 205 室
法定代表人	陈浩杰
注册资本	人民币 100 万元
成立日期	2015 年 12 月 14 日
营业期限	2015 年 12 月 14 日至 2025 年 12 月 13 日
经营范围	实业投资，投资管理，资产管理，投资咨询，企业管理咨询，房地产开发经营

2. 项目公司的股权结构（发行前）（见图 3－2）

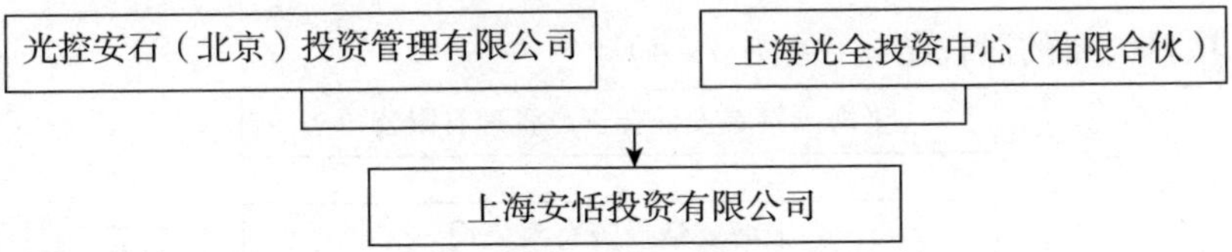

图 3－2 安恬投资股权结构（发行前）

3. 项目公司的股权结构(发行后)(见图3-3)

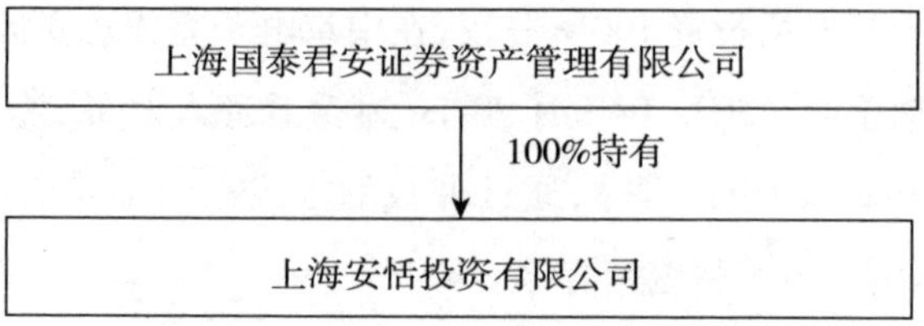

图3-3　安恬投资股权结构(发行后)

(二)中京电子

1. 基本情况(见表3-3)

表3-3　中京电子基本情况

名称	上海中京电子标签集成技术有限公司
类型	有限责任公司(非自然人投资或控股的法人独资)
住所	中国(上海)自由贸易试验区盛夏路500弄5号401室
法定代表人	陈浩杰
注册资本	人民币52,550万元
成立日期	2005年11月8日
营业期限	2005年11月8日至2040年11月7日
经营范围	电子标签产品、电子识读设备的研发,软件的开发,计算机系统集成的设计、安装、调试、维护,并提供相关技术咨询和技术服务,电子产品、电子识读设备的销售,从事货物与技术的进出口业务,自有房屋租赁,物业管理,停车场(库)经营,企业管理咨询

2. 项目公司的股权结构(见图3-4)

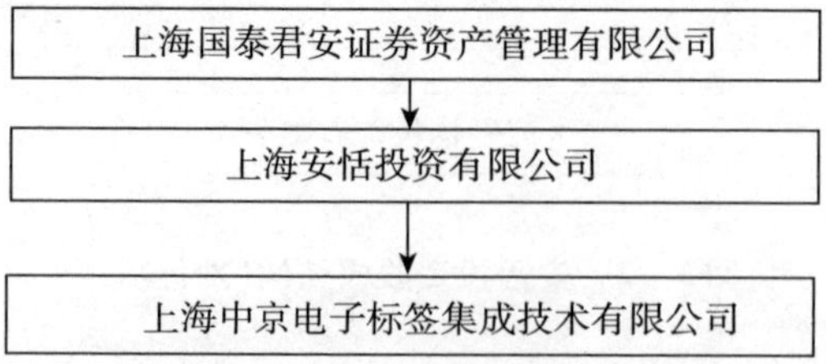

图3-4　中京电子股权结构

五、原始权益人概况

基金的原始权益人包括光全投资及光控安石，具体情况如下。

（一）光全投资

1. 基本情况（见表 3－4）

表 3－4　上海光全投资中心（有限合伙）基本情况

名称	上海光全投资中心（有限合伙）
类型	有限合伙企业
住所	中国（上海）自由贸易试验区张杨路 707 号二层西区
执行事务合伙人	光控安石（北京）投资管理有限公司
注册资本	人民币 58,410 万元
成立日期	2016 年 5 月 12 日
营业期限	2016 年 5 月 12 日至 2026 年 5 月 11 日
经营范围	资产管理，企业管理咨询。（依法须经批准的项目，经相关部门批准后方可开展经营活动）

2. 光全投资的股权结构（见图 3－5）

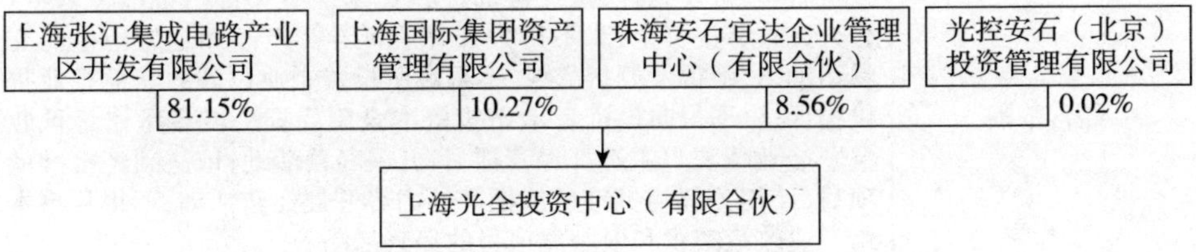

图 3－5　上海光全投资中心（有限合伙）股权结构

光全投资系有限合伙企业，其日常运作事宜由光控安石执行。合伙人信息如表 3－5 所示：

表 3－5　上海光全投资中心（有限合伙）合伙人信息

序号	合伙人信息	出资比例	认缴出资额（万元）
1	上海张江集成电路产业区开发有限公司	81.15%	47,400

续表

序号	合伙人信息	出资比例	认缴出资额(万元)
2	上海国际集团资产管理有限公司	10.27%	6000
3	珠海安石宜达企业管理中心(有限合伙)	8.56%	5000
4	光控安石(北京)投资管理有限公司	0.02%	10
合计		100.00%	58,410

(二)光控安石

1. 基本情况(见表3-6)

表3-6　光控安石(北京)投资管理有限公司基本情况

名称	光控安石(北京)投资管理有限公司
类型	有限责任公司(法人独资)
住所	北京市西城区平安里西大街28号楼12层1201~08E室
法定代表人	陈宏飞
注册资本	人民币10,000万元
成立日期	2015年11月12日
营业期限	2015年11月12日至2065年11月11日
经营范围	投资管理;资产管理;投资咨询。("1.未经有关部门批准,不得以公开方式募集资金;2.不得公开开展证券类产品和金融衍生品交易活动;3.不得发放贷款;4.不得对所投资企业以外的其他企业提供担保;5.不得向投资者承诺投资本金不受损失或者承诺最低收益";企业依法自主选择经营项目,开展经营活动;依法须经批准的项目,经相关部门批准后依批准的内容开展经营活动;不得从事本市产业政策禁止和限制类项目的经营活动。)

2. 光控安石股权结构(见图3-6)

图3-6　光控安石(北京)投资管理有限公司股权结构

六、基础设施项目合规情况

（一）项目符合相关政策要求的情况

张江光大园项目位于中国（上海）自由贸易试验区、国家级高新技术园区张江科学城（张江高科技园区）内，承载了“国家自主创新示范区”、“自由贸易试验区”的核心承载区、“张江综合性国家科学中心”等多重国家战略使命，符合相关政策要求。

（二）项目权属

张江光大园项目包含位于中国（上海）自由贸易试验区盛夏路 500 弄 1 ~ 6 号的房屋所有权和土地使用权（1 ~ 6 号项目），位于中国（上海）自由贸易试验区盛夏路 500 弄 7 号的房屋所有权和土地使用权（7 号项目）；张江光大园项目分两期建设，1 ~ 6 号项目属于新建项目，7 号项目属于扩建项目。

中京电子于 2017 年 3 月 7 日就基础设施资产取得了上海市不动产登记局核发的不动产权证，具体信息见表 3 – 7：

表 3 – 7　张江光大园项目不动产权证信息

产证号	沪（2017）浦字不动产权第 026326 号
权利人	中京电子
房地坐落	盛夏路 500 弄 1 ~ 7 号，地下车库，门卫 1、2，垃圾房
权利类型	国有建设用地使用权/房屋所有权
权利性质	土地权利性质：出让
宗地面积	宗地面积：20,914.50 平方米 建筑面积：50,947.31 平方米
使用期限	国有建设用地使用权使用期限：2008 年 2 月 20 日至 2055 年 12 月 31 日
附记	1 ~ 4 号含地下面积 162.22 平方米 6 号含地下面积 51.59 平方米 7 号含地下面积 64.55 平方米

(三)项目公司业务资质

基础设施项目共有267个可用车位,其中地库机械车位100个,非机械车位99个,地面非机械停车位68个。项目公司已经取得上海市物价检查所监制的上海市收费停车场(库)价目表和上海市浦东新区城市交通运输管理署监制的上海市收费停车场(库)四级地段二等停车场(库)资质。

(四)项目固定资产投资管理手续(见表3-8)

表3-8 张江光大园项目投资管理手续

相关手续	1~6号项目	7号项目
项目备案情况	中京电子于2008年6月12日取得固定资产投资项目批复文件,于2010年3月5日及2012年6月5日分别取得同意对建设内容、开工时间、竣工时间等内容变更的固定资产投资项目备案变更文件	中京电子于2014年9月4日取得固定资产投资项目备案文件,并于2014年10月9日取得对项目总建筑面积准予变更的固定资产投资项目备案变更文件
国有土地使用权出让合同	(1)1993年12月18日,上海市浦东新区综合规划局与上海市浦东土地发展(控股)公司签署了《上海市浦东新区国有土地使用权成片出让合同》[沪浦(1993)出让合同第047号],向上海市浦东土地发展(控股)公司出让上海市浦东新区外环线以西、申江路以东、龙东大道以南、川杨河以北区域内所有土地的使用权,总面积约为3,600,000平方米。 (2)2006年7月25日,张江集电与中京电子签署了《国有土地使用权转让合同》(以下简称《转让合同一》),转让B1-5b号宗地(以下简称宗地一)的国有土地使用权。《转让合同一》载明宗地一的面积约为10,000平方米,用地性质为商业科研用地,用途为国家RFID产业化基地建设吸引RFID相关企业入驻,土地使用年限为50年,截止日为2055年12月31日,土地使用权转让价款共计802万元。 (3)2008年2月20日,上海张江集成电路产业园开发有限公司(以下简称张江集电)与中京电子签署《国有土地使用权转让合同》(以下简称《转让合同二》,与《转让合同一》合称转让合同),转让B1-5a(以下简称宗地二)的国有土地使用权。《转让合同二》载明宗地二的面积约为10,934平方米,用地性质为商业用地,用途为国家RFID产业化基地建设吸引RFID相关企业入驻,土地使用年限自双方办理土地交接手续之日起计50年,但不超过2055年12月31日,土地使用权转让价款共计21,868,000元。	

续表

相关手续	1～6 号项目	7 号项目
国有土地使用权出让合同	(4)2009 年 7 月 6 日,张江集电与中京电子签署《关于修改"集成电路产业区 B1－5a,B1－5b 号地块〈国有土地使用权转让合同〉"的补充协议》,鉴于上海市浦东新区规划管理局于 2009 年 5 月 12 日颁发的《浦东新区人民政府关于张江集成电路产业区(二期)控制性详细规划调整的批复》(浦府〔2009〕173 号)中宗地一与宗地二的用地性质和相关规划参数均已调整,约定将原转让合同 2.1.3 条款中的用地性质修改为工业用地,宗地一、宗地二合并为"集电港 B 区'1－5 地块'",并合并办理土地使用权证	
不动产权证书	上海市不动产登记局核发的《不动产权证》[沪(2017)浦字不动产权第 026326 号]	
建设用地规划许可证	上海市浦东新区规划管理局核发的《建设用地规划许可证》(沪浦规地张[2009]EA3101152009148)	
建设工程规划许可证	上海市浦东新区规划和土地管理局核发的《建设工程规划许可证》(建字第沪浦规建张[2010]FA31011520109361 号) 上海市浦东新区规划和土地管理局核发的《建设工程规划许可证》(建字第沪浦规建张[2015]FA31011520154069 号)	
建设工程施工许可证	上海市浦东新区建设和交通委员会核发的《建筑工程施工许可证》(编号:08ZJPD0050D01/310115200812231419) 上海市浦东新区建设和交通委员会核发的《建筑工程施工许可证》(编号:14ZJPD0086D01/310115201410131719)	
节能批复文件	上海市张江高科技园区管理委员会出具的《上海市企业投资项目备案意见》(沪张江园区管备〔2010〕019 号)明确 1～6 号项目已依法履行节能审查手续 上海市张江高科技园区管理委员会出具的《外商投资项目备案意见表》(沪张江园区管外备〔2014〕38 号)及《上海市企业投资项目备案变更意见》(沪张江园区管外备〔2014〕50 号)明确按照现行有效的法律法规可不需要就 7 号项目单独履行节能审查手续	
人防设计审核	上海市浦东新区人民防空办公室就 1～6 号项目出具的编号为"2010－244"的《民防工程建设(建设工程规划许可证阶段)核定单》 上海市浦东新区人民防空办公室就 7 号项目出具的编号为"2015－104"的《民防部门审查(建设工程规划许可证阶段)核定单》	
环境影响评价批复	上海市浦东新区环境保护和市容卫生管理局出具的《关于国家 RFID 基地工程设计变更环境影响报告表的审批意见》(沪浦环保环表决字〔2010〕第 1166 号) 上海市浦东新区环境保护和市容卫生管理局出具的《关于盛夏中京科技园项目环境影响报告表的审批意见》(沪浦环保许评〔2015〕第 1133 号)	

续表

相关手续	1~6号项目	7号项目
竣工验收报告	建设单位、施工单位、勘察单位、设计单位及监理单位人员组成了竣工验收组就1~6号项目出具的《建设工程竣工验收报告》 上海市浦东新区建设和交通委员会出具的《建设工程竣工验收备案证书》(2014PD0054) 上海市浦东新区规划和土地管理局出具的《建设工程竣工规划验收合格证》(沪浦竣〔2014〕JA31011520144439) 建设单位、施工单位、设计单位及监理单位人员组成竣工验收组就7号项目出具的《建设工程竣工验收报告》 上海市浦东新区建设和交通委员会出具的《建设工程竣工验收备案证书》(2016PD0414) 上海市浦东新区规划和土地管理局出具的《建设工程竣工规划验收合格证》(沪浦竣〔2016〕JA31011520165762)	

七、基础设施相关风险

(一)租赁合同未备案的风险

《上海市房屋租赁条例》(2010年修正,已失效)第15条规定:“房屋租赁合同及其变更合同由租赁当事人到房屋所在地的区、县房地产登记机构办理登记备案手续。房屋租赁合同未经登记备案的,不得对抗第三人。”截至招募说明书出具之日,中京电子尚未就基础设施资产正在履行的租赁合同办理租赁登记备案手续。

《民法典》第706条规定:“当事人未依照法律、行政法规规定办理租赁合同登记备案手续的,不影响合同的效力。”鉴此,租赁合同未办理备案不影响租赁合同的效力。但是,根据《商品房屋租赁管理办法》第14条和第23条的规定,未办理租赁备案的,由直辖市、市、县人民政府建设(房地产)主管部门责令限期改正;单位逾期不改正的,处以1000元以上1万元以下罚款。上述未办理租赁合同备案的情况,可能被有权建设(房地产)主管部门责令限期改正,若届时项目公司未根据有权建设(房地产)主管机关的要求限期改正的,可能被处以1000元以上1万元以下罚款。

(二)股权质押风险

上海安恬投资有限公司与中国工商银行股份有限公司上海市虹口支行(以下简称工商银行上海虹口支行)签署《并购借款合同》,就担保《并购借款合同》项下的负债,光全投资与工商银行上海虹口支行签订《质押合同》,约定安恬投资的股东光全投资作为出质人,将其持有的安恬投资 99% 的股权出质给工商银行上海虹口支行。

中京电子与工商银行上海虹口支行签署了《固定资产支持融资借款合同》(以下简称《固定资产借款合同》),为担保《固定资产借款合同》项下对工商银行上海虹口支行人民币 312,000,000 元的贷款负债,安恬投资与工商银行上海虹口支行签订《质押合同》,中京电子的股东安恬投资作为出质人,将其持有的中京电子 100% 的股权出质给工商银行上海虹口支行。

如专项计划设立日后 90 个工作日内,中京电子的股权仍存在权利负担的,将触发专项计划终止事件,继而导致《华安张江光大园封闭式基础设施投资基金基金合同》提前终止。

工商银行上海虹口支行于 2020 年 12 月 25 日出具《关于同意提前还款并解除权利限制的函》,同意在安恬投资和项目公司分别偿还完毕《并购借款合同》和《固定资产借款合同》项下的全部本息后,工商银行上海虹口支行将及时配合解除基础设施资产上的上述他项权利。

(三)基础设施项目权利限制风险

安恬投资与工商银行上海虹口支行签署了《并购借款合同》,为担保《并购借款合同》项下安恬投资的负债,中京电子以上海市张江高科技园区为抵押物,向工商银行上海虹口支行提供抵押担保。为此,中京电子与工商银行上海虹口支行签署了《抵押合同》,于 2019 年 9 月 29 日办理了相应的抵押登记。

中京电子与工商银行上海虹口支行签署了《固定资产支持融资借款合同》,约定为担保《固定资产借款合同》项下对工商银行上海虹口支行的贷款负债,中京电子以张江光大园为抵押物,向工商银行上海虹口支行提供抵押担保;就此,中京电子与工商银行上海虹口支行签署了《抵押合同》,并于 2019 年 9 月 29 日办理了相应的抵押登记。同时,为担保《固定资产借款合同》项下对工商银行上海虹口支行的贷款负债,中京电子以张江光大园的租金收入为质押物,向工商银行上海虹口支行提供质押担保。

如专项计划设立日后 90 个工作日内,物业资产仍存在权利负担(包括但不限于物业资产抵押、物业资产运营收入质押等)的,将触发专项计划终止事件,继而导致《基金合同》提前终止。

根据工商银行上海虹口支行于2020年12月25日出具的《关于同意提前还款并解除权利限制的函》,工商银行上海虹口支行同意在安恬投资和中京电子分别偿还完毕《并购借款合同》和《固定资产支持融资借款合同》项下的全部本息后,工商银行上海虹口支行将及时配合解除基础设施资产在先抵押和基础设施资产运营收入在先质押。管理人将积极督促各方及时完成存量抵押和质押的解除以及相关的登记工作。

(四)未能完成反向吸收合并的风险

在基金合同生效后的20个工作日内,基金将启动反向吸收合并的相关工作,反向吸收合并的相关工作预计在基金合同生效后的6个月内完成。受限于法律法规规定、监管政策及各地区市场监督管理部门工作人员对反向吸收合并的理解和具体业务办理的差异,反向吸收合并存在无法完成或无法在预定时间内启动或完成的风险。

八、关键问题解析

(一)基础设施项目转让的合法合规性

1. 土地主管部门的限制

依据下述规定,项目公司的股权转让需取得土地使用权出让人的同意,具体如下。

(1)上海市人民政府办公厅于2016年3月30日印发的《上海市人民政府办公厅转发市规划国土资源局制订的〈关于本市盘活存量工业用地的实施办法〉的通知》(沪府办〔2016〕22号)第20条第3款规定:“存量工业用地使用权人出资比例结构、项目公司股权结构改变的,在办理股权变更前,须按照出让合同约定事先征得出让人同意。”

(2)上海规划国土局、上海市经济和信息化委员会、上海市科学技术委员会于2018年11月16日印发的《关于本市推进产业用地高质量利用的实施细则》(沪规土资地〔2018〕687号,已失效)第15条规定:“……(一)工业用地和研发用地应整体持有,受让人的出资比例和股权结构发生改变的,应事先经出让人同意……"

就前述规定对项目公司股权转让的限制,作为基础设施项目所在地土地资源管理部门的上海市浦东新区规划和自然资源局(以下简称浦东新区规自局)于2020年12月22日出具了《关于同意以张江光大园资产申请试点发行公募REITs的无异议函》,明确在不改变张江光大园项目占用范围内土地用途、性质的前提下,浦东新区规自局对张江光大园项目以100%股权转让方式发行基础设施REITs无异议。发行基础设施REITs未改变张江光大园项目占用范围内的土地用途、性质,因此张江光大园项目已就以100%股权转让方式发行基础设施REITs事宜根据法律规定取得了浦东新区规自局的同意,可依法实施转让。

2. 融资及担保合同的限制

融资及担保合同的限制主要包括基础设施项目的抵押、特殊目的公司和项目公司的股权质押、融资及担保合同中关于特殊目的公司股权、项目公司股权和基础设施项目转让的限制性约定。

根据工商银行上海虹口支行出具的《提前还款同意函》,其同意为发行公募REITs之目的转让项目公司100%股权;在项目公司以发行公募REITs募集资金用于偿还工商银行上海虹口支行在编号为10192000362的《并购借款合同》和编号为10192000363的《固定资产借款合同》项下的借款后,工商银行上海虹口支行将及时配合办理编号为10192000362201、10194000363201的《抵押合同》项下抵押权的注销登记,编号为10192000362302的《质押合同》项下项目公司股权质押的注销登记,以及编号为10194000363301的《质押合同》项下应收账款质押的注销登记。

3. 其他限制

根据上海市环境保护局、上海规划国土局于2016年6月13日印发的《上海市经营性用地和工业用地全生命周期管理土壤环境保护管理办法》(沪环保防〔2016〕226号,以下简称《上海市经营性用地和工业用地土壤环保办法》,已失效)第7条第1款规定:"经营性用地和工业用地出让、转让前,土地储备机构或土地使用权人应组织完成土壤环境调查评估,需治理修复的,应组织实施修复并达到环保要求,并将相关材料报所在地区(县)环保局。土地使用权出让人在土地使用权出让前应征询土地所在地区(县)环保局意见。对于存在污染或治理修复未达环保要求的地块不得出让、转让。"

就上述《上海市经营性用地和工业用地土壤环保办法》第7条第1款的规定，张江集电和中京电子已于2021年3月19日出具了《关于张江光大园项目土壤环境评估事宜的说明及承诺函》，张江集电和中京电子承诺将在公募REITs发行前按照《上海市经营性用地和工业用地土壤环保办法》第7条规定的组织完成土壤环境调查评估，如需治理修复的，将会组织实施修复并达到环保要求，并将相关材料报送所在地区环保局，在未完成上述程序前不进行基础设施REITs基金份额的发售；张江集电承诺，如由于基础设施REITs发行前的原因导致张江光大园项目因土壤环境评估事宜而引发的任何行政处罚、赔偿和责任等将由张江集电承担。

(二)国有资产转让

光全投资系由张江集电和光大安石共同控制的有限合伙型私募基金。参照《上市公司国有股权监督管理办法》第78条规定，"国有出资的有限合伙企业不作国有股东认定，其所持上市公司股份的监督管理另行规定"，以及国务院国有资产监督管理委员会于2018年12月29日在官网问答栏目《对〈企业国有资产交易监督管理办法〉理解》中有关"32号令第4条是针对公司制企业中的国有及国有控股、国有实际控制等情形进行分类，合伙企业中合伙人的权益和义务应以合伙协议中的约定为依据"的答复，光全投资虽由张江集电出资，但是光全投资不因此被界定为特殊目的公司安恬投资的国有股东，安恬投资的股权转让无须适用国有企业产权转让进场交易的相关规定。

第二节　博时招商蛇口产业园REITs[①]

博时招商蛇口产业园封闭式基础设施证券投资基金于2021年6月21日在深交所上市，证券简称为"博时蛇口产园REITs"，证券代码为"180101"，基金合同期限为50年，募集份额总额为9亿份。

① 《博时招商蛇口产业园封闭式基础设施证券投资基金招募说明书(草案)》，载深圳证券交易所官网，http://reportdocs.static.szse.cn/UpFiles/reitsinfodisc/REITS_000178FD73C0753FE6EA6A811B2FE13F.pdf。

一、投资基金基本信息(见表 3 –9)

表 3 –9 博时蛇口产园 REITs 基础信息

基金名称	博时招商蛇口产业园封闭式基础设施证券投资基金
基础设施项目类型	产业园区
原始权益人	招商局蛇口工业区控股股份有限公司
基金管理人	博时基金管理有限公司
专项计划管理人	博时资本管理有限公司
托管人	招商银行股份有限公司
注册生效日期	2021 年 5 月 17 日

二、基金交易结构

(一)交易结构(见图 3 –7)

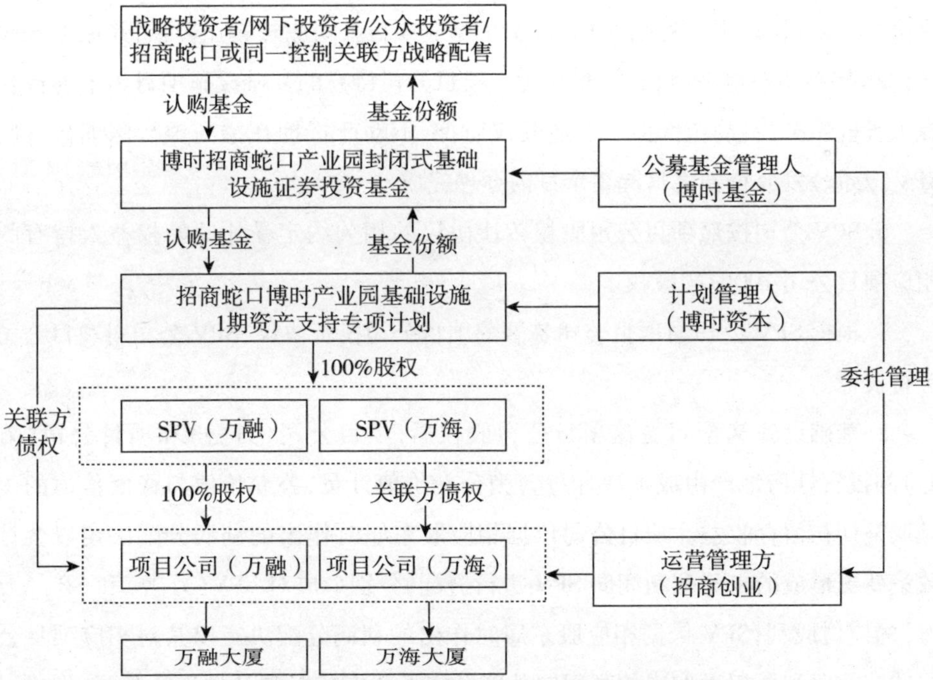

图 3 –7 博时蛇口产园 REITs 交易结构

(二)交易步骤

1. 基金管理人向中国证监会申请注册基础设施基金,在取得注册文件后,由基金管理人联合财务顾问进行基金份额的公开发售,其中原始权益人或其同一控制下的关联方参与基础设施基金份额战略配售,配售份额不低于20%。

2. 基金管理人将募集资金以专项资产管理方式委托资产支持证券管理人管理,资产支持证券管理人设立并管理专项计划。

3. 资产支持证券管理人向资产支持证券托管人指示资产支持证券管理人将部分专项计划资金划拨至资产支持证券管理人指定的账户,用于购买SPV公司股权。

4. 根据资产支持证券管理人与SPV公司签署的SPV公司投资协议,资产支持证券管理人向SPV公司进行投资。

5. SPV(万海)与招商银行深圳分行签署《借款合同》,由招商银行深圳分行向SPV(万海)提供30,000万元的借款,用于SPV(万海)向招商局蛇口工业区控股股份有限公司(以下简称招商蛇口)支付相应项目公司股权转让价款,并拟由SPV(万海)持有的对应项目公司股权、对应项目公司持有的基础设施项目为上述借款提供股权质押、不动产抵押。上述股权质押、不动产抵押在招商银行深圳分行向SPV(万海)发放贷款之日起3个月内办理完成。

6. SPV公司按照项目公司股权转让协议的相关约定受让原始权益人持有的相应项目公司100%的股权。

7. 根据SPV公司与项目公司签署的项目公司投资协议,SPV公司对项目公司进行投资。

8. 基础设施基金间受让项目公司股权后,项目公司(万融)和项目公司(万海)的投资性房地产由成本法计量转为公允价值计量,公允价值与账面价值的差额调整期初留存收益。项目公司依据相应股东届时作出的利润分配决定以会计政策变更形成的未分配利润向SPV进行分配,分别形成对SPV(万融)和SPV(万海)的应付股利;SPV依据相应股东届时作出的利润分配决定以其对相应项目公司的应收股利债权而形成的利润向基础设施资产支持专项计划进行分配,形成对基础设施资产支持专项计划的应付股利。

资产支持证券管理人(代表专项计划)和/或相应 SPV 和/或相应项目公司签署相应的《债权确认及重组协议》,对各方之间的债权债务关系进行确认及重组,最终分别形成专项计划对项目公司的债权债务关系、SPV(万融)对项目公司(万融)的债权债务关系、SPV(万海)对项目公司(万海)的债权债务关系。

9. 项目公司应将项目运营过程中产生的项目公司运营收入归集至监管账户。

10. 项目公司按照《债权确认及重组协议》的约定或 SPV 公司作为相应项目公司股东作出的股东决定或资产支持证券管理人作出的还款指令,向 SPV 公司和资产支持证券管理人偿还相应标的债权本金和/或利息。

11. 项目公司根据公司章程的规定或 SPV 公司作出的分红决定向 SPV 公司分配与其所持有项目公司股权所对应的股息、红利等股权投资收益,在吸收合并协议约定的吸收合并完成前,项目公司股东为 SPV 公司;在吸收合并协议约定的吸收合并完成后,项目公司股东为资产支持证券管理人。

12. SPV 公司根据公司章程的规定或资产支持证券管理人作出的分红决定向资产支持证券管理人分配与其所持有 SPV 公司股权所对应的股息、红利等股权投资收益。

13. SPV(万海)根据《借款合同》的约定,按照计划分期归还贷款本金和/或利息。在吸收合并协议约定的吸收合并完成后,前述《借款合同》项下的贷款债务分别由吸收合并该 SPV(万海)的项目公司(万海)承继,项目公司(万海)按照计划分期归还贷款本金和/或利息。

14. 资产支持证券管理人根据专项计划文件的约定,实施专项计划的分配流程,向基金管理人分配相应款项。

15. 公募基金成立后,在符合法律法规的前提下,项目公司将吸收合并其股东(相应 SPV 公司),SPV 公司将注销,资产支持证券管理人将直接持有项目公司的全部股权。

三、基础设施项目概况

(一)基础设施基本情况(见表3-10)

表3-10 蛇口产业园项目基本情况

子项目(资产)	万融大厦	万海大厦
所在地	深圳市南山区蛇口网谷产业园	
土地性质	工业用地	
建设内容和规模	土地面积:17,243.53平方米 建筑面积:41,707.23平方米 用途:工业、商业、食堂	土地面积:18,241.21平方米 建筑面积:1栋20,308.3平方米、2栋12,065.17平方米、3栋21,219.37平方米,合计53,592.84平方米 用途:1栋:工业、商业;2栋;工业、商业;3栋:工业、食堂、配套
资产四至范围	北侧:工业五路 西侧:中集天达及万维大厦 东侧:南海大道 南侧:工业四路	北侧:TCL科技大厦 西侧:规划一路 东侧:南海大道 南侧:工业五路
土地使用期限	2012年7月17日至2062年7月16日(50年)	2012年9月30日至2062年9月29日(50年)

(二)运营模式

基础设施资产为蛇口网谷产业园区内定位为产业研发办公的万海大厦和万融大厦。为蛇口网谷产业园区内优质资产,依托蛇口网谷产业园互联网示范基地定位、产业集群效应和运营优势,结合低密度、多层次绿化的花园式环境打造,为企业提供优质的产业办公环境和空间。

营业收入主要包括:(1)产业研发办公物业租赁收入,即项目公司取得的其与相关方签署的相应租赁合同项下的租赁收入;(2)其他收入,即项目公司取得的基础设施管理收入、基础设施服务收入(含广告收入、物业管理费收入、车位收入、其他基础设施服务收入等)。营业收入主要为市场化运营产生,不依赖第三方补贴等非经常性收入。

营业成本和费用主要包括:(1)运营支出:营销推广费、代理费、维修费、物业管理费、审计费、律师费、系统费等;(2)非运营支出:房产税、土地使用税、增值税附加、印花税、所得税、保险费;(3)其他支出:资本性支出、财务费用。

四、项目公司概况

(一)深圳市万融大厦管理有限公司

1. 基本情况(见表 3 – 11)

表 3 – 11　深圳市万融大厦管理有限公司基本情况

名称	深圳市万融大厦管理有限公司
类型	有限责任公司(法人独资)
住所	深圳市南山区招商街道沿山社区南海大道 1029 号万融大厦 B 座 G05
法定代表人	胡海滨
注册资本	人民币 1500 万元
成立日期	2020 年 8 月 26 日
营业期限	2020 年 8 月 26 日至无固定期限
经营范围	一般经营项目是:园区管理服务;创业空间服务;非居住房地产租赁;办公设备租赁服务;计算机及通讯设备租赁;物业管理;工业设计服务;计算机及办公设备维修(除依法须经批准的项目外,凭营业执照依法自主开展经营活动),许可经营项目是:无

2. 项目公司股权结构(发行前)(见图 3 – 8)

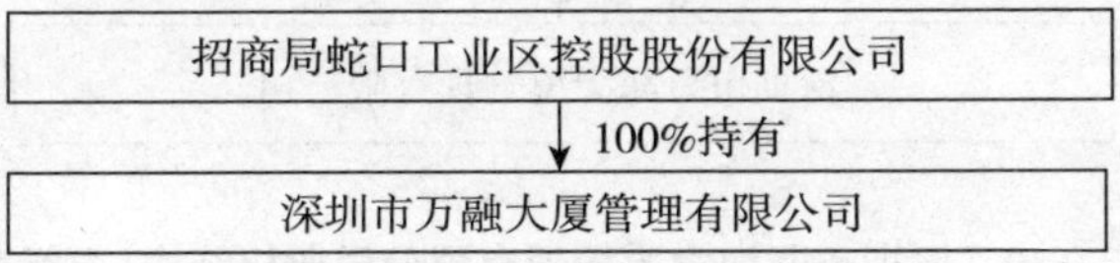

图 3 – 8　深圳市万融大厦管理有限公司股权结构(发行前)

3. 项目公司股权结构(发行后)(见图 3 – 9)

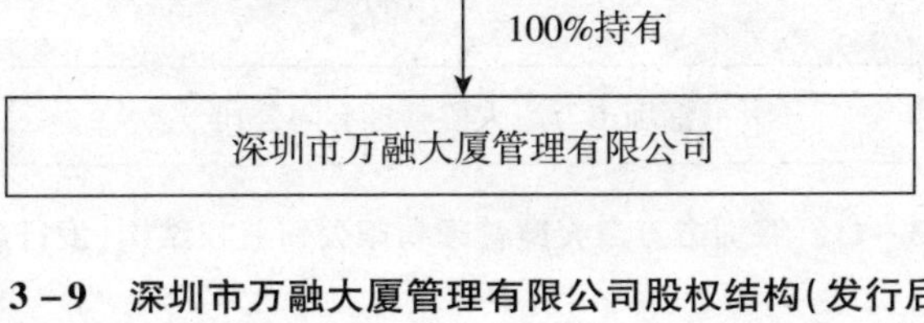

图 3 – 9　深圳市万融大厦管理有限公司股权结构(发行后)

(二)深圳市万海大厦管理有限公司

1. 基本情况(见表3－12)

表3－12　深圳市万海大厦管理有限公司基本情况

名称	深圳市万海大厦管理有限公司
类型	有限责任公司(法人独资)
住所	深圳市南山区招商街道沿山社区南海大道1029号万融大厦B座G05
法定代表人	王翘楚
注册资本	人民币1500万元
成立日期	2020年8月26日
营业期限	2020年8月26日至无固定期限
经营范围	一般经营项目是:园区管理服务;创业空间服务;非居住房地产租赁;办公设备租赁服务;计算机及通讯设备租赁;物业管理;工业设计服务;计算机及办公设备维修(除依法须经批准的项目外,凭营业执照依法自主开展经营活动),许可经营项目是:无

2. 项目公司股权结构(发行前)(见图3－10)

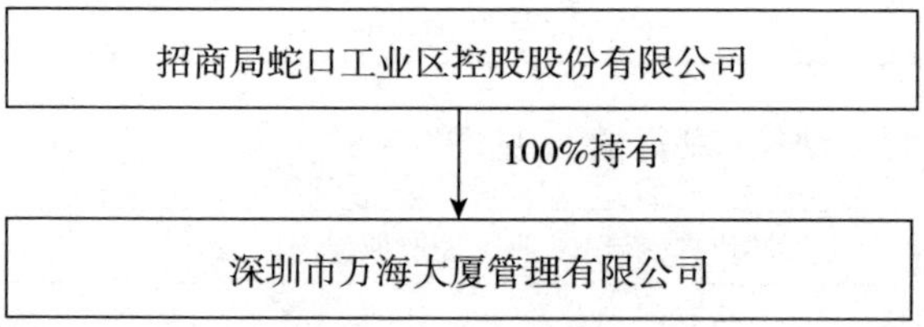

图3－10　深圳市万海大厦管理有限公司股权结构(发行前)

3. 项目公司股权结构(发行后)(见图3－11)

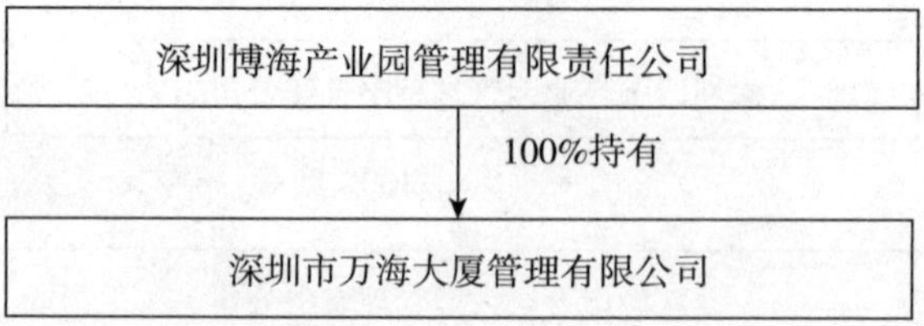

图3－11　深圳市万海大厦管理有限公司股权结构(发行后)

五、原始权益人概况

(一)基本情况(见表 3 – 13)

表 3 – 13　招商局蛇口工业区控股股份有限公司基本情况

名称	招商局蛇口工业区控股股份有限公司
类型	其他股份有限公司(上市)
住所	广东省深圳市南山区蛇口太子路 1 号新时代广场
法定代表人	许永军
注册资本	人民币 792,324.2592 万元
成立日期	1992 年 2 月 19 日
营业期限	1992 年 2 月 19 日至无固定期限
经营范围	城区、园区、社区的投资、开发建设和运营;交通运输、工业制造、金融保险、对外贸易、旅游、酒店和其他各类企业的投资和管理;邮轮母港及配套设施的建设和运营;房地产开发经营;水陆建筑工程;所属企业产品的销售和所需设备、原材料、零配件的供应和销售;举办体育比赛;物业管理;水上运输,码头、仓储服务;科研技术服务;提供与上述业务有关的技术、经营咨询和技术、信息服务(依法须经批准的项目,经相关部门批准后方可开展经营活动)

(二)股权结构(见图 3 – 12)

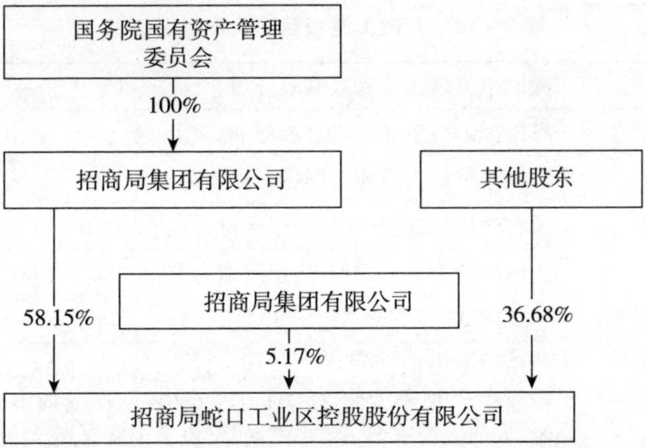

图 3 – 12　招商局蛇口工业区控股股份有限公司股权结构

六、基础设施项目合规情况

(一)项目权属

1. 万融大厦项目

(1)国有建设用地使用权出让合同

万融大厦项目系拆除重建类城市更新项目,根据当时有效的《深圳市人民政府关于工业区升级改造的若干意见》的规定,改造主体应与国土房产部门重新签订《土地使用权出让合同》。2012年8月2日,深圳市规划和国土资源委员会第二直属管理局(以下简称市规土委第二管理局)与招商创业签订了编号为深地合字(2012)8016号的《深圳市土地使用权出让合同书》,由深圳市招商创业有限公司受让万融大厦项目地块。2016年8月11日,深圳市规划和国土资源委员会南山管理局(以下简称市规土委南山管理局)与招商创业签订《深地合字(2012)8016号〈深圳市土地使用权出让合同书〉第一补充协议书》,就万融大厦项目建筑面积调整等事项进行了约定。根据招募说明书,招商创业已缴清前述《深圳市土地使用权出让合同书》项下地价款22,799,372元。

(2)不动产权证书

基础设施项目中万融大厦项目系指项目公司(万融)持有的位于深圳市招商街道蛇口网谷万沧大厦,主要信息见表3-14:

表3-14 万融大厦项目不动产权证信息

权利人	深圳市万融大厦管理有限公司
《不动产权证书》编号	粤(2020)深圳市不动产权第0252616号
坐落	深圳市招商街道蛇口网谷万沧大厦
权利类型	国有建设用地使用权/房屋所有权
用途	土地用途为工业用地,房屋用途为工业、商业、食堂
土地使用权面积	17,243.53平方米
建筑面积	总建筑面积41,707.23平方米(其中包括工业38,574.71平方米、商业986.07平方米、食堂1,975.66平方米、客服中心153.57平方米、人防报警室17.22平方米,不包括架空休闲2,534.64平方米、地下车库及设备房13,071.77平方米、地下室出入口92.16平方米及风井、排风井等56.89平方米)

2. 万海大厦项目

(1)国有建设用地使用权出让合同

万海大厦项目系拆除重建类城市更新项目，根据当时有效的《深圳市人民政府关于工业区升级改造的若干意见》的规定，改造主体应与国土房产部门重新签订《土地使用权出让合同》。2012 年 9 月 30 日，市规土委第二管理局与招商创业签订编号为深地合字(2012)8023 号的《深圳市土地使用权出让合同书》，由招商创业受让万海大厦项目地块。2016 年，市规土委南山管理局与招商创业签订《深地合字(2012)8023 号〈深圳市土地使用权出让合同书〉第一补充协议书》，就万海大厦项目建筑面积调整及地价款补缴事宜进行了约定。招募说明书披露，招商创业已缴清前述《深圳市土地使用权出让合同书》项下地价款 34,437,143 元及《深地合字(2012)8023 号〈深圳市土地使用权出让合同书〉第一补充协议书》项下补缴地价款 84,709 元。

(2)不动产权证书

基础设施项目中万海大厦项目系指项目公司(万海)持有的位于深圳市南山区南海大道蛇口网谷万海大厦，基本信息见表 3－15：

表 3－15　万海大厦项目不动产权证信息

权利人	万海大厦管理有限公司
《不动产权证书》编号	粤(2020)深圳市不动产权第 0251900 号、粤(2020)深圳市不动产权第 0251901 号、粤(2020)深圳市不动产权第 0251902 号
坐落	深圳市南山区南海大道蛇口网谷万海大厦
权利类型	国有建设用地使用权/房屋所有权
用途	土地用途为工业用地，房屋用途为工业、商业、食堂、配套
土地使用权面积	18,241.21 平方米
建筑面积	建筑面积为 53,592.84 平方米(其中包括工业 51,374.54 平方米、商业 997.68 平方米、食堂 1,136.64 平方米、消防控制室 71.37 平方米、人防报警室 12.61 平方米，不包括骑楼 606.60 平方米、地下车库及设备用房 14,816.74 平方米、地下室风井 43.98 平方米、人防梯 51.62 平方米)

(二)项目公司业务资质

基础设施项目共配套建有657个停车位,其中万融大厦项目322个、万海大厦项目335个。前述停车位均已委托基础设施项目物业管理单位深圳招商物业管理有限公司用于经营公共停车场。招商物业已就基础设施项目停车位分别取得了深圳市公安局交通警察局核发的编号分别为"深公交停管许字A01574号"及"深公交停管许字A01621号"的两份《深圳市经营性停车场许可证(社会公共类)》。

(三)项目固定资产投资管理手续(见表3-16)

表3-16 蛇口产业园项目投资管理手续

序号	事项	万融大厦	万海大厦
1	项目审批、核准	1.《关于南山区蛇口沿山路宝耀片区更新单元专项规划的批复》(深规土二局函〔2011〕151号) 2.《关于南山区蛇口沿山路宝耀片区更新单元专项规划调整的批复》(深规土二局〔2012〕89号) 3.《社会投资项目备案通知》(深南发改备案〔2011〕0203号)	1.《关于南山区蛇口沿山路宝耀片区更新单元专项规划的批复》(深规土二局函〔2011〕151号) 2.《关于南山区蛇口沿山路宝耀片区更新单元专项规划调整的批复》(深规土二局〔2012〕89号) 3.《深圳市社会投资项目核准通知书》(深发改核准〔2012〕0281号)
2	项目规划	1.《深圳市建设用地规划许可证》(深规土许ZG-2012-0031号) 2.《深圳市建设工程规划许可证》(深规土建许字ZG-2012-0051号) 3.《深圳市房屋建筑和市政基础设施工程施工图设计文件审查合格书》(大正建设审J2011-270) 4.《深圳市建设工程规划验收合格证》(深规土建验ZG-2013-0044号)	1.《建设用地规划许可证》(深规土许ZG-2012-0039号) 2.《建设工程规划许可证》(深规土建许字ZG-2012-0084号) 3.《深圳市房屋建筑和市政基础设施工程施工图设计文件审查合格书》(SDY-12-120-2) 4.《深圳市建设工程规划验收合格证》(深规土建验ZG-2014-0050号)

续表

序号	事项	万融大厦	万海大厦
3	用地手续	1.《深圳市土地使用权出让合同书》[深地合字(2012)8016 号] 2.《深地合字(2012)8016 号〈深圳市土地使用权出让合同书〉第一补充协议书》 《付清地价款证明》(第 2012 - 2056 号)	1.《深圳市土地使用权出让合同书》[深地合字(2012)8023 号] 2.《深地合字(2012)8023 号〈深圳市土地使用权出让合同书〉第一补充协议书》 3.《付清地价款证明》(第 NG20170020 号)
4	环评批复	1.《建设项目环境影响审查批复》(深南环批〔2011〕52289 号) 2.《关于蛇口沿山路宝耀片区更新单元二期项目竣工环境保护验收决定书(建设工程类)》(深南环验收〔2013〕013 号)	《建设项目环境影响审查批复》(深南环水批〔2012〕50319 号)
5	节能审查	《建筑节能专项验收意见书》(深南住建节验〔2013〕18 号)	1.《建筑节能专项验收意见书》(深南住建节验〔2014〕11 号) 2. 深圳市宗唐科技开发有限公司《关于蛇口网谷万海大厦项目节能评估工作的说明函》
6	消防审查	《建设工程消防设计备案受理凭证》(440000wSJ110070912)	1.《建设工程消防设计备案受理凭证》(备案号 440000WSJ120064328) 2.《建设工程消防设计复查意见书》(深公南消设复〔2013〕第 0002 号)
7	人防审查	1.《深圳市南山区人防工程建设意见征询单》(编号 2011 - 005) 2.《深圳市南山区人防地下室初步设计审查意见书》(编号 2011 - 005c) 3.《深圳市南山区人防工程核准单》(编号 156)	1.《深圳市人防地下室建设意见征询单》(编号 2012 - 066) 2.《深圳市人防地下室初步设计审查意见书》(编号 2012 - 066C)
8	施工许可审批	《建筑工程施工许可证》(编号 4403002012040901 号)	《建筑工程施工许可证》(编号 4403002012058201 号)

续表

序号	事项	万融大厦	万海大厦
9	竣工验收备案批复	1.《建筑节能专项验收意见书》(深南住建节验〔2013〕18 号) 2.《关于蛇口沿山路宝耀片区更新单元二期项目竣工环境保护验收决定书(建设工程类)》(深南环验收〔2013〕013 号) 3.《建设工程竣工验收消防备案表》(编号 440000WYS130021676) 4.《深圳市建设工程竣工验收报告(燃气工程专用)》、《建筑工程竣工验收报告》及《深圳市房屋建筑(二次装修)项目竣工验收备案收文回执》(编号 2014004)	1.《关于蛇口网谷万海大厦项目竣工环境保护验收决定书》(深南环验收〔2014〕019 号) 2.《建设工程竣工验收消防备案受理凭证》和《建设工程竣工验收消防备案表》(备案号 440000wYS140011782) 3.《深圳市建设工程竣工验收报告(燃气工程专用)》、《建筑工程竣工验收报告》及《深圳市房屋建筑项目竣工验收备案收文回执》(编号 2014015)
10	不动产权证书	1. 不动产权证书[粤(2017)深圳市不动产权第 0142538 号] 2. 不动产权证书[粤(2020)深圳市不动产权第 0252616 号]	1. 编号为"粤(2017)深圳市不动产权第 0174135 号"的 3 份不动产权证书 2. 编号分别为"粤(2020)深圳市不动产权第 0251900 号"、"粤(2020)深圳市不动产权第 0251901 号"及"奥(2020)深圳市不动产权第 0251902 号"的 3 份不动产权证书

七、基础设施相关风险

(一)项目权属期限到期风险

基金存续期 50 年,所投资的基础设施项目两项资产土地使用权具有确定的到期日。根据基础设施项目对应的不动产权证书,基础设施项目的土地使用期限均为 50 年,其中万融大厦项目的土地使用期限为 2012 年 7 月 17 日至 2062 年 7 月 16 日,万海大厦项目的土地使用期限为 2012 年 9 月 30 日至 2062 年 9 月 29 日。

根据基础设施项目的土地使用权出让合同书的约定,基础设施项目的土地使用期限届满,国土部门无偿收回土地使用权,该地块上的建筑物及其他附着物也由国土部门无偿取得。土地使用权人如需继续使用该地块,应在期满前 6 个月内申请续期,并在确定了新的土地使用权出让年限及其他条件后,与国土部门重新签订土地使用权出让合同,支付土地使用权出让金和土地开发与市政配套设施金,并办理土地使用权登记手续。

根据《民法典》第 359 条的规定,住宅建设用地使用权期限届满的,自动续期。续期费用的缴纳或者减免,依照法律、行政法规的规定办理。非住宅建设用地使用权期限届满后的续期,依照法律规定办理。根据《城市房地产管理法》第 22 条的规定,土地使用权出让合同约定的使用年限届满,土地使用者需要继续使用土地的,应当至迟于届满前一年申请续期,除根据社会公共利益需要收回该幅土地的,应当予以批准。经批准准予续期的,应当重新签订土地使用权出让合同,依照规定支付土地使用权出让金。土地使用权出让合同约定的使用年限届满,土地使用者未申请续期或者虽申请续期但依照前款规定未获批准的,土地使用权由国家无偿收回。

综上所述,基础设施项目的土地使用权期限届满后,如基础设施项目的土地使用权人依法申请续期并获得批准续期的,则在缴纳完毕土地使用权出让金及其他相关费用后,将在重新获得的不动产权证书所载明的土地使用权期限内继续享有基础设施项目的土地使用权。

(二)规划用途、权证所载用途及实际用途不一致风险

项目基础设施资产的不动产权证书记载的土地用途为工业用地,房屋用途为工业、商业、食堂、配套;基础设施项目的实际用途是作为研发办公及商业等配套用途出租给信息技术产业、文化创意产业等企业,实际用途与基础设施项目的规划用途及其权证所载用途存在不一致情形,可能面临被有关政府部门处以罚款、责令改正、恢复用途甚至无偿收回土地使用权并没收地上建筑物、附着物等行政处罚的法律风险。

就基础设施项目的实际用途与规划用途不一致事宜,因项目位于深圳市市规土委第二管理局出具的《宝耀片区专项规划批复》范围内,规划部门在批复中同意通过拆除重建将万融大厦项目、万海大厦项目所属片区升级改造为“蛇口网谷”互联网基地,万海大厦项目所属片区内的产业定位为互联网、电子商务基础及应用、物联网技术及应用示范三大核心主体园区及公共技术平台。基于此批复,基础设

施项目的实际用途(主要作为研发办公及商业等配套用途出租给信息技术产业、文化创意产业等企业)的主要依据为深圳市规划部门在《宝耀片区专项规划批复》中对基础设施项目的产业定位。

(三)未办理房屋租赁合同登记备案风险

招募说明书披露,基础设施项目房屋租赁合同中的大部分未完成在房屋主管部门的登记备案手续。

根据《商品房屋租赁管理办法》的规定,房屋租赁合同订立后30日内,房屋租赁当事人应当到租赁房屋所在地直辖市、市、县人民政府建设(房地产)主管部门办理房屋租赁登记备案。房屋租赁登记备案内容发生变化、续租或者租赁终止的,当事人应当在30日内,到原租赁登记备案的部门办理房屋租赁登记备案的变更、延续或者注销手续。违反上述规定的,由主管部门责令限期改正,单位逾期不改正的,处以1000元以上1万元以下罚款。

但鉴于深圳市人民代表大会常务委员会于2015年8月31日发布了《关于废止〈深圳经济特区房屋租赁条例〉的决定》,废止了《深圳经济特区房屋租赁条例》,作为该条例主要内容的房屋租赁合同强制备案制度管控作用亦随之废止。为基金发行提供法律服务的律师于2020年7月21日电话咨询深圳市南山区招商街道办事处行政服务大厅得知,目前深圳市不强制要求进行房屋租赁合同备案,采取自愿原则。并且,根据项目公司工作人员的介绍,截至尽调基准日,项目公司未因基础设施项目房屋租赁合同未登记备案而被责令限期改正或处以罚款。如后续深圳市继续执行自愿备案的政策,则项目公司未进行房屋租赁合同备案的,理论上不会受到相关政府部门相应的处罚。

根据《民法典》第706条的规定,当事人未依照法律、行政法规规定办理租赁合同登记备案手续的,不影响合同的效力。因此,如不存在其他影响合同合法有效性的情形,仅就房屋租赁合同未能及时进行租赁备案的情况,不会直接影响房屋租赁合同的合法有效性,亦不会对项目公司合法持有基础设施项目的房屋所有权及对应的土地使用权造成实质性不利影响。

八、关键问题解析

（一）基础设施项目转让的合法合规性

1. 分割转让的限制要求

《深圳市工业楼宇及配套用房转让管理办法》第 4 条第 2 款规定："已供应用地的用地批准文件或者土地使用权出让合同对工业楼宇及配套用房的转让有约定的，按照约定执行。其中，用地批准文件或者土地使用权出让合同约定土地为非商品性质的，地上的工业楼宇及配套用房不得转让；仅约定为商品性质并且未对转让条件作明确约定的，仅能以约定为商品性质的部分为单位整体转让。"第 3 条第 4 款规定："本办法所称'整体转让'，是指以宗地为单位整体转让，本办法第四条、第七条另有规定的除外。"根据前述规定，该项目基础设施资产进行转让的，应仅能以宗地为单位整体转让，不能分割转让。

2. 受让主体的资格条件要求

《深圳市工业楼宇及配套用房转让管理办法》第 9 条第 1 款规定："工业楼宇的受让人须是经依法注册登记的企业。其中，一级工业区块线内工业楼宇的受让人还应符合本市工业区块线管理规定的有关要求。"第 14 条规定："工业楼宇按照本办法规定转让的，受让人应持买卖合同等材料向区产业部门申请资格条件审核……"《深圳市工业区块线管理办法》第 23 条规定："一级线内工业用地转让或地上工业楼宇分割转让，受让方应当是从事制造业的生产、研发、设计环节的工业企业或生产性服务业企业，并有 3 年以上合法纳税记录（或投资方合法纳税记录），由各区指定部门或机构对受让方条件进行审核并出具意见。"

基础设施资产万融大厦项目、万海大厦项目均位于一级工业区块线范围内，因此基础设施项目的受让人应满足前述规定中关于受让主体的全部资格要求并通过区产业部门的资格条件审核。

3. 政府的优先购买权要求

《深圳市工业楼宇及配套用房转让管理办法》第 13 条规定："按照本办法规定仅能以宗地为单位整体转让的工业楼宇及配套用房或者独立工业配套宿舍用地进行整体转让的，自用地批准文件生效之日或者土地使用权出让合同签订之日起不满 15 年进行整体转让的,政府及其指定部门在同等条件下享有优先购买权。”

两份《深圳市土地使用权出让合同书》均签署于 2012 年,距申报项目时均不满 15 年,因此,项目公司需取得区产业部门明确政府及其指定部门放弃行使优先购买权的书面文件。就 REITs 设立过程中的项目公司股权转让事项,招商蛇口已取得市规划南山管理局、深圳市南山区工业和信息化局分别出具的该本项目以 100% 股权转让方式发行基础设施 REITs 事项原则上无异议的书面函件,可视为政府及其指定部门已放弃其就基础设施项目的整体转让在同等条件下享有的优先购买权。

(二)财务顾问的独立性

《公开募集基础设施证券投资基金指引(试行)》(以下简称《基金指引》)第 10 条规定,基金管理人或其关联方与原始权益人存在关联关系,或享有基础设施项目权益时,应当聘请第三方财务顾问独立开展尽职调查,并出具财务顾问报告。

博时招商蛇口产业园 REITs 项目中,2021 年 4 月 27 日,深圳证券交易所向基金管理人博时基金管理有限公司(以下简称博时基金)、计划管理人博时资本管理有限公司(以下简称博时资本)出具《问询函》,就基金管理人博时基金、原始权益人招商蛇口和财务顾问招商证券股份有限公司(以下简称招商证券)均为招商局集团同一控制下的关联方进行问询。深圳证券交易所要求基金管理人就聘任招商证券担任财务顾问是否符合《基金指引》第 10 条相关要求进行说明,并请律师结合上述情况,在法律意见书中就招商证券担任财务顾问是否符合《基金指引》第 10 条相关要求发表明确意见。

2021 年 4 月 29 日,博时基金、博时资本就《问询函》给予答复,答复称,基金管理人和该项目法律顾问认为,“第三方财务顾问”系指基金管理人及原始权益人之外的第三人。基金管理人聘请招商证券担任基金募集的财务顾问。招商证券具有保荐业务资格且已严格按照中国证监会的有关规定,不受基金管理人和原始权益人等主体的干涉,独立开展尽职调查并独立出具相应的财务顾问报告。同时,基金管理人补充聘请中信证券股份有限公司(以下简称中信证券)担任本次基金募集的第三方财务顾问。法律顾问认为,招商证券和中信证券担任本次基金募集的财务顾问,符合《基金指引》第 10 条的相关规定。

就与基金管理人及原始权益人存在关联关系的财务顾问是否属于“第三方财务顾问”，深圳交易所存在一定的异议。虽然该项目基金管理人及法律顾问在回函中称“第三方财务顾问”系指基金管理人及原始权益人之外的第三人，与基金管理人及原始权益人存在关联关系的财务顾问属于“第三方财务顾问”，但为避免违反《基金指引》第 10 条的规定，基金管理人同时聘请了不存在关联关系的第三方担任项目的财务顾问。

实务中，为避免可能违反《基金指引》第 10 条规定及证券交易所对此提出问询，基金管理人应优先聘请与基金管理人及原始权益人均无关联关系的第三方担任财务顾问。

第四章　污水及垃圾处理 REITs 案例

第一节　富国首创水务 REITs①

富国首创水务封闭式基础设施证券投资基金于2021年6月21日在上交所上市，证券简称为"富国首创水务 REITs"，证券代码为"508006"，基金合同期限20年，募集份额总额为5亿份。

一、投资基金基本信息（见表4－1）

表4－1　富国首创水务 REITs 基本信息

基金名称	富国首创水务封闭式基础设施证券投资基金
基础设施项目类型	污水处理
原始权益人	北京首创股份有限公司
基金管理人	富国基金管理有限公司
专项计划管理人	富国资产管理（上海）有限公司
托管人	招商银行股份有限公司
注册生效日期	2021年5月17日

① 《富国首创水务封闭式基础设施证券投资基金招募说明书（草案）》，载上海证券交易所官网，http://static.sse.com.cn/bond/bridge/information/c/202105/afa45d6060a9440faa43070440420a03.pdf。

二、基金交易结构

(一)交易结构(见图4-1)

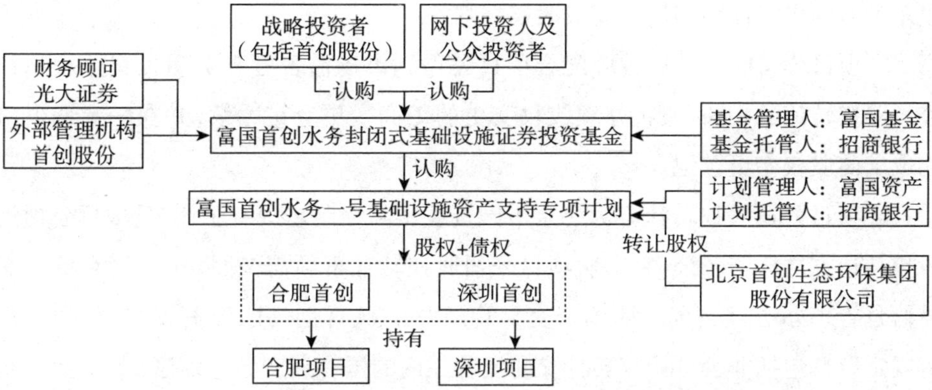

图4-1　富国首创水务REITs交易结构

(二)交易步骤

1. 基金募集达到基金备案条件的,自基金管理人办理完毕基金备案手续并取得中国证监会书面确认之日起,基金合同生效。自基金合同生效之日起,基金管理人根据法律法规和基金合同独立运用并管理基金财产。

2. 基金管理人(代表基础设施基金)通过与计划管理人签订《富国首创水务一号基础设施资产支持专项计划资产支持证券认购协议》并交付认购资金,经会计师事务所进行验资并出具验资报告后,计划管理人宣布专项计划设立。基金管理人(代表基础设施基金)取得资产支持证券,成为资产支持证券持有人。在首次发售时,公募基金募集资金扣除公募基金运行所必需的预留资金后将全部用于投资专项计划。

3. 计划管理人(代表专项计划)根据《股权转让协议》约定的付款安排,向计划托管人发出划款指令,指示计划托管人将专项计划资金中对应转让价款的金额划拨至原始权益人指定的账户,用于购买基础资产(原始权益人持有的"标的股权")。计划管理人还应根据《股东借款协议》及《增资协议》(如有)的约定,向计划托管人发出划款指令,指示计划托管人将专项计划资金中对应金额的资金划付至项目公司指定的账户,用于向项目公司提供借款或增资(如有)。

4. 计划管理人作为项目公司股权受让方根据《股权转让协议》约定完成股权转让价款支付的当日取得标的公司股权变更后的公司章程、以受让方为新股东的股东名册和出资证明书后即完成股权交割。

5. 项目公司股权转让方应配合项目公司到市场监督管理部门提交办理项目公司股权转让的相关资料,办理股权变更的工商变更登记手续,并在一定期限内完成工商股权变更登记。

6. 项目公司股权转让方为北京市国资委实际控制之国有企业,且项目公司为股权转让方之全资子公司,本次项目公司股权转让事项需按照《企业国有资产交易监督管理办法》《首创集团国资交易管理办法》《首创集团国资评估管理办法》等规定履行包括非公开协议转让交易流程在内的国有资产转让程序。

三、基础设施项目概况

本基金主要投资的基础设施资产包括深圳市福永、松岗、公明水质净化厂BOT特许经营项目(以下简称深圳子项目)及合肥市十五里河污水处理厂PPP项目(以下简称合肥子项目)2个子项目(见表4-2)。

表4-2 富国首创水务项目基本情况

<table>
<tr><td colspan="3">深圳子项目</td></tr>
<tr><td>子项目(资产)名称</td><td colspan="2">深圳市福永、松岗、公明水质净化厂</td></tr>
<tr><td>所在地</td><td colspan="2">广东省深圳市宝安区、光明区</td></tr>
<tr><td rowspan="3">项目具体地址</td><td>福永水厂</td><td>深圳市宝安区福海街道办新和村福永水厂</td></tr>
<tr><td>松岗水厂</td><td>深圳市宝安区燕罗街道办洋涌河南岸燕川大桥与洋涌闸之间松岗水厂</td></tr>
<tr><td>公明水厂</td><td>深圳市光明区玉塘街道玉律社区公明水厂</td></tr>
<tr><td>建设内容和规模</td><td colspan="2">福永水厂及提标改造工程,设计规模为12.5万吨/日
松岗水厂及提标改造工程,设计规模为15万吨/日
公明水厂及提标改造工程,设计规模为10万吨/日</td></tr>
</table>

续表

深圳子项目		
特许经营(或 PPP)年限	项目	特许经营期限
	福永水厂	2009 年 2 月 10 日至 2031 年 2 月 9 日
	公明水厂	2011 年 12 月 20 日至 2033 年 12 月 19 日
	松岗水厂	2009 年 2 月 10 日至 2031 年 2 月 9 日
合肥子项目		
子项目(资产)名称	合肥市十五里河污水处理厂 PPP 项目	
所在地(明确到县区级)	安徽省合肥市包河区	
项目具体地址	西至天津路规划红线,北至大圩路规划中心线,东至山东路规划红线,南至济南路规划中心线	
建设内容和规模	一期项目设计规模为 5 万吨/日 二期项目设计规模为 5 万吨/日 三期项目设计规模为 10 万吨/日 四期项目设计规模为 10 万吨/日	
特许经营(或 PPP)年限	特许经营期为 2018 年 9 月 30 日至 2047 年 9 月 29 日	

四、项目公司概况

深圳首创水务有限责任公司持有深圳子项目;合肥十五里河首创水务有限责任公司持有合肥子项目。

(一)深圳首创水务有限责任公司

1. 基本情况(见表 4-3)

表 4-3　深圳首创水务有限责任公司基本情况

名称	深圳首创水务有限责任公司
类型	有限责任公司(法人独资)
住所	深圳市宝安区福海街道新和社区福海路 11 号污水处理厂 207
法定代表人	黎青松(发行前);骆航成(发行后)
注册资本	人民币 35,061 万元
成立日期	2008 年 11 月 26 日

续表

营业期限	2008 年 11 月 26 日至 2034 年 12 月 19 日
经营范围	城市污水处理及最终排放;污水处理设施的咨询、技术研发、设计、施工及设备安装

2. 股权结构(发行后)(见图 4 – 2)

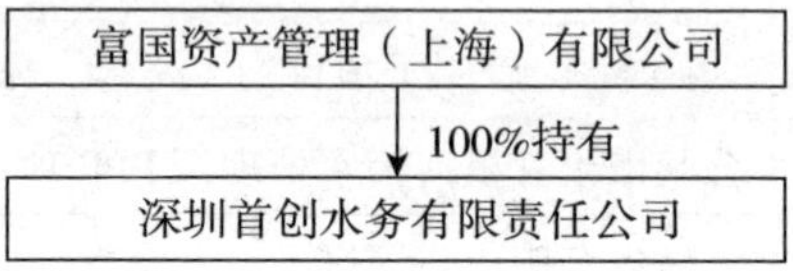

图 4 – 2　深圳首创水务有限责任公司股权结构(发行后)

(二)合肥十五里河首创水务有限责任公司

1. 基本情况(见表 4 – 4)

表 4 – 4　合肥十五里河首创水务有限责任公司基本情况

名称	合肥十五里河首创水务有限责任公司
类型	有限责任公司(非自然人投资或控股的法人独资)
住所	安徽省合肥市蜀山区潜山路 888 号百利商务中心办公部分 1 – 办 2105
法定代表人	朱克宝
注册资本	人民币 37,560 万元
成立日期	2008 年 9 月 5 日
营业期限	无固定期限
经营范围	污水处理工程;水处理技术服务;水处理设施的投资、建设、维护及运营管理

2. 股权结构(发行后)(见图 4 – 3)

图 4 – 3　合肥十五里河首创水务有限责任公司股权结构(发行后)

五、原始权益人概况

1. 基本情况（见表 4－5）

表 4－5　北京首创生态环保集团股份有限公司基本情况

名称	北京首创生态环保集团股份有限公司（曾用名：北京首创股份有限公司）
类型	其他股份有限公司（上市）
住所	北京市西城区车公庄大街 21 号 39 幢 16 层
法定代表人	刘永政
注册资本	人民币 734，059.0677 万元
成立日期	1999 年 8 月 31 日
营业期限	无固定期限
经营范围	公用基础设施的投资及投资管理；高科技产品的技术开发、技术咨询、技术转让、技术服务、技术培训；销售自行开发后的产品；房地产项目开发，销售商品房；物业管理；投资咨询；销售百货、五金交电、副食品、包装食品、饮料、家具、工艺美术品、节能设备、电子产品、建筑材料；住宿，中餐、西餐，零售酒、进口卷烟、国产卷烟、雪茄烟，美容美发（仅限新大都饭店经营）；零售烟（仅限新大都商品部经营）。（企业依法自主选择经营项目，开展经营活动；依法须经批准的项目，经相关部门批准后依批准的内容开展经营活动；不得从事本市产业政策禁止和限制类项目的经营活动）

2. 股权结构（见图 4－4）

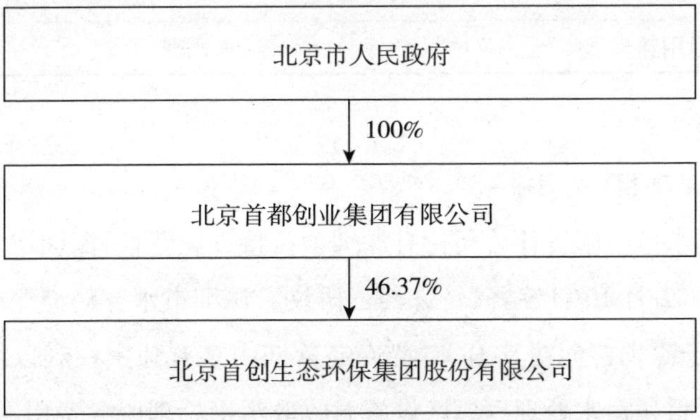

图 4－4　北京首创生态环境集团股份有限公司股权结构

六、基础设施项目合规情况

(一)项目权属

1. 项目用地

(1)深圳子项目(见表4-6)

表4-6 深圳子项目项目用地信息

序号	文件明细	文件记载的土地用途			土地实际用途
		福永	公明	松岗	
1	不动产权证	办理中			
2	深圳市建设项目选址意见书	雨水、污水处理用地	雨水、污水处理用地	雨水、污水处理用地	水质净化厂的建设、运营

(2)合肥子项目(见表4-7)

表4-7 合肥子项目项目用地信息

序号	文件明细	土地用途			
		一期	二期	三期	四期
1	不动产权证证载用途	公共设施用地			公共设施用地(污水处理厂)
2	建设用地规划许可证证载用途	雨水、污水处理用地(U41)	U1	U21	公共设施用地
3	实际用途	污水处理厂			

2. 特许经营权

(1)深圳子项目(见表4-8)

深圳首创水务有限责任公司持有深圳项目特许经营权,深圳市水务局与深圳首创于2009年2月10日签署《特许经营协议》,深圳市水务局经深圳市人民政府授权批准,授予深圳首创在其BOT特许经营期内享有独家权利以投融资、建设、运营和维护项目各污水处理厂厂区设施并收取污水处理服务费用的权利,特许经营期自《特许经营协议》正式签署生效日起计算至第22个周年日止(含建设期)。

表 4－8　深圳子项目特许经营期限信息

项目		特许经营期限
深圳项目	福永水厂	2009 年 2 月 10 日至 2031 年 2 月 9 日
	公明水厂	2011 年 12 月 20 日至 2033 年 12 月 19 日
	松岗水厂	2009 年 2 月 10 日至 2031 年 2 月 9 日

(2)合肥子项目(见表 4－9)

合肥市城建局与合肥十五里河首创水务有限责任公司于 2018 年 9 月 30 日签署《特许权协议》,合肥市城建局授予合肥首创在合作期限内对合肥项目独家的特许经营权。特许经营期自《特许权协议》正式签署生效日起至第 29 个周年日止(含建设期)。

表 4－9　合肥子项目特许经营期限信息

项目	特许经营期限
合肥项目	2018 年 9 月 30 日至 2047 年 9 月 29 日

本基金存续期限为自基金合同生效日至 2047 年 9 月 29 日,与基础设施项目特许经营期限最晚日期匹配。

(二)经营资质及展期安排情况

1. 深圳子项目

(1)福永水厂(见表 4－10)

表 4－10　深圳首创水务有限责任公司福永污水处理厂经营资质信息

单位名称	深圳首创水务有限责任公司福永污水处理厂
证书类型	排污许可证
证书编号	91440300682039948P001U
法定代表人	黎青松
注册地址	深圳市宝安区沙井中心路创时代大厦 5K
生产经营场所地址	深圳市宝安区福海街道办新和村福永水质净化厂
行业类别	污水处理及其再生利用

续表

统一社会信用代码	91440300682039948P
发证日期	2018 年 12 月 28 日
发证机关	深圳市人居环境委员会
有效期限	2018 年 12 月 28 日至 2021 年 12 月 27 日

(2)公明水厂(见表 4－11)

表 4－11 深圳首创水务有限责任公司公明污水处理厂经营资质信息

单位名称	深圳首创水务有限责任公司公明污水处理厂
证书类型	排污许可证
证书编号	91440300682039948P003V
法定代表人	黎青松
注册地址	深圳市宝安区沙井中心路创时代大厦 5K
生产经营场所地址	深圳市光明区玉塘街道玉律社区公明污水处理厂
行业类别	污水处理及其再生利用
统一社会信用代码	91440300682039948P
发证日期	2018 年 12 月 30 日
发证机关	深圳市人居环境委员会
有效期限	2018 年 12 月 30 日至 2021 年 12 月 29 日

(3)松岗水厂(见表 4－12)

表 4－12 深圳首创水务有限责任公司燕川污水处理厂经营资质信息

单位名称	深圳首创水务有限责任公司燕川污水处理厂
证书类型	排污许可证
证书编号	91440300682039948P002Z
法定代表人	黎青松
注册地址	深圳市宝安区沙井中心路创时代大厦 5K
生产经营场所地址	深圳市宝安区燕罗街道办洋涌河南岸燕川大桥与洋涌闸之间燕川水质净化厂
行业类别	污水处理及其再生利用

续表

统一社会信用代码	91440300682039948P
发证日期	2018 年 12 月 28 日
发证机关	深圳市人居环境委员会
有效期限	2018 年 12 月 28 日至 2021 年 12 月 27 日

2. 合肥子项目(见表 4 – 13)

表 4 – 13　合肥十五里河首创水务有限责任公司经营资质信息

单位名称	合肥十五里河首创水务有限责任公司
证书类型	排污许可证
证书编号	91340100MA2T1U936K001X
法定代表人	江文亮
注册地址	安徽省合肥市蜀山区潜山路 888 号百利商务中心办公部分 1 – 办 2105
生产经营场所地址	合肥市包河区黄河路与天津路交口东南 100 米
行业类别	污水处理及其再生利用
统一社会信用代码	91340100MA2T1U936K
发证日期	2018 年 12 月 20 日
发证机关	合肥市生态环境局
有效期限	2018 年 12 月 20 日至 2021 年 12 月 19 日

根据《排污许可管理条例》、《深圳经济特区污染物排放许可证管理办法》及《安徽省固定污染源排污许可证核发工作规程(试行)》,排污许可证一般有效期为 3 年,有效期限届满 30 个工作日前,持证单位应向颁证的生态环境主管部门申请延续。根据原始权益人的说明,上述资质到期前,原始权益人将根据运营管理安排协助合肥首创及深圳首创按照相关规定或主管部门要求办理展期手续。

(三)项目固定资产投资管理手续

1. 深圳子项目

(1)已取得的批复及证照等合规性文件的具体情况见表 4 – 14。

表 4-14 深圳子项目投资管理手续

序号	文件明细	证照取得情况		
		福永	公明	松岗
1	立项/可行性研究报告批复	深发改〔2007〕1897 号	深发改〔2008〕27 号	深发改〔2007〕1898 号
2	环评批复	深环批函〔2005〕130 号	深环批函〔2007〕141 号	深环批函〔2005〕224 号
3	节能审查	无须办理	无须办理	无须办理
4	选址意见书	深规选 2005 - 0 - 037 号	深规选 GM - 2008 - 0079 号	深规选 2005 - 0 - 777 号
5	建设用地规划许可证	地字第 440306202000028 号	办理中	深规许 BA - 2007 - 0250 号
6	建设工程规划许可证	深规建许字第 BA - 2008 - 0065 号	办理中	深规土建许字 BA - 2013 - 0064 号
7	建筑工程施工许可证	44030020090249002、44030020090243001	办理中	44030020100057001、44030020090177003
8	转商业运营批复	深水排〔2011〕481 号	深水函〔2014〕558 号	深水排〔2011〕482 号

(2)提标改造阶段已取得的批复及证照等合规性文件的具体情况见表 4 - 15。

表 4-15 深圳子项目投资管理手续(提标改造阶段)

序号	文件明细	证照取得情况		
		福永	公明	松岗
1	立项/可行性研究报告批复	深圳市政府办公厅《关于研究松岗一期等 12 座水质净化厂提标改造工作的会议纪要》(第 212 期)、《深圳市财政局关于福永水质净化厂一期提标改造运营项目采购事宜的复函》(深财购函〔2019〕3411 号)、《深圳市财政局关于公明水质净化厂一期提标改造运营项目采购事宜的复函》(深财购函〔2019〕540 号)、《深圳市财政局关于松岗水质净化厂一期提标改造运营项目采购事宜的复函》(深财购函〔2019〕528 号)		

续表

序号	文件明细	证照取得情况		
		福永	公明	松岗
2	环评批复	深圳市生态环境局宝安管理局《关于福永水质净化厂一期提标改造工程事宜的回复》	深圳市生态环境局光明管理局《关于公明水质净化厂一期提标改造工程意见的函》	深圳市生态环境局宝安管理局《关于松岗水质净化厂一期提标改造工程事宜的回复意见》
3	节能审查	无须办理	无须办理	无须办理
4	选址意见书	无须办理	无须办理	无须办理
5	建设用地规划许可证	办理中	办理中	办理中
6	建设工程规划许可证	办理中	办理中	办理中
7	建筑工程施工许可证	办理中	办理中	办理中
8	转商业运营批复	深圳市水务局《关于福永污水处理厂（一期）提标改造工程出水达标日的意见》	深圳市水务局《关于公明水质净化厂（一期）提标改造工程出水达标日的意见》	深圳市水务局《关于松岗水质净化厂（一期）提标改造工程出水达标日的意见》

鉴于深圳资产审批核准时间早于2010年11月1日施行的关于节能审查的具体实施指导性文件《固定资产投资项目节能评估和审查暂行办法》（国家发展和改革委员会令第6号，已失效），故深圳首创在建设期间无须办理节能审批手续。

2. 合肥子项目

已取得的批复及证照等合规性文件的具体情况见表4-16：

表4-16　合肥子项目投资管理手续

序号	文件明细	证照取得情况			
		一期	二期	三期	四期
1	立项批复	发改外资〔2005〕830号	发改区域〔2010〕520号	发改资环〔2013〕872号	合发改资环〔2017〕504号

续表

序号	文件明细	证照取得情况			
		一期	二期	三期	四期
2	可行性研究报告批复	发改外资〔2006〕1003 号	发改资环〔2010〕727 号	发改资环〔2014〕9 号	合发改资环〔2017〕1119 号
3	环评批复	安徽省环境保护局《审批意见》(2006.2.6)	环建审〔2010〕680 号	环建审〔2013〕353 号	环建审〔2017〕106 号
4	节能审查	无须办理	发改资环〔2011〕833 号	发改资环〔2014〕20 号	合发改资环〔2017〕1050 号
5	选址意见书	合规选(2004)117 号	选字第340100201000116 号	选字第340100201300104 号	选字第340100201700070 号
6	建设用地规划许可证	合规地(2007)051 号	地字第340100201100055 号	地字第340100201400063 号	地字第340100201800094 号
7	建设工程规划许可证	合规建民许2008418 号	合规建民许2013238 号	合规建民许2015396 号	建字第340100201900047 号
8	建筑工程施工许可证	010008100001	010013092301236	34010015042001S01	3401111812210201 - SX - 001
9	竣工验收备案	合肥市市政基础设施工程竣工验收(备案)表(2009.12.22)	合肥市市政基础设施工程竣工验收(备案)表(2014.9.30)	房屋建筑工程和市政基础设施工程竣工验收备案表(3401111502100201 - JX - 002)	合肥市房屋建筑和市政基础设施工程竣工验收备案表(3401111812210201 - DW001(JG))

鉴于合肥资产一期的审批、核准时间早于2010年11月1日施行的关于节能审查的具体实施指导性文件《固定资产投资项目节能评估和审查暂行办法》(国家发展和改革委员会令第6号,现已失效),故合肥项目一期在建设期间无须办理节能审批手续。

(四)特殊类型项目涉及的程序

基础设施资产中,深圳资产为 2015 年 6 月以前采用 BOT 模式实施的特许经营项目,未采用 PPP 模式;合肥资产为 2015 年以后批复实施的 PPP 项目。

1. 深圳项目

深圳资产符合国家关于固定资产投资建设、特许经营管理等规定情况,经适当核查,深圳资产属于城市污水处理行业的特许经营项目,应适用 2004 年 5 月 1 日施行的《市政公用事业特许经营管理办法》(建设部令第 126 号,现已被修订)的相关规定,具体内容如下。

(1)依法依规履行项目所需审批、核准或备案手续

深圳资产依法依规履行项目前期审批手续。原深圳市发展改革局(现已更名为深圳市发展和改革委员会)就福永水厂工程于 2007 年 11 月 9 日出具《关于福永污水处理厂工程可行性研究报告的批复》;原深圳市发展改革局就燕川污水处理厂工程于 2007 年 11 月 9 日出具《关于宝安区燕川污水处理厂工程可行性研究报告的批复》;原深圳市发展改革局就公明水厂工程于 2008 年 1 月 7 日出具《关于公明污水处理厂工程可行性研究报告的批复》。

(2)通过公开招标方式确定社会资本方

深圳资产履行了公开招标程序,通过竞争方式确定首创股份联合体为深圳资产中标社会资本方,且符合《市政公用事业特许经营管理办法》第 8 条的规定。深圳资产于 2008 年 8 月通过公开招标方式确定社会资本方,并于 2008 年 9 月 20 日向首创股份联合体发出中标通知书,确认首创股份联合体为中标人。

(3)依照法定要求规范签订特许经营协议

首创股份于中标后,按照招标文件的要求在项目所在地设立深圳首创,并由深圳首创按照招标文件和中标人的投标文件订立书面合同,符合《招标投标法》等相关法律、法规、规范的要求,以及《市政公用事业特许经营管理办法》第 9 ~ 16 条的规定。

深圳市水务局与深圳首创于 2009 年 2 月 10 日共同签署《特许经营协议》,明确深圳市水务局经深圳市人民政府授权批准,授予深圳首创在其 BOT 特许经营期内享有以投融资、建设、运营和维护项目各污水处理厂厂区设施并收取污水处理服务费用的独家权利。

2. 合肥项目

合肥资产符合 PPP 项目相关合规性要求的情况如下。

(1)依法依规履行 PPP 项目所需审批、核准或备案手续

合肥资产已依法依规履行 PPP 项目前期审批手续。安徽省发展和改革委员会就合肥资产一期于 2006 年 11 月 1 日出具《关于合肥市十五里河污水处理厂及其配套管网工程利用亚行贷款项目可行性研究报告的批复》;合肥市发展和改革委员会就合肥资产二期于 2010 年 11 月 29 日出具《关于十五里河污水处理厂二期工程可行性研究报告的复函》;合肥市发展和改革委员会就合肥资产三期于 2014 年 2 月 6 日出具《关于十五里河污水处理厂三期新建及一期提标改造工程可行性研究报告的批复》;合肥市发展和改革委员会就合肥资产于 2017 年 10 月 24 日出具《关于十五里河污水处理厂四期工程项目可行性研究报告的复函》。

(2)对 PPP 项目实施方案的批复文件

合肥资产已依法依规取得 PPP 项目实施方案、物有所值评价和财政承受能力论证报告的批复,且符合《基础设施和公用事业特许经营管理办法》第 9 条、第 10 条的规定。

合肥市发展和改革委员会于 2017 年 11 月 23 日出具《合肥市发展改革委关于十五里河污水处理厂 PPP 项目实施方案的复函》(合发改投资〔2017〕1295 号)文件,评审同意项目实施方案;合肥市财政局于 2017 年 12 月 7 日出具《关于合肥市十五里河污水处理厂 PPP 项目物有所值评价和财政承受能力论证报告审核情况》,确认项目经审核通过了物有所值评价,且通过了财政承受能力论证。

(3)通过公开招标方式确定社会资本方

合肥资产履行了公开招标程序,通过竞争方式确定首创股份为合肥资产中标社会资本方,且符合《基础设施和公用事业特许经营管理办法》第 15 条的规定。合肥资产于 2018 年 2 月通过公开招标方式确定社会资本方,并于 2018 年 8 月 8 日向首创股份发出中标通知书,确认首创股份为中标人。

(4)依照法定程序规范签订 PPP 合同

合肥市城建局与合肥首创于 2018 年 9 月 30 日共同签署《特许权协议》,明确合肥市城建局经合肥市人民政府授权批准,授予合肥首创在特许经营期内享有勘察、设计、投融资和建设合肥市十五里河污水处理厂四期工程,运营管理和维护十

五里河污水处理厂项目设施，提供污水及中水处理服务并获得污水处理服务费及中水处理服务费的独家权利。同日，合肥建投公司与合肥首创签署《合肥市十五里河污水处理厂 PPP 项目资产转让协议》，合肥市排水管理办公室与合肥首创签署《污水处理服务协议》和《中水泵站运营管理服务协议》。

首创股份在中标后，按照招标文件的要求在项目所在地设立合肥首创，并由合肥首创在中标通知书发出之日起 30 日内，按照招标文件和中标人的投标文件订立书面合同，符合《招标投标法》的要求、《基础设施和公用事业特许经营管理办法》第 18 条的规定以及国家发展改革委《关于开展政府和社会资本合作的指导意见》（发改投资〔2014〕2724 号）、国家发展改革委《关于切实做好传统基础设施领域政府和社会资本合作有关工作的通知》（发改投资〔2016〕1744 号）、国家发展改革委《关于印发〈传统基础设施领域实施政府和社会资本合作项目工作导则〉的通知》（发改投资〔2016〕2231 号）等相关规定。

深圳资产为 2015 年 6 月以前采用 BOT 模式实施的特许经营项目，符合当时国家关于固定资产投资建设、特许经营管理等相关规定；合肥资产为 2015 年以后批复实施的 PPP 项目，符合《基础设施和公用事业特许经营管理办法》和《上海证券交易所公开募集基础设施证券投资基金（REITs）规则适用指引第 1 号——审核关注事项（试行）》（以下简称《审核关注事项》）第 15 条第 1 项、第 2 项的有关规定。

七、基础设施相关风险

（一）政策风险

基础设施项目的政策风险包括土地使用、产业政策、行业管理、环境保护等相关政策变化引致的风险。

如果污水处理设备设施所依附土地的使用制度发生变化，行业主管部门针对污水处理产业制定的产业发展政策、行业标准发生变化或优惠补贴措施缺乏持续性和稳定性，以及针对污水排放和处理效果的环保政策发生重大变化，都可能对本基金的运作产生不利影响。

（二）基础设施项目增加额外运营投入的风险

本基金存续期间，深圳首创在深圳市水质净化厂年度履约评价中的排名不得低于前30%,合肥首创不低于合肥市城区污水处理厂运行考核平均水平,否则深圳市水务局或合肥市城建局有权要求项目公司投入不低于上一年度污水处理服务费5%的资金用于整改提升,从而增加项目运营投入,影响对基金投资人的可分配现金流。另外,基础设施项目可能在污水处理功能(包括智慧化)、环保教育、环境品质等方面的要求可能变得更为严格,本基金可能需要支出额外投入以确保符合标准。而且,基金管理人也可能主动开展维修升级、提标改造以提升基础设施项目的经营收益水平,存在基金支出增加,但收益提升效果不达预期的风险。

(三)基础设施项目特许经营权到期风险

深圳首创的特许经营权分别在2031年和2033年陆续到期,合肥首创的特许经营权在2047年到期,如果本基金没有及时纳入新的基础设施项目,则存在《特许协议》到期后,基金净值减少,基金到期即终止的可能性。

(四)基础设施合规风险

深圳首创存在未按期缴纳城镇土地使用税、房产税的情况,三年内存在被深圳市税务主管部门要求缴纳滞纳金的情况,但未因该事项受到行政处罚。深圳首创已对欠缴的土地税、房产税以及相应滞纳金进行了缴纳。

(五)《特许协议》违约风险

本基金存续期中如发生违反项目公司签署之《特许协议》的,或者基金管理人、运营管理机构、原始权益人、项目公司违反对行业主管部门出具的承诺,会导致行业主管部门要求支付违约金和索赔,甚至可能导致项目公司的特许经营权被提前收回,从而给基金份额持有人造成损失。

(六)项目公司人员剥离情形下,污水处理服务费单价可能面临无法调整的风险

因以深圳项目和合肥项目为基础设施资产实施基础设施公募REITs的需要,需要将项目公司现有人员剥离至首创股份,但项目公司签署之《特许协议》均将人工费/污水处理服务费的比例作为污水处理服务费调价公式的系数之一。人员剥

离后，虽然项目公司向运营管理机构支付的服务费中包含人工成本，但存在该部分成本无法在系数调整时被认可的可能性，则存在届时污水处理服务费单价可能无法增长或甚至有被下调的风险，从而对本项目的后续收益造成负面影响。

（七）深圳项目提标改造工程未完成竣工结算的风险

深圳项目一期提标改造工程之福永水厂、公明水厂、松岗水厂均已将竣工结算材料报送至深圳市水务局，尚待深圳市水务局予以审核确认。三个水厂因所涉及的相关土地资产根据《特许经营协议》划转至深圳市水务局的过程中的历史遗留问题，造成政府土地划转审批程序延误，进而影响了建设用地规划许可证等证照及竣工验收备案的办理进度，导致尚未开展审计决算工作。深圳项目提标改造阶段存在因未完成审计决算工作的情况，虽然不会对项目付费造成影响，但仍存在违反《基本建设项目竣工财务决算管理暂行办法》等规定，导致项目形成的资产可能无法全面反映、对项目公司未来现金流造成不确定性及违反国家建设管理制度要求等风险。

八、关键问题解析

（一）固定资产投资手续缺失问题

深圳子项目中的各项目中存在其他尚未办理完成的证照。针对项目固定资产投资手续缺失的问题，原始权益人及地方政府部门提供了如下相关说明。

1. 公明水厂缺少建设用地规划许可证、建设工程规划许可证、建筑工程施工许可证，系相关土地资产根据《特许经营协议》划转至深圳市水务局的过程中的历史遗留问题造成政府审批程序延误所致，进而影响了建设阶段相关证照的办理。深圳市水务局针对该等事项于2020年8月14日出具《关于福永、燕川、公明水质净化厂有关报建手续办理情况的说明函》，说明上述缺少的文件及手续正在办理中。

2. 深圳资产提标改造阶段缺少选址意见书，系因提标改造工程为在深圳项目原有设施设备基础上进行，该工程在原用地范围内开展，不涉及使用其他新增用地情况，故不涉及办理选址意见书事宜。

3. 深圳资产提标改造阶段缺少建设用地规划许可证、建设工程规划许可证、建筑工程施工许可证,系历史遗留问题造成政府审批程序瑕疵所致。深圳市水务局于2018年11月23日出具《关于公明一期、松岗一期水质净化厂提标改造工程有关事项的意见》,于2020年3月13日出具《关于福永水质净化厂一期提标改造工程建设有关事宜的意见》,同意深圳首创为保障项目进度,在部分前期手续欠缺的情况下提前开工建设。此外,深圳市水务局于2020年8月14日针对该等事项特出具《关于福永、燕川、公明水质净化厂有关报建手续办理情况的说明函》,明确深圳资产提标改造阶段缺少的文件及手续正在办理中。

4. 深圳资产三个水厂工程及三个水厂的提标改造阶段工程缺少竣工验收备案,系因深圳资产所涉及的相关土地资产根据《深圳市福永、燕川、公明污水处理厂BOT特许经营项目特许经营协议及附件》划转至深圳市水务局的过程中的历史遗留问题,造成政府土地划转审批程序延误,进而影响了建设阶段相关证照的办理以及深圳资产竣工验收备案的办理,但目前均已转入商业运营。此外,深圳市水务局作为深圳项目竣工备案管理单位,于2020年8月14日针对该等事项特出具《关于福永、燕川、公明水质净化厂有关报建手续办理情况的说明函》,明确深圳资产提标改造阶段缺少的文件及手续正在办理中。

5. 深圳资产三个水厂提标改造工程的转商业运营批复文件为深圳市水务局出具的关于出水达标日的确认,系因提标改造工程与深圳项目原有情况具有极高的关联性,且难以脱离深圳项目原有情况独立运营,因此深圳市水务局以批复三个水厂提改工程"出水达标日"的方式,认定该等工程具备稳定运营条件并同意开始收取新增污水处理服务费用,即同意该等项目转入商业运营。

基金管理人和律师根据上述情况说明发表意见。截至尽调基准日,深圳资产除部分施工证照由于历史原因尚处于办理中外,其已办理与项目建设进度相适应的证照,缺失包括竣工验收备案在内的报批报建手续不影响项目合法合规运营,不存在对本次发行构成重大不利影响的暂停运营、重大合同纠纷及重大违法违规情形。深圳项目缺失的报建手续将于本基金发行前补办完成。

(二)基础设施收入来源问题

根据《审核关注事项》第15条第3款的规定,基础设施项目采用PPP模式的,收入来源应以使用者付费(包括按照穿透原则实质为使用者支付的费用)为主。

收入来源含地方政府补贴的,需在依法依规签订的PPP合同或特许经营协议中有明确约定。因此,发行过程中需要对基础设施收入的来源进行核查和发表意见。

在本项目中,深圳子项目和合肥子项目的污水处理服务费虽然形式上由深圳市水务局予以支付,但由于该等资金源于排水单位和个人缴纳的污水处理费,并经地方政府基金预算统筹后,以"收支两条线"模式专项用于城镇污水处理设施建设、运行和污泥处理处置等,按穿透原则,其实质属于排污者支付的使用者付费。

(三)股权转让限制问题

1. 深圳子项目

深圳首创与深圳市水务局于2009年2月10日签署的《特许经营协议》第2.1.4条约定:"在特许经营期内:……(4)未经政府批准,项目公司及其投资人无权转让项目建设权或受让权,建设期内和运营期前三个周年期间项目公司的股权不得转让。运营期第四周年后,在不影响污水处理厂正常持续运营的前提下,经政府方批准同意,投资者可部分或全部转让项目公司的股权。"

对于上述事项,项目实施机构深圳市水务局于2020年10月16日出具《关于福永等水质净化厂实施REITs项目有关事宜的函》,原则同意首创股份在确保相关水质净化厂实际控制权不发生转移的前提下将所持深圳首创股权开展本次发行交易结构下的股权转让。

2. 合肥子项目

合肥首创与合肥市城建局于2018年9月30日签署的《特许权协议》第14.2.1条约定,"未经甲方事先书面同意,特许经营期内乙方的股权结构不得发生变化";第14.2.2条约定,"自特许经营期开始八(8)年之内乙方股东不能直接或间接转让乙方的股份。特许经营期满八(8)年后,经甲方事先书面同意,乙方股东可转让乙方股份。"

对于上述事项,合肥市城建局于2020年10月29日出具《关于十五里河污水处理厂PPP项目实施REITs项目有关事宜的函》(合建办函〔2020〕56号),原则同意首创股份在确保合肥项目实际运营管理控制权不发生转移的前提下,开展基于REITs交易结构下合肥首创的股权转让。

(四)国有资产的转让问题

原始权益人为北京市国资委实际控制之国有企业,且项目公司为原始权益人之全资子公司。因此,本次发行涉及的项目公司股权转让事项需按照《企业国有资产交易监督管理办法》《北京首都创业集团有限公司国有资产交易管理暂行办法》《北京首都创业集团有限公司国有资产评估管理办法》等规定履行国有资产转让审批程序。

根据《国资管理办法》第 48 条、《北京首都创业集团有限公司国有资产交易管理办法》第 6 条及第 33 条的规定,首创集团负责其各级子企业国有资产交易的管理,针对首创集团内部实施资产重组,转让方和受让方均为首创集团及其各级国有、国有控股企业或实际控制企业,经首创集团审议决策通过,并在实施前由首创集团以报告形式上报北京市国资委备案的产权转让可以采取非公开协议方式进行。

根据《北京首都创业集团有限公司董事会决议董事会二〇二〇年第六次会议》[〔2020〕董决字(0806 - Ⅵ)号],项目公司股权转让事项已经首创集团董事会审议通过。

基于上述规定,由于首创股份拟认购公募基金 51% 的基金份额,项目公司股权转让事项已经首创集团董事会审议通过,于非公开协议转让的交易流程完成后即符合《企业国有资产交易监督管理办法》《北京首都创业集团有限公司国有资产交易管理暂行办法》《北京首都创业集团有限公司国有资产评估管理办法》等规定的转让程序及合规性,即项目公司股权转让于非公开协议转让的交易流程完成后项目公司股权转让合法、有效。

第二节　中航首钢生物质 REITs[①]

中航首钢生物质封闭式基础设施证券投资基金于 2021 年 6 月 21 日在深交所

① 《中航首钢生物质封闭式基础设施证券投资基金招募说明书(草案)》,载深圳交易所官网,http://reportdocs. static. szse. cn/UpFiles/reitsinfodisc/REITS _ 000178FCDB9E223FEA7C3F7B52D3E93F. pdf。

上市，证券简称为“中航首钢绿能 REITs”，证券代码为“180801”，基金合同期限 21 年，募集份额 1 亿份。

一、投资基金基本信息（见表 4－17）

表 4－17　中航首钢绿能 REITs 基本信息

基金名称	中航首钢生物质封闭式基础设施证券投资基金
基础设施项目类型	垃圾处理及生物质发电
原始权益人	首钢环境产业有限公司
基金管理人	中航基金管理有限公司
专项计划管理人	中航证券有限公司
托管人	招商银行股份有限公司
注册生效日期	2021 年 5 月 17 日

二、基金交易结构

（一）交易结构图（见图 4－5）

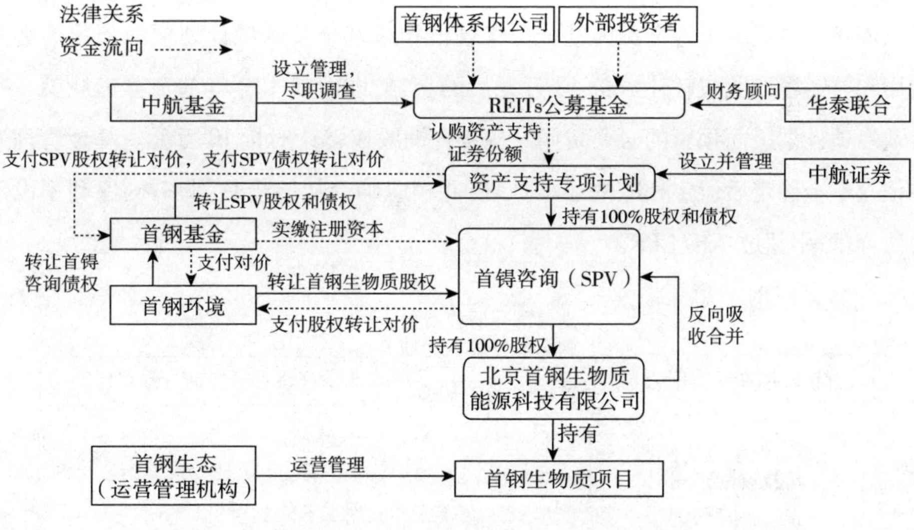

图 4－5　中航首钢绿能 REITs 交易结构

(二)交易步骤

1. 北京首钢基金有限公司(以下简称首钢基金设立)北京首锝管理咨询有限责任公司[以下简称首锝咨询(SPV)公司]

首钢基金设立首锝咨询(SPV)公司,公司性质为有限责任公司。交易结构示意见图4-6:

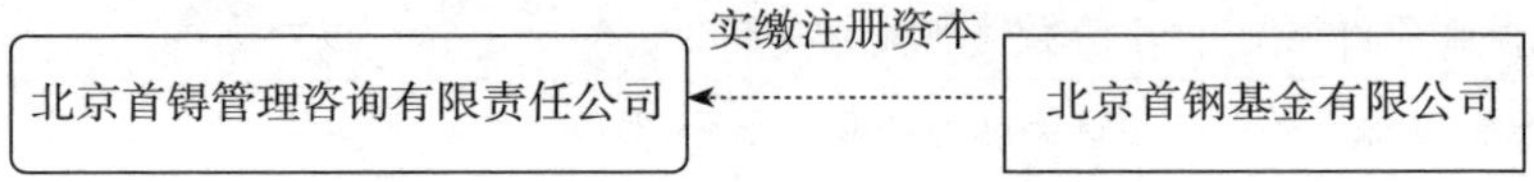

图4-6 中航首钢绿能REITs交易步骤1

2. 首锝咨询(SPV)公司受让北京首钢生物质能源科技有限公司(以下简称生物质公司)股权

首锝咨询(SPV)公司取得生物质公司100%股权,且首锝咨询(SPV)公司应向首钢环境产业有限公司(以下简称首钢环境)支付股权转让对价A亿元,首锝咨询(SPV)公司支付第一笔股权转让对价0.001亿元后,剩余【A-0.001】亿元待支付,就未支付部分各方确认为首钢环境对首锝咨询(SPV)公司享有的【A-0.001】亿元债权。债权本金的金额为基金募集规模扣减基金及专项计划层面预留的必要费用和首锝咨询股权转让对价10万元后的余额,即债权本金=基金募集规模-基金及专项计划层面预留的必要费用-首锝咨询股权转让对价10万元。基金管理人在债权本金确定后设定相应的还本计划,并相应确定初始借款利率,确保利率设定合法合规,不超过4倍LPR。

交易完成前示意见图4-7:

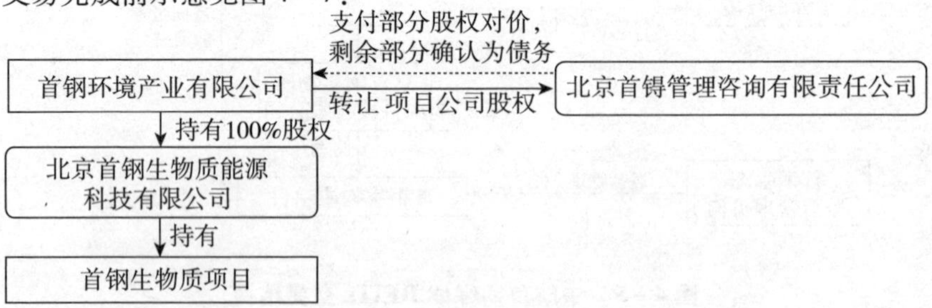

图4-7 中航首钢绿能REITs交易步骤2

交易完成后示意见图 4 -8：

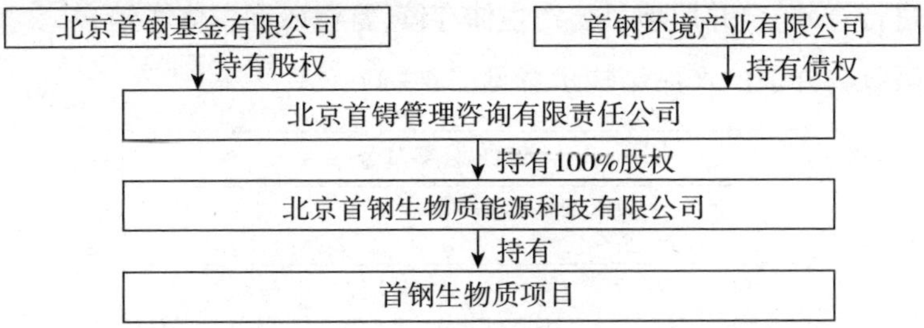

图 4 -8　中航首钢绿能 REITs 交易步骤 3

3. 首钢基金受让首钢环境的债权(见图 4 -9)

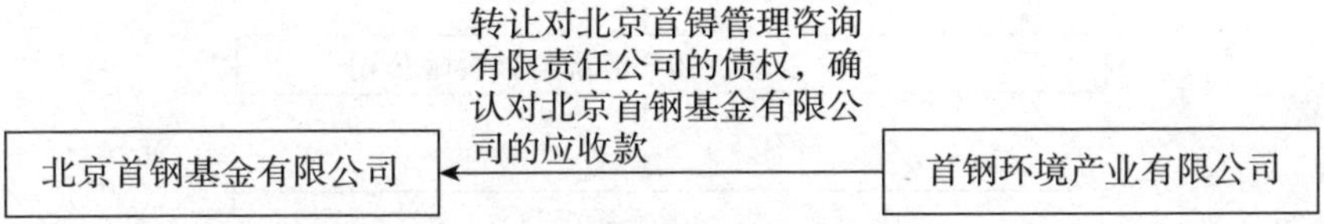

图 4 -9　中航首钢绿能 REITs 交易步骤 4

首钢基金购买首钢环境持有的对首锝咨询(SPV)公司的【A -0.001】亿元债权,转让对价待支付,就未支付部分各方确认为首钢环境对首钢基金享有的债权。

4. 专项计划设立及公募基金募集成立

(1)中航基金完成公募基金产品的募集 B 亿元。

(2)中航基金将募集资金扣除基金层面预留的必要费用后的 C 亿元认购专项计划全部份额,中航证券完成专项计划的设立。

(3)中航证券代表专项计划扣除专项计划层面预留的必要费用后的 A 亿元购买首钢基金持有的首锝咨询股权和债权,其中:股权转让对价 0.001 亿元,债权转让对价【A -0.001】亿元。

5. 首钢基金向首钢环境支付债权转让对价【A -0.001】亿元。交易结构示意见图 4 -10：

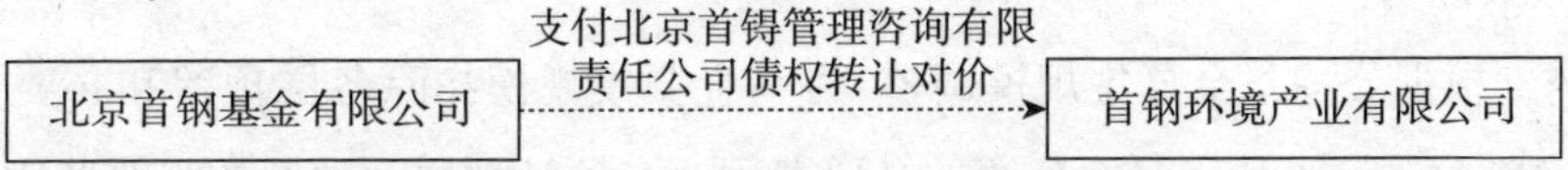

图 4 -10　中航首钢绿能 REITs 交易步骤 5

6. 首锝咨询与生物质公司之间反向吸收合并(持有物业的项目公司与其股东首锝咨询进行合并,合并后项目公司主体存续,首锝咨询主体注销)。

反向吸收合并前的产品结构示意见图 4－11:

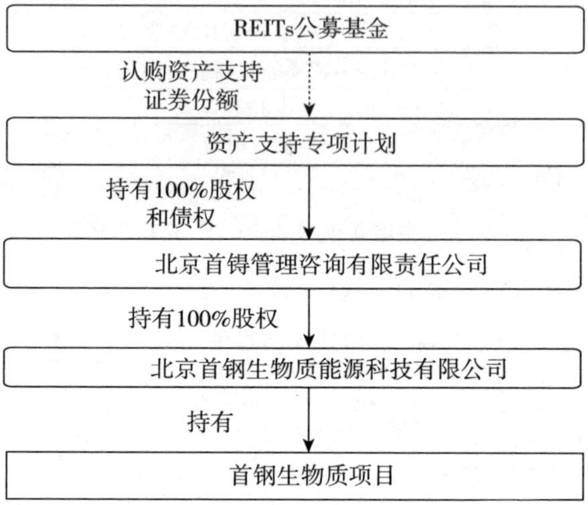

图 4－11　中航首钢绿能 REIT 交易步骤 6

反向吸收合并后的产品结构示意见图 4－12:

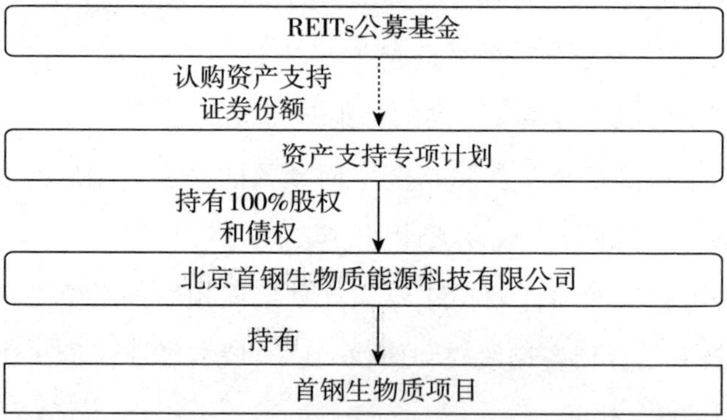

图 4－12　中航首钢绿能 REIT 交易步骤 7

参数说明:

A＝根据公募基金募集规模调整,为基金募集规模扣除各层预留和必要费用后的净额;A＝B－基金层面预留的必要费用－专项计划层面预留的必要费用

B＝公募基金募集资金规模

C = B - 基金层面预留的必要费用

基金成立前，项目公司无对外借款；基金成立后，基金或项目公司暂无对外借款安排。

三、基础设施项目概况

基础设施项目资产指生物质公司（项目公司）持有的位于门头沟区潭柘寺镇鲁家滩村的北京首钢生物质能源项目（以下简称生物质能源项目）、北京首钢鲁家山残渣暂存场项目（以下简称残渣暂存场项目）、北京首钢餐厨垃圾收运处一体化项目（一期）（以下简称餐厨项目）。

（一）生物质能源项目

生物质能源项目，日焚烧生活垃圾 3000 吨，总建筑面积 69,933.43 平方米，包括焚烧厂房、汽机及主控厂房、沼气发电厂房、污泥脱水间等。

（二）餐厨项目

餐厨项目，总建筑面积 6044.44 平方米，餐厨垃圾设计处理能力 100 吨/天。

项目分为收运系统和处理系统两部分。建设内容包括综合水处理车间、餐厨垃圾预处理车间，建设规模 5934.17 平方米。

（三）残渣暂存项目

残渣暂存场项目，总建筑面积 160.36 平方米（以规划部门最终审定为准），总库容 128 万立方米，设计残渣填埋能力 700 吨/日、渗沥液处理能力 35 吨/日。建设内容包括渗沥液检查井，渗沥液调节池，药剂储坑，储罐、除臭系统基础，地下水收集提升井，渗沥液收集提升井，渗沥液处理车间等。

四、项目公司概况

(一)项目公司基本情况(见表4－18)

表4－18　北京首钢生物质能源科技有限公司基本情况

名称	北京首钢生物质能源科技有限公司
类型	有限责任公司(法人独资)
住所	北京市门头沟区鲁家山首钢鲁矿南区
法定代表人	马刚平(变更前);宋鑫(变更后)
注册资本	人民币97,570万元
成立日期	2010年8月26日
营业期限	2010年8月26日至2040年8月25日
经营范围	生物质能源发电;技术开发、技术服务、技术咨询、技术转让;环保专用设备、通用设备、电气机械的安装和维护;景观园林模型、会展模型的设计与制作;销售机械设备、电气设备、电子产品、金属材料、建筑材料;货物进出口;代理进出口;技术进出口;供热服务;从事生活垃圾(含粪便)经营性清扫、收集、运输服务(暨限从事餐厨垃圾经营性收集、运输服务)(城市管理委员会行政许可决定书有效期至2022年11月15日);从事生活垃圾(含粪便)经营性处理服务(暨仅限餐饮服务单位厨余垃圾处理服务)(城市管理委员会行政许可决定书有效期至2022年12月15日);从事生活垃圾(含粪便)经营性处理服务(暨仅限生活垃圾经营性处理服务)(城市管理委员会行政许可决定书有效期至2022年6月21日);工程勘察;工程设计;施工总承包;专业承包(市场主体依法自主选择经营项目,开展经营活动;工程勘察、工程设计、施工总承包、专业承包以及依法须经批准的项目,经相关部门批准后依批准的内容开展经营活动;不得从事国家和本市产业政策禁止和限制类项目的经营活动)

（二）项目公司股权结构（发行前）（见图 4 - 13）

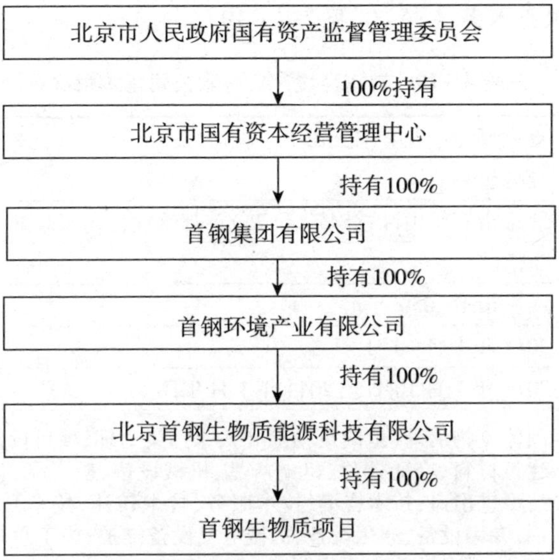

图 4 - 13　北京首钢生物质能源科技有限公司股权结构（发行前）

（三）项目公司股权结构（发行后）（见图 4 - 14）

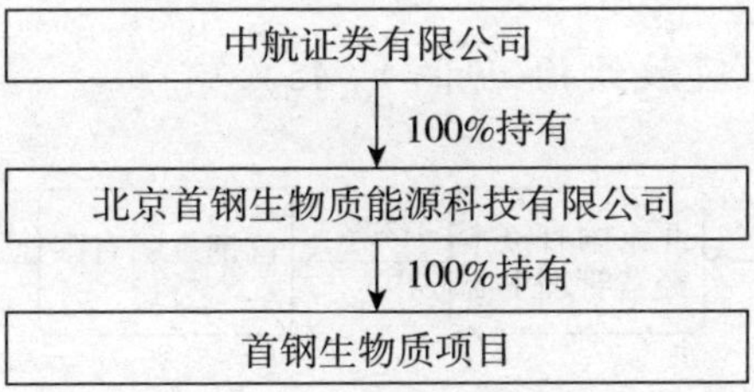

图 4 - 14　北京首钢生物质能源科技有限公司股权结构（发行后）

五、原始权益人概况

(一)原始权益人基本情况(见表4-19)

表4-19 首钢环境产业有限公司基本情况

名称	首钢环境产业有限公司
类型	商务服务业
住所	北京市石景山区首钢厂区(75)首都钢铁公司行政处4号楼一层
法定代表人	李浩
注册资本	人民币16,050万元
成立日期	2014年1月10日
营业期限	2014年1月10日至2044年1月9日
经营范围	固体废物治理(危险废物除外);水污染治理;项目投资;销售金属材料、建筑材料、交通器材、机电产品、机械设备、矿产品、化肥;货物进出口、技术进出口;技术咨询、技术服务、技术转让、技术开发;计算机技术培训;专用设备、通用设备、机械电气设备维护;施工总承包、专业承包、劳务分包;建设工程项目管理;企业管理;工程勘察设计;城市生活垃圾清扫、收集、运输、处理(市场主体依法自主选择经营项目,开展经营活动;城市生活垃圾清扫、收集、运输、处理以及依法须经批准的项目,经相关部门批准后依批准的内容开展经营活动;不得从事国家和本市产业政策禁止和限制类项目的经营活动)

(二)原始权益人股权结构(见图4-15)

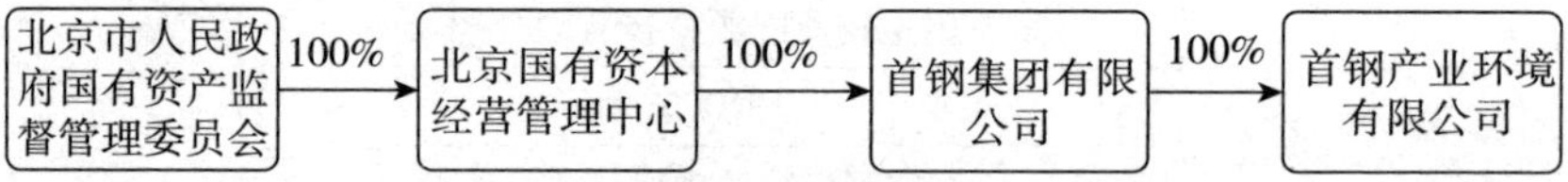

图4-15 首钢产业环境有限公司股权结构

六、基础设施项目合规情况

(一)项目权属

1. 生物质能源项目

(1)国有建设用地划拨决定书

生物质能源项目已取得原北京市国土资源局门头沟分局于2016年4月6日

签发的京门国土划字(2016)05 号《国有建设用地划拨决定书》,该决定书同意将坐落于门头沟区潭柘寺镇、总面积 216,553 平方米的宗地划拨至首钢生物质,宗地用途为公共设施用地,宗地编号为 090620400030000000。划拨土地只限用于建设生物质能源项目。宗地规划、建设条件:主体建筑物性质为环境卫生设施用地,总建筑面积 67,055.46 平方米,建筑限高 60 米,绿地率不低于 35%。

(2)不动产权证书(国有建设用地使用权)

首钢生物质现持有门头沟国土分局于 2016 年 8 月 25 日核发的编号为京(2016)门头沟区不动产权第 0000029 号的不动产权证书(见表 4-20)。

表 4-20　生物质能源项目不动产权证信息 1

土地使用权人	北京首钢生物质能源科技有限公司
坐落	北京市门头沟区潭柘寺镇
不动产单元号	110109101001GB00197W00000000
权利类型	国有建设用地使用权
用途	公共设施用地
面积	216,552.76 平方米
附记	本宗土地只限用于建设北京首钢生物质能源项目

首钢生物质现持有门头沟国土分局于 2020 年 10 月 29 日核发的编号为京(2020)门不动产权第 0011946 号的不动产权证书(见表 4-21)。

表 4-21　生物质能源项目不动产权证信息 2

土地使用权人	北京首钢生物质能源科技有限公司
坐落	门头沟区鲁坨路 1 号院 10 号 1 层 101 等[27]套
不动产单元号	[110109101001GB00197F00060001]等[27]个
权利类型	国有建设用地使用权/房屋所有权
权利性质	划拨
用途	公共设施用地/地磅房,生活服务楼,渗沥液高盐水处理厂房,焚烧厂房,原水处理及综合泵房,沼气发电厂,燃气表间,高盐水厂房,门房,汽机及主控厂房,换热首
面积	共有宗地面积 216,552.76 平方米/房屋建筑面积 70,093.79 平方米
附记	本宗土地只限用于建设北京首钢生物质能源项目

2. 餐厨项目

(1)国有建设用地划拨决定书

餐厨项目已取得门头沟国土分局于2018年1月18日签发的京门国土划字〔2018〕01号《国有建设用地划拨决定书》,该决定书同意将坐落于门头沟区潭柘寺镇鲁家滩村的宗地划拨至首钢生物质,宗地用途为公共设施用地,宗地编号为110109101001GB00136,宗地总面积10,917.43平方米,其中划拨宗地面积为10917.43平方米。划拨土地只限用于建设北京首钢餐厨垃圾收运处一体化项目(一期)。宗地规划、建设条件:主体建筑物性质为餐厨垃圾处理设施,总建筑面积6148平方米,建筑容积率不高于0.56。建筑限高24米。建筑密度不高于43.15%。绿地率不低于20%。

(2)不动产权证书

首钢生物质现持有原北京市规划和国土资源管理委员会于2018年3月19日核发的编号为京(2018)门不动产权第0000003号的不动产权证书(见表4-22)。

表4-22 餐厨项目不动产权证信息1

土地使用权人	北京首钢生物质能源科技有限公司
坐落	门头沟区潭柘寺镇鲁家滩村
不动产单元号	110109101001GB00843W00000000
权利类型	国有建设用地使用权
权利性质	划拨
用途	公共设施用地
面积	10,917.43平方米
附记	本宗土地只限用于建设北京首钢餐厨垃圾收运处一体化项目

首钢生物质现持有北京市规自委于2020年10月19日核发的编号为京(2020)门不动产权第0011315号的不动产权证书(见表4-23)。

表4-23 餐厨项目不动产权证信息2

土地使用权人	北京首钢生物质能源科技有限公司
坐落	门头沟区鲁坨路1号院2号楼1至2层101等[2]套
不动产单元号	[110109101001GB00843F00010001]等[2]个
权利类型	国有建设用地使用权/房屋所有权

续表

权利性质	划拨
用途	公共设施用地/餐厨垃圾预处理车间、综合水处理车间
面积	共有宗地面积10917.43平方米/房屋建筑面积6044.44平方米
附记	本宗土地只限用于建设北京首钢餐厨垃圾收运处一体化项目

3.残渣暂存场项目

(1)国有建设用地划拨决定书

残渣暂存场项目已取得门头沟国土分局于2016年10月9日签发的京门国土划字〔2016〕13号《国有建设用地划拨决定书》,门头沟国土分局同意将坐落于门头沟区潭柘寺镇鲁家滩村的宗地划拨至首钢生物质,宗地用途为公共设施用地,宗地编号为110109101001GB00136,宗地总面积106,790.45平方米,其中划拨宗地面积为104,219.68平方米。划拨土地只限用于建设北京首钢鲁家山残渣暂存场项目。宗地规划、建设条件:主体建筑物性质为残渣暂存场,总建筑面积149平方米,建筑密度不高于1.06%。

(2)不动产权证书

首钢生物质现持有门头沟国土分局于2016年11月11日核发的编号为京(2016)门头沟区不动产权第0000030号的不动产权证书(见表4-24)。

表4-24　残渣暂存场项目不动产权证信息

土地使用权人	北京首钢生物质能源科技有限公司
坐落	门头沟区潭柘寺镇鲁家滩村
不动产单元号	110109101001GB00829W00000000
权利类型	国有建设用地使用权
权利性质	划拨
用途	公共设施用地
面积	10,421.68平方米
附记	本宗土地只限用于建设北京首钢鲁家山残渣暂存场项目

(二)项目公司业务资质(见表4-25)

表4-25 北京首钢生物质能源科技有限公司业务资质

许可名称	审批机关	许可证/决定书编号	有效期
电力业务许可证	国家能源局华北监管局	1010115-00035	2015年4月13日至2035年4月12日
排污许可证	北京市门头沟区生态环境局	91110000560374342R001V	2019年12月19日至2022年12月18日
从事生活垃圾(含粪便)及餐厨垃圾(含粪便)经营性处理服务行政许可	门头沟城管委	(1)门管许可决(生活垃圾)字(2020年)第12号 (2)门管许可决(生活垃圾)字(2020年)第21号	(1)2020年6月22日至2022年6月21日 (2)2020年12月16日至2022年12月15日
从事生活垃圾(含粪便)经营性清扫、收集、运输服务许可	门头沟城管委	门管许可决(生活垃圾)字(2020年)第18号	2020年11月16日至2022年11月15日

(三)项目固定资产投资管理手续(见表4-26)

表4-26 首钢生物质项目投资管理手续

相关手续	首钢生物质项目		
	生物质能源项目	餐厨垃圾收运处一体化项目(一期)	首钢鲁家山残渣暂存场项目
取得项目审批、核准或备案情况	北京市发改委出具的《关于北京首钢生物质能源项目可行性研究报告的批复》(京发改〔2010〕1831号)	北京市发改委出具的《关于北京首钢餐厨垃圾收运处一体化项目(一期)项目建议书(代可行性研究报告)的批复》[京发改(审)〔2017〕132号]	北京市发改委出具的《关于首钢鲁家山残渣暂存场项目建议书(代可行性研究报告)的批复》[京发改(审)〔2015〕17号]

续表

相关手续	首钢生物质项目		
	生物质能源项目	餐厨垃圾收运处一体化项目(一期)	首钢鲁家山残渣暂存场项目
土地划拨决定书	原北京市国土资源局门头沟分局签发的《中华人民共和国国有建设用地划拨决定书》(京门国土划字〔2016〕05 号)	原北京市国土资源局门头沟分局签发的《中华人民共和国国有建设用地划拨决定书》(京门国土划字〔2018〕01 号)	原北京市国土资源局门头沟分局签发的《中华人民共和国国有建设用地划拨决定书》(京门国土划字〔2016〕13 号)
不动产权证书	原北京市国土资源局门头沟分局核发的《中华人民共和国不动产权证书》[京(2016)门头沟区不动产权第 0000029 号] 原北京市国土资源局门头沟分局核发的《中华人民共和国不动产权证书》[京(2020)门不动产权第 0011946 号]	原北京市规划和国土资源管理委员会(门头沟)核发的《中华人民共和国不动产权证书》[京(2018)门不动产权第 0000003 号] 北京市规自委核发的《中华人民共和国不动产权证书》[京(2020)门不动产权第 0011315 号]	原北京市国土资源局门头沟分局核发的《中华人民共和国不动产权证书》[京(2018)门头沟区不动产权第 0000030 号] 原北京市国土资源局门头沟分局核发的《中华人民共和国不动产权证书》[京(2020)门不动产权第 0011946 号]
建设用地规划许可证	原北京市规划委员会出具的《中华人民共和国建设用地规划许可证》(2011 规地市政字 0094 号)	原北京市规划委员会出具的《中华人民共和国建设用地规划许可证》[2017 规(门)地市政字 0006 号]	原北京市规划委员会出具的《中华人民共和国建设用地规划许可证》(2016 规地市政字 0009 号)
建设工程规划许可证	原北京市规划委员会出具的《中华人民共和国建设工程规划许可证》(2014 规建市政字 0086 号) 北京市规自委出具的《中华人民共和国建设工程规划许可证》(2019 规自建字 0058 号)	北京市规自委出具的《中华人民共和国建设工程规划许可证》[2019 规自(门)建字 0008 号]	原北京市规划和国土资源管理委员会出具的《中华人民共和国建设工程规划许可证》(2017 规土建市政字 0012 号)

续表

相关手续	首钢生物质项目		
	生物质能源项目	餐厨垃圾收运处一体化项目(一期)	首钢鲁家山残渣暂存场项目
建设工程施工许可证/复函	北京市住房和城乡建设委员会出具的《关于对补办北京首钢生物质能源项目建筑工程施工许可证的复函》(〔2020〕施函字第001号)	北京市住房和城乡建设委员会出具的《中华人民共和国建筑工程施工许可证》(〔2019〕施市政字0100号)	北京市住房和城乡建设委员会出具的《中华人民共和国建筑工程施工许可证》(〔2017〕施市政字0649号)
节能批复文件	北京市发改委出具的《关于北京首钢生物质能源项目节能专篇核查意见》(京发改能评〔2010〕188号)	北京市发改委出具的《关于北京首钢400t/d餐厨垃圾收运处一体化项目节能专篇审查意见》(京发改能评〔2014〕28号)	北京首钢鲁家山残渣暂存场项目《北京市固定资产投资项目节能登记》申请表
环境影响报告书批复	北京市环保局出具的《北京市环保局关于北京首钢生物质能源项目环境影响报告书的批复》(京环审〔2010〕563号)	北京市门头沟区环境保护局出具的《关于北京首钢400t/d餐厨垃圾收运处一体化项目建设项目环境影响报告书的批复》(门环保审字〔2015〕0100号)	北京市门头沟区环境保护局出具的《关于北京首钢鲁家山残渣暂存场项目建设项目环境影响报告书的批复》(门环保审字〔2015〕0064号)
竣工验收报告	《北京市房屋建筑和市政基础设施工程竣工验收备案表》(2020竣02号)	《北京首钢餐厨垃圾收运处一体化项目(一期)(餐厨垃圾预处理车间等2项)工程竣工验收记录》《北京首钢餐厨垃圾收运处一体化项目(一期)(餐厨垃圾预处理车间等2项)工程竣工验收备案表》[0001市竣2020(市政)0001号]	《北京首钢鲁家山残渣暂存场项目工程竣工验收报告》《北京首钢鲁家山残渣暂存场项目工程竣工验收备案表》[0036市竣2019(市政)0046号]

七、基础设施相关风险

(一)项目公司支付给关联方(专项计划)的利息支出不能税前抵扣的风险

根据《企业所得税法实施条例》和财政部国家税务总局《关于企业关联方利息支出税前扣除标准有关税收政策问题的通知》(财税〔2008〕121 号)的规定,项目公司在计算应纳税所得额时,实际支付给关联方的利息支出,其中接受关联方债权性投资与其权益性投资不超过 2∶1 比例和税法及其实施条例有关规定计算的部分,准予扣除,超过的部分不得在发生当期和以后年度扣除。其中权益性投资为项目公司资产负债表所列示的所有者权益金额,如果所有者权益小于实收资本与资本公积之和,则权益性投资为实收资本与资本公积之和;如果实收资本与资本公积之和小于实收资本金额,则权益性投资为实收资本金额。本项目底层交易结构构建了首锝咨询(SPV)公司对专项计划的债务,首锝咨询(SPV)公司与项目公司反向吸收合并后,项目公司存续并承继对专项计划的该笔债务。项目公司完成反向吸收合并后,关联方债权性投资与其权益性投资的比例存在被北京市税务局认定为超过 2∶1 比例的可能性,即存在项目公司支付给关联方(专项计划)的利息支出不能税前抵扣的风险。

(二)上网电价国补退坡

国家发展和改革委员会 2012 年发布的《关于完善垃圾焚烧发电价格政策的通知》中明确,每吨垃圾折算上网电量不超过 280 千瓦时的部分,标杆电价为每千瓦时 0.65 元(含税),按照目前上网基础电价计算,有 0.1902 元纳入全国征收的可再生能源电价附加解决。2020 年 9 月 29 日,国家发改委、财政部联合印发《关于〈关于促进非水可再生能源发电健康发展的若干意见〉有关事项的补充通知》(财建〔2020〕第 426 号),首次明确发电补贴实行“新老划断”,即 2020 年 1 月 20 日前纳入国家补贴名录的垃圾发电项目保持原补贴政策,但补贴总量控制在自并网发电以来 82,500 小时(或 15 年,按先达到者计算)。根据该通知,本项目 2029 年及以后年份面临国补退坡的风险。2018 年度、2019 年度及 2020 年度,项目确认的国补收入分别为6175.55万元、6291.63万元和5500.75万元,分别占当年营业收入的15.74%、14.59%、15.29%。如国补退坡后没有其他弥补措施,项目公司从2029年起每年营业收入将预计下降5000多万元。国补退坡后通过绿证交易获得的收益能否完全弥补国补退坡的影响,存在不确定性。该政策的出台可能会导致项目公司未来收入及盈利能力下降的风险。

(三)生活垃圾处理服务费核定价低于暂定价

根据项目公司与北京市城管委签订的《垃圾处理服务协议》,自2014年1月1日起,垃圾处理服务费价格暂定为173元/吨,垃圾处理服务期内的价格调整基础以核定后的价格为准。未来如果北京市城管委核定的垃圾处理服务费价格低于173元/吨,项目公司收入有下降的风险,将影响投资者投资收益的实现。

(四)各项业务许可续期的风险

1. 生活垃圾处理业务、餐厨垃圾收集运输及处理业务许可续期风险。根据门头沟城管委出具的有关行政许可决定书,项目公司从事生活垃圾(含粪便)经营性处理服务审批(仅限生活垃圾经营性处理服务经营许可)的行政许可有效期限为2020年6月22日至2022年6月21日;从事生活垃圾(含粪便)经营性清扫、收集、运输服务审批(仅限从事餐厨垃圾经营性收集、运输服务)的行政许可有效期限为2020年11月16日至2022年11月15日;从事生活垃圾(含粪便)经营性处理服务(仅限餐饮服务单位厨余垃圾处理服务经营许可)的行政许可有效期为2020年12月16日至2022年12月15日。门头沟城管委出具的上述行政许可无法覆盖基础设施资产支持证券及基础设施基金的存续期,若基金存续期内无法继续获得上述行政许可,项目公司可能面临无法正常从事生活垃圾处理业务、餐厨垃圾收集运输及处理业务的风险。

2. 项目公司电力业务许可证续期风险。项目公司从事发电业务所需的电力业务许可证由国家能源局华北监管局核发。项目公司目前持有的电力业务许可证有效期为2015年4月13日至2035年4月12日。电力业务许可证有效期无法覆盖基础设施资产支持证券及基础设施基金的存续期,若基金存续期内电力业务许可证无法续期,项目公司可能面临无法正常从事发电业务的风险。

3. 项目公司排污许可证续期风险。项目公司从事发电业务与垃圾处理业务所需《排污许可证》有效期限为 2019 年 12 月 19 日至 2022 年 12 月 18 日。《排污许可证》有效期无法覆盖基础设施资产支持证券及基础设施基金的存续期，若基金存续期内《排污许可证》无法续期，项目公司可能面临无法正常从事发电业务与垃圾处理业务的风险。《运营管理服务协议》中已明确约定运营管理机构有义务"就需要以项目公司名义签署的基础设施运营的相关协议（包括但不限于垃圾处理服务协议、购售电合同、餐厨收运处置协议等），在协议期限届满或运营期限届满后与合同相对方的商讨、谈判"，基金存续期内，基金管理人将在运营管理机构的协助下提前做好各类许可证或相关协议的续期、换签工作。

4. 餐厨垃圾服务协议续期的风险。根据北京市城市管理委员会于 2018 年 9 月 30 日作出的"京管发〔2018〕111 号"《北京市城市管理委员会关于修订调整生活垃圾行政许可办理工作的函》，针对"从事生活垃圾（含粪便）经营性处理服务审批"事项，北京市城市管理委员会未要求申请人取得特许经营权，但针对"从事生活垃圾经营性清扫、收集、运输服务审批"事项，则要求"从事餐厨垃圾经营性收集运输的企业应获得拟服务地的区人民政府授予的特许经营权，并与区城市管理部门签订餐厨垃圾收集运输特许经营协议后，再到所取得特许经营权的区城市管理部门办理行政许可"。基于北京市对于前述生活垃圾行政许可办理工作的调整，基础设施项目服务范围内的北京市门头沟区城市管理委员会（以下简称门头沟城管委）、北京市石景山区城市管理委员会、北京市西城区城市管理委员会等主体仍采取与垃圾处理企业直接按年度签署餐厨垃圾服务协议的方式，委托垃圾处理企业提供相应服务，对此门头沟城管委已出具相应的说明文件。因此，基金存续期内，如餐厨垃圾服务协议期限届满，项目公司需要多次续签餐厨垃圾服务协议，如无法续签，可能面临暂停处理餐厨垃圾的风险，影响项目公司的营业收入。

（五）环保不达标的风险

垃圾焚烧发电项目的建设和运营过程中会产生废水、废气及固体废弃物，需遵守环境保护方面的相关法律法规要求，随着国家对环境保护的日益重视和公众环保意识的不断提高，国家政策、法律法规对环保的要求将更为严格。如果项目公司未能严格满足环保法规要求乃至发生环境污染事件,将面临受到行政处罚的风险。同时,随着有关环保标准的不断提高,环保投入将随之增加,可能对项目公司的盈利能力造成一定影响。

(六)基础设施项目或项目公司的股权转让限制的风险

项目公司与北京市城市管理委员会签订的《垃圾处理服务协议》约定,“未经市城市管理委事先书面同意,项目公司不得转让其用于项目的土地使用权、项目设施或任何其他重要资产(按照《垃圾处理服务协议》移交给市城市管理委或其指定机构的资产除外)”,“垃圾处理服务期内,经市城市管理委事先书面同意,项目公司股东可以转让项目公司股份”。因此,本基金存续期间,基金转让基础设施项目或项目公司股权的,需北京市城管委书面同意,转让存在一定限制。

(七)基础设施项目运营管理机构与北京市城管委复函规定不一致的风险

根据《北京市城管委复函》,北京市城管委要求在基础设施 REITs 存续期内,由中航基金管理有限公司委托首钢环境的下属全资子公司为首钢生物质提供运营服务。本基金存续期间,可能更换项目运营管理机构,更换后的运营管理机构可能不符合北京市城管委复函上述规定的要求。

上述涉及基础设施项目转让及更换运营管理机构的事项遵循市场化原则、手段进行,在履行完基金相关程序(如基金份额持有人大会表决)后,由基金管理人向北京市城管委提出申请,待北京市城管委履行相关行政审批手续后进行转让或变更。北京市城管委的审批并不会对项目的正常运营产生不利影响,不会影响项目的盈利能力,不会影响项目的市场化运行。

八、关键问题解析

(一)暂存场纳入 REITs 资产范围的说明

1. 根据城市建设研究院于 2015 年 6 月 28 日编制的《北京首钢鲁家山残渣暂存场项目的项目建议书(代可行性研究报告)》(项目编号:B03 - 07H13)及首钢集团有限公司北京环境监测中心编制的“首钢监测〔2019〕验字第 3 号”《北京首钢

鲁家山残渣暂存场项目竣工环境保护验收监测报告》,残渣暂存场项目是生物质能源项目的配套服务设施,是北京市重点工程,已纳入《北京市生活垃圾处理设施建设三年实施方案》(2013～2015年)。《北京首钢生物质能源项目环境影响报告书》及其相关批复,明确指出焚烧炉渣须进行资源化利用。为满足资源化利用的要求,本残渣暂存场项目能够暂时存储生物质能源项目产生的焚烧炉渣,存储过程中将其稳定化,从而进一步降解有机质含量,保证资源化质量。为确保生物质能源项目产生炉渣的妥善处置,实现垃圾无害化、减量化、资源化,形成合理的环卫设施布局和管理服务体系,残渣暂存场的建设不可或缺。

2. 残渣暂存场项目的建设工程与生物质能源项目记载于同一不动产权证书。根据原北京市规划和国土资源管理委员会、北京市发改委于2016年11月23日作出的"市规划国土函〔2016〕1067号"《关于首钢鲁家山残渣暂存场项目初步设计概算的批复》,暂存场主要建设内容包括暂存场工程和渗沥液处理工程两部分;根据"建字第110000201700172号""2017规上建市政字0012号"《建设工程规划许可证》,残渣暂存场项目包括"渗沥液处理车间"1项工程,"药剂储坑"等6项构筑物;北京市规自委于2020年10月29日向项目公司核发了京(2020)门不动产权第0011946号不动产权证书,该不动产权证书记载的不动产项目包括残渣暂存场项目"渗沥液处理车间"及生物质能源项目不动产,产权上较难分割。

综上,鉴于残渣暂存场项目是生物质能源项目的配套服务设施,且与生物质能源项目记载于同一不动产权证书,产权上较难分割,故将其整体纳入基础设施项目范围。

(二)反向吸收合并的具体步骤

根据《公司法》和《公司登记管理条例》(2016年修订,已失效)的相关规定以及原北京市工商局(现为北京市市场监督管理局)公布的关于内资企业吸收合并的办事指南,反向吸收合并应遵循如下主要程序。

1. 由SPV和项目公司各自按照其内部决策程序作出同意吸收合并的股东会决议/股东决定。

2. 由SPV和项目公司签订合并协议。合并协议应主要包括如下内容:合并协议各方的名称,合并形式,合并后公司的名称,合并后公司的注册资本和实收资本,合并后公司股东(发起人)认缴和实缴的情况,合并协议各方债权、债务的承继方案,解散公司分公司、持有其他公司股权的处置情况,签约日期、地点 以及合并协议各方认为需要规定的其他事项(注:合并后公司的注册资本由合并协议约定,但不得超过 SPV 和项目公司的较高者)。

3. 由 SPV 和项目公司编制各自的资产负债表及财产清单。

4. SPV 和项目公司应当自作出合并决议之日起 10 日内通知各自的债权人,并于 30 日内在报纸上公告。债权人自接到通知书之日起 30 日内,未接到通知书的自公告之日起 45 日内,可以要求 SPV 和项目公司清偿债务或者提供相应的担保。SPV 和项目公司应当按照债权人的要求清偿债务或者提供担保。

5. 公告之日起 45 日后,SPV 和项目公司向主管工商部门申请合并登记(提交合并协议和合并决议或者决定以及公司在报纸上登载公司合并公告的有关证明和债务清偿或者债务担保情况的说明),并申请 SPV 的注销登记。如合并后项目公司的登记事项较合并前项目公司的登记事项发生变化(如经营范围、注册资本),可以同时申请办理该等事项的工商变更登记。

反向吸收合并预计完成时间:不晚于本基金上市后 6 个月。

(三)国有资产转让

本基金交易结构中,涉及以下两部分国有资产转让事宜。

1. 首钢环境产业有限公司将北京首钢生物质能源科技有限公司 100% 的股权转让至北京首锝管理咨询有限责任公司,该转让为非公开协议转让,属于同一国家出资企业内部实施重组整合,转让方和受让方为该国家出资企业及其直接全资拥有的子企业。此次转让过程如下。

(1)根据北京市人民政府国有资产监督管理委员会北京市财政局《关于贯彻落实〈企业国有资产交易监督管理办法〉的意见》,首钢集团内部对股权转让方案进行可行性研究,并审议决策通过。

(2)由普华永道中天会计师事务所(特殊普通合伙)出具项目公司的审计报告;SPV 聘请海问律师事务所出具法律意见书,对此次股权转让过程进行核查,保证此次转让符合相关法律法规规定。涉及三方需签署股权转让协议,明确交易步骤,转让价款及签订日后的安排等内容。

(3)完成以上程序后,转让方及受让方分别填写产权转让鉴证申请书,并根据北京产权交易所的需要,将三方资料递交北京产权交易所,由北京产权交易所根据企业提供的材料核发交易凭证,鉴证本次转让行为符合相关法律法规规定。

将以上所需全套资料递交北京产权交易所后,北京产权交易所将在不迟于两个工作日内完成鉴证工作。

2. 在专项计划设立及公募基金募集成立后,资产支持证券管理人中航证券代表专项计划投资人购买北京首钢基金有限公司持有的SPV股权和债权。

在此交易步骤前,因SPV是首钢基金全资控股,将SPV的股权和债权转让给REITs同样涉及国有资产转让。北京市召开关于研究推进本市基础设施领域不动产投资信托基金有关工作的会议,参加会议的政府部门包括北京市国资委,并形成了包含以下内容的会议记录:"关于国有资产转让进场交易问题。中国证监会已明确基础设施REITs在证券交易所公开发行,本市相关项目申报可按照规定,并参照外省市做法,豁免国有资产进场交易程序。"为确保此次国资转让的合规性,相关方仍会聘请相关机构进行国有资产评估。具体安排为,在SPV与首钢环境完成项目公司股权交割和工商变更登记后,聘请拥有相关资质的会计师事务所和国有资产评估机构以交割日为基准日进行国有资产评估,并将评估结果递交国资委相关部门或集团留存备案。之后首钢基金将持有的SPV公司股权和债权转让至资产支持专项计划。

(四)其他股权转让限制

根据项目公司与北京市城管委签订的《垃圾处理服务协议》"16.2.2 项目公司股权转让限制"的约定,垃圾处理服务期内,经市城市管理委事先书面同意,项目公司股东可以转让项目公司股权。

北京市城管委已于2020年9月25日出函同意将项目公司股权转让至首钢集团100%控制的为基础设施REITs成立的特殊目的公司,并最终转让至公开募集基础设施证券投资基金及其下设基础设施资产支持证券等特殊目的载体。若产品存续期及到期处置项目公司股权的,将采取与项目发行前同样的方式,取得北京市城管委同意后进行项目公司的股权转让。

第五章　能源 REITs 案例

鹏华深圳能源清洁 REITs[①]

鹏华深圳能源清洁能源封闭式基础设施证券投资基金于 2022 年 6 月 29 日在深交所上市，证券简称为“鹏华深圳能源 REITs”，证券代码为“180401”，基金合同期限 34 年，募集份额总额为 6 亿份。

一、投资基金基本信息（见表 5 – 1）

表 5 – 1　鹏华深圳能源 REITs 基本信息

基金名称	鹏华深圳能源清洁能源封闭式基础设施证券投资基金
基础设施项目类型	发电
原始权益人	深圳能源集团股份有限公司
基金管理人	鹏华基金管理有限公司
专项计划管理人	国信证券股份有限公司
托管人	招商银行股份有限公司
注册生效日期	2022 年 6 月 21 日

① 《鹏华深圳能源清洁能源封闭式基础设施证券投资基金招募说明书（草案）》，载深圳交易所官网，http://reportdocs. static. szse. cn/UpFiles/reitsinfodisc/REITS _00017EFC749A4A3FC32B02543CA0903F. pdf。

二、基金交易结构

（一）交易结构

1. 基础设施基金整体架构（吸收合并前）（见图 5－1）

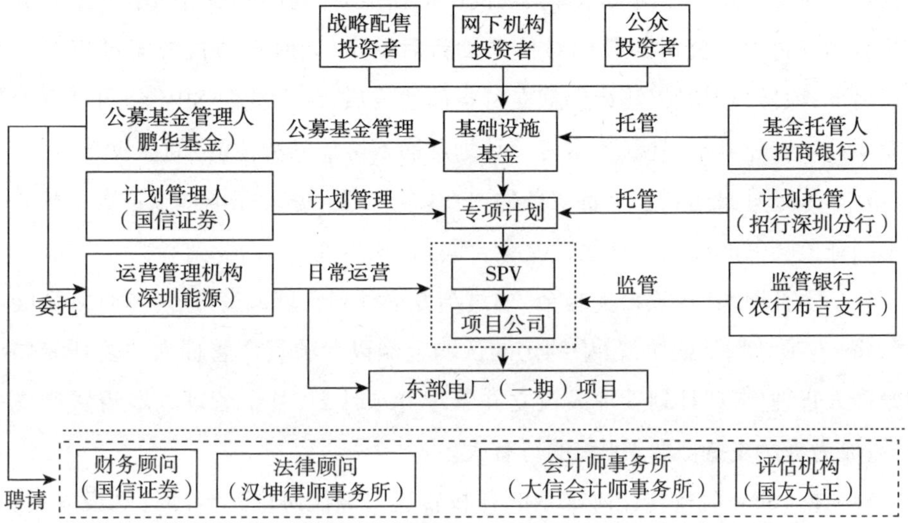

图 5－1　鹏华深圳能源 REITs 交易结构（吸收合并前）

2. 基础设施基金整体架构（SPV 吸收合并后）（见图 5－2）

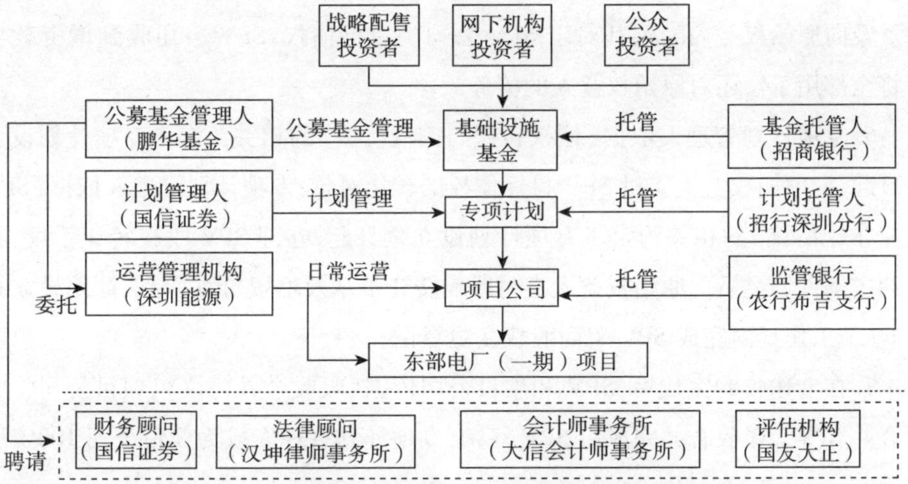

图 5－2　鹏华深圳能源 REITs 交易结构（吸收合并后）

(二)交易步骤

1. 深圳能源设立 SPV 公司。

2. 根据《项目公司股权转让协议》,深圳能源向 SPV 公司转让项目公司股权,股权转让对价为专项计划实际募集规模(不含专项计划层面预留的不可预见费),SPV 公司支付项目公司的股权对价于发行后确定,同时将项目公司过户至 SPV 公司名下;项目公司股权转让价款支付条件达成后,深圳能源 SPV 公司享有价款为专项计划实际募集规模(不含专项计划层面不可预见费预留)的债权。

3. 本基金募集达到基金备案条件,自基金管理人办理完毕基金备案手续并取得中国证监会书面确认之日起,《基金合同》正式生效。

4. 基金管理人(代表公募基金)通过与专项计划管理人签订《专项计划认购协议》,将《专项计划认购协议》中约定的认购金额以专项资产管理方式委托专项计划管理人管理,专项计划管理人设立并管理专项计划,基金管理人取得资产支持证券,成为资产支持证券 100% 的持有人。

5. 根据《SPV 股权转让协议》和《债权转让与确认协议》,专项计划设立后,专项计划将以公募基金认购资产支持证券的认购金额扣除必要费用后用于(1)向原始权益人购买 SPV 公司目标股权;(2)专项计划实际募集规模(不含专项计划层面不可预见费预留)扣减购买 SPV 公司目标股权款的剩余款项,用于向 SPV 公司增资及向原始权益人购买其对于 SPV 公司的目标债权,SPV 公司收到增资款项后将全部用于偿还对原始权益人的债务。

6. 专项计划管理人依据《债权转让与确认协议》的相关约定于专项计划设立之日起,向原始权益人支付 SPV 目标债权的转让对价;专项计划管理人依据《SPV 股权转让协议》的相关约定于专项计划设立之日起,办理 SPV 股权转让手续,并于约定条件满足后向原始权益人支付股权转让价款及增资价款,专项计划设立日后 60 个工作日内完成 SPV 工商股权变更登记。

7. 在上述收购完成后,SPV 和项目公司依据《吸收合并协议》,项目公司将吸收合并 SPV。吸收合并完成后 SPV 注销,专项计划管理人成为项目公司 100% 股东。

8. 根据《项目公司资金监管协议》和《SPV 资金监管协议》,监管银行应根据协议约定对 SPV 监管账户和项目公司监管账户的资金接收、存放及支付进行监督和管理。项目公司应将项目运营过程中产生的项目公司运营收入存放至项目公司的监管账户。

9. 在项目公司股利分配日，项目公司按照中国法律和公司章程的规定，向其股东分配与其所持有的项目公司股权所对应的股息、红利等股权投资收益，在《吸收合并协议》约定的吸收合并完成前，项目公司股东为相应 SPV；在《吸收合并协议》约定的吸收合并完成后，项目公司股东为专项计划管理人（代表专项计划）。

10. 在标的债权本息偿付日，标的债权债务人（项目公司）根据与专项计划管理人签署的《债权转让与确认协议》向专项计划账户偿还标的债权应付本息。

11. 专项计划管理人根据专项计划文件的约定，实施专项计划的分配流程，向基金管理人分配相应款项。

三、基础设施项目概况

基金初始投资的基础设施项目为深圳能源集团股份有限公司东部电厂（一期）项目［以下简称东部电厂（一期）项目］。

（一）项目所在地

东部电厂（一期）项目位于广东省深圳市大鹏新区大鹏下沙秤头角，地处大鹏湾，毗邻广东大鹏 LNG 接收站和深圳迭福 LNG 接收站。

项目所处的广东省深圳市全市面积 1997.47 平方公里，下辖 9 个行政区和 1 个新区，包括福田区、罗湖区、盐田区、南山区、宝安区、龙岗区、龙华区、坪山区、光明区、大鹏新区。自 2020 年 7 月 1 日起，深圳经济特区范围延伸到全市。2018 年 12 月 16 日，深汕特别合作区正式揭牌。

大鹏新区是位于深圳东南部，三面环海，东临大亚湾，与惠州接壤，西抱大鹏湾，遥望香港新界。辖区面积 607 平方公里，其中陆域面积 302 平方公里，约占深圳市的 1/6，海域面积 305 公里，约占深圳市的 1/4。下辖大鹏、南澳、葵涌 3 个办事处，25 个居委会，总人口约 20 万人，其中户籍人口 4.7 万人。2019 年度，大鹏新区实现地区生产总值 3,514,353 万元，较上年增长 2.86%。

大鹏新区是深圳市的能源重镇，有大亚湾核电站、岭澳核电站、岭东核电站、广东大鹏 LNG 接收站、中海油深圳 LNG 接收站，中石油深圳 LNG 接收站、东部电厂、东部汽油库等重点能源项目。

(二)建设内容和规模

东部电厂(一期)项目包括天然气发电机组及不动产建筑，地上建筑面积共计约 3.16 万平方米，宗地面积约 3.96 万平方米，具体如下。

(1)装机容量为 3 × 390MW 的 9F 燃气蒸汽联合循环发电机组；

(2)主厂房及集中控制楼，建筑面积为 28,468.84 平方米；

(3)启动锅炉房，建筑面积为 195.16 平方米；

(4)炉后废水泵房，建筑面积为 34.56 平方米；

(5)炉后废水泵房，建筑面积为 34.56 平方米；

(6)220KV 屋内配电装置(GIS)及网络继电器，建筑面积为 1178.45 平方米；

(7)余热锅炉辅助生产工艺楼，建筑面积为 560.18 平方米；

(8)余热锅炉辅助生产工艺楼，建筑面积为 560.18 平方米；

(9)余热锅炉辅助生产工艺楼，建筑面积为 560.18 平方米；

(10)氮气瓶站，建筑面积为 50.53 平方米。

(三)资产范围

东部电厂(一期)项目的资产范围包括 1#、2#、3#机组、地上建筑面积共计约 3.16 万平方米房屋(含附属设施设备)及其占用范围内的约 3.96 万平方米的国有土地使用权等资产，建设内容包括装机容量为 3 × 390MW 的 9F 燃气蒸汽联合循环发电机组、主厂房及集中控制楼、启动锅炉房、炉后废水泵房、炉后废水泵房、220KV 屋内配电装置(GIS)及网络继电器、余热锅炉辅助生产工艺楼、余热锅炉辅助生产工艺楼、余热锅炉辅助生产工艺楼、氮气瓶站。

四、项目公司概况

持有基础设施项目的项目公司为深圳市东部电力有限公司(以下简称项目公司)。

(一)基本情况(见表5-2)

表5-2　深圳市东部电力有限公司基本情况

名称	深圳市东部电力有限公司
类型	有限责任公司(法人独资)
住所	深圳市大鹏新区大鹏街道下沙社区下沙东部电厂行政办公楼101
法定代表人	周朝晖
注册资本	人民币500,000万元
成立日期	2021年6月18日
营业期限	2021年6月18日至无限期
经营范围	一般经营项目是:贸易经济。(除依法须批准的项目外,凭营业执照依法自主开展经营活动),许可经营项目是:发电、输电、供电业务;电力设施承装、承修、承试(依法须经批准的项目,经相关部门批准后方可开展经营活动,具体经营项目以相关部门批准文件或许可证为准)

(二)项目公司股权结构(发行前)(见图5-3)

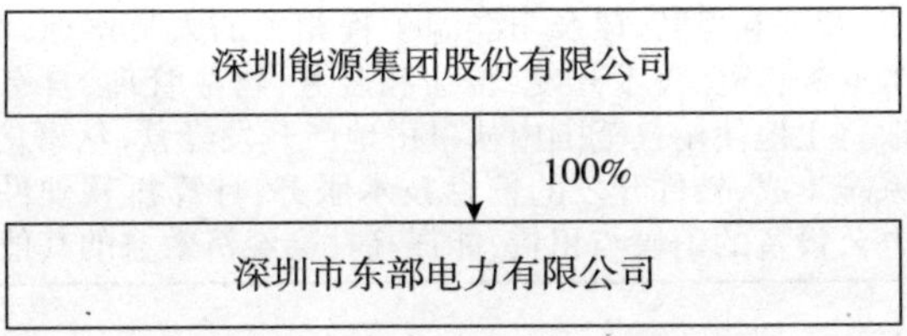

图5-3　深圳市东部电力有限公司股权结构(发行前)

(三)项目公司股权结构(发行后)(见图5-4)

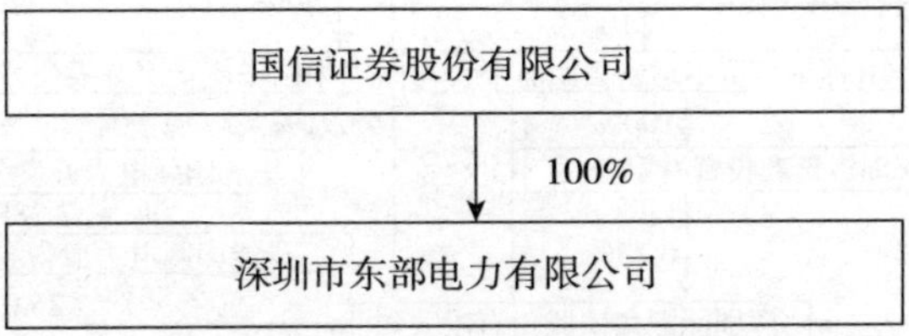

图5-4　深圳市东部电力有限公司股权结构(发行后)

五、原始权益人概况

持有项目公司股权的原始权益人为深圳能源集团股份有限公司。

(一)基本情况(见表5-3)

表5-3 深圳能源集团股份有限公司基本情况

名称	深圳能源集团股份有限公司
类型	股份有限公司(上市)
住所	深圳市福田区福田街道金田路2026号能源大厦北塔楼9层、29~31层、34~41层
法定代表人	王平洋
注册资本	人民币475,738.991600万元
成立日期	1993年8月21日
营业期限	1993年8月21日至2043年8月21日
经营范围	一般经营项目是:各种常规能源和新能源的开发、生产、购销;投资和经营能提高能源使用效益的高科技产业;投资和经营与能源相关的原材料的开发和运输、港口、码头和仓储工业等;经营和进出口本公司能源项目所需的成套设备、配套设备、机具和交通工具等;投资和经营与能源相配套的地产、房产业和租赁等产业;各种能源工程项目的设计、施工、管理和经营,以及与能源工程相关的人员培训、咨询及其他相关服务业务;环保技术开发、转让和服务;物业管理、自有物业租赁;在合法取得土地使用权范围内从事房地产开发经营;从事信息系统运营维护,系统集成,软件开发的信息技术服务;计算机软硬件、电子产品、耗材、办公设备的销售与租赁;能提高社会经济效益的其他业务

(二)股权结构(见图5-5)

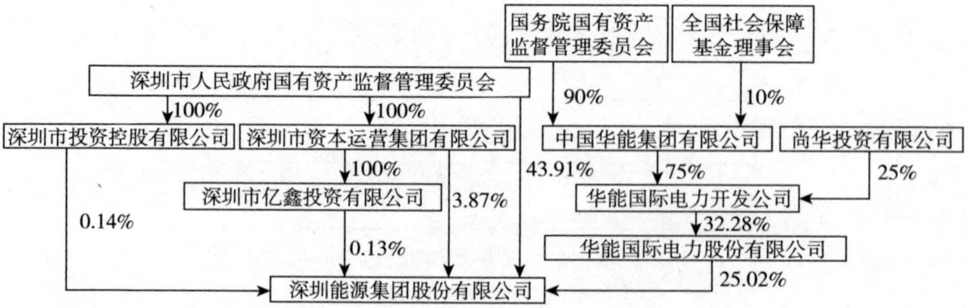

图5-5 深圳能源集团股份有限公司股权结构

六、基础设施项目合规情况

（一）项目权属

1. 项目用地

本项目宗地编号为 G16201－0297，宗地面积为 39,550.36 平方米，土地用途为工业用地，用地性质为商品性质，取得方式为出让取得，使用期限为 2005 年 12 月 28 日至 2055 年 12 月 27 日。

2. 项目不动产权证

项目已取得的不动产权证情况见表 5－4：

表 5－4 深圳能源项目不动产权证信息

文件名称及编号	发文/证日期	主要内容	规划用途	建筑面积（平方米）
粤（2021）深圳市不动产权第 0133672 号	2021 年 7 月 28 日	深圳能源集团股份有限公司东部电厂 220KV 屋内配电装置（GIS）及网络继电器楼已于 2021 年 7 月 28 日完成不动产权登记	生产用房	1178.45
粤（2021）深圳市不动产权第 0133667 号	2021 年 7 月 28 日	深圳能源集团股份有限公司东部电厂氮气瓶站已于 2021 年 7 月 28 日完成不动产权登记	生产用房	50.53
粤（2021）深圳市不动产权第 0133671 号	2021 年 7 月 28 日	深圳能源集团股份有限公司东部电厂炉后废水泵房 1 已于 2021 年 7 月 28 日完成不动产权登记	生产用房	34.56
粤（2021）深圳市不动产权第 0133607 号	2021 年 7 月 28 日	深圳能源集团股份有限公司东部电厂炉后废水泵房 2 已于 2021 年 7 月 28 日完成不动产权登记	生产用房	34.56
粤（2021）深圳市不动产权第 0133670 号	2021 年 7 月 28 日	深圳能源集团股份有限公司东部电厂主厂房及集中控制楼已于 2021 年 7 月 28 日完成不动产权登记	生产用房	28,468.84

续表

文件名称及编号	发文/证日期	主要内容	规划用途	建筑面积(平方米)
粤(2021)深圳市不动产权第0133679号	2021年7月28日	深圳能源集团股份有限公司东部电厂启动锅炉房已于2021年7月28日完成不动产权登记	生产用房	195.16
粤(2021)深圳市不动产权第0133675号	2021年7月28日	深圳能源集团股份有限公司东部电厂余热锅炉辅助生产工艺楼1已于2021年7月28日完成不动产权登记	生产用房	560.18
粤(2021)深圳市不动产权第0133677号	2021年7月28日	深圳能源集团股份有限公司东部电厂余热锅炉辅助生产工艺楼2已于2021年7月28日完成不动产权登记	生产用房	560.18
粤(2021)深圳市不动产权第0133684号	2021年7月28日	深圳能源集团股份有限公司东部电厂余热锅炉辅助生产工艺楼3已于2021年7月28日完成不动产权登记	生产用房	560.18

(二)项目固定资产投资管理手续(见表5-5)

表5-5 深圳能源项目投资管理手续

序号	手续名称		签发时间	签发机构	文件编号	备注
1	政府投资项目审批	项目建议书批复	2002年2月11日	原国家发展计划委员会办公厅	计办基础(2002)200号	同意深圳能源集团股份有限公司东部燃气发电厂为燃用液化气的发电项目
		可行性研究报告批复	2004年9月13日	国家发展和改革委员会	发改能源(2004)1368号	同意建设深圳东部LNG电厂工程
		初步设计批复	2007年5月31日	电力规划设计总局	电规发电(2007)271号	东部电厂(一期)项目工程电气部分由3*350MW机组组成

续表

序号	手续名称		签发时间	签发机构	文件编号	备注
2	规划	建设用地规划许可证	2005 年 9 月 16 日	深圳市规划局	深规许字 01 – 2005 – 0316 号	明确了深圳能源集团股份有限公司东部电厂用地规划
		规划建设项目选址意向书	2005 年 10 月 20 日	深圳市规划局	深规选 2005 –0 –803 号	深圳能源集团股份有限公司东部电厂用地选址符合城市规划要求,准予办理有关手续
		建设工程规划许可证	2006 年 4 月 5 日	深圳市规划局	深规建许字(2006)综合 050 号	深圳能源集团股份有限公司东部电厂获得建设工程规划许可
3	土地	土地预审意见	2000 年 6 月 20 日	深圳市规划国土局	深规土函第 HQ0002213 号	原则同意深圳能源集团股份有限公司东部电厂以秤头角为选址开展可行性研究工作
		土地取得	2005 年 12 月 28 日	深圳市国土资源和房产管理局	深地合字(2005)5112 号	协议出让
		建设项目土地使用权证	2021 年 4 月 6 日	深圳市规划和自然资源局大鹏管理局	深地合字(2005)5112 号(补 3)、深地合字(2005)5112 号(补 4)	约定 G16201 – 0277 号宗地分割为三宗地,G16201 – 0296 宗地、G16201 – 0297 宗地、G16201 – 0298 宗地,继续用于电厂建设及运营。其中,东部电厂(一期)项目所在地块为 G16201 – 0297 宗地,宗地用地面积 39,550.36 平方米,土地用途为工业用地,用地性质转为商品性质,限整体转让

续表

序号	手续名称		签发时间	签发机构	文件编号	备注
4	环评	环境影响评价(报告书、报告表和登记表)批复	2003年4月18日	原国家环境保护总局	环审(2003)122号	项目符合产业政策，污染物排放量很小，同意该项目建设
		排污许可证(2016年以后)	2020年6月1日	深圳市生态环境局大鹏管理局	914403007634617533001P	建设期排污许可证
5	施工许可	施工许可证	2006年4月21日	深圳市建设局	44030020040003007	主体建筑安装工程获得施工许可
6	竣工验收	综合验收	2006年6月28日	深圳市人民政府办公厅	深府办(2006)107号	《关于成立深圳东部电厂1号机组启动验收委员会的通知》要求成立“深圳能源集团股份有限公司东部电厂1号机组启动验收委员会”
			2007年6月4日	广东省电网公司	广电营部(2007)109号	《关于东部(能东)电厂#1、2发电机组正式进入商业运行的批复》，能源集团股份有限公司东部电厂1号、2号发电机组具备正式并网发电、进入商业运行的基本条件
			2007年9月10日	深圳市人民政府办公厅		《深圳能源集团东部电厂2号机组商业运行验收暨3号机组启动验收委员会工作会议纪要》同意2号机组正式投入商业运行，并做好3号机组启动试运工作

续表

序号	手续名称		签发时间	签发机构	文件编号	备注
6	竣工验收	综合验收	2008年2月3日	深圳市人民政府办公厅		《深圳能源投资股份有限公司东部电厂3号机组启动验收委员会工作会议纪要》在明确3号机组可正式投入商业运行的同时,同意东部电厂(一期)工程竣工
			2008年2月29日	广东省电网公司	广电营部(2008)62号	《关于深能源东部电厂3号发电机组正式进入商业运行的批复》深圳能源集团股份有限公司东部电厂3号机组具备正式并网发电、进入商业运行的基本条件
		消防验收	2006年3月6日	深圳市公安局消防局	深公消验(2006)BB0062号	认为网络继电器楼、备用启动变压器楼、集控楼13M电子间满足其防火设计,在消防安全方面具备使用条件
			2006年7月28日	深圳市公安局消防局	深公消验(2006)BB0278号	认为深圳能源集团股份有限公司东部电厂工程建筑防火、火灾自动报警系统、市政供水情况、二氧化碳灭火系统及七氟丙烷气体灭火系统控制功能符合要求,判定工程满足防火设计,在消防安全方面具备使用条件,但对建设防火、自动报警系统、气体灭火系统、消防产品等方面提出整改要求

续表

序号	手续名称		签发时间	签发机构	文件编号	备注
6	竣工验收	消防验收	2006年9月14日	深圳市公安局消防局	深公消验(2006)BB0357号	判定工程满足防火设计,在消防安全方面具备使用条件,要求主厂房封闭楼梯间一层有酸性水管穿过、感温电缆未施工完毕、集控层一层内走道烟感未吊顶安装进行整改
			2007年1月4日	深圳市公安局消防局	深公消验(2006)BB0545号	判定深圳能源集团股份有限公司东部电厂工程(建筑单体5栋及主厂房2#燃机)满足防火设计,在消防安全方面具备使用条件,要求生产实验楼、行政办公楼的消火栓箱门与周围有明显区别且应安装把手便于开启、应有两路给水管接入重件码头区消防给水管网、二氧化碳气体灭火系统不具备验收条件、应有消防产品档案、生产试验楼钢制防火门生产厂家不明且填充材料为泡沫、码头使用的兴龙牌室外消火栓应提供产品检测报告和型式认可证书进行整改

续表

序号	手续名称		签发时间	签发机构	文件编号	备注
6	竣工验收	消防验收	2007年8月9日	深圳市公安局消防局	深公消验(2007)BB0317号	判定深圳能源集团股份有限公司东部电厂工程(建筑单体9栋及主厂房1#燃机,其中包括工艺楼)满足防火设计,在消防安全方面具备使用条件
			2007年8月13日	深圳市公安局消防局	深公消验(2007)BB0315号	判定深圳能源集团股份有限公司东部电厂工程(建筑单体5栋及主厂房2#燃机)满足防火设计,在消防安全方面具备使用条件
		环保验收	2007年3月21日	原国家环境保护总局	环验(2007)050号	作出1#机组及其配套工程竣工环境保护验收合格的决定
			2007年3月25日	原环境保护部	环验(2009)第70号	作出2#、3#机组竣工环境保护验收合格的决定
		建设工程规划验收	2016年7月	规土大鹏管理局	深规土检验DP-2016-0003号	深圳市东部电厂工程符合城市建设规划要求,验收合格
7	其他重要手续	电力许可证	2021年8月5日	国家能源局南方能源监管局	2021-7063号	准予项目公司提出的电力业务发电类新申请许可申请,南方监管局将在作出决定之日起10日内颁发、送达许可证

七、基础设施相关风险

(一)基础设施项目管理风险

电力行业属于资金密集型行业,运营管理门槛较高,运营管理过程中需要众多高技术含量的技术和业务系统互相配合,任何一个环节出现问题都将可能影响运营安全。运营安全事故的发生将对项目公司的正常经营产生不利影响,增加项目公司的安全经营风险,影响基础设施资产现金流的稳定性。国家宏观调控和行业周期的影响、基础设施项目所在区域的区位风险及周边其他基础设施项目带来的市场竞争、基础设施项目所在区域经济下滑带来的市场低迷乃至深圳或中国市场的衰退或低迷,都会给基础设施项目经营带来不确定性。

(二)行业政策风险

政策调整风险中所指的政策包括但不限于税收政策、区域政策、产业政策和土地政策等。本基金运作过程中可能涉及基金份额持有人、基础设施基金、资产支持证券、SPV、项目公司等多层面税负,如果国家税收政策发生调整,则可能影响投资运作与基金收益。区域政策是指基础设施项目所在区域人民政府针对该区域制定的影响项目公司经营的相关政策。产业政策是指相关政府部门针对基础设施项目相关产业制定的产业发展及优惠补贴政策。土地政策是指政府有关土地性质用途、土地开发管理方面的政策。以上政策的重大变化可能对本基金的运作产生不利影响。

(三)同业竞争风险

本基金拟通过投资国信证券深圳能源清洁能源第一期基础设施资产支持专项计划,并持有其全部份额,实现基金通过资产支持证券和项目公司取得基础设施项目完全所有权或经营权利。本项目的原始权益人为深圳能源,深圳能源及其关联公司可能与项目公司存在同业竞争,有可能对基础设施基金产生不利影响。

同时,基金管理人通过签署《运营管理协议》,委托深圳能源及深圳能源集团股份有限公司东部电厂担任本基金的外部管理机构。除了本基金持有并经营的基础设施项目外,深圳能源及深圳能源集团股份有限公司东部电厂也向原始权益人自持的同类项目提供基础设施项目运营管理服务。因此,原始权益人自持的同类项目与本基础设施资产可能存在同业竞争关系,如外部管理机构未公平对待其所管理的各个项目,可能对基础设施基金产生不利影响。

（四）东部电厂（一期）项目天然气机组运营寿命风险

东部电厂（一期）项目天然气机组型号为三菱重工 M701F 型，于 2007 年投产。本次基础设施项目评估采取亚临界煤电机组延寿的相关规定，参考项目公司获得的电力业务许可证规定的机组设计服务年限，在评估过程中将机组寿命延寿 10 年。2021 年 7 月 23 日，项目公司向国家能源局南方能源监管局提出电力业务发电类新申请许可申请。2021 年 8 月 5 日，国家能源局下发了中华人民共和国电力业务许可证（许可证编号 1062621－06335），其中机组情况登记表明确了本次基础设施资产的三台机组设计寿命为 30 年，机组于 2007 年投产，按照机组正常设计寿命到期日为 2037 年。

参照亚临界煤电机组延寿的相关规定，运行期满 30 年或 20 万小时的亚临界煤电机组，经延寿改造、安全评估后，30 万、60 万千瓦级机组一般可延长 10～15 年服役期限。本次基础设施资产运营情况良好，日常监控维修工作到位，运行效率较高。

另外，国内深圳月亮湾电厂和珠海洪湾电厂的两套“二拖一”联合循环机组（2 台 GE 公司 6B 型燃气轮机＋2 台双压余热锅炉＋1 台双压蒸汽轮机组成），在国内长期服役后，经过大修搬迁至加纳公司，2010 年在加纳投入商业运营，截至 2021 年已延寿约 11 年，仍能稳定发电，各项指标良好。

综上，评估基于审慎性原则，在评估过程中将机组寿命延寿 10 年，东部电厂（一期）项目运营期限延长至 2047 年。若东部电厂（一期）天然气机组因未通过延寿审批无法达到预期的延寿期限，或为实现延寿发生超预期的大额资本性支出，可能对本基金的运作产生不利影响。

（五）上游液化天然气供应商履约的风险

东部电厂（一期）项目使用的液化天然气通过大鹏天然气与 BHP BILLITON 石油（西北大陆架）有限公司、英国石油发展（澳大利亚）有限公司、雪佛龙德士古澳大利亚有限公司、日本澳大利亚液化天然气（MINI）有限公司、壳牌发展（澳大利亚）有限公司及伍德赛能源有限公司等供应商签署液化天然气销售与购买协议获得。可能由于供应商履约情况导致天然气供应无法保障，同时若无法及时采购到市场现货气,则东部电厂(一期)项目可能无法按计划获得足够天然气发电,发电业务将受到影响。

(六)成本波动风险

目前东部电厂(一期)项目的天然气采购价格及数量根据项目公司与广东大鹏天然气有限公司签署的《天然气销售合同》(以下简称天然气长协)约定执行,该合同有效期至2031年,其中目前至2027年的天然气年供应量为2758万吉焦,2028年及之后天然气年供应量为1861万吉焦。天然气价格锚定日本原油综合指数JCC(Japan Crude Cocktail),以美元结算,价格区间锁定。因此,在长协期间内东部电厂天然气供应量及供应价格长期相对稳定,不会受大宗商品价格周期的影响。

由于天然气长协所约定的供应天然气以美元计价,因此人民币对美元汇率的浮动可能增加成本波动的风险。

天然气长协到期后,合同双方将就合作事宜重新洽谈,若长协无法续期,东部电厂(一期)用气将转为市场气。从历史数据来看,天然气价格有波动,转为市场化购气后存在成本波动风险。气电价格联动可降低天然气成本波动风险,目前广东省主要通过根据天然气价格波动调整天然气发电上网电价的方式,落实气电价格联动机制的相关政策要求,但存在一定的滞后性。随着电力市场化改革的推进,天然气成本波动能更好地反映在天然气发电价格的变化上。

(七)土地使用权续期风险

基础设施项目的土地使用权将于2055年12月27日到期。根据相关法律的规定,上述土地使用权人并无自动续约权,土地使用权人届时可能需要于土地使用权期限届满前申请土地使用权续期。如果延期申请获批,土地使用权人可能需支付相应的土地使用权出让金(同时需符合其他相关要求)。如果相关部门收取高额的土地使用权出让金、施加额外条件,或不批准延长土地使用权期限,基础设施项目的运作可能受到不利影响。在土地使用权期限届满前,在符合公众利益的情况下,政府有权依照法律程序提前收回土地使用权,项目公司可能收到政府根据相关法律法规做出的补偿金额,但补偿金额可能低于基础设施项目的评估结果或已为该项目支付的价格。若出现上述情况,可能会对投资者利益造成重大不利影响。

(八)电力业务许可证续期风险

深圳市东部电力有限公司已取得国家能源局南方监管局 2021 年 8 月 5 日核发的电力业务许可证,有效期至 2041 年 8 月 4 日。

根据《电力业务许可证管理规定》(2015 年修正)及《电力业务许可证监督管理办法》(2020 年修订),在中华人民共和国境内从事电力业务,应当按规定取得电力业务许可证。电力业务许可证的有效期为 20 年。结合《电力业务许可证管理规定》(2015 年修正)及《电力业务许可证监督管理办法》(2020 年修订)的规定,电力业务许可证有效期届满需要延续的,持证企业应当在有效期届满 30 日前向派出机构提出许可证有效期延续申请。若出现不可预测的情况,存在电力业务许可证无法续期的风险。

(九)上网电价调整风险

根据广东省发改委《关于调整我省天然气发电上网电价的通知》(粤发改价格〔2020〕284 号),使用澳洲进口合约天然气的 LNG 电厂的上网电价统一为每千瓦时降低 0.049 元。天然气发电上网电价存在政策不确定性,若天然气发电上网电价调整,对项目公司的收入存在一定影响,可能对本基金运作产生不利影响。

(十)未来碳排放政策及指标变化带来的碳排放风险

本项目为能源基础设施项目,具有一定的碳排放量,目前满足当下的碳排放政策及指标要求。但未来若碳排放政策及指标发生变化,可能产生一定的碳排放成本,同时也有可能产生碳排放权相关的收益。

八、关键问题解析

(一)股债结构的搭建

本项目采用先设立 SPV 公司,后由项目公司反向吸收合并 SPV 公司的方式搭建股债结构。

专项计划设立后,专项计划向原始权益人购买SPV公司目标股权,后向SPV公司增资及向原始权益人购买其对SPV公司的目标债权,SPV公司收到增资款项后将全部用于偿还对原始权益人的债务。在上述收购完成后,SPV公司和项目公司依据《吸收合并协议》,项目公司将吸收合并SPV公司。吸收合并完成后SPV公司注销,专项计划管理人成为项目公司100%股东。

(二)国有资产的转让

本项目为国有资产,针对国有资产转让安排问题,原始权益人于2020年10月21日就该问题向深圳市国资委报送书面请示(深能〔2020〕135号),国资委于2020年10月28日进行了书面反馈:"基础设施REITs是通过证券交易所公开发行的金融产品……无须另行履行国有资产交易程序。深圳能源与基金管理人等中介机构应严格按照证券监督制度要求……按照市场化方式通过公开询价确定基金份额认购价格,进而确定基础设施资产交易价格……"

(三)土地及地上建筑物的转让

东部电厂(一期)项目所在地块为G16201-0297宗地,宗地用地面积39,550.36平方米,土地用途为工业用地,用地性质转为商品性质,土地使用权出让合同上注明"限整体转让"。

2021年4月28日,深圳市规划和自然资源局大鹏管理局出具《关于〈为深圳能源东部电厂(一期)项目申报基础设施公募REITs试点出具无异议函的请示〉的复函》,文件中明确"该项目土地使用权出让合同中未对股权转让进行限制,我局对该项目以100%股权转让方式发行基础设施REITs无异议"。

第六章　保障性租赁住房 REITs 案例

第一节　红土创新深圳人才安居保障性租赁住房 REITs[1]

红土创新深圳人才安居保障性租赁住房封闭式基础设施证券投资基金于2022年8月31日在深交所上市，证券简称为“红土深圳安居 REITs”，证券代码为“180501”，基金合同期限66年，募集份额总额为5亿份。

一、投资基金基本信息（见表6-1）

表6-1　红土深圳安居 REITs 基本信息

基金名称	红土创新深圳人才安居保障性租赁住房封闭式基础设施证券投资基金
基础设施项目类型	保障性租赁住房
主要原始权益人	深圳市人才安居集团有限公司
基金管理人	红土创新基金管理有限公司
专项计划管理人	深创投红土资产管理（深圳）有限公司
托管人	招商银行股份有限公司
注册生效日期	2022年7月11日

---

① 《红土创新深圳人才安居保障性租赁住房封闭式基础设施证券投资基金招募说明书（草案）》，载深圳交易所官网，http://reportdocs.static.szse.cn/UpFiles/reitsinfodisc/REITS_000181046687A83FC8DE1E771312803F.pdf。

二、基金交易结构

(一)交易结构(见图6-1)

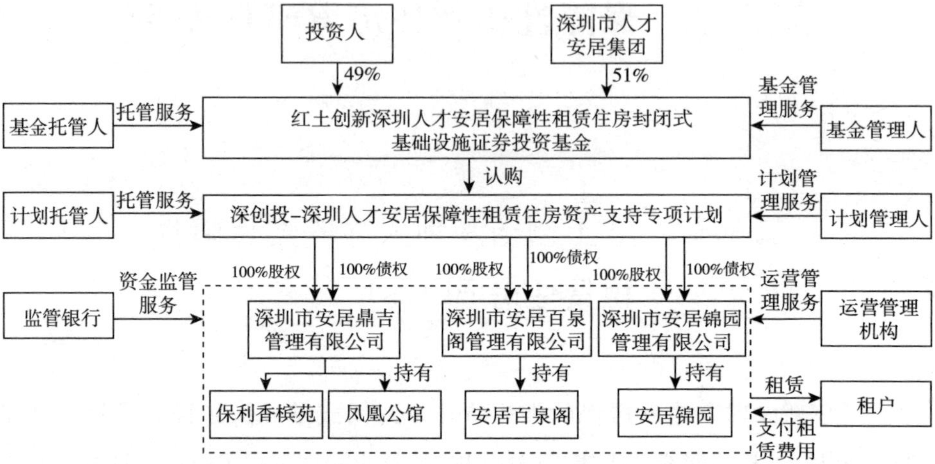

图6-1 红土深圳安居REITs交易结构

(二)交易步骤

1. 基金合同成立

投资人交纳认购的基金份额的款项时,基金合同成立。

2. 基金合同生效

基金管理人依照《证券投资基金法》(2015年修正)第58条的规定向中国证监会办理基金备案手续,并经中国证监会书面确认后,基金合同生效。

3. 基金投资

本基金初始设立时在扣除必要的预留资金后全部投资于"深创投-深圳人才安居保障性租赁住房资产支持专项计划"发行的资产支持证券,具体金额以基金管理人的计算为准。专项计划以安居百泉阁项目、安居锦园项目、保利香槟苑项目及凤凰公馆项目等优质保障性租赁住房基础设施项目为投资标的。本基金持有专项计划的全部基础设施资产支持证券份额而间接持有基础设施项目,且由项目公司直接持有基础设施资产。

4. 项目公司减资

鼎吉公司将资本公积 195,854,029.76 元转增为注册资本，并同步减少注册资本 205,654,029.76 元；百泉阁公司将资本公积 291,550,299.71 元转增为注册资本，并同步减少注册资本 291,950,299.71 元；锦园公司将资本公积 188,422,709.01 元转增为注册资本，并同步减少注册资本 188,822,709.01 元。减资后，各项目公司的注册资本金为 200,000 元。由于各项目公司没有足够资金支付减资款，在综合考虑注册资本中原股东对项目公司的实缴资金的基础上，最终形成各项目公司对深圳市人才安居集团、福田安居公司和罗湖安居公司的应付减资款负债 6.76 亿元。

5. 专项计划设立/扩募

在专项计划的设立及扩募流程中，基金管理人（代表基础设施基金的利益）将等额于按《深创投－深圳人才安居保障性租赁住房资产支持专项计划标准条款》计算的专项计划募集规模的认购资金支付至专项计划募集专户后，计划管理人将聘请会计师事务所对认购资金进行验资。验资完成后，计划管理人在 2 个工作日内将专项计划募集资金（不包括利息，代扣银行手续费）全部划转至专项计划账户。认购资金划入专项计划账户之日为专项计划设立日。

6. 专项计划投资

专项计划初始设立时募集的资金在扣除必要的预留资金后将全部用于购买目标股权和发放目标债权，从而持有基础设施资产。计划管理人代表专项计划与原始权益人签署《股权转让协议》，收购各项目公司 100% 的股权，与各项目公司签署《股东借款协议》，向各项目公司发放股东借款，用于偿还各项目公司对原始权益人的应付减资款负债，以完成股债结构的搭建。

7. 项目公司股权转让对价支付安排

基础设施基金将通过持有专项计划发行的基础设施资产支持证券的全部份额而间接持有基础设施项目公司以及基础设施资产，因此，股权转让价款需以基础设施基金之基金份额的询价结果以及最终发行情况予以确定。

8. 项目公司股权交割安排

自交割日（含为专项计划设立日）起，根据法律和公司章程规定的目标股权所代表的一切权利义务和损益由专项计划享有和承担，在此之前由原始权益人享有和承担。

原始权益人应当在收到首期股权转让价款之日与计划管理人或其指定主体按照约定进行股权交割。

9. 项目公司的股权工商变更登记安排

计划管理人和原始权益人应当在交割日起15个工作日内向市场监督管理部门提交基础设施项目公司股权变更登记所需的全部申请资料,并在《交割审计报告》出具日起60个工作日内完成基础设施项目公司的股权变更登记。

三、基础设施项目概况

本基金初始投资的基础设施资产为安居百泉阁项目、安居锦园项目、保利香槟苑项目和凤凰公馆项目4个保障性租赁住房项目,分别位于深圳市福田区、罗湖区、大鹏新区和坪山区。

(一)项目所在地

1. 安居百泉阁项目

项目位于深圳市福田区安托山片区,地处侨香三道与安托山六路交会处。项目邻近地铁2号线和7号线,距安托山站约200米,距侨香站约800米,距深康站约900米;周边设有侨香三道南、鸿新花园等多个公交站,有70路、72路、108路、M500线等多路公交车经过;北距北环大道约600米,南距侨香路约300米,邻近农园路、农林路、香蜜湖路等城市道路。项目周边交通便利,地铁、公交及自驾出行均较为方便。

2. 安居锦园项目

项目位于深圳市罗湖区笋岗片区,地处田西路与宝田路交会处以东。项目邻近7号线,距笋岗站约400米;周边设有梨园路、人才大市场、笋岗街道办等多个公交站,有多路公交车经过;北距泥岗东路约500米,邻近梨园路、宝安北路、宝岗路和梅园路等主要出行道路;距深圳宝安国际机场约30公里,距深圳福田站约6公里、深圳北站约9.5公里、深圳东站约4.2公里。项目周边公共交通便利,驾车出行便捷。

3. 保利香槟苑项目

项目位于深圳市大鹏新区,坐落于大鹏办事处鹏飞路南侧。项目周边设有黄岐塘村等多个公交站，有 M423 路等多路公交车；北临鹏飞路，邻近坪西路等主要出行道路；直线距离深圳坪山站约 20 公里、深圳站约 38 公里、深圳北站约 47 公里。项目周边公共交通条件良好，自驾出行较为方便。

4. 凤凰公馆项目

项目位于深圳市坪山区碧岭街道，坐落于碧沙北路以西龙勤路以南。项目临近规划中的 14 号线地铁站；周边设有碧桂园凤凰公馆站、龙勤碧沙路口、汤坑小学等多个公交站，有 833 路、E20 路、M368 路、M564 路、E22 路等多路公交车；紧邻坪山大道，邻近龙勤路、碧沙北路等主要出行道路；直线距离深圳坪山站约 6.1 公里、深圳北站约 35.7 公里、深圳东站约 25.5 公里。项目交通便利，公交、自驾出行方便。

（二）建设内容和规模

1. 安居百泉阁项目

项目包括百泉阁 A 栋、百泉阁 B 栋两栋建筑物，均为地上 37 层的高层住宅塔楼，地上建筑面积共计 39,715.43 平方米，总建筑面积共计 53,606.58 平方米，分摊土地面积为 6155.96 平方米。建设内容具体包括：保障性租赁住房，建筑面积 39,301.32 平方米，位于每栋住宅楼 3 ~ 37 层，共计 594 套物业；配套商业设施，建筑面积 414.11 平方米，位于每栋住宅楼 1 层；地下车库，建筑面积 13,891.15 平方米，共计 294 个车位。

2. 安居锦园项目

项目包括安居锦园一栋建筑物，为地上 46 层的高层住宅塔楼，地上建筑面积共计 26,948.60 平方米，总建筑面积共计 35,130.89 平方米，分摊土地面积为 4331.48 平方米 建设内容具体包括：保障性租赁住房，建筑面积 26,948.60 平方米，位于建筑物 5 ~ 46 层，共计 360 套物业；地下车库，建筑面积 8182.29 平方米，共计 216 个车位，地上 5 个，地下 211 个。

3. 保利香槟苑项目

项目包括保利香槟苑 1 栋、2 栋两栋建筑物中的相应物业，建筑面积共计 16,457.28 平方米，分摊土地面积为 5003.12 平方米。建设内容为保障性租赁住房，建筑面积 16,457.28 平方米，位于每栋住宅楼的 2 ~ 22 层，共 210 套物业。

4. 凤凰公馆项目

项目包括凤凰公馆1栋B座、2栋A座两栋建筑物中的相应物业,建筑面积共计51,553.87平方米,分摊土地面积为9832.90平方米。建设内容为保障性租赁住房,位于每栋住宅楼的2~51层,共666套物业。

(三)资产范围

基础设施项目的资产为位于深圳市的粤(2022)深圳市不动产权第0029583号等595份不动产权证书、粤(2022)深圳市不动产权第0030036号等360份不动产权证书、粤(2022)深圳市不动产权第0026659号等210份不动产权证书和粤(2022)深圳市不动产权第0028053号等666份不动产权证书项下,建筑面积为134,675.18平方米的房屋及其所占有范围内的国有土地使用权。

四、项目公司概况

深圳市百泉阁管理有限公司持有安居百泉阁项目的项目;深圳市安居锦园管理有限公司持有安居锦园项目;深圳市安居鼎吉管理有限公司持有保利香槟苑项目、凤凰公馆项目。

(一)深圳市百泉阁管理有限公司

1. 基本情况(见表6-2)

表6-2 深圳市百泉阁管理有限公司基本情况

名称	深圳市百泉阁管理有限公司
类型	有限责任公司(法人独资)
住所	深圳市福田区福保街道福保社区市花路南侧长富金茂大厦1号楼1001
法定代表人	张博
注册资本	人民币20万元
成立日期	2022年1月26日
营业期限	2022年1月26日至无固定期限
经营范围	一般经营项目是:住房租赁;非居住房地产租赁;自有房地产经营活动。(除依法须经批准的项目外,凭营业执照依法自主开展经营活动),许可经营项目是:物业管理。(依法须经批准的项目,经相关部门批准后方可开展经营活动,具体经营项目以相关部门批准文件或许可证件为准)

2. 项目公司股权结构（发行前）（见图 6－2）

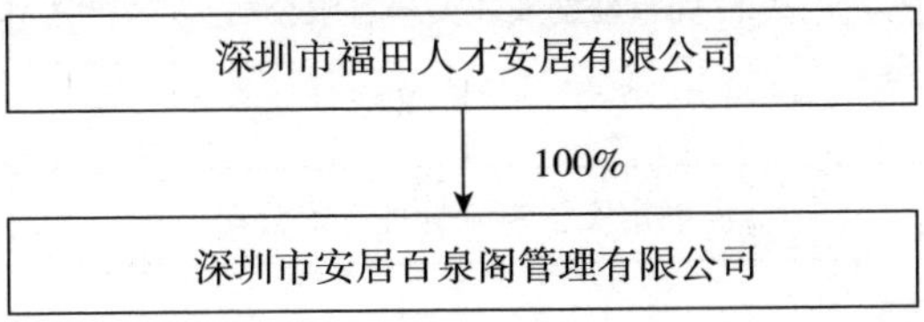

图 6－2　深圳市安居百泉阁管理有限公司股权结构（发行前）

3. 项目公司股权结构（发行后）（见图 6－3）

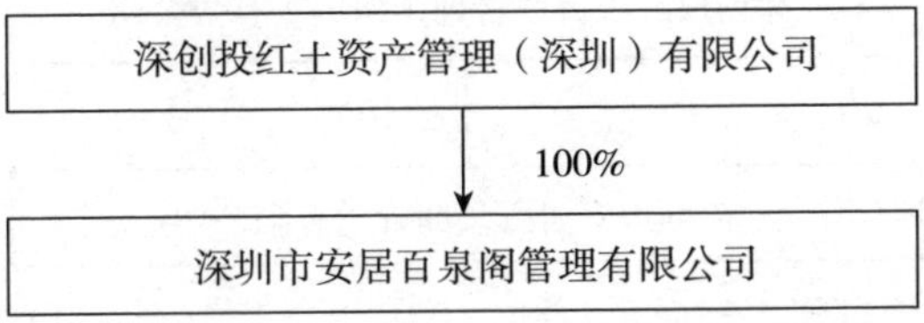

图 6－3　深圳市安居百泉阁管理有限公司股权结构（发行后）

（二）深圳市安居锦园管理有限公司

1. 基本情况（见表 6－3）

表 6－3　深圳市安居锦园管理有限公司基本情况

名称	深圳市安居锦园管理有限公司
类型	有限责任公司（法人独资）
住所	深圳市罗湖区东门街道城东社区深南东路 2028 号罗湖商务中心 3901
法定代表人	包四明
注册资本	人民币 20 万元
成立日期	2022 年 1 月 21 日
营业期限	2022 年 1 月 21 日至无固定期限
经营范围	一般经营项目是：自有房地产经营活动；非居住房地产租赁。（除依法须经批准的项目外，凭营业执照依法自主开展经营活动），许可经营项目是：物业管理；房地产开发经营。（依法须经批准的项目，经相关部门批准后方可开展经营活动，具体经营项目以相关部门批准文件或许可证件为准）

2. 项目公司股权结构(发行前)(见图6-4)

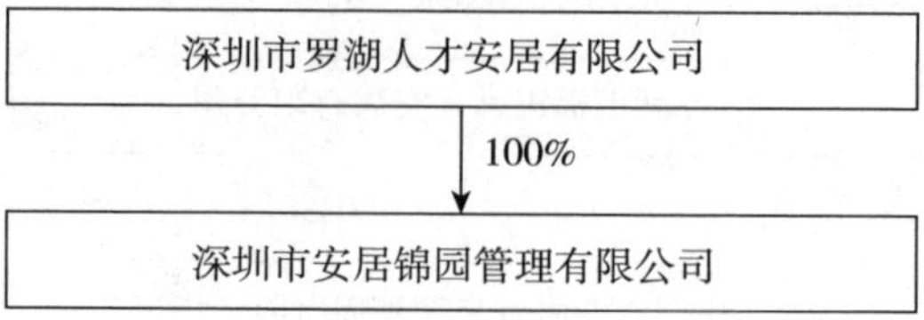

图6-4 深圳市安居锦园管理有限公司股权结构(发行前)

3. 项目公司股权结构(发行后)(见图6-5)

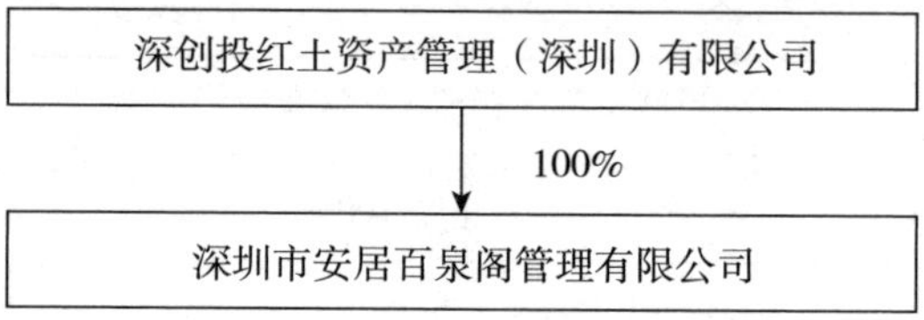

图6-5 深圳市安居锦园管理有限公司股权结构(发行后)

(三)深圳市安居鼎吉管理有限公司

1. 基本情况(见表6-4)

表6-4 深圳市安居鼎吉管理有限公司基本情况

名称	深圳市安居鼎吉管理有限公司
类型	有限责任公司(法人独资)
住所	深圳市福田区莲花街道福新社区深南大道2016号招商银行深圳分行大厦27F
法定代表人	莫夏云
注册资本	人民币20万元
成立日期	2021年9月17日
营业期限	2021年9月17日至无固定期限
经营范围	一般经营项目是:非居住房地产租赁;自有房地产经营活动。(除依法须经批准的项目外,凭营业执照依法自主开展经营活动),许可经营项目是:物业管理;房地产开发经营。(依法须经批准的项目,经相关部门批准后方可开展经营活动,具体经营项目以相关部门批准文件或许可证件为准)

2. 项目公司股权结构(发行前)(见图 6 – 6)

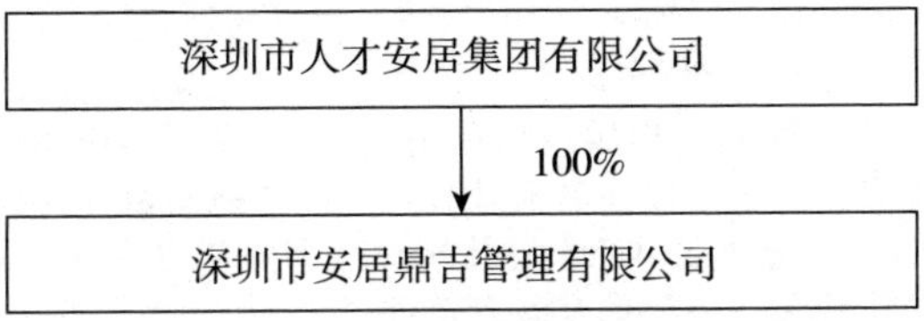

图 6 – 6　深圳市安居鼎吉管理有限公司(发行前)

3. 项目公司股权结构(发行后)(见图 6 – 7)

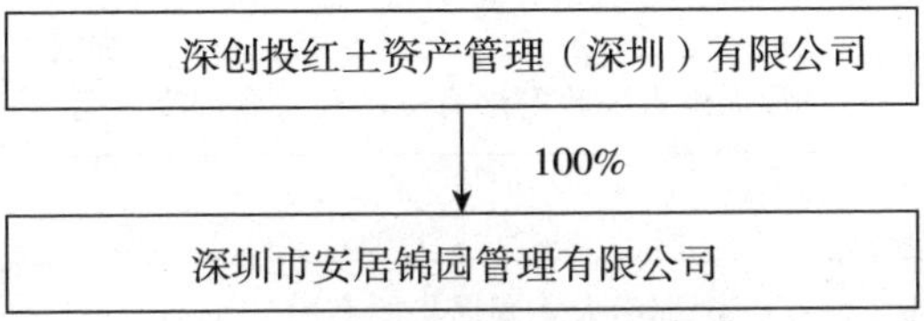

图 6 – 7　深圳市安居鼎吉管理有限公司(发行后)

五、原始权益人概况

(一)深圳市人才安居集团有限公司

1. 基本情况(见表 6 – 5)

表 6 – 5　深圳市人才安居集团有限公司基本情况

名称	深圳市人才安居集团有限公司
类型	有限责任公司(国有独资)
住所	深圳市福田区莲花街道福新社区深南大道 2016 号招商银行深圳分行大厦 27F ~ 29F(27 ~ 29 楼)
法定代表人	赵宏伟
注册资本	人民币 10,000,000 万元
成立日期	2016 年 6 月 30 日
营业期限	2016 年 6 月 30 日至 2085 年 6 月 29 日

续表

经营范围	一般经营项目是:公司经营范围包括:(一)人才住房、保障性住房、安居型商品房、公共租赁住房等投资项目的规划、设计、投资、建设、融资、运营、资源开发与经营、服务;(二)棚户区改造项目的投资、开发及建设;(三)租购社会房源包括市场商品房、安居型商品房、商务公寓、产业园配套宿舍等房屋作为人才住房;(四)物业租赁、物业管理与综合服务;(五)在合法取得的土地使用权范围内从事房地产开发经营;(六)人才住房相关业务咨询及教育培训;(七)投资兴办各类实业项目(专营、专卖、专控项目另行申请);(八)国内商业、物资供销业(专营、专卖、专控项目另行申请)

2. 股权结构(见图6-8)

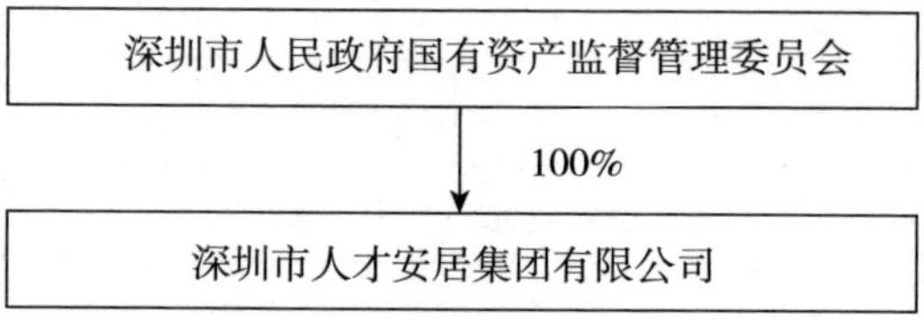

图6-8 深圳市人才安居集团有限公司股权结构

(二)深圳市福田人才安居有限公司

1. 基本情况(见表6-6)

表6-6 深圳市福田人才安居有限公司基本信息

名称	深圳市福田人才安居有限公司
类型	有限责任公司
住所	深圳市福田区福保街道福保社区市花路南侧长富金茂大厦1号楼1001
法定代表人	周其明
注册资本	人民币498,000万元
成立日期	2017年2月9日
营业期限	2017年2月9日至无固定期限
经营范围	一般经营项目是:人才住房、保障性住房、安居型商品房、公共租赁住房等投资项目的规划、设计、投资、建设、融资、运营、资源开发与经营、服务;棚户区改造项目的投资、开发及建设;物业租赁;在合法取得使用权的土地上从事房地产开发经营;工程管理;物业管理。(以上法律、行政法规、国务院决定禁止的项目除外,限制的项目须取得许可后方可经营);住房租赁。(除依法须经批准的项目外,凭营业执照依法自主开展经营活动)

2. 股权结构(见图 6 – 9)

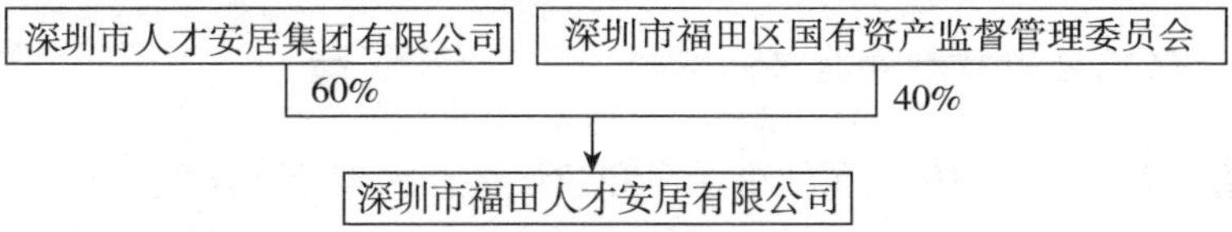

图 6 – 9　深圳市福田人才安居有限公司股权结构

(三)深圳市罗湖人才安居有限公司

1. 基本情况(见表 6 – 7)

表 6 – 7　深圳市罗湖人才安居有限公司基本情况

名称	深圳市罗湖人才安居有限公司
类型	有限责任公司(国有控股)
住所	深圳市罗湖区东门街道深南东路 2028 号罗湖商务中心 39 楼整层
法定代表人	包四明
注册资本	人民币 500,000 万元
成立日期	2017 年 2 月 9 日
营业期限	2017 年 2 月 9 日至无固定期限
经营范围	一般经营项目是:人才住房、保障性住房、安居型商品房、公共租赁住房等投资项目的规划、设计、投资、建设、运营、资源开发与经营、服务;棚户区改造项目投资、开发及建设;物业租赁;在合法取得使用权的土地上从事房地产开发经营;工程管理;物业管理。(法律、行政法规或者国务院决定禁止和规定在登记前须经批准的项目除外)

2. 股权结构(见图 6 – 10)

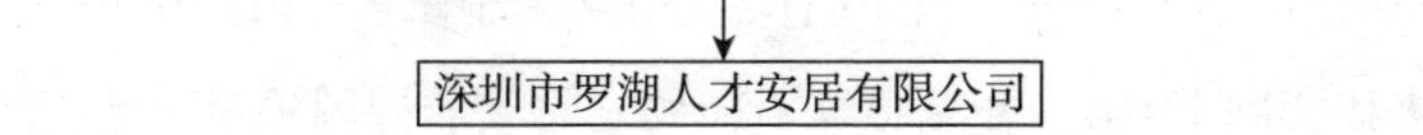

图 6 – 10　深圳市罗湖人才安居有限公司股权结构

六、基础设施项目合规情况

(一)保障性租赁住房性质认定

根据2022年1月10日深圳市住房和建设局向深圳市人才安居集团出具的证书编号分别为福〔2022〕1号、罗〔2022〕1号、鹏〔2022〕1号以及坪〔2022〕2号的《深圳市保障性租赁住房项目认定书》,根据国务院办公厅《关于加快发展保障性租赁住房的意见》(国办发〔2021〕22号)以及广东省和深圳市的有关规定,安居百泉阁项目、安居锦园项目、保利香槟苑项目、凤凰公馆项目可认定为深圳市保障性租赁住房项目。

(二)项目权属

1. 项目用地

(1)安居百泉阁项目系由福田安居公司以协议出让方式取得国有建设用地使用权,并自行投资建设和运营。深圳市规划和自然资源局福田管理局与福田安居公司、百泉阁管理公司于2022年2月28日签署了《深地合字(2018)6015号〈深圳市土地使用权出让合同书〉第四补充协议书》,约定将安居百泉阁项目土地使用权的权利人受让主体变更为百泉阁管理公司。福田安居公司(划出方)与百泉阁管理公司(划入方)签署了《关于安居百泉阁项目的资产划转协议》及《关于安居百泉阁项目的资产划转协议之补充协议一》,约定福田安居公司以2021年12月31日当天安居百泉阁项目的资产账面净值将安居百泉阁项目划转至百泉阁管理公司。截至2022年4月1日,安居百泉阁项目的产权已登记至百泉阁管理公司名下。

(2)安居锦园项目系由罗湖安居公司以协议出让方式取得国有建设用地使用权,并自行投资建设和运营。深圳市规划和自然资源局罗湖管理局与罗湖安居公司、锦园管理公司于2022年2月16日签署了《深地合字(2018)0010号〈深圳市土地使用权出让合同书〉第一补充协议书》,约定将安居锦园项目土地使用权的权利人变更为锦园管理公司。罗湖安居公司(划出方)与锦园管理公司(划入方)签署了《关于安居锦园项目的资产划转协议》及《关于安居锦园项目的资产划转协议之补充协议一》,约定罗湖安居公司以2021年12月31日当天安居锦园项目的资产账面净值将安居锦园项目划转至锦园管理公司。截至 2022 年 3 月 31 日，安居锦园项目的产权已登记至锦园管理公司名下。

（3）保利香槟苑项目系由保利集团［由东莞市中骏房地产开发有限公司参与招拍挂，后设立全资子公司深圳市保利房地产投资有限公司（以下简称保利房地产公司）作为土地受让主体］以招拍挂出让方式取得国有建设用地使用权，后由深圳市人才安居集团按照土地使用权出让文件约定以无偿移交方式取得招拍挂出让土地配建公共住房的房屋所有权及其对应的国有建设用地使用权。深圳市人才安居集团（划出方）与鼎吉管理公司（划入方）于 2022 年 2 月 28 日签署了《关于保利香槟苑项目、凤凰公馆项目的资产划转协议》，约定深圳市人才安居集团以 2021 年 12 月 31 日当天保利香槟苑项目的资产账面净值将保利香槟苑项目划转至鼎吉管理公司。截至 2022 年 3 月 31 日，保利香槟苑项目的产权已登记至鼎吉管理公司名下。

（4）凤凰公馆项目系由碧桂园集团［由深圳市碧桂园房地产投资有限公司参与招拍挂，后设立全资子公司深圳市金碧房地产开发有限公司（以下简称深圳金碧）作为土地受让主体］以招拍挂出让方式取得国有建设用地使用权，后由深圳市人才安居集团按照土地使用权出让文件约定以无偿移交方式取得招拍挂出让土地配建公共住房的房屋所有权及其对应的国有建设用地使用权。深圳市人才安居集团（划出方）与鼎吉管理公司（划入方）于 2022 年 2 月 28 日签署了《关于保利香槟苑项目、凤凰公馆项目的资产划转协议》，约定深圳市人才安居集团以 2021 年 12 月 31 日当天凤凰公馆项目的资产账面净值将凤凰公馆项目划转至鼎吉管理公司。截至 2022 年 3 月 31 日，凤凰公馆项目的产权已登记至鼎吉管理公司名下。

2. 项目不动产权证

项目已取得的不动产权证情况见表 6－8。

表 6－8　深圳保障性租赁住房项目不动产权证信息

项目名称	权利人名称	产权证书编号	用途	宗地面积	建筑面积	使用年限
安居百泉阁	深圳市安居百泉阁管理有限公司	粤（2022）深圳市不动产权第 0029583 号等 595 份《不动产权证书》	二类居住用地/住宅；二类居住用地/商业	7082.76 平方米	39,715.43 平方米	70 年（2018 年 6 月 26 日至 2088 年 6 月 25 日）

续表

项目名称	权利人名称	产权证书编号	用途	宗地面积	建筑面积	使用年限
安居锦园	深圳市安居锦园管理有限公司	粤(2022)深圳市不动产权第0030036号等360份《不动产权证书》	二类居住用地/住宅	5556.76平方米	26,948.60平方米	70年(2018年4月28日至2088年4月27日)
保利香槟苑	深圳市安居鼎吉管理有限公司	粤(2022)深圳市不动产权第0026659号等210份《不动产权证书》	二类居住用地/住宅	18,206.55平方米	16,457.28平方米	70年(2016年12月14日至2086年12月13日)
凤凰公馆	深圳市安居鼎吉管理有限公司	粤(2022)深圳市不动产权第0028053号等666份《不动产权证书》	二类居住用地/住宅	33,383.04平方米	51,553.87平方米	70年(2016年12月14日至2086年12月13日)

(三)项目固定资产投资管理手续(见表6-9)

表6-9 深圳保障性租赁住房项目投资管理手续

手续	安居百泉阁	安居锦园	保利香槟苑	凤凰公馆
项目立项	2020年6月28日,深圳市福田区发展和改革局向福田安居公司核发《深圳市社会投资项目备案证》(深福田发改备案〔2020〕0222号)	2017年7月7日,深圳市罗湖区发展和改革局向罗湖安居公司核发《深圳市社会投资项目备案证》(深罗湖发改备案〔2022〕0052号)	2017年3月21日,深圳市大鹏新区发展和财政局向保利房地产公司核发《深圳市社会投资项目备案证》(深大鹏发财备案〔2017〕0016号)	2017年5月19日,深圳市坪山新区发展和财政局向深圳金碧核发《深圳市社会投资项目备案证》(深坪山发财备案〔2017〕0086号)
环评审批	2017年8月15日,深圳市福田区环境保护和水务局向福田安居公司核发《深圳市建设项目环境影响登记表网上备案回执》,备案号为BAFT201700427	2017年7月12日,深圳市罗湖区环境保护和水务局向罗湖安居公司核发《深圳市建设项目环境影响登记表网上备案回执》,备案号为BALH201700074	2017年7月5日,深圳市龙岗区环境保护和水务局(大鹏新区)向保利房地产公司出具《深圳市大鹏新区生态保护和城市建设局建设项目环境影响审查批复》(深鹏环批〔2017〕00036号)	2017年9月26日,深圳市坪山区环境保护和水务局向深圳金碧出具《深圳市坪山区环境保护和水务局建设项目环境影响审查批复》(深坪环批〔2017〕262号)

续表

手续	安居百泉阁	安居锦园	保利香槟苑	凤凰公馆
节能审查	根据福田安居公司于 2021 年 10 月 11 日出具的《固定资产投资项目节能承诺表》,安居百泉阁项目的项目年综合能源消费量不满 1000 吨标准煤,且年电力消费量不满 500 万千瓦时,根据《固定资产投资项目节能审查办法》的规定,无须进行单独的节能审查	根据罗湖安居公司于 2021 年 10 月 11 日出具的《固定资产投资项目节能承诺表》,安居锦园项目的项目年综合能源消费量不满 1000 吨标准煤,且年电力消费量不满 500 万千瓦时,根据《固定资产投资项目节能审查办法》的规定,无须进行单独的节能审查	根据中经国际工程咨询集团有限公司出具的《保利香槟苑节能报告》,保利香槟苑项目所在小区的项目年综合能源消费量不满 1000 吨标准煤,且年电力消费量不满 500 万千瓦时,根据《固定资产投资项目节能审查办法》的规定,无须进行单独的节能审查	2022 年 2 月 18 日,深圳市发展和改革委员会核发《深圳市固定资产投资项目节能审查意见(通过)》(审查意见编号:深发改节能审〔2022〕0014 号)
建设项目选址意见	2017 年 8 月 10 日,深圳市规划和国土资源委员会福田管理局向福田安居公司核发的《深圳市建设项目选址意见书》(深规土选FT-2017-0060 号),载明:项目名称为"安托山片区法定图则 13-01 地块人才住房建设项目"	2017 年 7 月 7 日,深圳市规划和国土资源委员会罗湖管理局向罗湖安居公司核发的《深圳市建设项目选址意见书》(深规土选 LH-2017-0038 号),载明:项目名称为"笋岗片区 12-08 地块罗湖区保障性安居工程"	—	—
建设用地预审意见	2017 年 8 月 10 日,深圳市规划和国土资源委员会福田管理局向福田安居公司出具《市规划国土委福田管理局关于安托山片区法定图则 13-0 地块人才住房建设项目的审查意见》(深规土福〔2017〕78 号),原则同意项目通过用地预审	2017 年 7 月 7 日,深圳市规划和国土资源委员会罗湖管理局向罗湖区住建局出具《市规划国土委罗湖管理局罗湖区笋岗片区 12-08 地块罗湖区保障性安居工程建设项目用地预审的意见》(深规土罗函〔2017〕807 号)	—	—

续表

手续	安居百泉阁	安居锦园	保利香槟苑	凤凰公馆
用地规划	2017年10月24日,深圳市规划和国土资源委员会福田管理局向福田安居公司核发《深圳市建设用地规划许可证》(深规土许FT-2017-0049号)	2018年8月28日,深圳市规划和国土资源委员会福田罗湖管理局向罗湖安居公司核发《深圳市建设用地规划许可证》(深规土许LH-2018-0031号)	2017年4月28日,深圳市规划和国土资源委员会大鹏管理局向保利房地产公司核发《深圳市建设用地规划许可证》(深规土许DP-2017-0006号),载明用地项目名称“大鹏中心区招拍挂地块”	2017年4月17日,深圳市规划和国土资源委员会坪山管理局向深圳金碧核发《建设用地规划许可证》(深规土许PS-2017-0010号),载明用地项目名称为“坪山2016年招拍挂居住地块”
工程规划	2019年6月14日,深圳市规划和自然资源局福田管理局向福田安居公司核发《深圳市建设工程规划许可证》(深规土建许字FT-2019-0029号)	2019年3月8日,深圳市规划和国土资源委员会罗湖管理局向罗湖安居公司核发《深圳市建设工程规划许可证》(深规土建许字LH-2019-0013号)	2018年10月17日,深圳市规划和国土资源委员会大鹏管理局向保利房地产公司核发《深圳市建设工程规划许可证》[深规土建许字DP-2017-0006(改2)号],载明项目名称为“保利香槟苑”	2019年6月5日,深圳市规划和自然资源局坪山管理局向深圳金碧核发《深圳市建设工程规划许可证》[深规土建许字PS-2017-0045(改2)号],载明项目名称为“凤凰公馆”
施工许可	2019年7月5日,深圳市福田区住房和建设局向福田安居公司核发《建筑工程施工许可证》(工程编号:2017-440300-70-03-09023901)	2019年3月26日,深圳市罗湖区住房和建设局向罗湖安居公司核发《建筑工程施工许可证》(工程编号:2017-440300-93-03-8891501)	2017年8月14日,深圳市住房和建设局向保利房地产公司核发《建筑工程施工许可证》(工程编号:4403002017006802)	2017年12月8日,深圳市住房和建设局向深圳金碧核发《建筑工程施工许可证》(工程编号:4403002017010302)
建筑工程竣工验收备案	2021年12月3日通过竣工验收备案,备案编号为:A17902122112020001	2021年10月15日通过竣工验收备案,备案编号为:B17902122110150001	2020年6月18日通过竣工验收备案,备案编号为:S17902122006170002	2020年10月22日,深圳市住房和建设局向深圳金碧出具《深圳市竣工验收备案收文回执》(编号:S17902122010210002)

七、基础设施相关风险

（一）保障性租赁住房类基础设施资产的特有风险

本基金项下的基础设施资产为保障性租赁住房，基于保障性租赁住房的政策定位和运营特点，此类基础设施资产存在以下风险。

1. 租金定价风险

保障性租赁住房类资产的租金目前由当地政府住建部门予以核定或备案，保障性租赁住房的产权人无法自行按照市场公允价格、供需情况、成本收益比等因素自主调整租金标准。基于其公益性的政策定位，本基金项下基础设施资产的租金水平受政府调控并远低于市场可比住宅物业的租金水平，且租金调整幅度亦受政府调控。

2. 配租风险

根据深圳市保障性租赁住房的相关政策法规，保障性租赁住房的承租人准入条件及配租方案由政府住建部门确定。保障性租赁住房资产的收益在一定程度上受限于该等统一配租制度，因此本基金项下基础设施项目运营收入的实际取得受到住建部门执行统一配租制度的口径和效率的影响，在本基金存续期间，如住建部门确定的承租人的准入门槛过高，则可能导致出租率、续租率下降并影响本基金的现金流。

3. 保障性租赁住房项目定性风险

本基金初始购入的基础设施项目均已取得保障性租赁住房项目认定文件，该类型资产的租金水平低于同地段同品质市场商品住房的租金水平，目前出租率较高，并且保障性租赁住房项目认定是进一步争取税收优惠和财政支持的基础。在本基金存续期间，如已购入的基础设施项目因保障性租赁住房的政策法律变化而未能获得或暂时失去保障性租赁住房项目认定资质，则可能：（1）无法享受保障性租赁住房的特定税收优惠，财政支持力度减弱；（2）可能导致其无法适用保障性租赁住房的统一配租制度，并可能需要转变为市场一般住宅项目以正常市场租金水平对外出租，在与同市场、同地段、同类型住宅租赁物业竞争的情况下，可能导致出租率、续租率下降并影响本基金的现金流。

4. 承租人风险

根据深圳市保障性租赁住房的相关规定,机关、企事业单位及个人均可成为保障性租赁住房的承租人,若承租人为机关或企业事业单位,则实际入住人为该等承租人的员工或工作人员。若承租人为机关或事业单位,其租金回收的确定性在一定程度上依赖相关政府采购程序的合规性和完备性;若承租人为企业,其租金回收的确定性在一定程度上取决于承租企业的经营和财务状况。如前述政府采购程序出现合规风险或企业承租人出现信用风险,则可能影响基础设施项目运营的现金流。并且,由于入住人与承租人不一致,导致清退租户、回收房源等常规租金催收措施对于承租人的影响较为间接。如出现机构承租人欠租或发生其他租赁合同项下的违约行为,会影响上述常规租金催收或其他违约风险防控措施的实施效率和实施效果,进而对基础设施项目运营现金流回收产生不利影响。

5. 人口流入风险

深圳市目前是国内人口净流入最为显著的城市,刚需性住房供不应求。但若因宏观经济形势变化导致人口净流入趋势减弱,进而导致本基金项下保障性租赁住房的承租需求下降,可能会导致出租率、续租率下降并影响本基金的现金流。

6. 市场竞争风险

在"房住不炒"的政策导向下,随着保障性租赁住房配套政策体系的不断完善,未来可能会有更加多元化的市场供应主体,并可能影响市场供需关系。可替代竞争性产品的存在可能会导致本基金项下保障性租赁住房的出租率、续租率下降并影响本基金的现金流。

7. 政策风险

保障性租赁住房在我国保障性住房制度体系中的定位和发展模式系通过国务院办公厅《关于加快发展保障性租赁住房的意见》(国办发〔2021〕22号文)正式确立,若未来保障性租赁住房的政策发生调整,则该等调整可能对本基金项下保障性租赁住房项目的持续稳定运营构成不利影响,并影响本基金的现金流。

(二)大修、改造风险

本基金存续期间,基础设施资产适用的环保、节能、绿色、消防等建筑标准可能提高,为此本基金可能需要支出较多费用进行大修或改造,并可能通过债务融资方式筹集资金，由此可能导致本基金的资产负债率提高，进而影响本基金的财务状况和收益分配。

此外，基础设施项目可能存在尽调过程中无法发现的重大工程或设备缺陷，对该等缺陷的维修可能导致基础设施项目的停运并产生额外支出，进而影响本基金的财务状况和收益分配。

（三）基础设施资产土地使用权续期风险

根据相关法律规定及相关土地使用权出让合同、权属证书记载，本基金设立时拟投资的基础设施资产的土地规划性质为居住用地，土地使用权将于 2086 ~ 2088 年陆续到期。

根据《民法典》的规定，住宅建设用地使用权期限届满的，自动续期；续期费用的缴纳或者减免，依照法律、行政法规的规定办理。但根据《城镇国有土地使用权出让和转让暂行条例》及《深圳经济特区土地使用权出让条例》等的规定，土地使用权需要续期的，应当重新签订出让合同，支付土地使用权出让金及/或土地开发与市政配套设施金，并办理登记。据此，依照现行规定，原土地使用权人可能需要于土地使用权期限届满前办理土地使用权续期相关手续，且可能需要支付土地使用权延期对应的土地使用权出让金等价款。无论被要求追加土地使用权出让金还是未能及时成功办理土地使用权续期手续，本基金的持续、正常运作可能受到负面影响。

另据现行法律规定，政府有权在认为符合公众利益的情况下，将已出让的土地强制收回，并根据法定标准和计算方式支付补偿款项。若政府强制征收本基金项下基础设施项目或收回相应项目用地，则根据法定补偿标准向本基金支付的补偿金额可能低于本基金基础设施资产的公允价值或本基金已为该项目支付的价款。若出现上述情况，则本基金的持续、正常运作可能受到重大不利影响。

八、关键问题解析

（一）股债结构的搭建

本项目采用项目公司减资的方式搭建股债结构。

各项目公司股东对项目公司减资,项目公司应向各股东支付减资款。因项目公司没有足够资金,形成项目公司对各股东的应付债权(减资款)。最终形成各项目公司对深圳市人才安居集团、福田安居公司和罗湖安居公司的应付减资款负债6.76亿元。

专项计划初始设立时募集的资金在扣除必要的预留资金后将全部用于购买目标股权和发放目标债权,从而持有基础设施资产。计划管理人代表专项计划与原始权益人签署《股权转让协议》,收购各项目公司100%的股权,与各项目公司签署《股东借款协议》,向各项目公司发放股东借款,用于偿还各项目公司对原始权益人的应付减资款负债,以完成股债结构的搭建。

(二)国有资产的转让

本项目为国有资产,针对国有资产转让安排问题,2022年2月25日,深圳市国资委出具了《关于深圳市人才安居集团有限公司提请发行基础设施REITs等的反馈意见》,该意见载明深圳市国资委支持深圳市人才安居集团申请基础设施REITs;同意将凤凰公馆项目、保利香槟苑项目、安居百泉阁项目、安居锦园项目4个保障性住房项目以经审计账面净值划转至新设立的项目公司;同意将新设立项目公司的股权转让至资产支持专项计划属于深圳市人才安居集团决策权限;并同意发行基础设施REITs所涉国有资产按照证监会发布的《公开募集基础设施证券投资基金指引(试行)》等证券监管制度要求执行,遵循等价有偿和公平公正的原则公开规范发行,无须另行履行国有资产交易程序。

(三)土地及地上建筑物的转让

1.2021年11月24日,深圳市市长主持召开市政府第七届第24次常务会议,并由深圳市人民政府办公厅于2021年12月3日印发《市政府常务会议纪要》,纪要载明会议原则同意《关于提请协调解决市人才安居集团保障性租赁住房基础设施REITs试点项目有关问题的请示》,主要包括:“同意将本次参与REITs试点的安居百泉阁项目、安居锦园项目、凤凰公馆项目、保利香槟苑项目等出租型人才房项目认定为保障性租赁住房,请市发展改革委、市国资委、市规划和自然资源局、市住房建设局会同市人才安居集团完善上述项目开展基础设施REITs试点所需的土地使用、资产转让等相关手续，依法依规适用税收优惠政策，相关土地使用权补充协议由原产权主体与相关方面签订。”

2. 深圳市规划和自然资源局大鹏管理局、深圳市规划和自然资源局坪山管理局、深圳市规划和自然资源局福田管理局、深圳市规划和自然资源局罗湖管理局已出具无异议函，对保利香槟苑项目、凤凰公馆项目、安居百泉阁项目、安居锦园项目以 100% 股权转让的方式发行基础设施 REITs 无异议。

3. 深圳市住房和建设局已于 2022 年 5 月 7 日出具《深圳市住房和建设局关于出具对市人才安居集团及其控股子公司以 100% 股权转让方式发行基础设施 REITs 意见的复函》，对保利香槟苑项目、凤凰公馆项目、安居百泉阁项目、安居锦园项目以 100% 股权转让方式发行基础设施 REITs 无异议。

第二节　华夏基金华润有巢租赁住房 REITs①

华夏基金华润有巢租赁住房封闭式基础设施证券投资基金于 2022 年 12 月 9 日在深交所上市，证券简称为“华润有巢 REIT”，证券代码为“508077”，基金合同期限 67 年，募集份额总额为 12.085 亿份。

一、投资基金基本信息（见表 6-10）

表 6-10　华润有巢 REIT 基本信息

基金名称	华夏基金华润有巢租赁住房封闭式基础设施证券投资基金
基础设施项目类型	保障性租赁住房
原始权益人	有巢住房租赁（深圳）有限公司
基金管理人	华夏基金管理有限公司
专项计划管理人	中信证券股份有限公司
托管人	上海浦东发展银行股份有限公司

① 《华夏基金华润有巢租赁住房封闭式基础设施证券投资基金招募说明书（草案）》，http://static.sse.com.cn/bond/bridge/information/c/202209/20eec831e36b4da4866b541f34f731da.pdf。

二、基金交易结构

(一)交易结构

1. 项目公司吸收合并 SPV 前(交易结构)(见图 6-11)

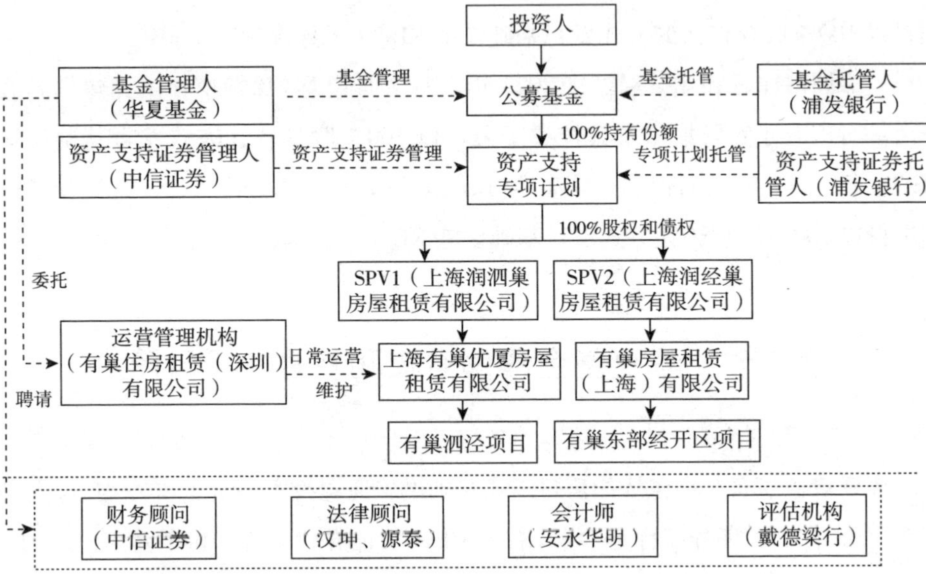

图 6-11　华润有巢 REIT 交易结构(吸收合并前)

2. 项目公司吸收合并 SPV 后(交易结构)(见图 6-12)

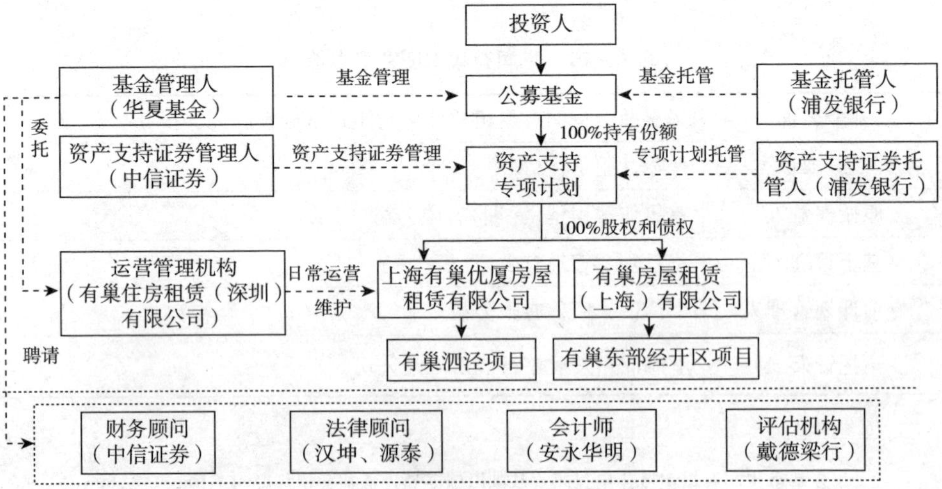

图 6-12　华润有巢 REIT 交易结构(吸收合并后)

(二)交易步骤

1. 基础设施项目的初始状态

原始权益人有巢住房租赁(深圳)有限公司(以下简称有巢深圳)分别持有项目公司上海有巢优厦房屋租赁有限公司(以下简称有巢优厦)100% 股权和有巢房屋租赁(上海)有限公司(以下简称有巢上海)100% 股权,有巢优厦持有有巢泗泾项目,有巢上海持有有巢东部经开区项目(见图 6－13)。

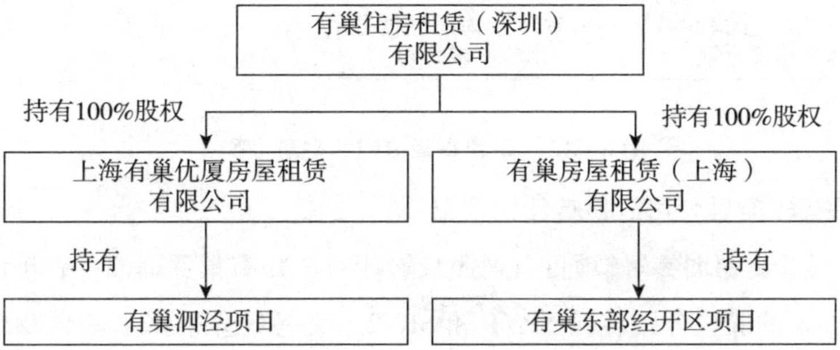

图 6－13　华润有巢 REIT 交易步骤 1

2. SPV 的设立

(1)有巢深圳新设 SPV

原始权益人有巢深圳于项目公司注册地——上海市松江区全资设立两家有限责任公司,其中 SPV1 为上海润泗巢房屋租赁有限公司,SPV2 为上海润经巢房屋租赁有限公司(SPV1 和 SPV2 合称 SPV),有巢深圳持有 SPV100% 的股权(见图 6－14)。

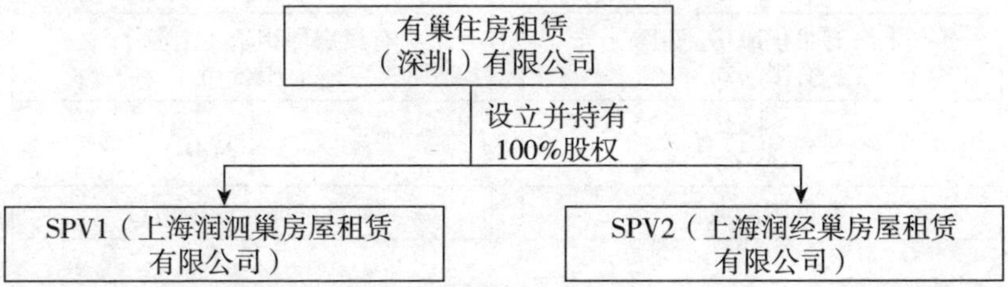

图 6－14　华润有巢 REIT 交易步骤 2

(2)签署《SPV 股权转让协议》

有巢深圳与中信证券(代表资产支持专项计划)签署《SPV 股权转让协议》,专项计划拟受让有巢深圳持有的 SPV 的 100% 股权(见图 6-15)。

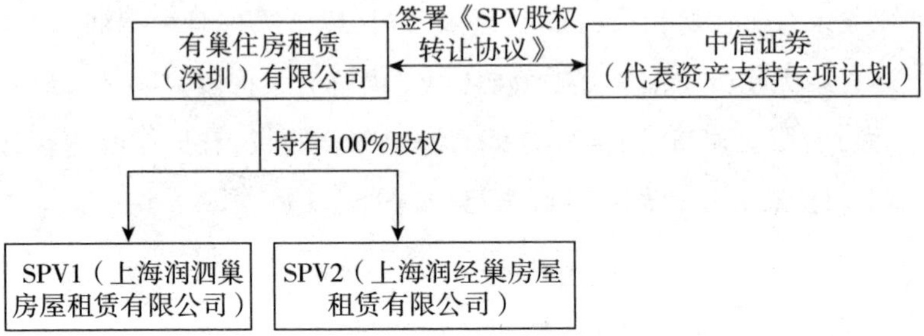

图 6-15 华润有巢 REIT 交易步骤 3

(3)签署《项目公司股权转让协议》

SPV 与有巢深圳签署《项目公司股权转让协议》,有巢深圳拟将有巢优厦和有巢上海 100% 的股权分别转予 SPV1 和 SPV2。交易各方根据本基金及专项计划的设立安排,对《项目公司股权转让协议》生效的条件进行约定,在专项计划设立前,暂不办理项目公司的工商变更登记手续(见图 6-16)。

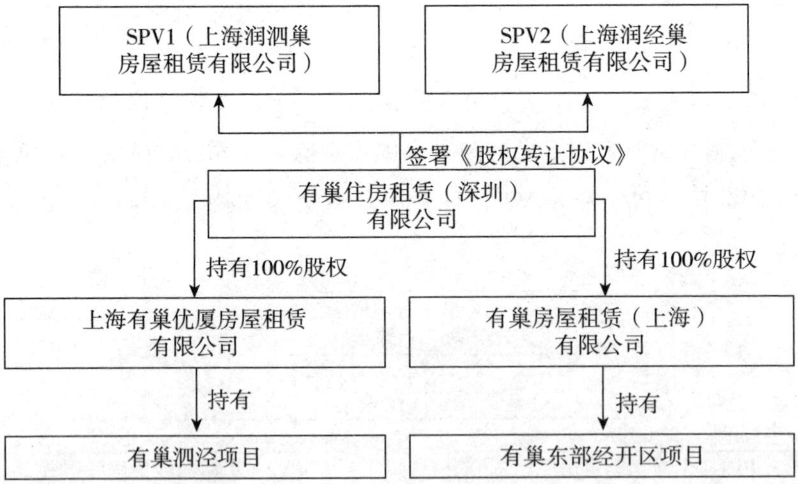

图 6-16 华润有巢 REIT 交易步骤 4

3. 基金合同生效与基金投资

基金募集达到基金备案条件的,自基金管理人办理完毕基金备案手续并取得中国证监会书面确认之日起,基金合同生效。自基金合同生效之日起,基金管理人根据法律法规和基金合同独立运用并管理基金财产。

基金合同生效后,根据基金合同约定以及基金管理人与计划管理人签订的《资产支持证券认购协议》,本基金首次发售募集资金在扣除基金层面预留费用后,拟全部用于认购由中信证券设立的中信证券－华润有巢租赁住房基础设施1号资产支持专项计划的全部资产支持证券份额。资产支持专项计划成立后,本基金取得资产支持专项计划的全部资产支持证券,成为资产支持证券的唯一持有人。

4. 专项计划的投资

专项计划设立后,根据《SPV 股权转让协议》约定向有巢深圳支付股权转让对价,收购有巢深圳持有的 SPV1 和 SPV2 的 100% 股权,并且向 SPV1 和 SPV2 进行实缴出资、增资;根据中信证券(代表专项计划)与 SPV 签署的《SPV 借款协议》,由专项计划向 SPV 发放股东借款。

SPV1 和 SPV2 以其由实缴出资、增资及股东借款获得的资金向有巢深圳分别支付有巢优厦和有巢上海的股权转让价款。根据中信证券(代表专项计划)与项目公司签署的《项目公司借款协议》,由中信证券(代表专项计划)向项目公司发放借款,项目公司以取得的借款资金向有巢深圳偿还其他应付款(见图6－17)。

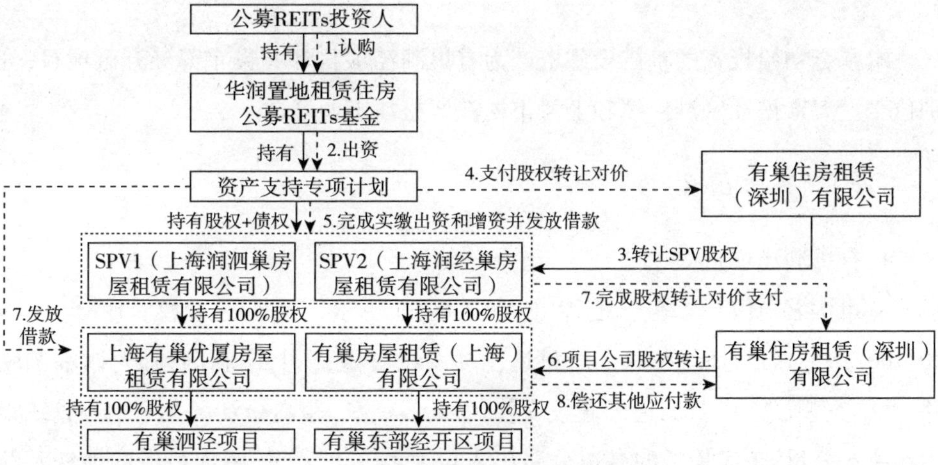

图6－17 华润有巢 REIT 交易步骤5

5. 项目公司对 SPV 进行吸收合并

有巢优厦和有巢上海的股东分别变更为 SPV1 和 SPV2 后,有巢优厦和有巢上海分别吸收合并 SPV1 与 SPV2(或者有巢优厦和有巢上海的股东变更为专项计划后,有巢优厦和有巢上海分别吸收合并 SPV1 与 SPV2),完成吸收合并后,SPV1、SPV2 注销,有巢优厦、有巢上海继续存续。SPV1 和 SPV2 原有的对资产支持专项计划的债务下沉到项目公司,资产支持专项计划直接持有有巢优厦和有巢上海的股权和债权(见图 6－18)。

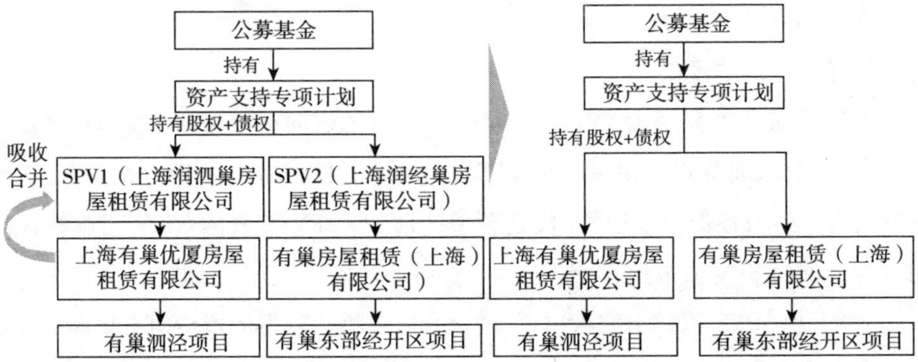

图 6－18　华润有巢 REIT 交易步骤 6

三、基础设施项目概况

本基金初始投资的基础设施资产为有巢泗泾项目和有巢东部经开区项目,分别位于上海市松江区泗泾镇和上海市松江区松江工业区。

(一)项目所在地

1. 有巢泗泾项目

有巢泗泾项目坐落于上海市松江区泗泾镇,土地使用权面积合计为20,166.70平方米,地块东邻上海科达传动系统有限公司,南临泗博路,西临泗联路,北临查袋泾。项目周边配套较完善,生活较便利,距离松江区九亭中心直线距离约 4.6 公里,距离最近的高速公路出入口大约 3.8 公里,距离最近的地铁站约 2.4 公里。目前项目提供班车接驳服务,其中项目－地铁接驳线路往返于项目及泗泾地铁站,工作日早 5 班次,晚 4 班次,非工作日全天 12 班次,整点发车;项目－

闵行万象城线路往返于项目及闵行万象城,早晚各 2 班次。班车服务为租户提供日常交通的便利。

2. 有巢东部经开区项目

有巢东部经开区项目坐落于上海市松江区书林路 600 弄,土地使用权面积合计为 28,224.30 平方米,地块东邻松江区新桥消防救援站,南临书林路,西邻上海新松江置业(集团)有限公司 09—10 地块在建工程,北临九号河河道。项目周边配套齐全,生活便利,距离新桥镇居住区约 2 公里,距离松江 63 路、松江 53 路、1817 路公交车终点站约 200 米,可直达周边工业区及商业区,项目距离新桥站高铁站约 2 公里,可直达上海市其他中心城区。

(二)建设内容和规模

1. 有巢泗泾项目

有巢泗泾项目于 2021 年建成,项目包括 5 栋租赁住房、1 栋配套商业及物业用房、470 个车位(含 389 个地下车位及 81 个地上车位)。其中 1 号楼、2 号楼、3 号楼、4 号楼、5 号楼租赁住房为地上 17 层,1 号楼及 6 号楼 1 层为配套商业及物业用房。项目共有可出租房间 1264 间,其中小一室户型面积约 30 平方米,共 848 间;大一室户型面积约 35 平方米,共 288 间;两室户型面积约 50 平方米,共 128 间。

2. 有巢东部经开区项目

有巢东部经开区项目于 2021 年建成,包括 4 栋租赁住房、1 栋配套商业及物业用房、553 个车位(含 353 个地下车位及 200 个地上车位),1 号楼及 2 号楼租赁住房为地上 13 层,3 号楼及 4 号楼租赁住房为地上 14 层。1 号楼、2 号楼 1 层及 8 号楼 1、3 层为配套商业用房。项目共有可出租房间 1348 间,其中小一室户型约 30 平方米,共 544 间,大一室户型约 35 平方米,共 492 间,两室户型约 50 平方米,共 312 间。

四、项目公司概况

有巢优厦持有有巢泗泾项目;有巢上海持有有巢东部经开区项目。

(一)有巢优厦

1.基本情况(见表6－11)

表6－11 有巢优厦基本情况

名称	上海有巢优厦房屋租赁有限公司
类型	有限责任公司(自然人投资或控股的法人独资)
住所	上海市松江区泗泾镇文化路298号
法定代表人	汪昕轶
注册资本	人民币15,000万元
成立日期	2019年1月10日
营业期限	2019年1月10日至无固定期限
经营范围	许可项目:房地产开发经营;货物进出口;技术进出口。(依法须经批准的项目,经相关部门批准后方可开展经营活动,具体经营项目以相关部门批准文件或许可证件为准)一般项目:自有房屋租赁;商务信息咨询;企业管理咨询;市场营销策划;房地产信息咨询;技术开发、技术转让、技术咨询、技术服务、技术交流、技术推广;物业管理;会务服务;展览展示服务;市场信息咨询与调查(不得从事社会调查、民意测验、社会调研、民意调查);数据处理;日用百货、家具、玩具、日用家电、文具用品、箱包的销售;住房租赁;停车场(库)经营。(除依法须经批准的项目外,凭营业执照依法自主开展经营活动)

2.项目公司股权结构(发行前)(见图6－19)

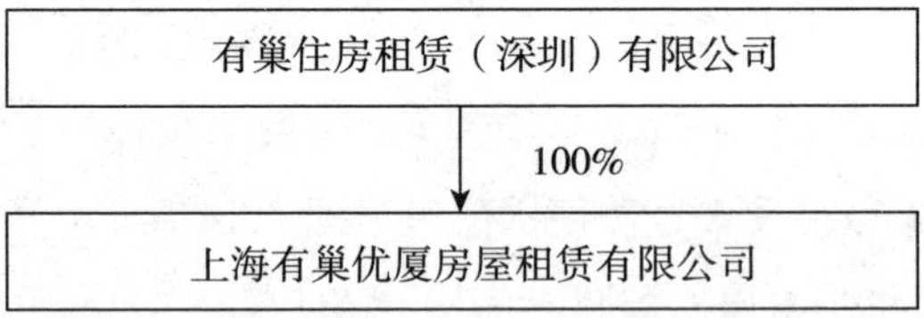

图6－19 上海有巢优厦房屋租赁有限公司股权结构(发行前)

(二)有巢上海

1. 基本情况(见表 6 – 12)

表 6 – 12　有巢上海基本情况

名称	有巢房屋租赁(上海)有限公司
类型	有限责任公司(自然人投资或控股的法人独资)
住所	上海市松江区新松江路 1800 弄 3 号
法定代表人	汪昕轶
注册资本	人民币 20,000 万元
成立日期	2018 年 11 月 3 日
营业期限	2018 年 11 月 3 日至无固定期限
经营范围	许可项目:房地产开发经营。(依法须经批准的项目,经相关部门批准后方可开展经营活动,具体经营项目以相关部门批准文件或许可证件为准)一般项目:自有房屋租赁;商务信息咨询;企业管理咨询;市场营销策划;房地产信息咨询;从事计算机科技、网络信息科技领域的技术开发、技术转让、技术咨询、技术服务;物业管理;会务服务;展览展示服务;市场信息咨询与调查(不得从事社会调查、民意测验、社会调研、民意调查);数据处理;日用百货、家具、玩具、日用家电、文具用品、箱包的销售;货物或技术进出口(国家禁止或涉及行政审批的货物和技术进出口除外);住房租赁;停车场(库)经营。(除依法须经批准的项目外,凭营业执照依法自主开展经营活动)

2. 项目公司股权结构(发行前)(见图 6 – 20)

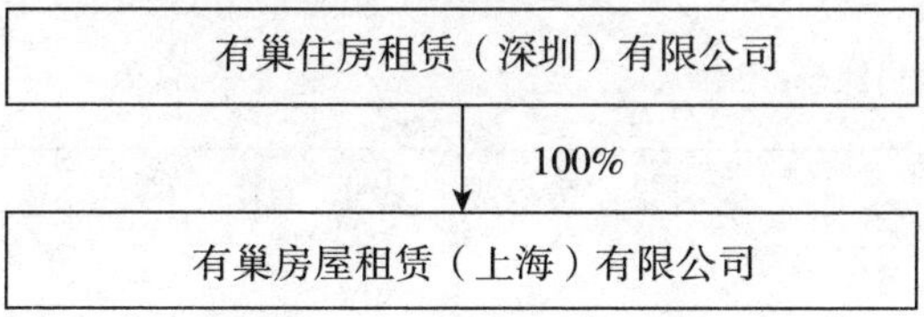

图 6 – 20　有巢房屋租赁(上海)有限公司股权结构(发行前)

五、原始权益人概况

1. 基本情况(见表6－13)

表6－13　有巢深圳基本情况

名称	有巢住房租赁(深圳)有限公司
类型	有限责任公司(法人独资)
住所	深圳市南山区粤海街道大冲社区华润置地大厦B座2303
法定代表人	陈嘉
注册资本	人民币50,000万元
成立日期	2018年5月25日
营业期限	2018年5月25日至无限期
经营范围	一般经营项目是:从事计算机科技、网络信息科技领域内的技术开发、技术转让、技术咨询、技术服务;自有物业租赁,公寓、商铺、写字楼租赁(以上均不含金融租赁业务);物业管理,企业管理咨询,为酒店提供管理服务,产业孵化器服务,为餐饮企业提供管理服务,文化艺术交流策划咨询,商务咨询,企业形象策划,市场营销策划,会务服务,展览展示服务,市场信息咨询与调查,公关服务,数据处理,销售日用百货,工程测量勘察,在网上从事商贸活动(不含限制项目),票务代理,酒店式公寓出租;为公寓提供管理服务,住房租赁经营,场地租赁,从事广告业务,商业活动策划,洗衣服务,家具安装,代收代缴水电费,商业运营管理,商业信息咨询。(依法须经批准的项目,经相关部门批准后方可开展经营活动),许可经营项目是:停车场的经营和管理,打印及复印,销售食品,提供旅馆住宿服务(限分支机构经营)。(依法须经批准的项目,经相关部门批准后方可开展经营活动)

2. 股权结构(见图6－21)

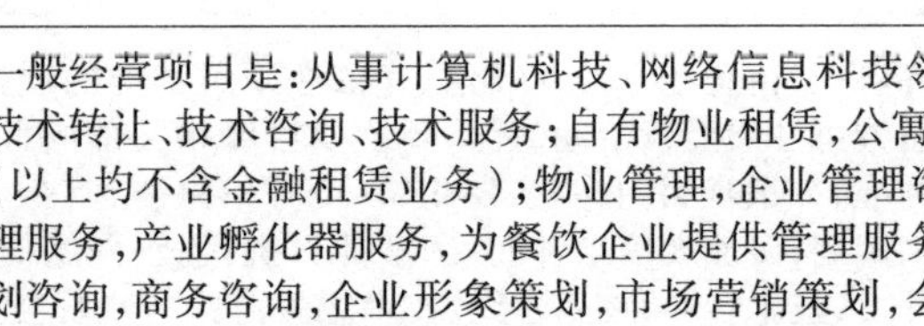

图6－21　有巢住房租赁(深圳)有限公司股权结构

六、基础设施项目合规情况

（一）保障性租赁住房性质认定

上海市松江区保障性租赁住房工作领导小组办公室于 2022 年 1 月 16 日向有巢优厦核发了沪松保租认定（2022）001 号（总第 001 号）《保障性租赁住房项目认定书》，认定华润置地有巢国际公寓社区泗泾店项目为保障性租赁住房。

上海市松江区保障性租赁住房工作领导小组办公室于 2022 年 1 月 25 日向有巢上海核发了沪松保租认定（2022）002 号（总第 002 号）《保障性租赁住房项目认定书》，认定华润置地有巢国际公寓社区东部经开区店项目为保障性租赁住房。

（二）项目权属

1. 有巢泗泾项目

有巢优厦已经就有巢泗泾项目取得《不动产权证书》[沪（2019）松字不动产权第 014903 号、沪（2021）松字不动产权第 041175 号]，依法享有有巢泗泾项目的不动产权，包括房屋所有权及其占用范围内的农村集体建设用地使用权。

有巢泗泾项目系在入市出让的农村集体经营性建设用地上的建设项目。根据全国人民代表大会常务委员会《关于授权国务院在北京市大兴区等三十三个试点县（市、区）行政区域暂时调整实施有关法律规定的决定》和上海市松江区人民政府《关于同意〈关于松江区农村集体经营性建设用地入市“1＋5”配套文件的请示〉的批复》（沪松府〔2015〕207 号）的规定，农村集体建设用地入市须履行入市决策、出让方案制定及批准、入市申请与出让等入市程序。

（1）用地预审

就有巢泗泾项目的用地预审事项，上海市松江区规划和自然资源局（以下简称松江区规自局）已于 2021 年 12 月 7 日出具《关于有巢国际公寓社区泗泾项目和东经项目申报开展基础设施 REITs 试点项目相关问题的回函》，确认泗泾镇 SJSB0001 单元 07－09 号租赁住房地块已完成用地预审程序，项目用地符合土地利用规划和用途管制条件。

(2)用地批准书

有巢泗泾项目未取得建设用地批准书。根据《土地管理法》第53条和《建设用地审查报批管理办法》第22条的规定,建设项目使用国有建设用地需要取得用地批准,但是有巢泗泾项目系使用农村集体经营性建设用地,不属于使用国有建设用地建设的情形。

对此,松江区规自局已于2021年12月7日出具《关于有巢国际公寓社区泗泾项目和东经项目申报开展基础设施REITs试点项目相关问题的回函》,确认泗泾镇SJSB0001单元07-09号(集体土地)租赁住房用地为集体建设用地,松江区规自局核发的《乡村规划许可证》作为乡村地区国土空间用途管制许可阶段的审批事项,包含建设用地规划许可证、建设工程设计方案、建设工程规划许可证、建设用地批准书等内容,无须另行办理《建设用地批准书》。

(3)农村集体建设用地入市文件

经基金管理人和法律顾问核查,有巢泗泾项目所使用的农村集体经营性建设用地根据上海市松江区人民政府《关于同意〈关于松江区农村集体经营性建设用地入市"1+5"配套文件的请示〉的批复》(沪松府〔2015〕207号)的相关规定合法合规地完成了农村集体用地入市交易的流程,具体包括以下内容。

第一,集体土地所有人委托。

上海松江区泗泾经济联合社(以下简称泗泾经济联合社)向上海市土地交易事务中心出具《农村集体经营性建设用地权公开出让委托函》,向上海市松江区土地使用权招拍挂办公室出具《农村集体经营性建设用地权入市办理出让手续委托函》,并向上海市松江区土地储备中心出具《农村集体经营性建设用地使用权入市办理前期手续委托函》,委托前述主体办理松江区泗泾镇SJSB0001单元07-09号农村集体建设用地地块(以下简称有巢泗泾项目地块)的入市前期手续、出让手续及公开出让事宜。

第二,集体经济组织决策。

2018年8月7日,泗泾经济联合社第二届理事会第二次会议听取和审议通过了《关于松江区泗泾镇SJSB0001单元07-09号农村集体建设用地入市工作合同文本、出让方案、委托事宜和土地增值收益调解金的报告》(草案),并作出《关于通过松江区泗泾镇SJSB0001单元07-09号农村集体建设用地入市工作合同文本、出让方案、委托事宜和土地增值收益调解金报告的决议》，批准前述报告。

第三，松江区政府批准。

2018 年 8 月 6 日，上海市松江区人民政府（以下简称松江区政府）作出《关于批准区规划和土地管理局编报的泗泾镇 SJSB0001 单元 07－09 号地块出让方案的通知》（沪松府土挂字〔2018〕第 34 号），批准松江区规划和土地管理局（以下简称松江区规土局）编制的《泗泾镇 SJSB0001 单元 07－09 号地块（农村集体建设用地）出让方案》。

2018 年 8 月 10 日，松江区政府作出《关于批准收回泗泾镇 SJSB0001 单元 07－09号地块农村集体建设用地使用权实施公开出让的批复》（沪松府土〔2018〕165 号），批复根据《上海市松江区农村集体经营性建设用地入市管理办法》的有关规定，泗泾经济联合社已收回有巢泗泾项目地块集体土地使用权，并同意松江区规土局编制的《供地方案》，由松江区规土局实施集体土地使用权公开出让。

2018 年 8 月 15 日，上海市松江区环境保护局作出《关于松江区泗泾镇 SJSB0001 单元 07－09 号（集体土地）租赁住房用地场地环境初步调查的审核意见》（松环保防管〔2018〕69 号），经审核，原则同意松江区泗泾镇 SJSB0001 单元 07－09号（集体土地）租赁住房用地出让。

第四，挂牌出让。

2018 年 10 月 22 日，上海市土地交易事务中心出具了《成交确认书》（沪集上海松江区泗泾经济联合社挂字 J201800101），确认有巢科技投资（深圳）有限公司（以下简称有巢科技，为有巢深圳曾用名）竞得有巢泗泾项目地块的农村集体经营性建设用地使用权，土地成交总价为人民币 125,030,000 元。

（4）土地使用权出让合同

2018 年 10 月 22 日，泗泾经济联合社与有巢科技签订《上海市农村集体经营性建设用地使用权出让合同（租赁住房用地）》［沪集松规土（2018）出让合同第 1 号（1.0 版）］，约定将有巢泗泾项目地块建设用地使用权以人民币 125,030,000 元出让给有巢科技。

2019 年 1 月 22 日，泗泾经济联合社与有巢优厦签订《上海市农村集体经营性建设用地使用权出让合同（租赁住房用地）》［沪集松规土（2019）出让合同补字第 1 号（2.0 版）］，调整受让人为有巢科技成立的项目公司有巢优厦。

2019 年 8 月 9 日,泗泾经济联合社与有巢优厦签订《上海市农村集体经营性建设用地使用权出让合同(租赁住房用地)》[沪集松规划资源(2019)出让合同补字第 1 号(3.0 版),以下简称《有巢优厦土地出让合同》],约定因地下建筑面积中 554 平方米按项目配套设施(电业站电缆夹层)用途需补缴土地使用权出让价款人民币 5.8 万元。

根据《上海市财政局缴款书》,有巢科技已足额支付土地使用权出让价款 125,030,000 元,有巢优厦已足额支付需补缴的土地使用权出让价款人民币 5.8 万元。

(5)不动产权证书(集体建设用地使用权)

2019 年 4 月 12 日,上海市自然资源确权登记局向有巢优厦核发《不动产权证书》[因上海市自然资源确权登记局已向有巢优厦核发沪(2021)松字不动产权第 041175 号《不动产权证书》(集体建设用地使用权/房屋所有权),沪(2019)松字不动产权第 014903 号《不动产权证书》(集体建设用地使用权)已被收回],证载内容见表 6-14。

表 6-14 有巢泗泾项目不动产权证信息(已收回)

证号	沪(2019)松字不动产权第 014903 号
权利人	上海有巢优厦房屋租赁有限公司
共有情况	单独所有
坐落	松江区泗泾镇 17 街坊 6/6 丘[松江区泗泾镇 SJSB0001 单元 07-09 号(集体土地试点入市)地块]
不动产单元号	310117002004JB00025W00000000
权利类型	集体建设用地使用权
权利性质	出让
用途	租赁住房(R4)
面积	20,166.70 平方米
使用期限	2018 年 12 月 3 日至 2088 年 12 月 2 日

续表

附记	1.(1)受让人应当按出让年限整体持有全部租赁住房物业,以上自持物业仅用于出租;(2)受让人应当按出让年限整体持有社区配套商业物业、租赁住房用地配套商业物业(除按照相关规定应当移交政府及政府有关部门的物业除外)。 2.自持部分物业转让时需出让人和协调机构同意。 3.自持物业应整体抵押,不得分割抵押。 4.出资比例: 股权结构: 实际控制人: 变更以上内容的,应事先书面申请,经出让人和协调机构同意。 5.自持部分物业应记载在同一不动产登记簿上,并发放一本不动产权证,不得分证办理

(6)不动产权证书(集体建设用地使用权/房屋所有权)

2021年8月16日,上海市自然资源确权登记局向有巢优厦核发《不动产权证书》,证载内容见表6－15。

表6－15　有巢泗泾项目不动产权证信息(新)

证号	沪(2021)松字不动产权第041175号
权利人	上海有巢优厦房屋租赁有限公司
共有情况	单独所有
坐落	松江区泗泾镇米易路216弄
权利类型	集体建设用地使用权/房屋所有权
权利性质	出让
用途	租赁住房(R4)/房屋用途:详见登记信息
面积	20,166.70平方米/建筑面积:55,136.87平方米
使用期限	2018年12月3日至2088年12月2日
附记	1.(1)受让人应当按出让年限整体持有全部租赁住房物业,以上自持物业仅用于出租;(2)受让人应当按出让年限整体持有社区配套商业物业、租赁住房用地配套商业物业(除按照相关规定应当移交政府及政府有关部门的物业除外)。 2.自持部分物业转让时需出让人和协调机构同意。 3.自持物业应整体抵押,不得分割抵押。 4.出资比例: 股权结构: 实际控制人: 变更以上内容的,应事先书面申请,经出让人和协调机构同意。 5.自持部分物业应记载在同一不动产登记簿上,并发放一本不动产权证,不得分证办理

2. 有巢东部经开区项目

有巢上海已经就有巢东部经开区项目取得《不动产权证书》[沪(2019)松字不动产权第004705号、沪(2021)松字不动产权第053373号],合法享有有巢东部经开区项目的不动产权,包括房屋所有权及其占用范围内的国有建设用地使用权。

(1)用地预审

关于有巢东部经开区项目的用地预审事项,松江区规自局于2021年12月7日出具《关于有巢国际公寓社区泗泾项目和东经项目申报开展基础设施REITs试点项目相关问题的回函》,确认松江区工业区SJC10024单元09-11号租赁住房地块已完成用地预审程序,项目用地符合土地利用规划和用途管制条件。

(2)建设用地批准

有巢东部经开区项目已于2018年12月24日取得松江区政府出具的《中华人民共和国建设用地批准书》(编号:松江区〔2018〕松府土字第113号)及批文附图,证载内容见表6-16。

表6-16 有巢东部经开区项目建设用地批准信息

权利人	有巢房屋租赁(上海)有限公司
建设项目名称	松江区工业区SJC10024单元09-11号地块
批准用地面积	28,224.3平方米
土地性质	国有
土地取得方式	挂牌
土地用途	租赁住房
土地坐落	松江区工业区

(3)土地使用权出让合同

2018年8月23日,松江区规土局与有巢科技(有巢深圳)签订《国有建设用地使用权出让合同(租赁住房用地)》[沪松规土(2018)出让合同第43号(1.0版)],约定将松江区工业区SJC10024单元09-11号地块(以下简称东部经开区项目地块)建设用地使用权以人民币182,500,000元出让给有巢科技。

2018年11月28日,松江区规土局与有巢上海签订《上海市国有建设用地使用权出让合同(租赁住房用地)》[沪松规土(2018)出让合同补字第 58 号(2.0 版)],约定受让人有巢科技成立项目公司有巢上海,调整受让人为有巢上海。

2019 年 7 月 12 日,松江区规自局与有巢上海签订《上海市国有建设用地使用权出让合同(租赁住房用地)》[沪松规划资源(2019)出让合同补字第 51 号(3.0 版),以下简称《有巢上海土地出让合同》],约定因地下项目配套设施(PT 站)652 平方米需补缴土地使用权出让价款人民币 7.1 万元。

根据《非税收入一般缴款单(回单)》,有巢科技已足额支付土地使用权出让价款 18,250 万元,有巢上海已足额支付需补缴的土地使用权出让价款人民币 7.1 万元。

(4)不动产权证书(国有建设用地使用权)

2019 年 1 月 28 日,原上海市不动产登记局向有巢上海核发《不动产权证书》[因上海市自然资源确权登记局已向有巢上海核发沪(2021)松字不动产权第 053373 号《不动产权证书》(国有建设用地使用权/房屋所有权),故沪(2019)松字不动产权第 004705 号《不动产权证书》(国有建设用地使用权)已被收回],证载内容见表 6-17。

表 6-17　有巢东部经开区项目不动产权证信息(已收回)

证号	沪(2019)松字不动产权第 004705 号
权利人	有巢房屋租赁(上海)有限公司
共有情况	单独所有
坐落	松江区松江工业区 604 街坊 238/19 丘(松江区工业区 SJC10024 单元 09-11 号地块)
不动产单元号	310117014004GB00024W00000000
权利类型	国有建设用地使用权
权利性质	出让
用途	租赁住房
面积	28,224.3 平方米
使用期限	2018 年 10 月 18 日至 2088 年 10 月 17 日

续表

附记	1.(1)受让人应当按出让年限整体持有全部租赁住房物业,以上自持物业仅用于出租;(2)受让人应当按出让年限整体持有社区配套商业物业、租赁住房用地配套商业物业(除按照相关规定应当移交政府及政府有关部门的物业除外)。 2.自持部分物业转让时需出让人和协调机构同意。 3.自持物业应整体抵押,不得分割抵押。 4.出资比例: 股权结构: 实际控制人: 变更以上内容的,应事先书面申请,经出让人和协调机构同意。 5.自持部分物业应记载在同一不动产登记簿上,并发放一本不动产权证,不得分证办理

(5)不动产权证书(国有建设用地使用权/房屋所有权)

2021年11月5日,上海市自然资源确权登记局向有巢上海核发《不动产权证书》,证载内容见表6-18。

表6-18 有巢东部经开区项目不动产权证信息(新)

证号	沪(2019)松字不动产权第053373号
权利人	有巢房屋租赁(上海)有限公司
共有情况	单独所有
坐落	松江区书林路600弄
权利类型	国有建设用地使用权/房屋所有权
权利性质	出让
用途	租赁住房/房屋用途:详见登记信息
面积	宗地面积:28,224.3平方米/建筑面积:66,334平方米
使用期限	2018年10月18日至2088年10月17日
附记	1.(1)受让人应当按出让年限整体持有全部租赁住房物业,以上自持物业仅用于出租;(2)受让人应当按出让年限整体持有社区配套商业物业、租赁住房用地配套商业物业(除按照相关规定应当移交政府及政府有关部门的物业除外)。 2.自持部分物业转让时需出让人和协调机构同意。 3.自持物业应整体抵押,不得分割抵押。 4.出资比例: 股权结构: 实际控制人: 变更以上内容的,应事先书面申请,经出让人和协调机构同意。 5.自持部分物业应记载在同一不动产登记簿上,并发放一本不动产权证,不得分证办理

（三）项目固定资产投资管理手续（见表 6－19）

表 6－19　华润有巢项目投资管理手续

手续	有巢泗泾项目	有巢东部经开区项目
投资立项	2019 年 1 月 23 日，上海市松江区发展和改革委员会作出《关于松江区泗泾镇 SJSB0001 单元 07－09 号地块租赁住房新建工程项目核准的批复》（松发〔2019〕3 号）	2018 年 12 月 17 日，松江区发改委作出《关于松江区工业区 SJC10024 单元 09－11 号地块租赁住房新建工程项目核准的批复》（松发改核〔2018〕96 号）
环境影响评价	2019 年 2 月 1 日填报《建设项目环境影响登记表》，取得备案回执，备案号为 201931011700000478	2019 年 1 月 2 日填报《建设项目环境影响登记表》，取得备案回执，备案号为 201931011700000007
节能审查	根据上海华金工程咨询监理有限公司于 2019 年 6 月编制的《松江区泗泾镇 SJSB0001 单元 07－09 号地块租赁住房新建工程节能报告》，有巢泗泾项目投产年综合能源消耗总量 711.4tce（吨标准煤当量），其中电耗能为 398.4万千瓦时。根据《固定资产投资项目节能审查办法》的规定，无须进行单独的节能审查	根据上海华金工程咨询监理有限公司于 2019 年 6 月编制的《松江区泗泾镇 SJC10024 单元 09－11 号地块租赁住房新建工程节能报告》，有巢泗泾项目投产年综合能源消耗总量 835.7tce（吨标准煤当量），其中电耗能为461.1万千瓦时。根据《固定资产投资项目节能审查办法》的规定，无须进行单独的节能审查
建设用地规划许可	松江区规土局于 2019 年 2 月 3 日就有巢泗泾项目作出《关于核定松江区泗泾镇 SJSB0001 单元 07－09 号（集体土地试点入市）地块项目规划条件的决定》（沪松规土乡设〔2019〕第 101 号）	松江区规土局于 2018 年 12 月 3 日就有巢东部经开区项目出具《关于核发松江区工业区 SJC10024 单元 09－11 号地块〈建设用地规划许可证〉的决定》（沪松规土许地〔2018〕229 号），并已取得松江区规土局于 2018 年 12 月 3 日核发的《建设用地规划许可证》（编号：沪松地〔2018〕EA31011720186257）
建设工程规划许可	松江区规自局于 2019 年 4 月 3 日核发《乡村建设规划许可证》（沪松乡〔2019〕GA31011720190105）	松江区规自局于 2019 年 3 月 28 日就有巢东部经开区项目出具《关于核发松江区工业区 SJC10024 单元 09－11 号地块〈建设工程规划许可证〉的决定》（沪松规土许建〔2019〕285 号），经审查准予核发《建设工程规划许可证》［编号：沪松建〔2019〕FA31011720196817］

续表

手续	有巢泗泾项目	有巢东部经开区项目
施工许可	上海市松江区建设和管理委员会于2019年5月10日就有巢泗泾项目核发《建筑工程施工许可证》(编号:1902SJ0032D01)	松江区建委于2019年5月13日就有巢东部经开区项目核发《建筑工程施工许可证》(编号:1802SJ0465D01)
竣工验收	松江区建委于2021年2月1日就有巢泗泾项目核发《建筑工程综合竣工验收合格通知书》(综合验收编号:LS190200008YS001,通知书编号:2021SJ0012),确认有巢泗泾项目已通过综合竣工验收	松江区建委于2021年3月29日就有巢东部经开区项目核发《建筑工程综合竣工验收合格通知书》(综合验收编号:LS181200288YS001,通知书编号:2021SJ0029),确认有巢东部经开区项目已通过综合竣工验收
交付使用许可	根据《上海市新建住宅交付使用许可规定》和《〈上海市新建住宅交付使用许可规定〉实施细则》等相关规定,上海市对本市国有土地上开发建设的新建住宅实施交付使用许可制度,对于土地性质为集体土地上的新建住宅项目,暂不办理《上海市新建住宅交付使用许可证》	松江区房管局于2021年4月21日就有巢东部经开区项目核发《上海市新建住宅交付使用许可证》[沪建管(松江)交付许2021第008号],认定有巢东部经开区项目经审核符合交付使用许可要求,准予交付

七、基础设施相关风险

(一)本基金整体架构所涉及的相关交易风险

1. 购买项目公司股权之交易未能完成的风险

基础设施资产支持专项计划将按照《项目公司股权转让协议》的约定收购项目公司的全部股权,并支付股权转让价款。根据《项目公司股权转让协议》的约定,《项目公司股权转让协议》的解除情形主要包括:因违约方的持续违约行为导致《项目公司股权转让协议》继续履行不可能或没有意义的,守约方有权提前终止《项目公司股权转让协议》;若目标股权的最终转让价款低于按照国有产权交易相关规定进行备案的股权评估价值,则《项目公司股权转让协议》自动解除。若发生《项目公司股权转让协议》约定的解除情形且相关方解除《项目公司股权转让协议》的,本基金将无法完成对项目公司的股权收购,存在交易失败的风险。

2. 吸收合并未及时完成或最终未完成导致收益降低的风险

根据相关交易文件的约定，在完成专项计划设立、收购 SPV 以及 SPV 收购项目公司等一系列交易后，项目公司将吸收合并 SPV，SPV 所有财产及权利义务均由项目公司无条件承受，使 SPV 对股东的债务下沉至项目公司层面，项目公司在此期间向股东支付的部分或全部股东借款利息可税前扣除，从而节约存续期间的企业所得税。若吸收合并无法按期完成或最终无法完成，将失去前述节税效果，进而影响本基金的收益水平。

（二）政策风险

1. 产业政策及行业管理风险

本基金投资的基础设施项目的现金流主要由项目公司的租赁住房出租租金收入等业务收入提供。基础设施项目已经纳入上海市保障性租赁住房统一管理范围，其租赁定价标准受政府相关部门指导。如未来国家或上海市关于保障性租赁住房政策发生变化，包括但不限于租赁价格指导、入住审核条件趋严等，可能存在因此导致标的基础设施项目运营收入降低的风险。

2. 土地使用政策风险

本基金所持有的基础设施项目的部分土地类型包括集体建设用地，如未来关于集体建设用地的相关政策发生变化，可能对基础设施项目运营产生不利影响。

3. 租赁住房税收优惠政策无法延续适用导致现金流下降的风险

基础设施项目已获得保障性租赁住房项目认定书。项目公司根据《关于完善住房租赁有关税收政策的公告》（财政部税务总局住房城乡建设部公告 2021 年第 24 号）规定，向个人出租住房取得的收入可选择适用简易计税方法，按照 5% 的征收率减按 1.5% 计算缴纳增值税；向个人、专业化规模化住房租赁企业出租住房的，减按 4% 的税率征收房产税。未来若保障性租赁住房税收优惠政策调整或者基础设施项目不满足税收优惠政策适用的条件，则存在项目公司相关税费支出增加，基金可供分配金额下降的风险。

（三）租金调整风险

本基金拟初始投资的基础设施项目已被认定为保障性租赁住房，严格按照国家和上海市关于保障性租赁住房的政策规定,项目租赁价格初次定价在同地段同品质市场租赁住房租金的9折以下,后续调价幅度不高于同地段同品质租赁住房的同期增幅,且年增幅不高于5%。受限于上述政策影响,基础设施项目租金调价可能不及预期,从而对基础设施项目产生不利影响。

(四)租户准入标准风险

本基金拟初始购入的基础设施项目为位于上海市的保障性租赁住房,具有一定的政策属性。根据上海市政府发布的《关于加快发展本市保障性租赁住房的实施意见》(沪府办规〔2021〕12号),对保障性租赁住房的租户设定了相应准入标准:申请保障性租赁住房,需要同时满足以下两项基本准入条件:一是在本市合法就业、在职工作;二是在本市存在住房困难,住房困难的面积标准原则上按照家庭在本市一定区域范围内人均住房建筑面积低于15平方米确定。产业园区、用人单位配套建设的保障性租赁住房,应当优先或定向供应本园区、本单位、本系统符合条件的职工。

上述准入标准限定了租户的范围、基础设施项目的目标客群,一定程度上降低了基础设施项目的市场竞争力。另外,不排除未来政府调整租户准入标准的可能,如对租户准入标准的设置更加严格,则基础设施项目面临租赁需求进一步下降而导致租金收入下降的风险。

(五)关联交易及利益冲突风险

本基金初始募集资金投资的基础设施项目的原始权益人和运营管理机构为有巢深圳,有巢深圳是国内率先参与租赁住房改革,成为专业公寓资产的投资开发运营商,截至2021年年末,有巢深圳已入驻国内16座城市,管理房间量5万间,公寓管理房间总量位列央企第一。有巢深圳在上海持有并管理多个同类型的资产项目,本基金未来新购入基础设施项目可能仍然与有巢深圳管理的其他项目处于相同或相近的区位、面向相似的客群;此外,基础设施项目还可能从有巢深圳或华润置地有限公司等关联方采购相关服务,从而发生关联交易。因此,本基金与原始权益人或运营管理机构存在一定的利益冲突风险和关联交易风险。

八、关键问题解析

(一)股债结构的搭建

本项目采用先设立 SPV 公司,后由项目公司反向吸收合并 SPV 公司的方式搭建股债结构。

专项计划设立后,专项计划向原始权益人购买 SPV 目标股权,后向 SPV 增资及向原始权益人购买其对于 SPV 的目标债权,SPV 收到增资款项后将全部用于偿还对原始权益人的债务。在上述收购完成后,SPV 和项目公司依据《吸收合并协议》,项目公司将吸收合并 SPV。吸收合并完成后 SPV 注销,专项计划管理人成为项目公司 100% 股东。

(二)国有资产的转让

有巢深圳的股东为华润置地控股有限公司,华润置地控股有限公司的唯一股东为华润(深圳)有限公司,华润(深圳)有限公司的唯一股东为 Boom Go Group Limited,Boom Go Group Limited 的唯一股东为华润置地有限公司。根据华润置地有限公司《2021 年度报告》,截至 2021 年 12 月 31 日,中国华润有限公司间接持有华润置地有限公司 59.55% 的股权,中国华润有限公司为国务院国资委 100% 出资的国家出资企业,因此,有巢深圳属于 32 号令规定的国有及国有控股企业、国有实际控制企业,其所持有的有巢优厦、有巢上海、SPV1、SPV2 的股权为国有产权,SPV1 股权转让、项目公司股权转让属于 32 号令规定的“企业国有资产交易行为”,应根据 32 号令履行国有产权转让程序。国务院办公厅《关于进一步盘活存量资产扩大有效投资的意见》(国办发〔2022〕19 号)第 4 条及《关于企业国有资产交易流转有关事项的通知》(国资发产权规〔2022〕39 号)第 3 条进一步规定,国有企业发行基础设施 REITs 涉及国有产权非公开协议转让的,按规定报同级国有资产监督管理机构批准。

就 SPV 和项目公司股权转让涉及的国有产权转让程序,国务院国资委已于 2022 年 8 月 5 日出具《关于有巢住房租赁(深圳)有限公司保障性租赁住房资产开展基础设施 REITs 试点有关事项的批复》(国资产权〔2022〕386 号),同意以非公开协议转让方式实施产权转让事项。

(三)独立性情况

根据有巢深圳的公司章程、营业执照,经适当核查并根据有巢深圳于2022年7月25日出具的《承诺及说明函》,有巢深圳的业务范围为开展保障性租赁住房业务,未持有房地产开发业务资质,未开展商业住宅和商业地产开发业务。

1. 资产独立

除有巢深圳投资并持有的租赁住房项目外,就日常开展业务所需的设施、设备、办公用房等资产,涉及使用华润置地控股有限公司(以下简称华润置地)或其下属子公司拥有的资产、信息系统等,有巢深圳均采用租赁或采购服务方式,并相应支付对价,资产权属清晰。

2. 业务独立

有巢深圳系开展保障性租赁住房业务的独立法人主体,就有巢深圳的日常经营事项,有巢深圳根据其公司章程和内部制度进行决策,华润置地根据公司章程和《公司法》等法律规定行使股东权利,参与有巢深圳重大事项的决策。有巢深圳业务过程中涉及与华润置地及其关联方之间的交易,通过系统订单、协议等方式约定,并遵守内部关联交易制度的规定。

3. 财务独立

有巢深圳制定了《财务管理制度》等必要的财务制度,并配备有财务负责人、会计、出纳等财务人员,执行独立的财务管理流程,开立独立的银行账户。根据有巢深圳的说明,其与华润置地不存在共用银行账户、资金混同的情况。

4. 人员独立

有巢深圳聘用的总经理、法定代表人、财务负责人等高管人员与有巢深圳签署了劳动合同,且未在华润置地担任职务,有巢深圳日常业务涉及的岗位外包的员工由有巢深圳或其子公司签署劳务外包合同并支付费用。

5. 机构独立

根据有巢深圳的公司章程并经核查有巢深圳的董事会决议,有巢深圳设股东、董事会、监事、经理,公司章程规定了股东、董事会、监事和经理的职责权限,根据不同职能设置了内部组织架构并规定了各组织部门的职能权限,制定了经营管理所需的人事行政、财务、投资、关联交易、资产管理等内部制度。

综上，有巢深圳是开展保障性租赁住房业务的独立法人实体，未开展商品住宅和商业地产开发业务，在资产、业务、财务、人员和机构等方面与华润置地的商品住宅和商业地产开发业务有效隔离，保持相对独立。本基金原始权益人情况符合《保障性租赁住房 REITs 业务指引》第 5 条第 1 款和第 6 条的要求。

（四）土地及项目公司股权转让限制

1. 有巢泗泾项目

《有巢优厦土地出让合同》第 23 条约定："受让人应当按出让年限整体持有全部租赁住房物业，以上自持物业仅用于出租；受让人应当按出让年限整体持有社区配套商业物业、租赁住房用地配套商业物业（除按照相关规定应当移交政府及政府有关部门的物业外）。"第 32 条约定："受让人按照本合同约定支付全部集体建设用地出让价款，领取不动产权证后，应按本合同约定，进行集体建设用地使用权转让、出租、抵押。"第 33 条约定："受让人应按本合同第 23 条约定自持物业，不得整体、分幢、分层、分套转让；如遇破产、重组、撤销等特殊情形需整体转让约定自持部分的，按照本条第（一）条规定执行：（一）向出让人和协调机构提出申请，经出让人和协调机构同意执行。"第 40 条约定："本合同项下的集体建设用地土地使用权，受让人的出资比例、股权结构、实际控制人等均不得改变。受让人的出资比例、股权结构、实际控制人发生改变的，应事先书面申请，经出让人和协调机构同意后方可实施。"第 59 条约定："出让合同双方当事人、协调机构及成员应共同约定监管人并签订监管协议，监管人对出让合同中地块开发建设与利用的履约过程及情况组织实施监管，出让人、受让人、监管人应共同遵守监管协议相关内容。集体建设用地土地使用权及地上建筑物等不得整体或分割转让，不得分割办理不动产权证，不得分割销售，不得以租代售。受让人的出资比例、股权结构、实际控制人等均不得改变。在土地合同签订后，由区市场监督管理局对取得地块的建设单位及其全资成立项目公司股权变更行为进行限制与监管。"

鉴上，有巢优厦应在《有巢优厦土地出让合同》出让期限内持有全部有巢泗泾项目，且有巢优厦的出资比例、股权结构、实际控制人发生改变的，应经出让人和协调机构同意后方可实施。

就上述约定限制,出让人泗泾经济联合社已于2022年3月1日向有巢深圳、有巢优厦出具《关于以有巢泗泾项目申报开展基础设施REITs试点项目的复函》,同意有巢泗泾项目以转让有巢优厦100%股权发行基础设施REITs;对因有巢泗泾项目发行基础设施REITs导致的有巢优厦的股权变更、实际控制人变更事宜予以支持。

根据松江区政府沪松府〔2015〕210号《关于成立松江区农村集体经营性用地入市工作协调小组的通知》中有关"由于区农村集体经营性建设用地入市工作协调小组不具法律主体,委托区规土局签订开发建设与利用监管协议"的意见,并根据松江区政府于2022年5月6日出具的《上海市松江区人民政府关于同意由区规划资源局代表农村集体经营性建设用地入市协调小组出具泗泾SJSB0001单元07-09号开展基础设施REITs试点意见的批复》中关于"根据区政府2022年第2次常务会议精神,同意由区规划资源局代表农村集体经营性建设用地入市协调小组出具泗泾SJSB0001单元07-09号开展基础设施REITs试点的审核意见"的意见,由松江区规自局代章,松江区农村集体经营性建设用地入市工作协调小组于2022年5月13日出具了《关于泗泾镇SJSB0001单元07-09号地块项目申报开展基础设施REITs试点的回复意见》,同意泗泾镇SJSB0001单元07-09号地块以转让有巢优厦100%股权发行基础设施REITs;同意项目发行基础设施REITs导致的有巢优厦的股权变更,以及在股权变更发生期间,导致的实际控制人变更。

鉴此,《有巢优厦土地出让合同》中关于有巢泗泾项目转让和有巢优厦股权转让约定的限制已得到解除。

2. 有巢东部经开区项目

《有巢上海土地出让合同》第23条约定:"受让人应当按出让年限整体持有全部租赁住房物业,以上自持物业仅用于出租;受让人应当按出让年限整体持有社区配套商业物业、租赁住房用地配套商业物业(除按照相关规定应当移交政府及政府有关部门的物业外)。"第33条约定:"受让人应按本合同第23条约定自持物业,不得整体、分幢、分层、分套转让;如遇破产、重组、撤销等特殊情形需整体转让约定自持部分的,按照本条第(一)条规定执行:(一)向出让人提出申请,经出让人同意执行。"第40条约定:"本合同项下的国有建设用地使用权,受让人的出资比例、股权结构、实际控制人等均不得改变。受让人的出资比例、股权结构、实际控制人发生改变的，应事先书面申请，经出让人同意后方可实施。”鉴上，有巢上海的出资比例、股权结构、实际控制人发生改变的，应经出让人同意后方可实施。

就上述约定限制，出让人松江区规自局已于 2022 年 2 月 25 日向有巢深圳、有巢上海、有巢优厦出具《关于以有巢泗泾项目、有巢东部经开区项目申报开展基础设施 REITs 试点项目的复函》，同意有巢泗泾项目、有巢东部经开区项目以转让有巢优厦、有巢上海 100% 股权发行基础设施 REITs；对有巢泗泾项目、有巢东部经开区项目发行基础设施 REITs 导致的有巢优厦、有巢上海的股权变更、实际控制人变更事宜予以支持。

鉴此，《有巢上海土地出让合同》中关于有巢东部经开区项目转让和有巢上海股权转让约定的限制已得到解除。

（五）运营时间未满足要求

鉴于有巢泗泾项目于 2021 年 2 月 1 日取得《建筑工程综合竣工验收合格通知书》，有巢东部经开区项目于 2021 年 3 月 29 日取得《建筑工程综合竣工验收合格通知书》，已经投入运营。法律顾问认为，基础设施项目的运营期限虽不足 3 年，但作为保障性租赁住房项目在强化民生保障方面具有重要作用，根据国务院办公厅《关于进一步盘活存量资产扩大有效投资的意见》（国办发〔2022〕19 号）规定，在满足发行要求、符合市场预期、确保风险可控等前提下，可进一步灵活合理确定运营年限。

经查基础设施项目的租赁合同台账及租赁合同，项目公司截至 2021 年 6 月 30 日、2021 年 9 月 30 日、2021 年 12 月 31 日、2022 年 3 月 31 日的资产负债表、损益表、现金流量表等财务报表，以及安永华明会计师事务所（特殊普通合伙）出具的《已审财务报表》、《已审特殊目的编制基础财务报表及专项审计报告》和《华夏基金华润有巢租赁住房封闭式基础设施证券投资基金可供分配金额测算审核报告》，并经与原始权益人确认，基于法律顾问作为非财务专业人员的理解和判断，基础设施项目运营模式成熟，已产生持续、稳定的现金流，投资回报良好，具有持续经营能力、较好增长潜力、市场化收益，不存在影响持续经营的法律障碍。

综上，基金管理人和法律顾问认为，基础设施项目运营模式成熟，已产生持续、稳定的现金流，投资回报良好，并具有持续经营能力、较好增长潜力、市场化收益。

后　记

在从事律师行业之前，我曾有过两年商业地产公司资产管理的从业经验，在2013年第一次接触到了REITs的概念。彼时国内还未能发行私募或公募的REITs产品，国内的资产若要发行REITs产品大多考虑在新加坡和我国香港地区上市。除了用于发行REITs的资产本身要足够优质外，还要考虑跨境交易、返程投资等诸多问题，因此仅有越秀、凯德、领展等少数几只以国内资产为基础资产的REITs得以在新加坡和我国香港地区成功发行。记得当时我所在的公司曾为此进行了深入研究和探索，但因为复杂的交易结构等原因最终未能发行成功。因此，何时可以在国内发行REITs可以说是那些年我的夙愿之一。

从事律师行业之后，因为建纬律师事务所专注于城乡发展综合服务领域，我日常接触的业务大多聚焦在基础设施不动产投融资相关法律事务。在此期间，我对于REITs的基础资产端可能出现的一些法律问题有了更直观和深刻的了解，也由此更加迫切希望国内能早日发行REITs产品，为优质的基础设施提供更多的融资渠道。

本书构思于2018年，初衷是对当时国内已经发行的私募类REITs案例进行研究，并针对案例中出现的法律问题展开分析，为类似项目的发行提供参考。后因2020年国内开启了基础设施公募REITs的试点，于2022年重新定位，主要内容分为总结现有基础设施公募REITs项目分类核查要点、研究相关法律问题、提供案例参考三大部分。在多名团队成员的共同努力下，历经一年多的时间最终得以完稿。

在此感谢国内REITs研究的先行者林华师兄，正是他主编的一系列REITs操作手册和课程，为本书的研究工作提供了大量的基础，他本人的勤奋和执着，也一直鼓励着我前行；感谢文斌先生和阳光新业地产的伙伴们，让我开始接触到 REITs 并了解其重要性；感谢朱树英老师、邵万权主任、宋仲春副主任，他们提供了建纬所这个优秀平台，让我有机会接触到大量实际案例积累经验；感谢汪景涛、郝文阳、吴永成等参与本书写作的主要成员，以及徐卓圆、刘伟、刘柳、于智涬、谢晴影等曾参与本书写作过程的伙伴们。对于这样一个新兴领域，他们在繁忙的工作之余牺牲了大量的休息时间进行研究，为本书的出版付出了巨大努力；感谢法律出版社邢艳萍编辑及其设计、校对老师，编辑老师们在校对和排版环节的认真和严谨，让我们受益良多；感谢家人、朋友、同学和同事，感谢你们一直的支持和陪伴，倾听和容忍我在遇到困难时的牢骚。

最后，特别感谢本书的读者，感谢您的阅读。REITs 作为新兴领域，本书定有很多遗漏及不足之处，作为编者之一多有惶恐，还望各位能多加包涵，并予以批评指正。

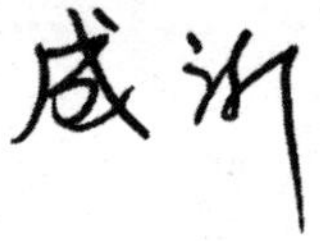

2023 年 6 月